国家自然科学基金（51305367，50975240，51575461）资助

高速列车数字化设计、分析及集成技术

丁国富　黎荣　邹益胜　张剑⊙著

西南交通大学出版社
·成都·

内容简介

本书从系统论和过程论的角度，系统地阐述了高速列车数字化设计、分析及优化的集成理论与技术方法。内容涉及 CAD、CAE、建模与仿真、优化设计等相关技术及方法，是数字化设计理论在高速列车创新研发中的实践。

本书的内容可以为高速列车数字化设计提供帮助，也可为其他复杂机电系统数字化设计提供技术指导，适合从事产品数字化设计、基于仿真的优化设计领域的研究者、工程技术人员参考，也适合作为 CAD/CAE/优化等专业的本科生、硕士生和博士生的教材。

图书在版编目（CIP）数据

高速列车数字化设计、分析及集成技术 / 丁国富，黎荣，邹益胜著. —成都：西南交通大学出版社，2016.2

ISBN 978-7-5643-4430-6

Ⅰ. ①高… Ⅱ. ①丁… ②黎… ③邹… Ⅲ. ①数字技术 – 应用 – 高速列车 – 设计 Ⅳ. ①U292.91

中国版本图书馆 CIP 数据核字（2015）第 295789 号

高速列车数字化设计、分析及集成技术

丁国富　黎荣　邹益胜　张剑　著

责 任 编 辑	王　旻
特 邀 编 辑	王玉珂
封 面 设 计	何东琳设计工作室
出 版 发 行	西南交通大学出版社 （四川省成都市二环路北一段 111 号 西南交通大学创新大厦 21 楼）
发 行 部 电 话	028-87600564　028-87600533
邮 政 编 码	610031
网　　　　址	http://www.xnjdcbs.com
印　　　　刷	成都蓉军广告印务有限责任公司
成 品 尺 寸	185 mm × 260 mm
印　　　　张	14.25
字　　　　数	354 千
版　　　　次	2016 年 2 月第 1 版
印　　　　次	2016 年 2 月第 1 次
书　　　　号	ISBN 978-7-5643-4430-6
定　　　　价	56.00 元

图书如有印装质量问题　本社负责退换
版权所有　盗版必究　举报电话：028-87600562

序

　　以数字化设计为特征的虚拟样机技术是一种基于计算机仿真为核心的崭新数字化开发方法，它以 CAX/DFX、多体系统运动学和动力学为基础，按照相似性理论，强调在基于产品的数字模型上对其进行外观、功能和行为上的模拟，是建立在仿真建模理论方法学基础上的产品全过程数字化模拟和仿真；它支持产品"自顶向下"的设计模式，并主张在多领域共同协作来完成对虚拟模型进行优化和评估，是对现代设计方法学的发展和延伸，也是先进制造技术的重要领域。虚拟样机是解决复杂机电系统数字化研发非常有效的关键技术。

　　高速列车作为一种重要的载运旅客的轨道交通工具，由一定数量的车辆编组而成，每个车辆主要由车体、转向架、牵引传动系统、制动系统、辅助供电系统、网络控制系统、环控（空调等）等关键部分组成，是一个典型的复杂机电系统。由于运行速度提高，高速列车与其运行环境的相互作用加剧，要保持高的高速列车品质，其相关的研究受到更多、更大的技术挑战，尤其是高速列车的动力学性能以及其衍生的其他性能，对高速列车的运行品质起到决定性的作用。采用虚拟样机等先进的数字化设计技术，是研究高速列车复杂系统的有效技术手段。

　　本人一直从事机车车辆动力学及试验研究，采取先进的数字化研发技术指导学生结合试验进行了有关弓网系统的虚拟样机研究，取得了很好的效果。在与博士后出站分配到西南交通大学机械工程学院的丁国富博士的交流和沟通中，了解到其主要从事产品数字化设计与制造研究，于是鼓励其从事有关机车车辆的动态设计相关研究，并引荐其参加轨道交通国家实验室高速列车数字化平台的设计、论证与建设工作。随着我国高速铁路的快速发展，丁国富博士及其科研团队紧紧抓住了铁路的这一需求，持续 10 多年坚持不懈地研究，取得了相应的技术进展，并完成了本书的写作。

　　本书从系统论和过程论的角度，系统地阐述了高速列车数字化设计、分析以及优化的集成理论及技术方法。在所提出的基于 MRA 架构的高速列车设计、分析、优化集成闭环设计理论框架基础上，详细论述了这一闭环设计过程的系列关键技术。在先进的三维 CAD 平台基础上，阐述了基于三维 CAD 的高速列车动力学属性提取及拓扑结构建立，CAD/CAE 集成的多视图映射，动力学模型的可视化重构等，解决了在常规三维 CAD 平台上进行设计模型向分析模型顺利过渡的问题；在多分析视图模型的基础上，采用基于组件的计算机建模方法，提出了多层级阶梯控制的多领域耦合仿真方法，实现了不同积分步长的多层级耦合仿真，保证了耦合过程中的动态数据的时空同步性；为了有效地构建优化模型，采用拉丁超立方进行上百次的精确仿真计算采样，以获得仿真计算样本，以此构建基于 BP 神经网络的代理模型，在可接受的逼近误差内来代替原有的精确计算模型；基于这种逼近模型，以高速列车的动力学性能评价的有关指标为优化对象，进行基于差分进化的智能优化，从而方便快速地找到高速列车动力学性能设计参数域，以及各性能设计参数对设计目标的敏感程度或重要度；最后，书中还阐述了基于商业化软件构建出的高速列车数字化设计、分析、优化集成平台，为高速列车数字化研发提供了理论和平台基础。

该书是一本将先进的三维 CAD 技术、图形学和可视化技术、CAE 技术、信息集成技术、计算机建模及仿真技术、智能优化技术、代理模型技术、DOE 技术与机械载运学科相互交叉融合的学术著作。所研究的内容既是对先进的数字化设计技术的深入研究和应用，又将新的理论引入了高速列车的创新研制领域，是机械载运与数字化领域的国际前沿技术，对促进我国高速列车向着速度更高、更安全、更可靠、更经济环保的方向发展有重要学术价值。随着我国高速铁路走出去战略的深入开展，《中国制造 2025》规划的出台，本书必将对我国的先进轨道交通装备的创新研发起到重要的推动作用，具有很高的出版价值。

张卫华

2015 年 12 月

前　言

2002 年作者从牵引动力国家重点实验室博士后出站时，虚拟样机技术是航空航天领域非常热门的研究领域，结合作者对我国机车车辆领域研发现状的肤浅认识以及在机械学科从事数字化设计与制造方向的特点，希望很深入地了解虚拟样机技术在机车车辆领域的研究现状和情况。通过查阅相关资料，并与我国机车车辆领域著名专家张卫华教授沟通后，觉得这个领域非常有前景，正好张教授承担了一个有关机车车辆性能动态设计的铁道部项目，他建议我加入到该领域的研究，当时也正是在先进制造领域确定研究方向的徘徊时刻，觉得这是未来发展的方向之一，于是果断听取了张教授的建议。后续在张教授的支持下，深入开展了有关数字化设计与制造在机车车辆领域的研究工作，并有幸参加了轨道交通国家实验室（筹）的高速列车数字化仿真平台的建设工作。

2007 年以后迎来了高速列车在我国的大发展时期，在张教授的带领下，我和我的团队成员有幸参与了科技部与铁道部的两部联合行动计划，并在后续的研究中实质性地参与了有关高速列车创新研制的国家需求项目，也得到了多个国家自然基金项目的资助，在高速列车数字化设计研究方面有了一些实质性的进展，于是在归纳总结的基础上，将其成文，希望为我国高速列车的创新有所帮助。

本书重点从系统论的角度，论述设计模型、分析模型、仿真模型、优化模型之间的信息及数据传递或过渡的机理及技术方法，以形成设计驱动的高速列车整机性能参数动态优化设计方法，使得设计过程在一个相对闭环的迭代过程中，有效找到高速列车整机性能参数的设计域，设计参数变化规律和设计参数对设计目标的重要程度，从而指导高速列车整机性能参数的优化设计和试验，在数字化样机阶段无风险地分析并减少设计缺陷，提高设计质量和效率，降低设计往复的成本，尽量减少物理试验次数和对物理样机的过渡依赖。

本书是团队一起合作完成的结果，其中第 1~2 章由丁国富及博士生何邕完成，第 3 章由丁国富、黎荣、博士生张海柱完成，第 4 章由邹益胜完成，第 5 章由丁国富及博士生何邕完成，第 6~7 章由张剑和博士生姜杰完成，第 8 章由黎荣及博士生张海柱、姜杰、谢星完成，丁国富负责整个统稿工作，其中邹益胜、张剑和姜杰参与了大量的校对工作，在此对数字化设计与制造团队所有成员表示感谢。

本书的出版得到了国家自然科学基金（51305367，50975240，51575461）资助，部分内容也来自国家科技支撑计划、四川省青年科技基金的支持，在此对资金提供的单位表示感谢。本书的研究也得到了牵引动力国家重点实验室张卫华教授及其同仁的大力支持，是他们将我引入了高速铁路的舞台，在此，对他们的帮助和支持表示深深的感谢。

丁国富
于西南交通大学
2015 年 10 月

目 录

第1章 概 述 ·· 1
- 1.1 复杂机电系统 ·· 1
- 1.2 复杂机电产品虚拟样机技术 ··· 2
- 1.3 高速列车的复杂机电系统 ·· 7
- 1.4 高速列车虚拟样机技术 ··· 9
- 1.5 高速列车虚拟样机技术现状及趋势 ·· 11
- 1.6 本书内容 ·· 12
- 1.7 本章小结 ·· 12
- 参考文献 ·· 12

第2章 高速列车设计、分析、优化集成 ·· 14
- 2.1 引 言 ·· 14
- 2.2 复杂机电系统数字化设计、分析、优化集成 ································· 15
- 2.3 高速列车数字化设计、分析、优化集成建模 ································· 19
- 2.4 面向设计模型的高速列车设计、多体动力学分析集成描述 ·············· 28
- 2.5 本章小结 ·· 38
- 参考文献 ·· 38

第3章 面向设计模型的高速列车分析模型映射 ····································· 40
- 3.1 复杂机电系统分析模型属性提取 ·· 40
- 3.2 高速列车动力学分析模型属性提取方法 ······································· 51
- 3.3 本章小结 ·· 65
- 参考文献 ·· 65

第4章 高速列车多分析视图耦合仿真 ·· 67
- 4.1 复杂机电系统多分析视图耦合仿真 ··· 67
- 4.2 高速列车多分析视图模型耦合仿真 ··· 73
- 4.3 本章小结 ·· 85
- 参考文献 ·· 85

第5章 面向多体系统的高速列车动力学参数灵敏度分析 ························ 87
- 5.1 灵敏度分析概述 ··· 87
- 5.2 面向设计的多体系统灵敏度分析模型 ·· 88
- 5.3 面向设计模型的高速列车灵敏度分析模型研究 ···························· 100

| 5.4 | 本章小结 | 112 |
| 参考文献 | | 112 |

第6章 高速列车基于代理模型的整机性能设计参数灵敏度分析 114
    6.1 高速列车动力学模型构建 114
    6.2 高速列车设计空间缩减和确定 121
    6.3 高速列车动力学代理模型方案 124
    6.4 构建高速列车改进神经网络代理模型 128
    6.5 高速列车设计参数灵敏度分析和关键参数识别 133
    6.6 本章小结 136
    参考文献 136

第7章 高速列车基于代理模型的动力学设计参数优化 139
    7.1 概述 139
    7.2 高速列车动力学设计参数优化算法和流程 141
    7.3 优化模型的建立 143
    7.4 高速列车动力学设计参数优化过程 148
    7.5 Pareto非支配解集数据分析 155
    7.6 本章小结 160
    参考文献 160

第8章 高速列车设计、分析、优化集成平台 162
    8.1 高速列车数字化设计面临的挑战 162
    8.2 高速列车设计、分析、优化集成框架 168
    8.3 高速列车设计、分析、优化集成平台搭建 171
    8.4 本章小结 218
    参考文献 219

第1章 概　述

1.1　复杂机电系统

系统是按照某些规律结合起来，互相作用、互相依存的所有实体的集合或总和。系统有明确的边界、输入、输出，而实体、属性、活动是描述系统的三大要素。系统可以用模型进行抽象，而描述系统的模型可以分为物理模型和数学模型。模型的典型数学描述如下所示：

$$S = (T, X, \Omega, Q, Y, \delta, \lambda)$$

式中　T——时间基，描述系统变化的时间坐标（T 为整数则称为离散时间系统；T 为实数则称为连续时间系统）；

X——输入集，代表外部环境对系统的作用（X 被定义为 R^n，其中 $n \in I^+$，即 X 代表 n 个实值的输入变量）；

Ω——输入段集，描述某个时间间隔内的输入模式，是 (X,T) 的子集；

Q——内部状态集，是系统内部结构建模的核心；

δ——状态转移函数，定义系统内部状态是如何变化的，它是映射：$\delta: Q \times \Omega \to Q$ 其含义为，若系统在 t_0 时刻处于状态 q，并施加一个输入段 $\omega: <t_0, t_1> \to X$，则 $\delta(q, \omega)$ 表示系统处于 t_1 状态）；

λ——输出函数，它是映射：$\lambda: Q \times X \times T \to Y$（输出函数给出了一个输出段集）；

Y——输出段集，系统通过它作用于环境。

对于一个系统，根据其组成子系统以及子系统种类的多少和它们之间的关联复杂程度，可分为简单系统、简单巨系统和复杂巨系统。其中子系统种类很多并有层次结构，将关联关系很复杂的，称为开放的复杂巨系统（复杂系统）。复杂系统具有系统组成关系复杂、系统行为复杂、系统的子系统间以及系统与其环境之间交互关系复杂和能量交换复杂等特征。自适应性/自组织性、不确定性、涌现性、预觉性、演化、开放性是其显著特点。复杂系统可以采用系统论的方法进行研究。

复杂机电系统应是一个有自组织行为的开放巨系统。在整个系统的功能具有内部整体性、选择性和目的性的情况下，各个系统要素具有相对独立自主的行为，是一个由很多变量并且变量之间相互制约的系统。一个机电系统有大量的子系统、子装配、子部件以及组成的各种零件，形成从功能、结构、性能、行为上统一的有机组成体，完成整个机电系统的边界定义。由此，复杂机电系统体现出功能上的多样性，结构上的可靠性，性能上的稳定性、预测和演化，行为上因边界影响的不确定性和自适应，有多变量的输入和输出以及相互影响和制约确定其开放性等等，这些都充分体现了机电系统的复杂性。飞机、轮船、轨道交通装备、汽车、航天器、宇宙飞船等都是典型的复杂机电巨系统。

系统论是解决复杂系统的有效方法，采用系统论的观点可以有效地分析复杂机电系统的主要要素，以及相互之间的优先关联和作用，抓住问题的主要矛盾，是系统功能的基本保证。这一有效理论也适合自顶向下的机电产品开发观点，且早已得到我国著名科学家钱学森院士的充分论证。

1.2 复杂机电产品虚拟样机技术

1.2.1 虚拟样机概念

虚拟样机（Virtual Prototyping，简称 VP）是一种新型的产品设计和过程开发的方法。它是一种崭新的产品开发方法，一种基于计算机仿真的数字化设计方法，这种方法以并行工程方法学、自顶向下的设计模式和建模仿真理论为指导，以计算机支持的协同工作为平台，将先进的建模和仿真技术、虚拟现实和可视化技术、IPPD 技术，以及 PDM 等结合起来，为产品的全寿命周期设计、性能测试和评估提供一个分布式的集成化环境，以此获得性能优化的数字化样机，从而减少对物理样机的依赖，降低研制成本、提高产品质量、加快产品投入市场的速度。

由此可见，虚拟样机技术是一种崭新的产品开发方法，它是先进制造技术的一个重要领域，是 21 世纪先进制造模式敏捷制造、虚拟制造等的使能技术；是一种基于产品的计算机仿真模型的数字化设计方法。它按照相似理论，将产品物理样机映射在计算机中形成数字化模型，强调在基于产品的数字模型上对其进行外观、功能和行为上的模拟，是建立在仿真建模理论方法学基础上的产品全过程数字化模拟和仿真；支持并行工程方法学，是基于一体化产品和过程开发策略的设计、开发手段。支持产品"由上而下"的设计模式，并主张在多领域共同协作来完成对虚拟模型进行优化和评估，它是对现代设计方法学的发展和延伸；是以 CAX/DFX 为发展基础，以多体系统运动学和动力学为理论基础，以虚拟现实、可视化和计算机图形理论为性能评估手段的综合应用技术；是以 PDM 为信息处理基础，以分布式计算机环境为支撑，并以此支持产品全生命周期活动过程的集成系统，符合 IPPD 的概念和模式；最终目的是代替物理样机进行创新设计、测试和评估，从而缩短开发周期、降低成本，改进产品设计质量、提高面向客户与市场需求的竞争力。

虚拟样机强调产品整体性能的设计，是与系统论相吻合的研究理论，适宜于研究复杂机电系统。

相比传统的基于物理样机的设计研发方法，虚拟样机设计方法是一种全新的研发模式。传统的研发方法从设计到生产是一个串行过程，而虚拟样机技术强调在系统的层次上模拟产品的外观、功能和在特定环境下的行为。真正地实现了系统角度的产品优化，它基于并行工程（Concurrent Engineering），使产品的概念设计阶段就可以迅速地分析、比较多种设计方案，确定影响性能的敏感参数，并通过可视化技术设计产品、预测产品在真实工况下的特征以及所具有的响应，直至获得最优工作性能；具有更低的研发成本、更短的研发周期、更高的产品质量。采用虚拟样机设计方法有助于摆脱对物理样机的依赖，通过计算机技术建立产品的数字化模型，可以完成无数次物理样机无法进行的虚拟试验，从而无需制造及试验物理样机就可获得最优方案，因此不但减少了物理样机的数量，而且缩短了研发周期、提高了产品质量；涉及产品全生命周期，虚拟样机可应用于产品开发的全生命周期，并随产品全生命周期的演进而不断丰富和完善，同时支持产品的全方位测试、分析和评估，支持不同领域人员从不同角度对同一虚拟产品并行地进行测试、分析和评估；实现动态联盟的重要手段。目前世界范围内广泛地接受了动态联盟（Virtual Company）的概念，即为了适应快速变化的全球市场，克服单个企业资源的局限性，出现了在一定时间内，通过 Internet（或 Intranet）临时缔结成的一种虚拟企业。为实现并行设计和制造，参盟企业之间产品信息的敏捷交流尤显重要，而虚拟样机是一种数字化模型，通过网络输送产品信息，具有传递快速、反馈及时的特点，进而使动态联盟的活动具有高度的并行性。

1.2.2 复杂机电产品虚拟样机

复杂机电产品虚拟样机概念由李伯虎院士、熊光楞教授等人提出，他们将复杂产品定义为：客户需求复杂、产品组成复杂、产品技术复杂、制造过程复杂、项目管理复杂的一类产品。显然，航天器、飞机、汽车、火车、轮船、武器系统、大型机床等都属于复杂产品的范畴。

复杂产品虚拟样机的开发工作已构成一个系统工程。为了真正能使虚拟样机技术成为改善产品开发周期、质量和成本，进而提高企业市场竞争能力的重要手段，必须从系统的观点进行研究。为此，提出复杂产品虚拟样机工程的概念，它类似于物理样机设计制造技术发展过程中从 CAX 向集成优化的现代集成制造系统（CIMS）的发展历程。该工程的成功实现，将涉及工程全生命周期中人员组织、管理、技术等诸多要素的集成优化，涉及工程中信息流、工作流、物流的集成优化，将会对传统的虚拟样机技术的研究、开发提出一系列新的挑战。

复杂产品虚拟样机技术涉及多系统运动学与动力学建模理论及其技术实现，是基于先进的建模技术、多领域协同仿真技术、信息集成与管理技术、工程设计分析技术和虚拟现实技术的综合应用技术。利用虚拟样机可代替物理样机对产品进行创新设计、测试和评估，缩短开发周期，降低成本，改进设计质量，提高企业面向客户、敏捷响应市场的能力。利用虚拟样机技术开发虚拟样机的过程，实质上是一种产品全生命周期基于模型的不断提炼与完善的过程。在产品全生命周期中，从需求分析直至使用训练和销毁，通过使用相关产品开发工具或利用已有的相关产品模型，在虚拟环境中，构造产品的虚拟样机，并基于产品开发需求，采用相应仿真分析工具，对虚拟样机的功能、性能进行仿真分析，对虚拟样机的行为进行模拟分析，并基于分析结果，在模型的校验、验证和确认（VV&A）过程支持下，修改产品设计模型和相应的仿真分析模型。这样，通过产品全生命周期反复的建模、仿真分析与模型改进活动，开发出满足产品预期设计目标的虚拟样机。

复杂产品虚拟样机具有以下特点：该样机是一个复杂的系统，其组成关系复杂、与外界环境的交互关系复杂、开发过程复杂，涉及的子系统多、学科技术种类多、人员和工具多；该样机是由分布的、不同工具开发的、甚至异构的子模型组成的模型联合体,包括产品的 CAD 模型、外观表示模型、功能和性能仿真模型以及环境模型等；该样机涉及的仿真类型多、学科领域多，应用范围广。涉及虚拟仿真（包含硬件在回路中的仿真和人在回路中的仿真）和构造仿真（包括机械、电子、软件和控制动力学等学科领域），可应用于工程仿真、交战仿真、任务仿真和体系对抗仿真等系统中；该样机将应用于产品开发制造的全生命周期，包括需求分析和定义、概念设计、详细设计、生产制造（虚拟）、测试评估、使用、维护训练直至销毁等不同阶段。

复杂机电产品虚拟样机技术的开发与实施涉及许多关键技术与相关研究领域，如系统总体技术、建模/仿真技术、虚拟现实技术、产品建模技术、模型VV&A校验验证和确认技术、支撑平台/框架技术等。并按照需求样机、概念样机、方案样机、工程样机的过程进行研发。

1.2.3 虚拟样机技术的研究状况

虚拟样机技术于20世纪90年代初开始发展，其研究和应用迅速得到许多研究机构及软件供应商的重视。目前，国外虚拟样机相关技术的软件化过程已经完成，较有影响的有美国机械动力公司（Mechanical Dynamics Inc. MDI）的ADAMS，CADSI的DADS，德国航天局的SIMPACK，其他的还有Working Model、Flow3D、IDEAS、Phonics、ANASYS、Pamcrash等等。美国VPI公司已经开发出了商业性的虚拟样机系统，在国防、航空、航天等领域得到广泛的应用。LMS公司结合CATIA的CAD/CAE/CAM平台，形成了一个集建模、仿真、优化等相互结合的虚拟样机平台系统，并在行业中得到广泛应用。

目前虚拟样机的研究有两个层面，第一层面是开发制造虚拟样机的平台，也就是各种软件的开发，软件开发的模式有3种，一是开发各种功能模块软件，如实体设计的Pro-E、SOLIDWORKS、CATIA、UG、CAXA等，动力学计算软件ADAMS、SIMPACK、NUCARS、VAMPIRE、DADS等，强度和疲劳分析软件IDEAS、ABAQUS、ANSYS、FATIGUE等；流体计算软件FLUENT、STARCD等；这些工作主要依赖国外软件公司开发完成。二是以PDM技术集成各种建模分析软件，通过接口，以及通过PDM管理（如采用Pro-E的协同管理平台），实现基于虚拟样机概念的软件流程，并设计出经验知识专家库、样机库、模型库、物理实验数据和分析数据知识库。也有一部分工作对已有软件进行二次开发，没有研究分析软件本身，目前国内的研究主要集中于此。三是开发具有真正意义的虚拟样机平台，在一个软件中完成设计和分析，不需要在各个软件间进行数据的传输和转换，实现无缝连接。如LMS公司的Virtual-Lab，它通过和实体设计软件CATIA合作，兼并动力学软件DADS，并和ABAQUS、ANSYS实现无缝连接（仅用有限元软件的求解器），最后加入LMS公司本身在疲劳和声学计算方面的优势，实现了比较完整的虚拟样机平台。虚拟样机研究的第二个层面就是利用已有的平台，针对产品进行虚拟样机的研究，包括建模和模型验证、性能分析、产品优化等。

虚拟样机技术也得到各国政府的高度重视。当年克林顿政府亦曾批准过快速发展和推广虚拟样机技术的计划，拨给ARPA和国防部的预算超过十亿美元；美国Sikorsky和波音公司在开发军队最新最大的航空项目Commanche时，大规模地使用了虚拟样机技术，Sikorsky使用CVP技术可使Commanche的单位开销降低；Chycler公司与IBM合作开发的虚拟制造环境用于其新型车的研制，在样本生产之前发现其定位系统的控制及其他许多设计缺陷，缩短了研制周期；芬兰VTT电子公司正在从事消费类电子产品的虚拟样机研究，已开发出了手机的虚拟样机。

虚拟样机技术的研究在我国起步相对较晚，但已经受到国家和相关部门的高度重视，表现出强劲的发展势头。尤其在航空、航天、武器系统、轨道交通装备领域率先开展，包括清华大学、北京航空航天大学、航天研究院、国防大学、西南交通大学、中国农业大学等。以飞行器、武器、轨道交通装备等的性能分析、满足用户需求为目标，在采办、虚拟仿真试验、协同虚拟样机等方面，采用知识协同管理和 PDM 综合其他软件工具，利用成熟的 DCOM、组件、XML、CORBA、HLA 计算机技术等手段，研究整个虚拟样机系统的总体构架、协同、分布式构架和系统集成等，形成了类似 COSim 的系统软件。

其他领域的研究相对分散，主要有：工程机械、制造装备、虚轴并联机床、控制系统中的电子、液压、机械，这些领域借助于虚拟样机的概念，采取使用现有软件 ADAMS、UG、PRO-E/MECHANICA、IDEAS、ANSYS、MATLAB 以及他们的二次开发进行研究。

综上所述，虚拟样机的研究从不同的层次、不同的技术角度、不同的应用领域进行开展，并在虚拟模型、产品数据一体化建模、系统仿真和建模、虚拟现实、产品全生命周期建模、多体系统理论、CAE、CAD、系统仿真、分布式仿真、整机性能方案优化、虚拟样机平台等方面进行不同程度的开展。

虚拟样机技术是建立在许多技术基础上的一种综合技术，一些基础技术的不成熟会限制虚拟样机技术的应用，同时虚拟样机技术是一种新兴技术，现在还处在研究和发展阶段，本身的不完善使其应用受到一定的限制。主要表现在以下几个方面：

（1）由于现在还没有一个完全无缝的数据交换方法，在不同的虚拟样机设计工具和应用软件之间数据的交换经常会带来信息的丢失。现在通常是将各应用程序的数据转化为中间的文件格式（如 IGES、STEP 格式等），但是由于一些商业的 CAD/CAE/CAM 软件对这些中间格式的支持程度不高，同时这些中间的文件格式本身不是很完善，还需要继续完善和修改。再加上用户对各软件的数据存放方式的了解并不是很充分，因此这些方法的效果并不是很好。

（2）虚拟样机技术本身原理上的不够准确性。在对产品性能进行研究的时候，如进行有限元分析时，会用小的平面模型去代替一个连续的三维实体模型。建模过程中的近似会给结果带来原理上的误差。如果用虚拟样机技术来评估一个产品，如可维护性，在虚拟的环境和在真实的环境中即便是对于同一个工程师来说，他所花费的时间也是不一样的。这种时间上面的差别主要由于计算所花费的时间延迟、图像处理的时间延迟以及虚拟环境中的不舒适性带来的时间延迟所造成的。虚拟样机技术在这些原理上的延迟应该在寻求设计优化的过程中进行量化，并将其考虑其中。

（3）产品复杂，因此构造一个准确的、完整的、理想化的模型是很难的。例如，在计算机里进行装配的动态响应研究是非常复杂和有挑战性的。在这种情况下，如果辅助以适当数目的物理样机，就可以更好地理解虚拟样机，并且还可以增加虚拟样机的可信。虚拟样机技术的其他方面，如可制造性、可维护性以及它们之间的关系现在理解得并不是很清楚，这些方面的模型并不令人满意。这对虚拟样机技术发挥其优势带来了一定的限制。

尽管虚拟样机技术在现阶段有一些局限性，但其体现出了良好的应用前景。为了更好地开发虚拟样机技术的潜能，消除虚拟样机技术的局限性，以下的技术难点亟待解决：各种虚拟样机设计分析仿真工具的集成化和产品数据管理；使用虚拟样机技术进行可制造性、可维护性和使用性能分析；虚拟样机技术系统的误差；以虚拟样机技术为基础的优化技术；以虚拟样机技术为中心的协同设计环境。

今后的虚拟样机技术将建模和仿真技术扩展到新产品研制开发的全过程。它以计算机支持的系统工作（CSCW）为底层技术基础，通过支持协同工作、CAD、CAM、建模仿真、性能分析、计算可视化、虚拟现实的计算机工具，将各个集成化产品小组（IPT）的设计、分析人员联系在一起，共同完成新产品的概念设计、运作分析、初步设计、详细设计、可制造性分析、效能评估、生产计划、生产管理等工作。并朝着产品全生命周期建模仿真、整机性能优化建模、多领域协同建模仿真、基于网格技术的协同设计、基于知识的智能体建模、基于VR的人在回路过程中的全沉浸模拟等方向发展。

1.2.4　虚拟样机技术在机械行业中的应用

近年来虚拟样机技术及其应用已经获得重大进展。已经具备处理日益复杂的工程问题的能力，被广泛地应用在汽车制造业、工程机械、航天航空业、国防工业及通用机械制造业等领域中，世界著名的制造公司在生产开发过程中，广泛地应用虚拟样机技术。

虚拟样机技术在一些较发达国家，如美国、德国、日本等已得到广泛的应用，应用领域从汽车制造业、工程机械、航空航天业、造船业、机械电子工业、国防工业、通用机械到人机工程学、生物力学、医学以及工程咨询等很多方面。

美国航空航天局（NASA）的喷气推进实验室（JPL）成功地实现了火星探测器探路者号在火星上的软着陆，成为轰动一时的新闻。JPL工程师利用虚拟样机技术仿真研究宇宙飞船在不同阶段（进入大气层、减速和着陆）的工作过程。在探测器发射以前，JPL的工程师们运用虚拟样机技术预测到由于制动火箭与火星风的相互作用，探测器很可能在着陆时滚翻。工程师们针对这个问题修改了技术方案，将灵敏的科学仪器安全送抵火星表面，保证了火星登陆计划的成功。美国波音飞机公司的波音777飞机是世界上首架以无图方式研发及制造的飞机，其设计、装配、性能评价及分析就是采用了虚拟样机技术，这不但使研发周期大大缩短、研发成本大大降低，而且确保了最终产品一次接装成功。

Caterpillar公司是世界上最大的拖拉机、装载机和工程机械制造商之一，由于制造一台大型设备的物理样机需要数月时间，并耗资数百万美元，所以，为了提高竞争力，必须大幅度削减产品的设计、制造成本。Caterpillar公司采用了虚拟样机技术，从根本上改进了设计和试验步骤，实现了快速虚拟试验多种设计方案，从而使其产品成本低，但性能却更加优越。同样，作为生产工程机械的著名厂商 JohnDeere 公司，为了解决工程机械在高速行驶时的蛇行现象及在重载下的自激振动问题，John Deere 公司的工程师利用虚拟样机技术，不仅找到了原因，而且提出了改进方案，并且在虚拟样机上得到了验证，从而大大提高了产品的高速行驶性能与重载作业性能。一家卡车制造公司在研制新型柴油机时，发现点火控制系统的链条在转速达到 6 000 r/min 时运动失稳并发生振动。常规的测量技术在这样的高温高速的环境下失灵，工程师们不得不借助于虚拟样机技术。根据对虚拟模型的动力学及控制系统的分析结果，发现了不稳定因素，改进了控制系统，使系统的稳定范围达到 10 000 r/min 以上。

福特汽车公司在一个新车型的开发中也采用了这项技术，其设计周期缩短了 70 天。全公司范围内，由于采用了这项技术，设计费用减少了 4 千万美元，制造费用节省了 10 亿美元。由于设计制造周期的缩短，新车上市早，额外赢利达到其成本的数倍。克莱斯勒公司也常采用虚拟产品建模。

保龄球的形状通常是圆形对称的。近年来，人们发现非圆非对称形状的保龄球更容易控制，对地板的适应性更好。尽管保龄球的造价不高，但对千变万化的各种形状进行实验也是非常费时费钱的。为此，一家保龄球制造商采用虚拟样机技术，在计算机上不断地改变球的几何形状及指孔分布并进行动力学仿真。其结果不仅缩短了设计周期，而且精确地达到了使用者的要求。Motorola 也正在和 DoD 共同进行军用移动分布式无线全球通信系统和网络技术的研制，以减低开发设计的风险和成本。

在我国，虚拟样机技术的应用主要还是侧重在航空、航天、武器系统采办领域，其应用范围离国外还有很大的差距。由于没有自主产权的虚拟样机软件产品，国内主要侧重于虚拟样机技术的技术研究和探索。中国航天科工集团公司采用虚拟样机技术，用于对航天器的研制；清华大学 985 工程针对轿车数字化虚拟样机进行了深入的研究和应用；清华大学和北车集团联合进行了铁路机车车辆虚拟样机的研制；西南交通大学将虚拟样机技术用于机车车辆新产品的研制，并在弓网系统、转向架等部分取得了成功的应用，目前正在进行自主开发机车车辆虚拟样机平台的研究，试图对铁路机车车辆的研究环境进行统一。

另外，国内开展得比较多的是借助于虚拟样机的概念，对相应的对象进行研究和应用，主要在研究机构或研究机构与企业合作进行，探索性质比较浓厚，并侧重于对产品部件的部分采用虚拟样机技术。比如对装载机、并联机床、汽车、摩托车等等。

从总体上来说，虚拟样机技术的研究和应用正在全世界蓬勃地开展，并有强劲的上升势头，虚拟样机技术已经在工业中表现出广阔的应用前景。

1.3 高速列车的复杂机电系统

高速列车作为一种重要的载运旅客的轨道交通工具，是一个有机的复杂巨系统，主要由列车、车辆、车体、转向架、牵引传动系统、制动系统、辅助供电系统、列车网络控制系统、环控（空调等）等关键部分组成，又包括 120 多个独立子系统、4 万多个零件，涵盖 9 大关键技术和 10 项重要配套技术。图 1-1 所示为高速列车几大系统的分布，表 1-1 分别列出了 9 大子系统的主要组成内容。

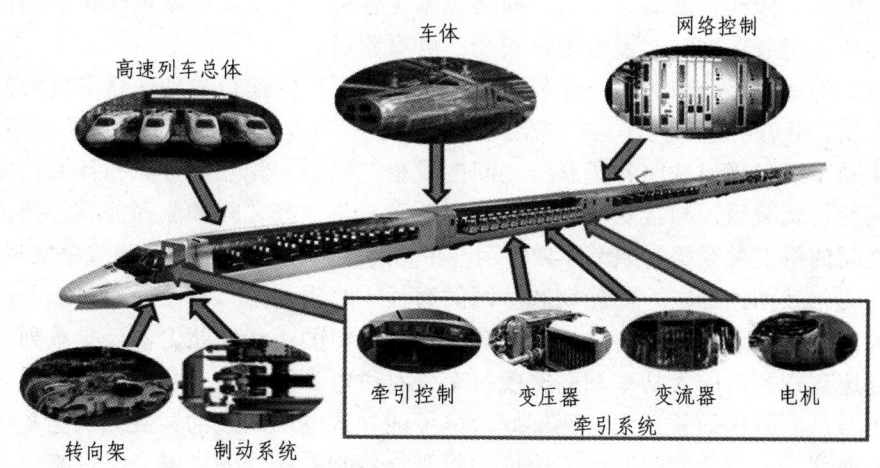

图 1-1　高速列车结构组成

表 1-1　高速列车结构表

系统	组成
列车	动车组编组、牵引动力配置、车长、轴重、适应轨距与界限、架车/顶车方式，司乘人员使用设施与操作空间、救援车钩、动车组运用专用或特殊工具等车辆运用服务设施
车辆	头车中车体结构、内装设备、前端车钩和开闭机构、司机台、动车转向架、牵引变流器、制动系统；动车中车体结构、内装设备、动车转向架、牵引变流器、制动模块等各个系统部件；拖车中车体结构、内装设备、受电弓、牵引变压器、转向架、制动模块、风源模块等各个系统部件；餐车中车体结构、内装设备、牵引系统设备、厨房酒吧设备、转向架、制动模块、风源模块等各个系统部件；VIP车中车体结构、内装设备、牵引系统设备、酒吧设备、VIP座椅、VIP包间、转向架、制动模块、风源模块等各个系统部件
车体	头车和中间车车体结构、静态承载能力、车下设备舱结构与参数、排障器的结构与参数、与转向架连接接口关系等车体特征
转向架	转向架构架、过渡枕梁、轮对、齿轮箱、牵引电机、基础制动、悬挂件和其他附属部件
牵引传动系统	受电弓、高压断路器、隔离开关、主变压器、牵引变流器等牵引系统各部件
制动系统	风源系统、控制系统、基础制动系统、其他辅助设备
辅助供电系统	辅助变流器、充电机、蓄电池等辅助电气系统主要部件
列车网络控制系统	中央控制单元、输入输出单元、终端装置、中继器、人机界面等部件
环控系统	空调机组、新风风机、废排风机、紧急逆变器、压力保护阀、电加热器、控制单元、通信卡和其他附属部件
内装设备	车窗结构、座椅布置、行李架结构、车内空间尺寸与参数、服务区和辅助设施布置（分布）、餐饮设施旅客界面信息
给水卫生系统	新水箱、污物箱、卫生间
门系统	外部塞拉门、端拉门的动作机构、机械传动部件、位置感应部件以及安装结构
厨房设备	餐车冰箱、冰柜、微波炉、电烤箱等厨房设备、安装结构
车辆连接系统	头车和中间车车钩缓冲装置、前端开闭结构、内外风挡结构和参数、排障器的结构

高速列车不但结构复杂，功能也有明确定义，各个部件都起到非常重要的作用，包括承载、走行、供电、传动、制动、空调、网络控制等各种大的功能以及更细化的功能集，这些功能相互协调，完成在高时速下的旅客安全、可靠载运。

高速列车的运行环境和边界同样复杂，由于高速列车的运行受到线路和接触网等固定设施条件的限制，牵引供电和列车运行控制系统的控制，以及空气扰动、阻力及噪声的制约等。因此，高速动车组与高速铁路各子系统之间构成相互联系、相互依存、相互制约的关系，如与线路之间的轮轨关系，与接触网之间的弓网关系，与空气之间的流固关系，与供电及牵引传动系统之间的机电关系等，如图1-2所示。在高速运行条件下，列车和线路轨道、接触网、气流等之间的相互作用加剧，如轮轨和弓网的磨耗、磨损加速，甚至导致失效，严重影响运行；高速气流也不再仅仅是运行阻力，同时影响动车组的运行性能，甚至导致列车运行安全性问题；高速运行所需的大功率和高密度行车，对供电系统的电力释放和吸收提出更高的要求，一旦车与供电系统的关系没有匹配好，就可能导致电压的波动，甚至供电系统因超压、低压或冲击而崩溃。与此同时，由于速度的提高，特别是振动的加剧，会带来一系列极端的科学问题，如高速列车的全局非线性稳定性问题，轮轨间的黏着系数急剧下降导致的黏着极限问题，在考虑接触网张力限制后的波速逼近问题，结构疲劳超长寿命问题。

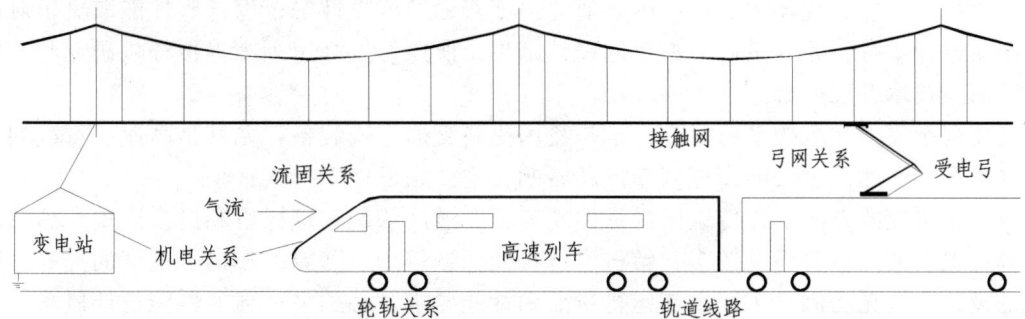

图 1-2　高速列车耦合大系统框架

复杂的运行环境及服役演变以及高品质的要求，给高速列车的研制带来更多的挑战，需要寻找更为先进的研制技术来满足这些需求和挑战。

1.4　高速列车虚拟样机技术

我国机车车辆产品近十多年来得到飞速的发展，靠的是技术的进步。一是产品本身的技术进步，新结构、新工艺的采用和合理的参数设计；同时也是设计、制造和试验技术的进步。对于复杂的机械产品，成功的设计完全得益于动力学计算、结构强度分析、空气动力学计算等，靠经验设计，摸着石头过河的时代已经结束。目前，由于产品的复杂性，生产各种产品的企业比如飞机、轮船、机车车辆等的设计制造厂家十分重视这些理论研究。但由于企业在理论研究方面比较薄弱，这些计算分析基本上依靠科研院所完成，即使企业也购置有类似的计算软件，但由于建模和参数确定困难，大部分企业没有独立地进行动力学和疲劳强度等理论研究。所以如西南交通大学等工科院校都承担着各个工厂的委托计算，而且计算项目很多，在机车车辆领域，仅西南交通大学每年就有十多个车型的计算任务。由于各种计算往往由不同单位或课题组完成，相互之间没有必然的联系，加上计算模型和计算方法互不相同、互不相通，计算模型又无法很好地进行试验验证，导致计算结果的准确性差，而且对同一对象，其计算结果也往往会互不相同。企业为了保险起见，不得不同时委托几个院校进行计算，但由于计算结果的不一致，使得设计人员和评审人员难以取舍。鉴于上述局面，从机车车辆产品研制的角度来看，开发产品综合性能设计的虚拟系统是十分必要的，而且也是我国机械行业十分迫切需要的。

近年来，以知识为基础的新产品的竞争成为制造业竞争的主流。作为仿真研究复杂机械系统各种问题重要手段的虚拟样机技术，正得到广泛的重视，它支持并行工程的观点，强调产品的综合性能，力求从产品的功能和行为上进行模拟。虚拟样机技术要求三维 CAD 及后续功能模块在考虑产品综合性能的基础上，进行创新设计，形成一个不过度依赖于物理样机的数字样机。

虚拟样机是一种先进的数字化设计方法，其既体现了对产品的创新设计，也体现了对产品的无风险的数字化试验，特别适合产品试制成本高的复杂机械系统的研制。铁路高速列车系统是由机械、电气、主动控制和驱动系统（动力分散式动车）组成，而主体是机械系统，属于复杂的机械系统范畴。车辆产品研制成功与否取决于车辆性能的好坏，性能包括动力学性能、运行安全性、气动性能、车内暖通、强度寿命及可靠性等，而这些性能取决于对高速列车产品设计本身，尤其是产品整机的设计结果。所以开展高速列车虚拟样机研究和开发，是先进制造技术发展的必然。

高速列车虚拟样机技术的研究，也是我国铁路交通运输装备，尤其是高速、重载列车研发技术发展的必然。过去的高速列车产品研制，主要采取以下形式：

（1）在研究的方法上，传统的设计体现串行、过度依赖物理样机和过多注重产品的局部优化等特点，结构本身强调较多，整机设计特性强调较少。随着列车运行速度的提高，这种传统的设计方法无法满足车辆高速运行所需的性能要求，必须采用新的性能设计概念，尤其强调在高速条件下的整机性能要求。

（2）在研究的过程上，没有形成一个完整的产品创新性研发体系。不同的车型由不同的研究所设计，再由不同的研发单位进行相关性能分析，随后在相关企业完成制造后，最后进行试验合格后形成产品。这导致产品研发过程分散而没有系统性，设计、性能分析、制造和试验严重脱节，且影响产品性能的分析模型不一致，分析的平台也不尽相同。例如，结构强度分析没有利用动力学研究可以得到的各种动荷谱，对重要部件和结构局部进行有效的疲劳强度分析；没有把空气气流的扰动对高速列车运动姿态的影响和结构振动的影响进行考虑等等。研究所得到的结果往往和实际运行状况存在差异，造成高速列车运行事故的发生。针对这种情况，迫切需求在完善铁路高速列车各功能软件的基础上，建立铁路车辆综合的、智能的性能设计软件（平台），形成统一的计算方法和标准，把传统的机械设计、零部件的强度分析和产品的性能分析结合在一个设计分析平台，进行机械结合的可视化设计和综合性能设计。

提高轨道交通速度不仅会给交通工具自身带来诸如安全性、舒适性、经济性、环保性等问题，同时还会带来诸多重大的科学技术问题。由于速度所带来的最典型的科学技术问题，比如：

空气阻力问题——在稠密大气层下，气动阻力是随着速度立方关系增长，这对地面轨道而言就有一个合理速度值问题，如何打破这样的阻力壁垒，进一步提高地面轨道交通速度。在高速条件下，列车和气流的耦合动作用问题，空气的可压缩特征问题等等，这里存在一系列基础科学问题亟待解决。

运行噪声问题——高速列车带来的基础问题是噪声，无论是轮轨噪声还是气动噪声，从噪声产生机理到传播机制都有待探讨。减振降噪是永恒的科学技术问题。

随着京沪高速铁路的成功运营，对高速列车的安全性、舒适性、经济性和环保性等性能要求越来越重要，建成高速列车虚拟样机平台，将对提高车速后所带来的系列问题研究提供强大的技术支持。

为此，在综合分析国内外相关研究领域的基础上，我们开展的高速列车虚拟样机工程是以铁路高速列车作为研究对象，紧密结合国家在铁路高速、重载方面的需求，引进和消化国外相关软件，并结合国内在该领域的研究优势，建立一个高速列车虚拟样机开发和测试平台，结合已有的高速列车整车滚动测试实验台，形成一个能对产品进行方案决策、面向三维的CAX/DFX智能优化设计、各种性能分析的综合（车辆动力学、空气动力学、强度、疲劳可靠性等）和产品运行过程中各种行为的动态模拟的相互验证的软硬件平台，将我国机械产品设计手段，特别是高速铁路高速列车的设计手段提高到一个新的水平。

1.5 高速列车虚拟样机现状及趋势

现有的研究显示，目前国内外存在的虚拟样机平台主要有以下几种：

（1）基于仿真构架形成的虚拟样机平台体系结构，比较典型的是：中国航天科工集团第二研究院与清华大学和北航联合开发的集成平台COSIM，主要对象为航天器。

（2）以CAX/DFX为核心，并结合其他分析软件的虚拟样机平台，比较典型的是：LMS公司的VirtualLab，是一种较为通用的虚拟样机平台。

（3）另外一种是根据行业的需求，按照虚拟样机的概念将各种分析软件进行基于PDM的集成，并做部分二次开发以实现行业产品的解决方案，这样的系统很多，在高速列车领域，大连交通大学曾经与清华大学合作863项目进行了类似的研究。

（4）其他大量的研究主要集中在CAE的基础上，包括动力学分析计算、疲劳强度可靠性、热分析、流体分析、声学噪声分析等等，大多建立在仿真的基础上，主要从部件的角度进行仿真分析，多以有限元分析为基础，不是完整意义上的虚拟样机。

国内铁路机车车辆虚拟样机的研究是近几年才得到重视的项目。在研究群体上，由于铁路系统的专业特点，大多集中在铁路院校的研究上。清华大学、大连交通大学等高校曾经进行过863计划项目"铁路机车车辆虚拟样机"的研究。该项目主要以大型软件，如PRO-E的PDM工具为集成主线，结合国外成熟的商业化建模、分析、计算软件，如PRO-E、ADAMS、MATALB、ANSYS等进行机车车辆模型样机的分析，其主要的缺陷在于：从局部能够解决机车车辆性能分析的部分问题，但要真正解决国内机车车辆的所有问题，必须依赖国内在机车车辆性能分析中自己的研究特色、研究成果等；实际上在软件的集成上，理论上来说不会存在技术困难，但在实际应用中还是存在不小的差距，主要是各种软件的建模方法、计算的精度、考虑的角度、数据交换的通用性等方面存在着一定的不相容；从软件的使用上，这本身不存在难度，但国外软件大都价格昂贵，升级困难，使得用户对软件的依赖性极强，无形中既阻碍了国产软件的成长，又使得单位投资大，存在着一定的风险。

西南交通大学是高速列车虚拟样机技术研究的积极倡导者，一方面联合国内在样机建模、性能分析方面有强大实力的单位进行开发，并结合自己的研究特色及研究成果，走软件国产化的道路，意图建立一个大概念的铁路机车车辆虚拟样机综合分析平台，以解决目前计算分析平台不一致，自主研制的软件不能相容等技术问题，另一方面结合国家重大课题开展系统的虚拟样机技术和平台研究。目前已经建立了轨道交通国家实验室（筹）的高速列车数字化仿真平台和基础研究试验平台，可以开展整机的数字化样机设计及分析研究，整机性能试验研究等，属于典型的虚拟样机思路。

随着高速列车虚拟样机的研究深入，技术可能向以下方向发展：

（1）CAD/CAE分析、集成及一体化技术，形成无缝连接，表达出完整的虚拟样机。

（2）多学科、多领域、多尺度融合的协同虚拟样机技术。

（3）面向全寿命周期的高速列车虚拟样机及多学科优化技术。

（4）基于 PDM、TDM 和 SDM 的高速列车设计、制造、仿真、试验数字化一体技术。

（5）基于 DFX 的高速列车虚拟样机成本、质量、可制造性、可装配性、可维修性等评价和分析技术。

（6）高速列车虚拟样机模型评价及可信性分析技术。

（7）虚实结合的高速列车性能评估技术。

（8）高速列车虚拟样机管理技术。

本书以虚拟样机概念为基础，通过论述虚拟样机的核心环节：设计、分析与优化及其集成技术，对高速列车设计、分析及优化的系列数字化技术进行阐述，力求从虚拟样机的角度一窥高速列车先进的设计理论及技术，希望对高速列车产品创新研发提供有益的帮助。

1.6 本书内容

虚拟样机技术是典型的数字化设计技术，涉及 CAX、仿真及优化技术等多方面。本书以高速列车数字化设计、分析与集成为主要内容，结合项目组十多年的研究结果，对高速列车的虚拟样机技术进行相关论述，重点论述高速列车整机性能设计、分析、仿真与优化技术及其平台搭建，以期对高速列车数字化设计提供帮助，并对复杂机电系统数字化设计提供技术指导。

1.7 本章小结

本章简述了复杂机电系统及其采用虚拟样机技术的数字化设计方法，针对高速列车这种机电系统对象，分析了其系统的复杂性，当前虚拟样机技术研究状况及发展趋势等。

参考文献

[1] 肖田元. 系统仿真导论[M]. 2 版. 北京：清华大学出版社，2010.

[2] 王寿云，戴汝为. 开放的复杂巨系统[M]. 杭州：浙江科学出版社，1996.

[3] Bohu Li, Xudong Chai, Wenhai Zhu, et al. The Recent Research on Virtual Prototyping Engineering for Complex Products[C]. The 8th International Conference on Computer Supported Cooperative Work in Design Proceedings，2003：18-25.

[4] G. Gary Wang. Definition and Review of Virtual Prototyping[J]. Transactions of the ASME，Journal of Computing and Information Science in Engineering，2002，2（3）：232-236.

[5] 熊光楞，李伯虎，柴旭东. 虚拟样机技术[J]. 系统仿真学报，2003，13（1）：114-117.

[6] 刘贤喜，刘竹青，周一鸣. 机械系统虚拟样机软件原型的实用化研究[J]. 中国农业大学学报，2002，7（2）：76-80.

[7] ZHANG Weihua, DING Guofu, et al. Research on General Virtual Prototype Platform of Vehicle System[C], ICFDM'2004, Xi'an, China, June, 2004.

[8] 李伯虎，柴旭东. 复杂产品虚拟样机工程[J]. 计算机集成制造系统，2002，8（9）：678-683.

[9] 李伯虎,柴旭东,等. 复杂产品协同制造支撑环境技术的研究[J]. 计算机集成制造系统, 2003, 9(8): 691-697.

[10] Mei Liu, Dazhi Liu, Xiaojun Meng, Peisi Zhong. Virtual Prototype Based Architecture of Cooperative Design and Simulation for Complex Products[C]. The 8th International Conference on Computer Supported Cooperative Work in Design Proceedings, 2003: 546-553.

[11] 赵雯,王维平,朱一凡. 协同虚拟样机环境体系结构研究[J]. 国防科技大学学报, 2000, 22(6): 60-64.

[12] 马思群,兆文忠,等. 铁路机车车辆虚拟样机协调关键技术研究[J]. 计算机集成制造系统, 2003, 9(3): 242-246.

[13] 阎开印,张卫华,丁国富,等. 铁路机车车辆虚拟样机工程研究[J]. 铁道学报, 2005, 27(5): 54-60.

[14] Weihua Zhang, Guofu Ding, Kaiyin Yan, et al. Study on Virtual Prototype Platform of Vehicle[C], The 6th International conference on frontiers on Design and Manufacturing, Xi'an, XJU, China, 2004.

[15] 李伯虎,柴旭东,等. 复杂产品虚拟样机工程的研究与初步实践[J]. 系统仿真学报, 2002, 14(3): 336-341.

[16] 陈曦,吴慧中. 复杂产品虚拟样机概念设计技术研究[J].系统仿真学报, 2005, 17(9): 2150-2158.

[17] 赵雯,王维平,朱一凡. 虚拟样机一体化建模方法研究[J]. 系统仿真学报, 2002, 14(1): 100-103.

[18] 马思群,谢素明,等. PDM技术在铁路机车车辆虚拟样机中的应用研究[J]. 铁道学报, 2004, 26(1): 28-32.

[19] 张旭,毛恩荣. 机械系统虚拟样机技术的研究与开发[J]. 中国农业大学学报, 1999, 4(2): 94-98.

[20] 张卫华. 高速列车耦合大系统动力学理论与实践[M]. 北京: 科学出版社, 2013.

[21] 闫开印,张卫华,丁国富,王颋,肖世德. 铁路机车车辆虚拟样机工程研究[J]. 铁道学报, 2005, 27(5): 54-60.

[21] 阎开印. 基于多体系统意义下的机车车辆虚拟样机研究[D]. 成都: 西南交通大学, 2006.

第 2 章　高速列车设计、分析、优化集成

2.1　引　言

设计分析集成是一个普遍的问题,由于各 CAD 和 CAE 开发历程的原因,导致 CAD/CAE 之间有效集成形成一体化模型一直没有得到很好解决,尽管采用了第三方文件格式（比如 IGES 和 STEP 等方式）进行中间过渡,但因为传递信息的不准确或者过少,导致模型的精度不高。要实现真正的虚拟样机,需要在数字样机上进行各种功能和性能试验。进行基于仿真的设计,必须将 CAD 和 CAE 有效地集成起来,在底层共享相关数据。

针对复杂机电系统,目前设计分析能够集成起来的研究很少,大部分还是借助于三维 CAD 的中性文件输出,进行模型修剪操作后进行 CAE 分析。但这种数据已经不能回到 CAD 环境中,尤其经过了拓扑或者性能优化的模型,很难将按照网格组合的模型返回到具有实体特性的 CAD 环境中。究其根本原因,三维 CAD 环境是基于产品的特征进行建模,这种特征更适合设计、制造等。而 CAE 是基于 CAD 三维模型,一旦被处理后,所得到的模型已经只是几何本身,没有其他相关实体和特征等信息。这导致双方交换数据存在瓶颈,这种瓶颈是制约现在 CAD 和 CAE 不能很好衔接的关键因素,具有挑战性。

复杂机电系统的设计是一个循环往复的过程,从这个角度理解设计是一个闭环的过程,即是在给定的需求、指标情况下,确定研发目标,然后驱动设计活动,使得产品逐渐满足各项指标,达到要求。设计、分析的结果需要进行处理,而这些可以通过优化来完成,使得开环设计变成真正的闭环设计。优化设计已经广泛应用在产品的研发上,尤其在产品的结构优化、拓扑优化上,现在也逐渐在动力学领域得到探索和应用。

复杂机电系统的性能分析,最重要的是基于整机的动力学分析。如何建立设计、分析一体化的复杂机电系统动力学模型,对解决复杂机电系统自身性能起到非常关键的作用。除了前面 CAD/CAE 未能很好地集成起来以外,在动力学性能分析优化方面也未能很好结合。存在的主要挑战是:

（1）设计域的设计参数过多,导致设计空间过大,问题求解规模很大,很难进行设计优化。

（2）基于多体系统动力学优化,需要求解非常复杂的微分方程,解算繁琐。

（3）设计、分析和优化都在不同的平台上进行,很难将其整合在一起进行一体化研究。

复杂机电系统的闭环设计是将设计模型、分析模型以及优化模型等集成在统一的框架下,实现设计模型到分析模型映射、分析模型到优化模型的传递,最后基于优化模型得出的优化设计参数再反馈到设计,从而反馈修改或指导设计。

本章重点阐述以设计、分析、优化为核心的复杂机电系统闭环设计理论及方法,进而以高速列车的设计为对象,研究高速列车在设计、分析、优化集成中的具体技术。

2.2 复杂机电系统数字化设计、分析、优化集成

数字化设计是目前主流的设计方法,作为一种全新的设计手段,从系统工程的观点出发,强调设计、分析、优化为一个整体。产品从方案设计中获得设计原型,经过对各种分析领域建模,并提交分析工具进行分析求解,优化相关参数以获得结果;再根据结果进行综合,获得对设计目标的改进,并反馈给设计模型进行修改。循环以上过程,直到与目标接近或一致,从而减少试制次数,降低成本。由此可见,设计模型是设计的主体,任何分析模型不能脱离该模型,分析模型的准确性必须严格依据设计模型而建立。

根据复杂机电系统的研究重点,其数字化闭环设计流程如图 2-1 所示。由于设计模型是分析模型的基础,首先进行复杂机电系统的参数化设计,通过参数设计形成复杂机电系统数字样机;然后基于设计模型进行不同学科的映射,以及不同学科的属性提取,得出不同学科分析模型的参数集。在此之后,基于不同学科的分析模型参数集进行各学科的分析模型重构,建立起各个学科的分析模型,再将分析模型转化成仿真模型;最后,基于仿真模型的输入和输出数据构建各个学科仿真的代理模型,基于代理模型构建复杂机电系统的多目标优化模型,通过多目标优化算法得出优化后的设计参数从而来反馈修改设计,得出满足设计目标的设计参数和设计模型,实现复杂机电系统的闭环设计。

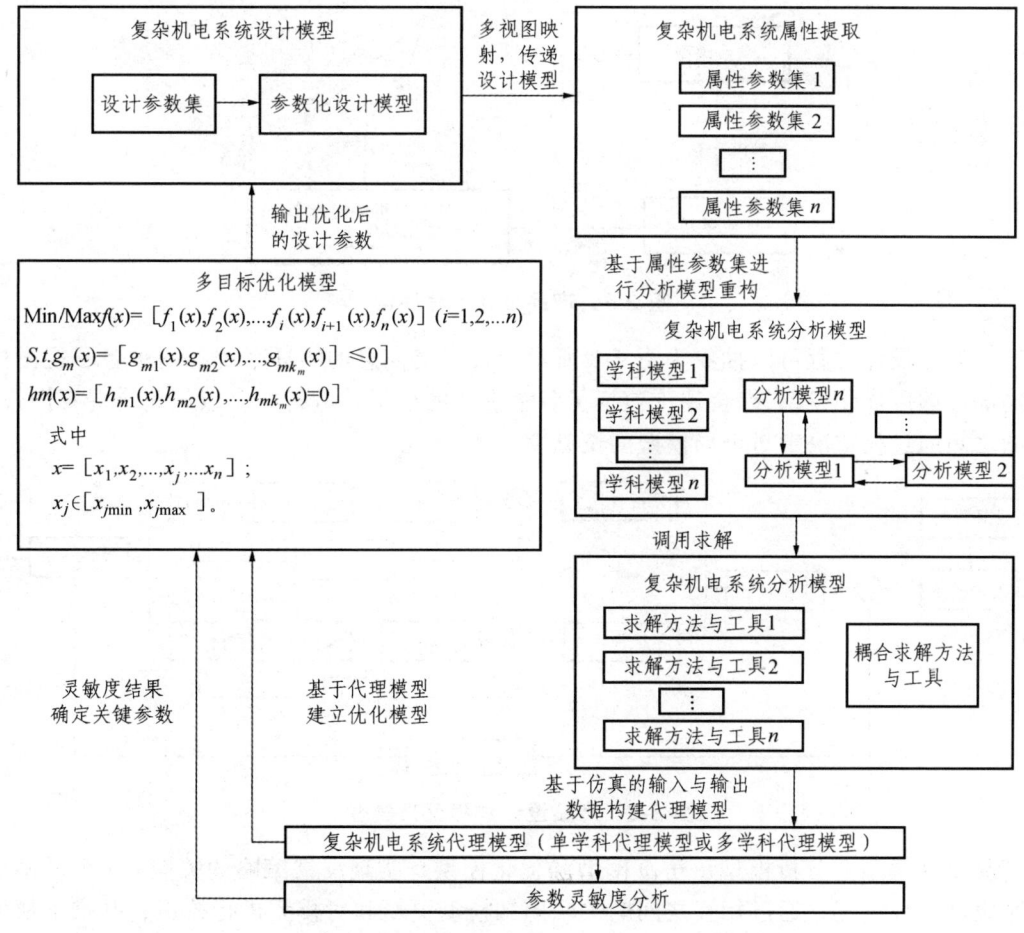

图 2-1 复杂机电系统数字化闭环设计流程

由上述过程可知,产品的设计更新是渐进的迭代过程。迭代多用于算法分析,应用于此引申为:在流程固定的基础上,通过不断修正产品设计的输入信息以获得朝着目标收敛的结果,如此循环运行,直至逼近或达到目标。产品的每个设计循环必须经过设计、分析和优化等过程,模型综合分析的结果将以反馈的方式驱动这个过程继续迭代,直到获得满意的结果。因此,复杂机电系统的设计、分析、优化集成可以理解为产品闭环设计过程。由于设计过程的复杂性,如何驱动这些过程朝着设计目标收敛,需要具有感知设计过程的智能体(Agent)进行控制。智能迭代综合采用类似于人的演绎和推理技术,用于对设计前的分析并感知设计后的结果,以驱动设计更新,结合系统的信息反馈机理,可以加快设计的过程朝着设计目标逼近。

产品设计是串联和并联相结合的循序渐进过程,该过程可以抽象为图的形式。将产品模型表达为一种约束结构图,节点反映同一产品模型下不同的产品分析视图。视图是指产品在不同应用层面的投影,由数据对象和关系对象组成。图中:V_G 为几何视图;V_D 为动力学物理模型视图;V_F 为有限元结构模型视图。由图 2-2 可知,V_D、V_F 和 V_G 具有互联关系,V_D 和 V_F 可以由转化得到。在约束结构图纵向表达设计的不同阶段,节点所表达的视图发生相应的变化,可以支持设计进程和分析视图的变化。

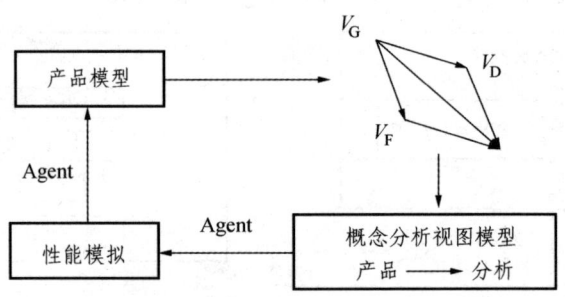

图 2-2 产品设计过程抽象

产品整个设计过程可以抽象为图 2-3 所示的带反馈信息的闭环系统。图中各子视图模型进行局部反馈以优化模型,综合评价包括了各个视图的结果并进行综合以优化全局视图模型,子视图之间通过权重决定对全局模型的贡献度。

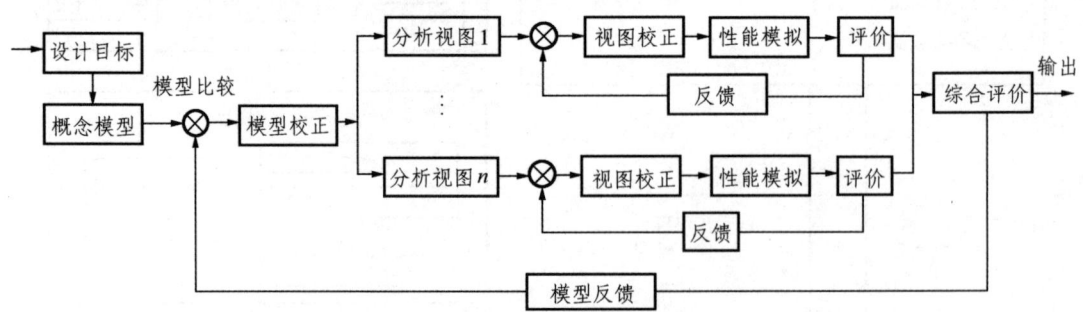

图 2-3 产品设计过程反馈模型

产品设计模型、分析模型、仿真模型和优化模型是实现反馈策略的关键。4 个模型贯穿于整个设计闭环过程,通过相互之间的关联感知模型更新和对模型进行校正,并推动模型反馈迭代,以获得满意的设计结果。

1. 产品设计模型

产品设计模型具有多层结构，在每个设计层次中，含有本阶段相关的设计进程，包括产品需求、设计选择和设计组件（设计特征的集合），同时分析模型与产品需求（设计约束）及设计组件相关联。设计模型、用户等组件之间的交互通过设计知识和规则进行控制。设计模型在用户的交互下，驱动每一设计层次中的虚拟设计过程。在用户的交互下，不同的分析应用视图从设计组件中提取特征参数信息，导出分析模型。产品设计模型与分析模型间的关系如图 2-4 所示。

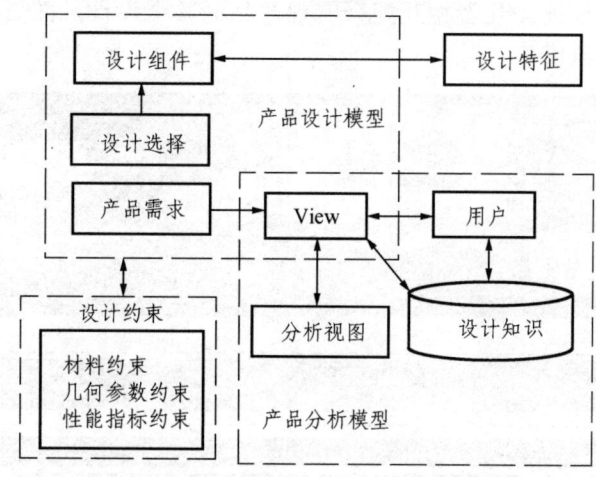

图 2-4　设计模型与分析模型的关系

2. 产品分析模型

产品分析模型是衔接性能仿真模型和设计模型的纽带。分析模型根据分析的目标映射为不同的模型格式。以多体系统为例，在设计模型中必须抽象出性能分析模型的多体系统特征，建立组成多体系统的各种刚体、柔性体和相互之间位置和姿态关系的矩阵，定义各种约束的形式、抽象化表达和各种构件物理属性，最后完成多体系统拓扑结构的语义模型。

3. 仿真模型

仿真模型主要用于实现物理性能分析的封装，实现分析模型在求解空间中的自动映射并表达为计算机能够解算的模型。同样以多体系统分析为例，当获得分析模型后，仿真模型自动感知该模型中多体系统的拓扑结构，恢复为可组建的可视模型，然后直接在计算机空间中由可视模型映射为数值仿真模型。仿真模型可根据系统功能的要求采用可视化模型进行人机交互，数值仿真进行后台求解，最后以可视的方式提交给用户，其中数值仿真模型是必不可少的。仿真模型是基于仿真设计的模型和数据基础。

4. 优化模型

整个闭环设计系统要实现设计反馈与迭代，优化模型最为关键，优化模型帮助找到寻优的路径与结果，获得满意的参数域。这个过程需要不停地寻优、比较、分析，需要在灵敏度分析模型基础上进行，以确定哪些设计参数对设计目标的敏感程度和影响程度的大小，以进一步确定关键参数、简化迭代等。由于多学科建模涉及局部优化和全局优化等多优化过程，这些优化过程又涉及多学科建模与仿真，所以需要探索更深入的优化模型。为了保证设计进程顺利进行，将引入基于精确多学科仿真模型的代理模型来简化，然后在此基础上进行寻优。

只要精度足够,这种代理模型将帮助找到合适的参数域。

基于以上模型,更进一步地提出一种面向设计模型的复杂机电系统闭环设计思路,如图 2-5 所示。该思路从系统的角度,考虑整个设计为一个闭环,复杂机电系统的设计过程在这个闭环过程中反复迭代设计,直到达到所要求的设计目标。很显然整个设计过程是一个多目标、单目标混合优化过程,也是一个局部优化和全局混合优化问题。其中局部优化主要实现零部件的设计,支持自底向上设计;全局优化主要实现整个复杂机电系统性能设计参数优化与匹配,支持自顶向下设计,几者相互配合实现产品的整个设计。图 2-6 所示为整机性能闭环设计中的设计优化抽象模型。

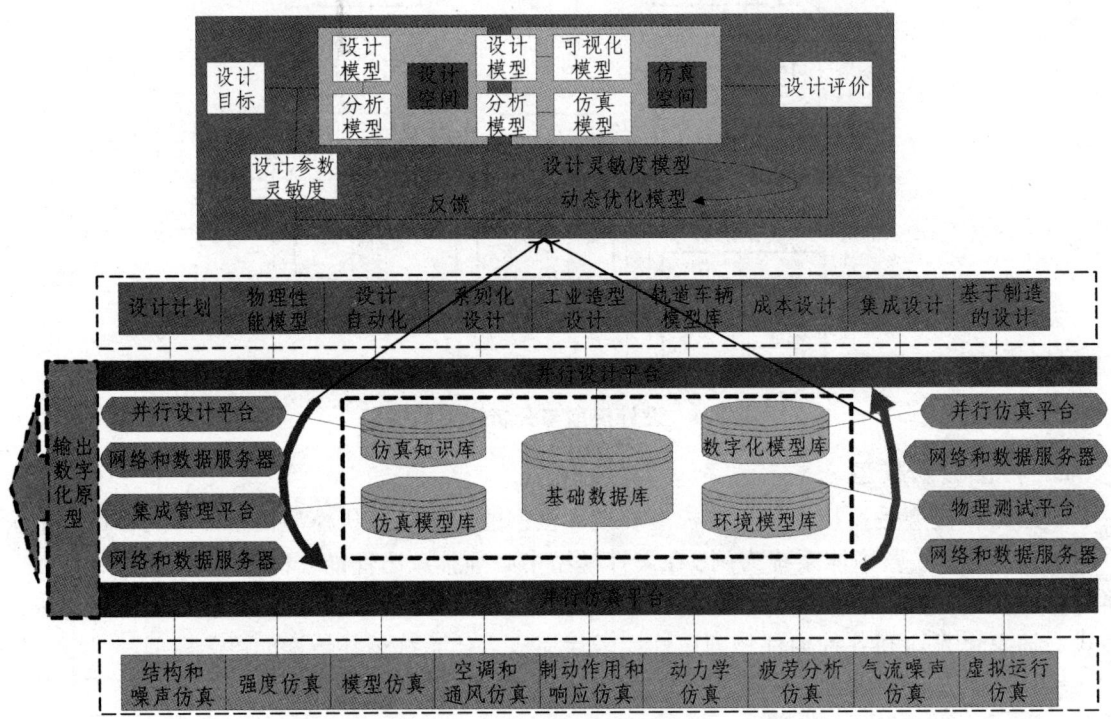

图 2-5 复杂机电系统产品闭环设计思路

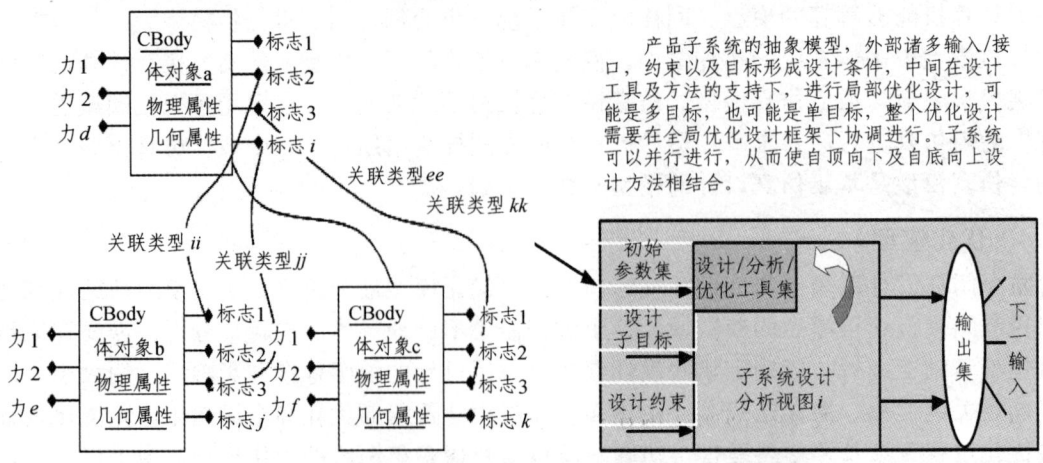

图 2-6 整机性能闭环设计中的设计优化抽象模型

各个子系统、子部件的优化设计可在给定设计目标、前置设计约束（含全局）和参数的边界条件下进行，干扰因素少，操作相对比较容易。针对整机动力学，由于需要建立整机的拓扑结构和性能分析模型，各子系统的设计结果或者设计要素都会在其中得到体现，设计参数复杂。

为了实现闭环设计，并获得满意结果，针对复杂机电系统的仿真分析复杂，多学科、多领域的情况比较多的特点，提出基于代理模型综合的优化设计思路，形成整个闭环设计的最后一环。该代理模型建立在精确仿真模型的基础上，通过对精确仿真模型进行大量的仿真试验获得样本数据，然后基于这些样本数据，用适合的逼近模型去逼近该仿真分析模型。只要逼近精度足够，就能代替仿真模型进行后续优化工作。这样也能在优化模型的支持下，进行设计空间的搜索和优化工作，从而获得满意的设计参数域。这种方法相比传统的经验、物理平台试验法更加科学化，更能进行无风险的创新设计，降低成本，方便调整复杂机电系统相关的设计参数，也能找到设计参数空间的参数重要度和对设计结果的灵敏度，能够从整机性能的基础上全面把握整个系统的特性。

2.3　高速列车数字化设计、分析、优化集成建模

2.3.1　集成模型

针对复杂机电系统的设计、分析、优化集成理论，重点以高速列车这个复杂机电系统进行研究。高速列车数字化闭环设计流程是复杂机电系统数字化闭环设计的具体实现，其涉及的主要技术包括基于参数化设计、设计模型的分析属性提取、分析模型重构、多分析视图耦合仿真、代理模型建立、灵敏度分析和面向整机性能的参数多目标优化等，具体流程如图 2-7 所示。

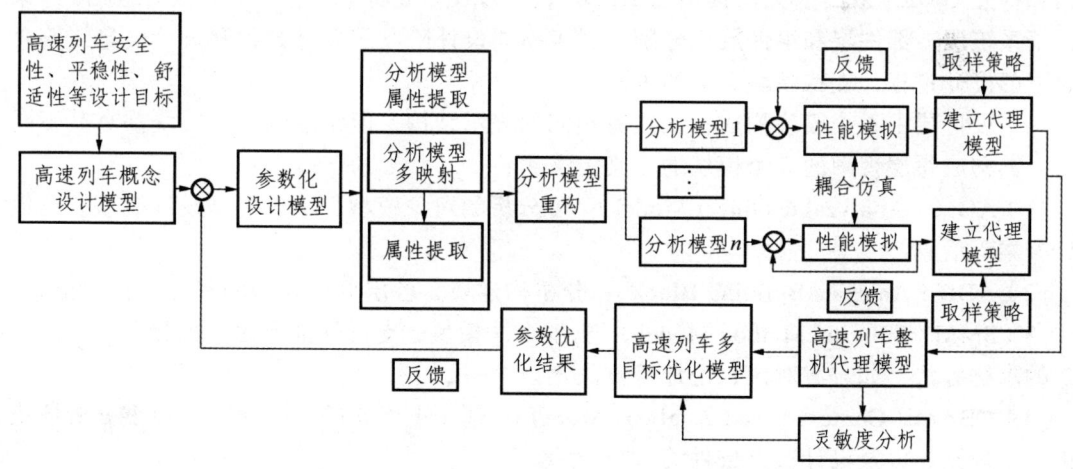

图 2-7　高速列车数字化闭环设计流程

高速列车闭环设计即是从高速列车的安全性、平稳性、舒适性等目标出发，先定义出概念设计模型，并在概念设计模型的基础上建立设计模型。基于高速列车设计模型进行分析模型的属性提取，根据提取出的属性构建各个视图的分析模型，并进行性能模拟和多视图耦合仿真，得出仿真数据。利用取样策略和多次仿真数据构建仿真模型的代理模型，形成高速列车整机代理模型，最终建立高速列车整机性能的多目标优化模型，通过多目标优化算法和调

用代理模型生成输入输出数据不断进行阐述寻优和目标比较,直到得出满足设计目标的最优设计参数,并将最优设计参数反馈给概念设计的参数集,以驱动修改设计模型,进行模型对比和修改,实现高速列车的数字化闭环设计。

2.3.2 设计分析一体化模型(HPDA)

设计与分析集成是数字样机模型无缝传递的关键,有效的模型表达将含减轻分析过程的各种工作量,并保证模型及数据传递的准确性。乔治亚州理工学院工程信息系统实验室在设计分析一体化领域已经进行了多年的理论和应用研究,典型的理论研究成果包括多描述架构(Multi-representation Architecture,MRA)和可分析的产品模型(Analyzable Product Model,APM)理论。R. S. Peak 等人从 CAE 和 CAD 应用之间共享数据的研究出发提出了多表示方法体系 MRA。目前从 CAD 领域来看缺乏支持产品设计的通用的、自动化的工程分析方法;而一种产品设计模型描述应该能够支持多种不同的分析应用对数据的要求。同一种类型的产品设计模型,经常会有多种分析模型与之对应,它们可以从不同的工程学科出发对产品进行分析,也可能采用不同的解算方法。即使同一学科门类的分析工具对模型的粒度和复杂度也有不同的要求。以此,提出了一种解决 CAD—CAE 一体化问题的 MRA 体系并把这个体系划分成 4 个子模型进行描述,即求解方法、分析构建块、产品模型和基于产品模型的分析模型。

在分析了高速列车多体系统产品设计分析模型特点的基础上,引用了 R.S. Peak 的研究成果 MRA 表达框架作为研究的背景信息。通过分析 MRA 已有的构建模块与功能后,提出添加面向设计的灵敏度分析模型和优化模型,扩展 MRA 表达框架,使其成为满足复杂多体系统产品设计—分析—再设计的广义集成框架 GMRA(Generalized MRA)。通过在各个设计阶段定义和构建 GMRA 获得研究所提出的 HPDA 模型如图 2-8 所示。它由 4 个视图组成,即系统层、子系统层、部件层和组件层,分别描述了不同设计阶段的设计过程和设计信息,符合自顶向下的设计过程,支持模块定义和重用。

每个设计层由 6 个模块构成,虽然有相同的表示结构,但每层的每个模块都有其不同的描述。其构成每层视图的 6 个模块的广义定义为:

(1)AOM(Analyzable Object Model):可分析的对象模型,不仅仅是设计模型,还包括设计方案等信息。

(2)ABB(Analysis Building Block):分析构建块,各层分析模型的基元分析特征集。

(3)SMM(Solution Method Model):求解方法模块,支持外部调用数据接口,支持其他形式的求解方法,如方案对比、论证等方法集。

(4)CBAM(Context-based Analysis Model):基于上下文的分析模型,提供分析环境、分析组建规则,以及设计边界条件等。

(5)SAM(Sensitivity Analysis Model):灵敏度分析模型,描述设计条件对设计方案的影响,以及设计参数对设计性能的影响等。

(6)OPT(Optimization Technology):优化模型,根据灵敏度分析模型的结果,建立与之相适应的优化模型,实施优化和更新。

所建立的 HPDA 模型支持设计数据集成和过程集成,数据集成解决不同模块之间的信息表示及交换的一致性问题,而过程集成考虑的是如何以显示的、可理解的方式描述设计过程。

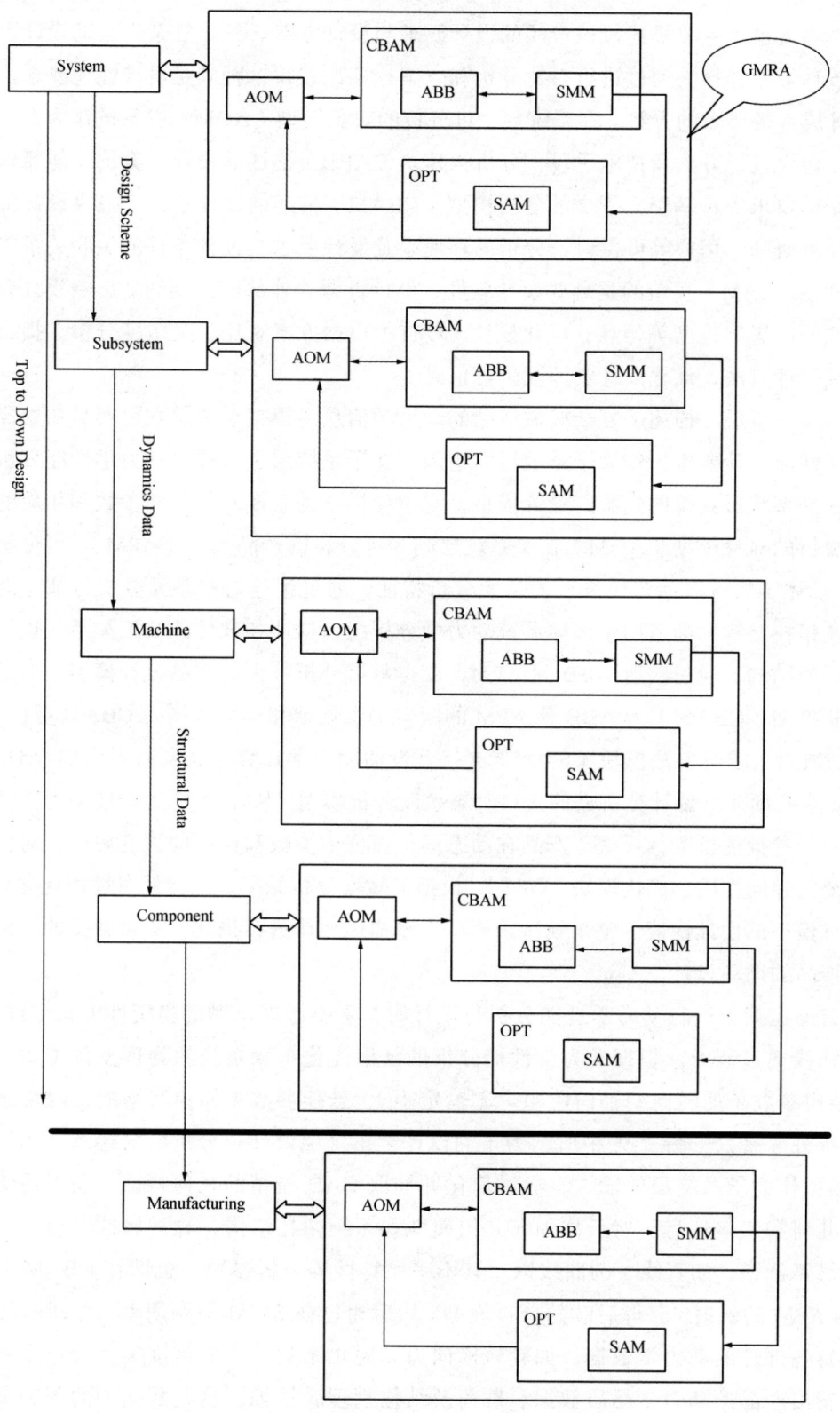

图 2-8 完整的产品设计分析模型（HPDA）

(1)系统层。主要描述机械产品的设计要求与设计方案。一个复杂产品的设计,往往涉及多种设计方案选择,通过进行对比分析和方案论证,获得一种满足设计性能要求、设计时间、设计成本等要求的方案。在系统层,可分析的对象模型(AOM)主要被作为设计方案进行描述,包含设计方法及技术手段;分析构建块(ABB)描述的设计方案的功能要求、性能要求、结构要求等;基于上下文的分析模型(CBAM)描述的设计条件、提供设计师、分析师、产品调研师、用户等可供讨论分析的环境以及设计要求与设计条件的关联关系等;灵敏度分析模型(SAM)反映的是哪些设计条件、设计资源、外部因素制约、影响设计要求,以及它们之间的影响程度等信息;优化模块(OPT)根据方案对比、灵敏度分析,提出改进设计方案及设计方法,优化设计资源配置等信息。

(2)子系统层。描述了复杂机械产品的动力学信息。根据系统层获得产品初始样机模型及动力学性能设计要求,作为子系统层的输入,在子系统层进行样机动力学性能分析与优化设计。根据系统层获得的先验性设计模型,它主要描述的是产品的几何参数和相应的设计要求。可分析的对象模型(AOM)在子系统层则为可分析的产品模型(APM)。可分析构建块(ABB)描述了机械产品多体系统的基元分析特征,通过组建这些基元分析特征,能够描述多体系统拓扑结构,即适用于多体系统动力学分析的、描述各部件的装配关系、连接关系及约束关系的结构。通过映射ABB到APM,获得具有分析特征的产品设计模型。而基于上下文的分析模型(CBAM)为ABB到APM的映射提供规则和环境,同时CBAM提供ABB到SMM的映射。求解方法模块(SMM)支持开发的动力学计算包,同时提供如ADAMS和Simpack这些商业软件计算所需的接口。灵敏度分析模型(SAM)作为连接动力学性能与设计模型设计参数的桥梁,反映了产品在动态运行过程中参数和性能的演变规律,对优化设计起着重要的导向作用。优化模块(OPT),根据灵敏度分析结果,进行针对性地优化设计,以改进设计模型的设计性能。整个模型采用广义多描述架构进行描述,支持数据的一致性,易于实现产品的循环设计。

在对高速列车进行动力学性能分析与设计时,主要考虑车辆的稳定性(安全性)、平稳性以及曲线通过能力。根据动力学性能分析的结果优化车辆系统的物理参数(如质量、惯量)、结构参数(如转向架轴向跨距、车辆定距)、悬挂参数(如弹簧刚度、阻尼系数)以及轮轨接触等参数。图2-9中所示为车辆设计子系统层设计—分析的描述图。车辆、轨道CAD模型作为子系统层的输入,通过简化并抽取CAD模型的几何特征,获得适于动力学分析的几何和实体信息。然后添加非几何属性如系统拓扑结构、物理属性。对于轨道还需描述其线路特征,如直线、圆曲线以及其不平顺特性等分析参数。也即在CBAM中,实现ABB到APM的映射,获得后续的分析模型。然后通过在SMM中调用动力学求解器进行求解,获得各部件的动力学数据,如轮轨横向力、脱轨系数、临界速度等。通过子系统设计过程,输出产品的动力学品质数据、载荷及结构物理属性等,这些数据中的部分又作为下一个设计层的输入,如采用有限元对轮对结构进行分析时,轮对的载荷以及各力作用点、边界条件等信息就是部件层的输入。

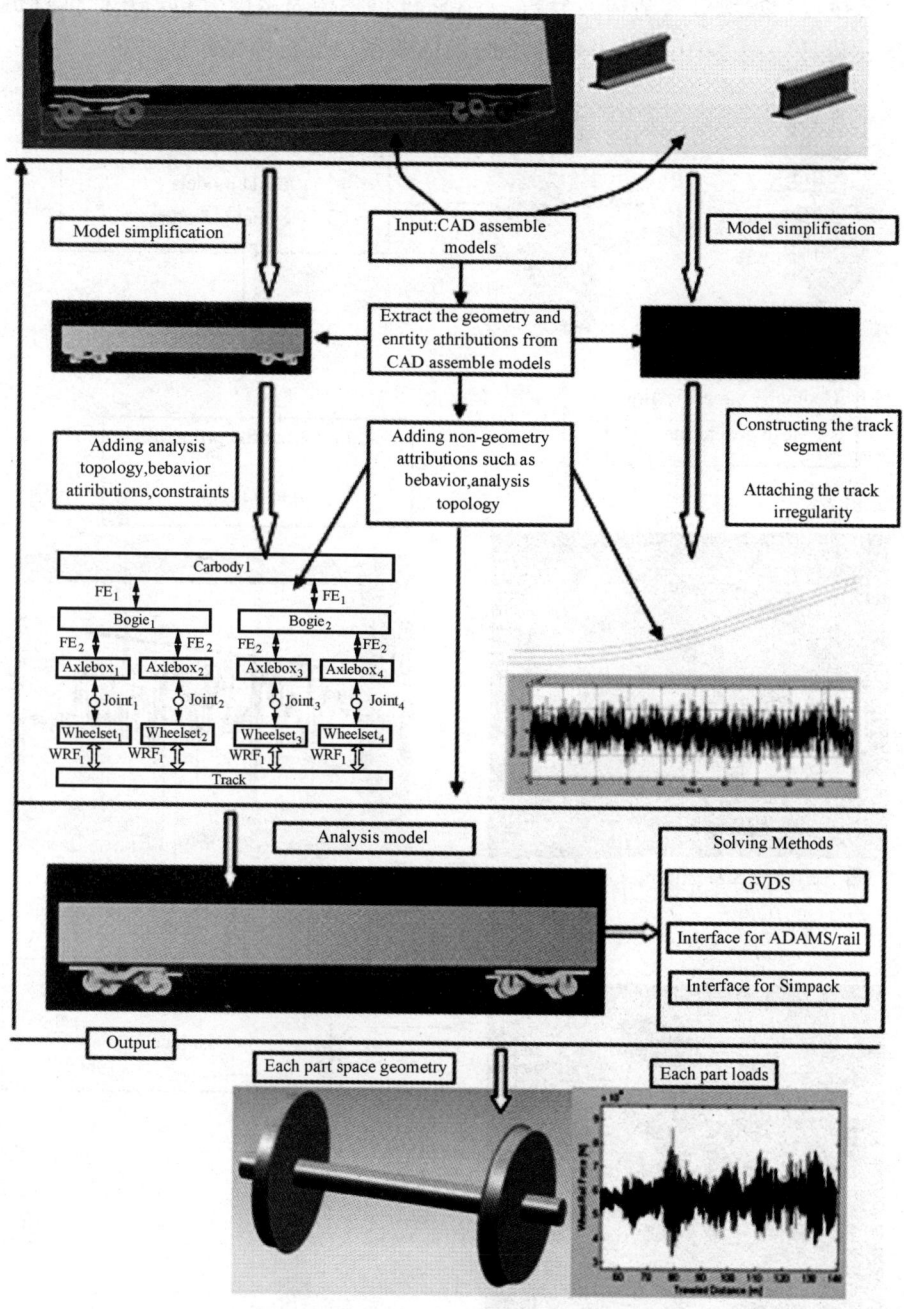

图 2-9　高速列车子系统层建模描述

（3）部件层。CAD 模型与各部件的约束及受力作为该层的输入，实现对机械产品的强度和疲劳特性的分析和优化。CAD 模型必须进行简化和重构以便于获得可供分析的网格和几何数据，并作为该层的可分析对象模型。ABB 是一些理想化的参数和基元分析特征，如有限分析中的梁模型，部件的材料属性等。SMM 提供可以调用外部有限元分析软件（如 ANSYS、ABQUES）的接口，实现对其结构的分析。SAM 进行结构灵敏度分析，并根据分析结果进行结构参数优化设计。图 2-10 表示了部件层的设计模型—分析模型集成过程。

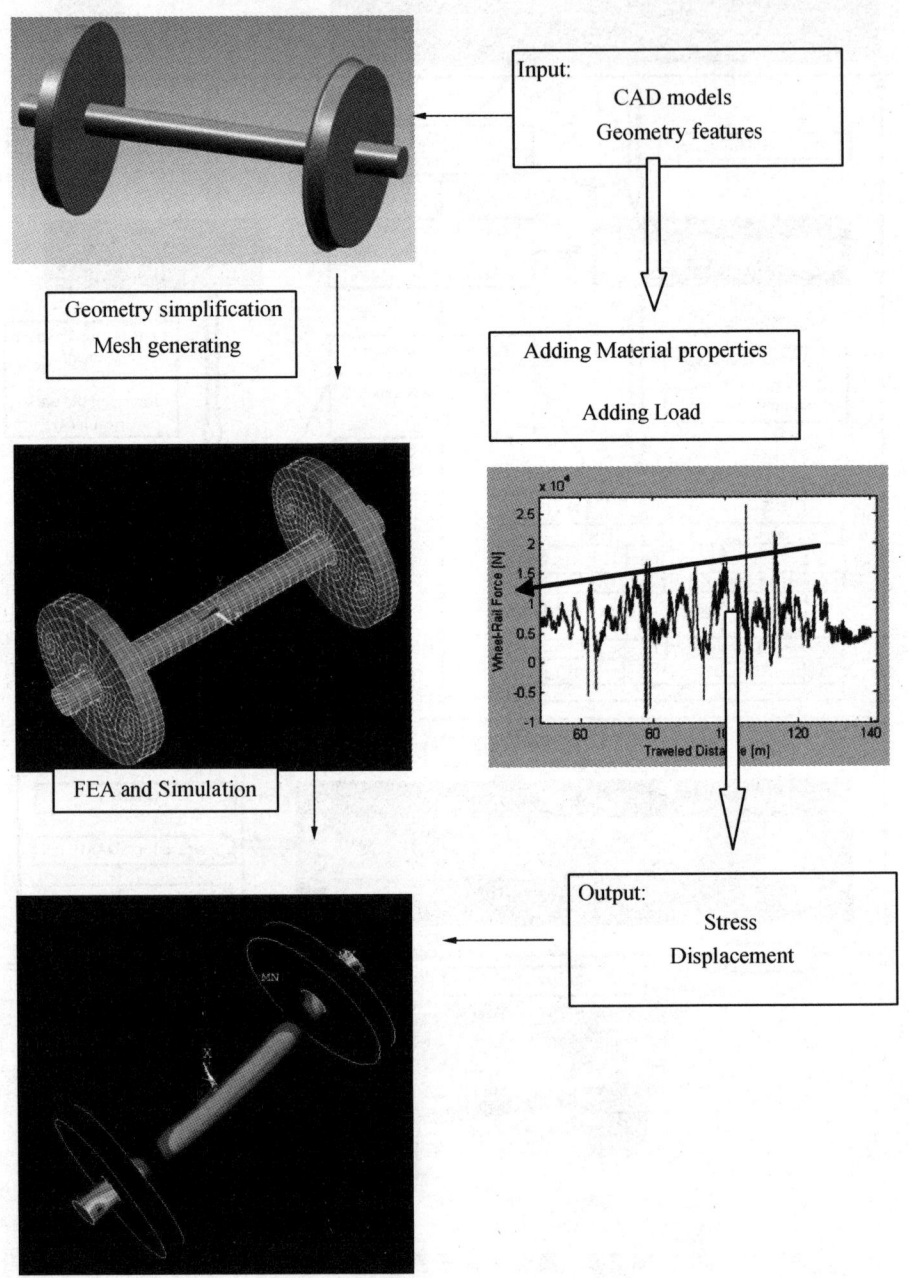

图 2-10　高速列车部件层建模描述

（4）组件层。描述组成各部件的零件的结构特性，与部件层类似，以零件的 CAD 模型和载荷作为输入，以零件的结构尺寸作为输出，以供后续的加工模块进行加工制造。

2.3.3 基于 GMRA 建模

为了更明确地分析高速列车整机性能，主要集中在子系统层，即对复杂产品的动力学性能进行分析与设计。以 R.S. Peak 的研究成果 MRA 表达框架作为研究的背景信息。在分析了 MRA 已有的构建模块与功能后，提出添加面向设计的灵敏度分析模型、优化模型以及基于灵敏度分析的优化模型，并对原有模块进行扩展，形成广义的描述架构 GMRA，改进其原集成框架应用领域单一、不能进行设计迭代、反馈描述等问题。因此，所改进的 GMRA 是一个完整的支持设计循环的构架，不仅适用于有限元分析的描述，还适合复杂多体系统动力学的分析描述以及加工、制造的描述。图 2-11 详细地描述了该广义集成框架。

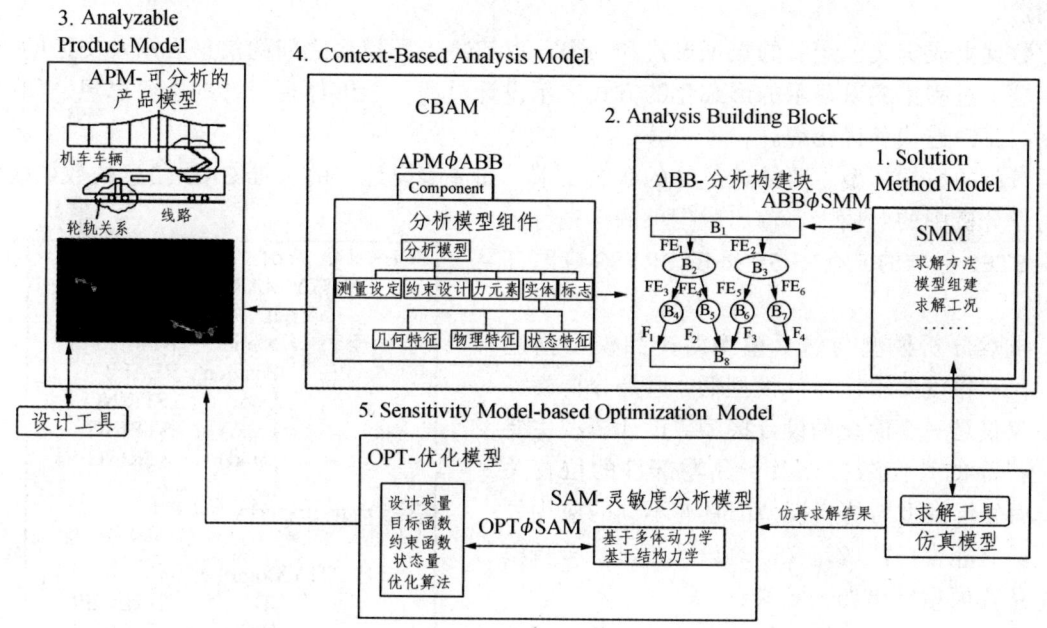

图 2-11 基于广义多描述架构（GMRA）的高速列车闭环设计

可分析的产品模型（APM）有效地描述了产品的设计模型，它被赋予了面向设计的属性以及面向多体系统动力学分析的关联属性，以支持动力学分析的信息需求，如刚体质量、惯量、位置、姿态、设计变量、状态变量和标志等属性。

分析构建块（ABB）通过组建动力学分析的基元特征，实现对产品用于动力学分析的描述。如产品的拓扑信息、约束类型和连接关系等。

基于上下文的分析模型（CBAM）通过设计分析关联规则，将 ABB 映射到 APM 以获得适于动力学分析的分析模型。包含外部接口调用、设计需求和设计目标。

求解方法集（SMM）描述多体系统动力学求解方法，支持 ADAMS、Simpack 等商业分析软件的计算输入与输出。结合多体系统理论与轮轨接触理论开发了一个多体系统求解器（GVDS），SMM 可以直接调用其求解。采用 ADAMS 对 GVDS 计算的准确性进行了验证。

灵敏度分析模型（SAM）作为设计与优化的桥梁，描述了设计参数对设计性能的影响程度。它定义了一般表达形式的模板，采用一阶伴随变量法将设计变量与分析结果相关联。

优化模型（OPT）定义了多体系统动态优化模型表达的通用模板，定义了目标函数、约束函数的处理方法库，定义了优化算法模板。

基于灵敏度分析的优化模型（SBOM）定义多种灵敏度模型的优化模型模板，集成了灵敏度目标函数、约束函数、优化算法。提供优化输入接口与输出接口，能调用外部优化计算工具和程序，支持灵敏度分析中的设计变量的选择以及优化数据向设计模型传递。

集成框架能够帮助设计开发人员以简单、直观的描述方法，快速生成各种假定方案，通过循环设计，自动进行性能分析，从而加快设计进程，减少迭代设计过程的时间和费用。

数据集成定义了产品的数据形式和内容，以解决不同模块之间的信息表示及交换的一致性问题。过程集成以显示的形式化的方式表示设计过程，能够体现设计的主要思想，如顺序控制、反馈迭代和优化等。

产品的数据模型主要描述产品的数据需求，如造型设计中的三维 CAD 信息的数据模型，动力学分析中的对输入、输出数据项的描述等。采用 STEP 标准的 EXPRESS 和 EXPRESS-G 语言建模。

虽然分析模型与仿真模型对产品模型描述的层次和粒度要求比设计模型低，但是分析模型绝不仅仅是一个简化的设计模型。设计模型主要关注产品的几何结构以及产品零部件的位置关系，而分析模型与仿真模型因具有不同的应用领域而具有非常广泛的定义。对设计模型、分析模型、仿真模型给出如下定义：

（1）设计模型：用于表达产品结构及其零部件相互之间位置关系的设计原型。

（2）分析模型：用于描述产品在某一分析领域性能关系的抽象表达，本研究中指高速列车的整机性能模型，建立在车辆动力学基础上。

（3）仿真模型：用于获得产品在某一分析领域性能的方法集，包括数学方程的自动组集、求解等，本研究中指获得高速列车动力学性能的方法集。

GMRA 采用 EXPRESS 和 EXPRESS-G 描述各对象模型，图 2-12 描述实体对象的基本属性，图 2-13 描述产品设计模型与分析构建块的映射关系。

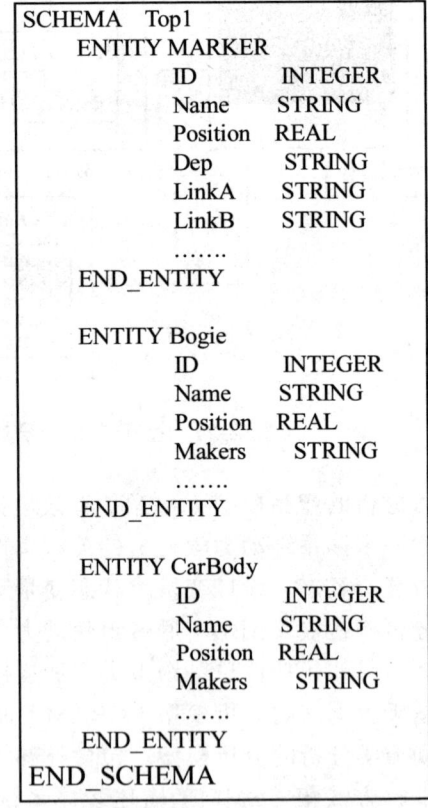

图 2-12　简化 EXPRESS 建模

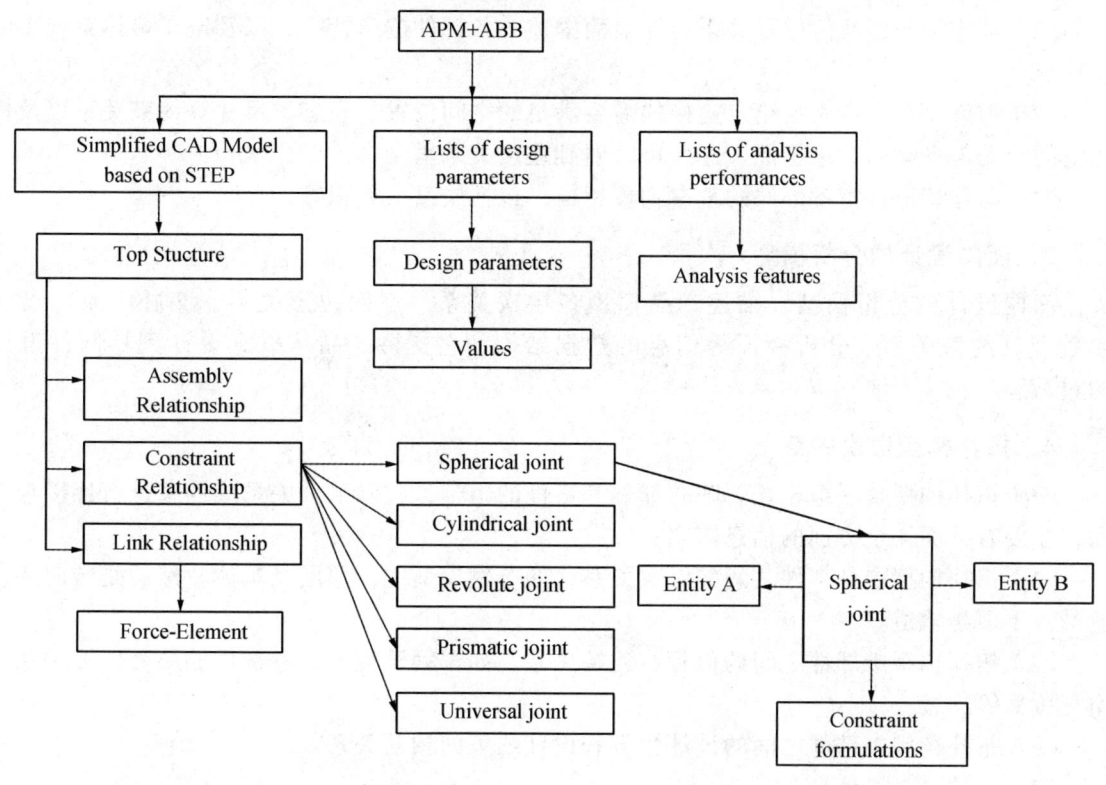

图 2-13 简化 EXPRESS-G 建模

2.3.4 基于特征的语义集成形式化表示

传统的 CAD 模型不能描述零部件之间的连接关系，即不能提供后续多体系统动力学分析需要的拓扑构型。通过对多体系统分析，可将连接关系特征化。特征就是为设计描述提供一种产品及其设计过程属性描述的信息载体，它包含了设计过程中与产品相关的语义信息描述，反映零件的各种属性及其相应工程意义。

1. 零部件几何位形特征

$$PF = \{FF, Q\}$$

PF——各部件的几何位形特征；
FF——零部件的几何实体特征元素，常见有长方体、圆柱体、棱柱体和球体等；
Q——各部件的位置和姿态，零部件的位姿，定义为映射到分析模型中时，相对于全局坐标系的位置和方向，采用基于欧拉四元数的笛卡儿坐标系描述。

2. 连接关系特征

前面分析的各部件的位形特征，仅仅描述了各部件之间的相对几何位置关系，而对于各部件之间的连接关系需要用连接关系特征来表达。其连接关系特征包含的信息有：

（1）连接关系的类型：球铰连接、万向节连接、圆柱铰连接、旋转铰连接、棱柱铰连接、弹性连接、阻尼连接等。

（2）被连接部件几何位置关系：即前面描述的各部件位形特征，以及定义多体系统中的连接点。

（3）约束关系：指满足给定连接的需要满足的空间位置、姿态、尺寸等约束关系以及描述空间转动与平动的约束特征，这些可映射到连接关系里。

（4）物理特征：指各部件的基本物理特征，包括质量、体积等。

3. 面向设计的分析模型

面向设计的分析模型，描述产品模型各层次关系、空间位形关系、拓扑关系、设计参数及其约束关系、分析特征等信息的数据结构，它支持产品从概念设计到零部件设计的过程。

4. 拓扑构型层次关系

一个拓扑构型是一组相互关联的部件和零件的组合，它以某种关系或约束进行连接与关联，主要有下面4个方面的信息需求：

（1）拓扑构型中各部件之间的层次关系，如车辆模型中，顶层是车体，然后是转向架、轮对，下面是轨道。

（2）拓扑构型中部件之间的位置、连接关系，如车辆模型中，各部件的质心位置关系，空气弹簧等连接。

（3）拓扑构型中部件之间的设计参数和设计约束的相互关系。

（4）部件自身的信息。

5. 拓扑关系描述

拓扑关系是部件与部件之间几何位置关系、连接关系等的集合，用连接特征可以描述拓扑关系信息。

定义一：分析对象（AO，Analysis Object）是构建机械系统拓扑构型的基本体，可以是零件或部件。

定义二：连接特征（LF，Link Feature）是描述分析对象之间的连接关系，如力元连接，反映了两个分析对象的相对位置关系以及相对运动关系。

连接特征 LF 表示为：

$$LF=<BF(i), BF(j), R(i)>$$

$BF(i)$ 和 $BF(j)$ ——分析对象待连接的位置特征；

$R(i)$ ——分析对象的连接关系。

2.4 面向设计模型的高速列车设计、多体动力学分析集成描述

2.4.1 高速列车几何位形描述

所设计的产品在 CAD 建模中，主要关注产品的几何结构、外观造型，在产品进行实际生产制造之前，要采用虚拟样机技术进行产品的物理性能仿真与再设计。因此，在 CAD 模

型向 CAE 模型映射过程中，必须首先定义空间坐标系，以描述设计模型中各个部件的相对位置关系。

针对高速列车研究的特殊性，为了方便研究，除需要按一般多体系统定义其空间绝对坐标系、随体坐标系外，还需要定义轨道坐标系，即在轨道上建立一个轨道坐标系。空间绝对坐标系，为静态坐标系，它是其他坐标系的绝对参考；随体坐标系，固结于刚体上，一般置于其质心处，随着刚体的运动而运动，是一个动坐标系；轨道坐标系定义了左、右轨以及轨道中心的空间位置与姿态。

以车辆系统为例，定义绝对坐标系为 X 轴指向车辆前进方向，Z 轴向上，根据右手笛卡儿法则，获得 Y 轴指向。车辆系统中各刚体随体坐标系的原点设在刚体的质心上，针对机车车辆的各个刚体的运动特性，并根据其习惯性命名为沿着 X，Y，Z 轴的 3 个平动分别称为伸缩、横摆和沉浮；绕 3 个坐标轴的旋转运动分别称为侧滚、点头和摇头，因此可以通过定义车辆系统中各刚体的质心位置以及关于各坐标轴的欧拉角来描述（车辆各部件在运动过程中，当欧拉角大于一定角度时，则表示已翻车，因此避免了欧拉角的奇异值点）。其位形阐述如图 2-14 所示。

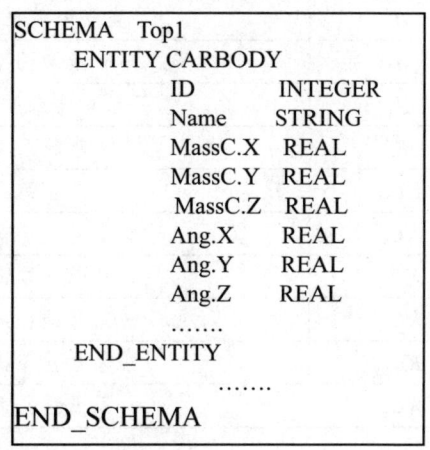

图 2-14 车辆模型空间位形 EXPRESS 描述

2.4.2 机车车辆拓扑构型描述

高速列车作为组成列车的独立载体，其主体由车体、转向架、轮对和悬挂等部件组成，属于多体系统范畴。以某型车为例来进行描述，二系悬挂主要包括空气弹簧提供的 3 个方向的刚度和垂向阻尼、二系横向减振器提供的横向阻尼、抗蛇行减振器提供的纵向阻尼；一系悬挂主要包括轴箱弹簧提供的 3 个方向的刚度、轴箱定位装置提供的定位刚度、一系垂向减振器提供的垂向阻尼；同时还包括横向止挡和抗侧滚扭杆的作用。其简化平面模型如图 2-15 所示，其参数含义如表 2-1 所示。

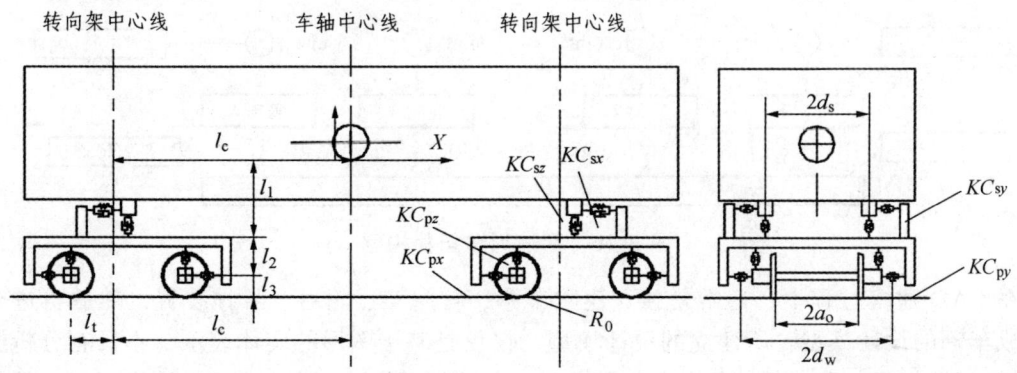

图 2-15 车辆平面模型

表 2-1 车辆平面模型参数说明

符号	名称及含义	单位
l_c	车辆定距之半	m
l_t	转向架轴距之半	m
l_1	二系弹簧上到车体质心距离	m
l_2	转向架质心到二系簧下的距离	m
l_3	一系弹簧下到转向架质心的距离	m
d_s	空气弹簧横向跨距之半	m
a_0	车轮滚动圆横向跨距之半	m
d_w	一系垂向悬挂横向跨距之半	m
R_0	车轮滚动圆半径	m
KC_{sx}	二系悬挂纵向刚度和阻尼	MN/m, kN·s/m
KC_{sy}	二系悬挂横向刚度和阻尼	MN/m, kN·s/m
KC_{sz}	二系悬挂垂向刚度和阻尼	MN/m, kN·s/m
KC_{px}	一系悬挂纵向刚度和阻尼	MN/m, kN·s/m
KC_{py}	一系悬挂横向刚度和阻尼	MN/m, kN·s/m
KC_{pz}	一系悬挂垂向刚度和阻尼	MN/m, kN·s/m

典型的车辆拓扑结构如图 2-16 所示，各部件通过悬挂系统及铰约束相连接，各部件之间相互作用。传统的轮轨系统是以约束形式建模，即轮对不能离开轨道，这样减少了轮对的自由度。而高速列车在实际运行过程中，轮对是可以短暂离开轨道的。因此，为了真实地反应轮轨之间的动态作用关系，轮轨之间不附加任何约束条件，仅以力的形式进行相互作用。

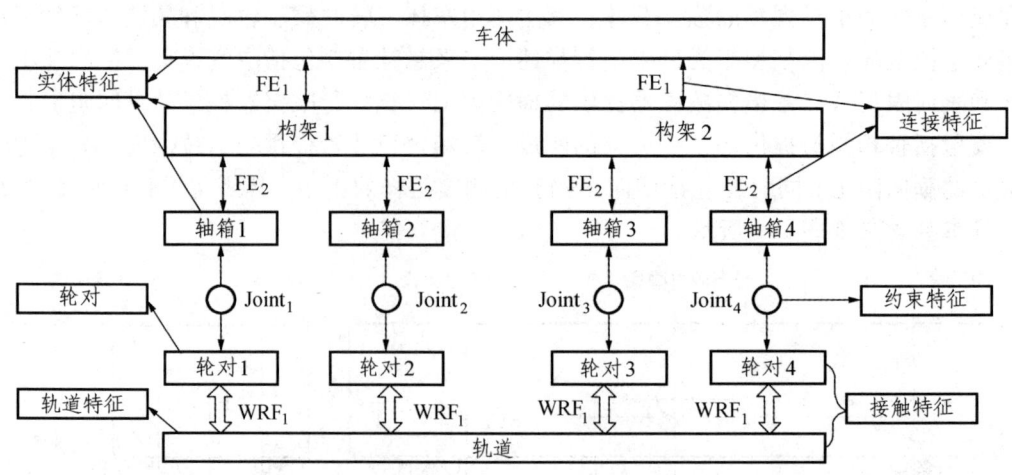

图 2-16 高速列车拓扑构型

在 CAD 建模过程中，通常是独立建立车体、转向架、轮对、悬挂装置，然后再进行装配构成车辆的设计模型。所建立的设计模型，仅仅是基于图形的实体表示，不具有分析属性（如质量、惯量等）和分析特征（如连接特征、约束特征等）。因此，当设计模型在进行向后续分析与再设计转换的过程中，必然要进行模型的抽取与映射，使其既能反应其外观特征，又能供后续潜在的不同领域的分析与应用。本章主要研究 HPDA 模型的子系统层,即动力学分析与优化层。因此,当获得的 CAD 模型向 CAE 模型进行拓扑结构映射时(APM-ABB),可以采用 EXPRESS-G 描述拓扑结构映射。拓扑结构映射过程如图 2-17 所示。

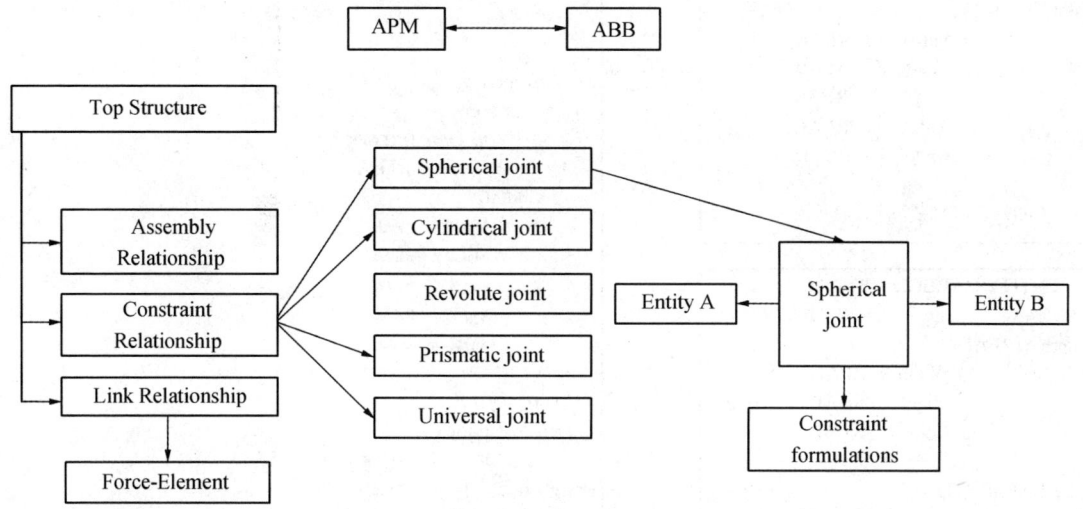

图 2-17 拓扑结构映射过程

不同领域的分析模型,由于其特有的复杂性,如果不进行模型的层次分解,很难在设计模型、分析模型、求解方法之间建立与之相对应的关系,这不仅导致了设计、分析人员无法理解其模型描述,也使计算机无法实现。因此,必须将模型分解到基本特征语素层次,其复杂的模型对应关系就可以通过基本特征建模语素以及层次分解之间的对应关系来描述。从图 2-16 可以看出,高速列车的拓扑构型主要由实体特征、连接特征、约束特征、轮轨接触特征和轨道特征等构成,因此必须对每个特征进行基于特征语素层的描述。

1. 实体特征描述

高速列车的 CAD 模型主要关注各部件的几何、实体、结构尺寸,以及它们之间的装配关系。为了能进行后续的动力学分析,必须对各个部件(刚体)赋予具有动力学分析的物理属性,如质量、惯量、初始速度和角速度等,同时实体特征还包含了各几何部件的位形特征。如车辆系统中的车体由几何位形特征、质量、速度,以及其自身的几何特征构成,采用 EXPRESS 描述,如图 2-18 所示。

由于 EXPRESS 和 EXPRESS-G 具有面向对象的特性,如继承、派生等,因此,各个实体以及它们的属性之间有多种组合关系。

2. 连接特征描述

高速列车主要由一系、二系悬挂将车辆系统各部件连接起来。因此,将悬挂元件分解为基本的悬挂特征进行分析。在一般多体系统领域,弹簧通常可以近似认为其特性曲线是线性的,但对于应用在高速列车中的空气弹簧、止挡、液压减振器、库仑摩擦来说,其特性曲线呈现非线性特征。要十分准确地描述其非线性特性是很困难的,因此,在建模过程中,必须做一些简化处理。

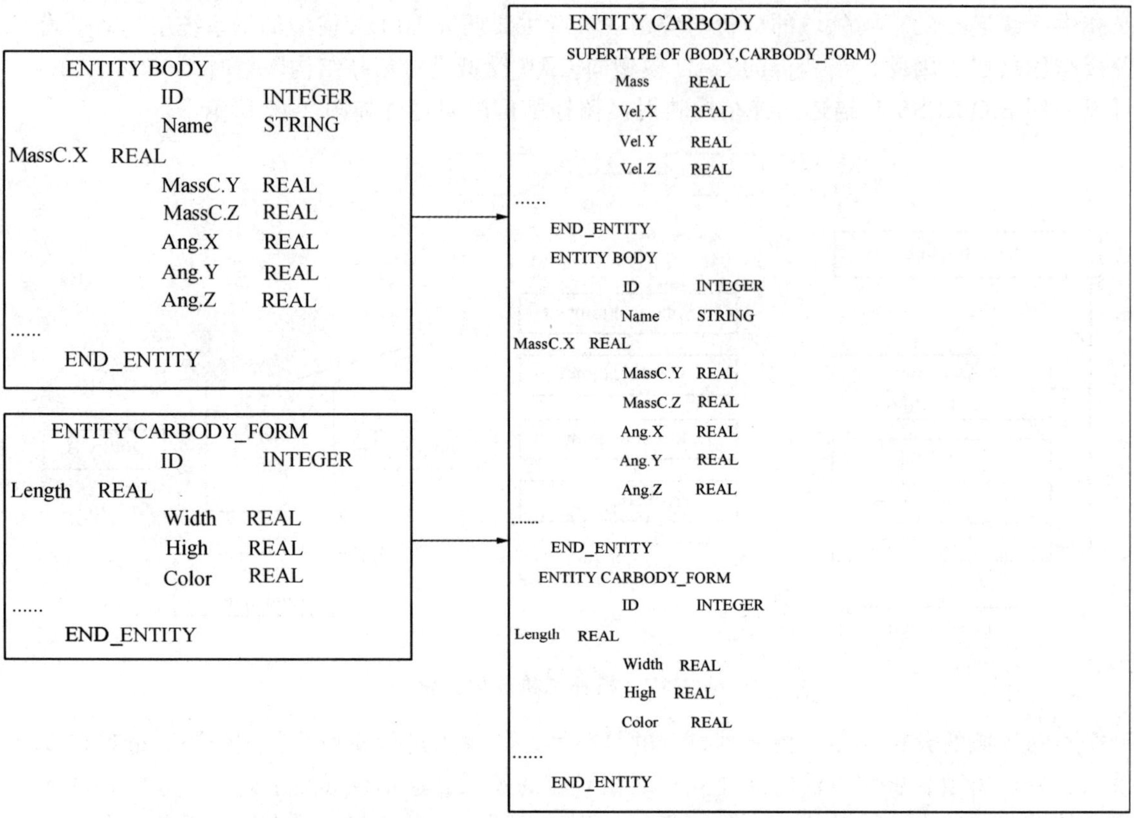

```
ENTITY BODY
       ID           INTEGER
       Name         STRING
MassC.X    REAL
       MassC.Y      REAL
       MassC.Z      REAL
       Ang.X        REAL
       Ang.Y        REAL
       Ang.Z        REAL
......
       END_ENTITY

ENTITY CARBODY_FORM
       ID           INTEGER
Length    REAL
       Width        REAL
       High         REAL
       Color        REAL
......
       END_ENTITY
```

```
ENTITY CARBODY
       SUPERTYPE OF (BODY,CARBODY_FORM)
       Mass         REAL
       Vel.X        REAL
       Vel.Y        REAL
       Vel.Z        REAL
......
       END_ENTITY
ENTITY BODY
       ID           INTEGER
       Name         STRING
MassC.X   REAL
       MassC.Y      REAL
       MassC.Z      REAL
       Ang.X        REAL
       Ang.Y        REAL
       Ang.Z        REAL
......
       END_ENTITY
ENTITY CARBODY_FORM
       ID           INTEGER
Length    REAL
       Width        REAL
       High         REAL
       Color        REAL
......
       END_ENTITY
```

图 2-18　车体简化 EXPRESS 描述

为了比较准确地描述空气弹簧和减振器的分析特性，可以将这些悬挂元件的特性做成数表，在分析过程中，采用插值法来求得具体的数值，不过这种方法的存储量和计算量都比较大。通过分析其基本原理，采用分段线性化的处理方法如图 2-19 所示，以刚度为例的表示式为

$$K = \begin{cases} K_1 & |S| \leq S_1 \\ K_2 & S_1 \leq |S| \leq S_2 \\ \vdots & \vdots \\ K_n & |S| > S_n \end{cases}$$

式中，$S_1, S_2, \cdots, S_n$——区间端点位置坐标。

3. 约束特征描述

刚体在绝对空间中有 6 个自由度，即 3 个平动和 3 个转动。通过定义铰约束连接的两个刚体其相对运动受到限制，如应用在高速列车中的轮对与轴箱的旋转铰约束，使轮对相对于轴只有一个转动自

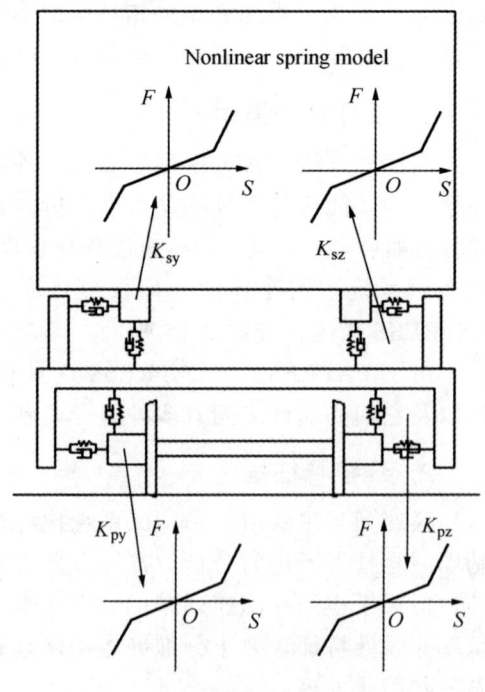

图 2-19　弹簧曲线的简化

由度。由于刚体在空间的运动分为平动和转动,因此,相对平动约束可以用两个刚体上点的相对距离来描述,相对转动约束则可以以分别固结在两刚体上矢量的相对关系来描述,如正交、平行。因此,可以建立其基本的约束特征,然后通过组装这些基本的约束特征来描述(建模)各种不同类型的铰约束特性。

4. 灵敏度分析特征描述

根据所建立的多体系统模型和灵敏度分析模型,考虑到灵敏度分析变量可以是刚体的质量、惯量、铰约束位置、弹簧刚度、阻尼系数、主动力大小、主动力作用位置等,以及灵敏度分析求解过程需要计算相关量对系统状态量的微分,因此,对基元约束特征,进行面向灵敏度的基元分析特征建模,将系统广义力分解为惯性力和主动力,继续将主动力分解为集中力、集中力矩、弹簧-阻尼-作动器和扭簧-阻尼-作动器,并对它们相对前述设计变量、系统的状态进行基元微分信息建模。

高速列车运行时的轮轨接触状态严重制约车辆的运行品质,而轮对左、右轮的踏面形状以及轨道左、右轨的截面形状严重影响轮轨接触状态。因此,必须对轮轨接触计算模块中的轮对左右轮的踏面形状、轨道截面形状以及轮轨接触状态进行特征化建模。

5. 轮对踏面描述

轮对作为高速列车的组成部件,除与车体等其他部件一样具有动力学分析属性外,根据高速列车轮轨接触特征,它还具有轮对左右轮踏面形状(几何)特征,并且这个踏面特征严重影响轮轨接触参数。轮对踏面是由每个轮的踏面曲线绕轮对中心轴旋转形成,根据踏面曲线的不同可以分为圆锥形踏面(TB),磨耗型踏面(LM),还有由其他任意曲线旋转形成的踏面。轮对踏面建模过程如图 2-20 所示,轮对的踏面曲线可以用两个参数来描述,通过 3 次样条插值,保证样条曲线二阶连续。

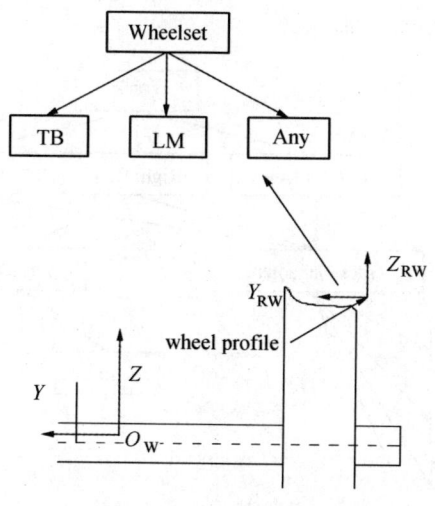

图 2-20 轮对踏面建模过程

因此,可以用轮对几何特征、实体特征与踏面特征来描述高速列车中的轮对,如图 2-21 所示。

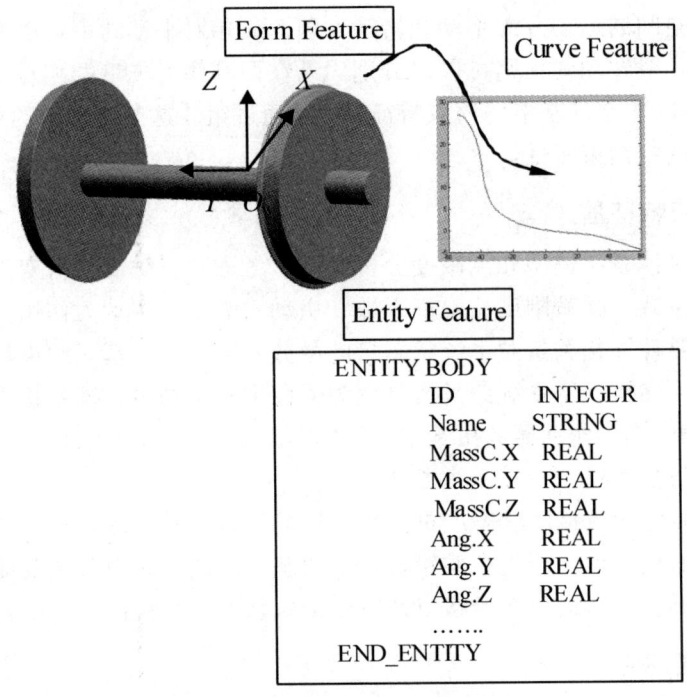

图 2-21　基于特征的轮对建模

6. 轨道描述

轨道特征是高速列车不同于其他车辆的特性，轨道建模的准确性决定了车辆仿真结果的可靠性。轨道不平顺性作为高速列车动力学品质分析的主要激励输入，对高速列车性能评估起着重要的影响作用。轨道一般由直线段、曲线段、缓和曲线段组成，具有左、右轨的接触特征。因此，轨道建模可由轨道线（左、右轨心线及轨道中心线）特征、轨道截面特征以及轨道不平顺特征来描述，如图 2-22 所示。

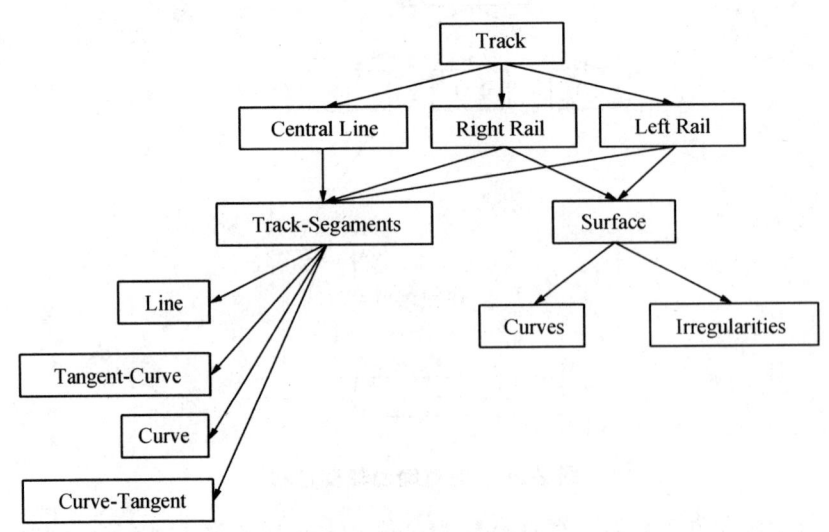

图 2-22　轨道描述简化 EXPRESS-G 图

轨道的截面建模与轮对踏面建模类似，采用两个参数描述。确定轨道激励类型后，通过傅里叶逆变换，将轨道谱的频域特性转换成计算所需的时域特性参数，然后附着在轨道的截面上，形成具有分析特征的轨道截面。

轨道的中心线、左右轨的空间曲线，通过直线、圆曲线及过渡曲线（3次螺旋曲线）的数学表达式进行描述，形成具有分析特征的空间曲线。

具有分析特征的轨道截面沿着左、右轨空间曲线扫描获得具有分析特征的轨道。这些组成轨道 ABB 模型的过程如图 2-23 所示。

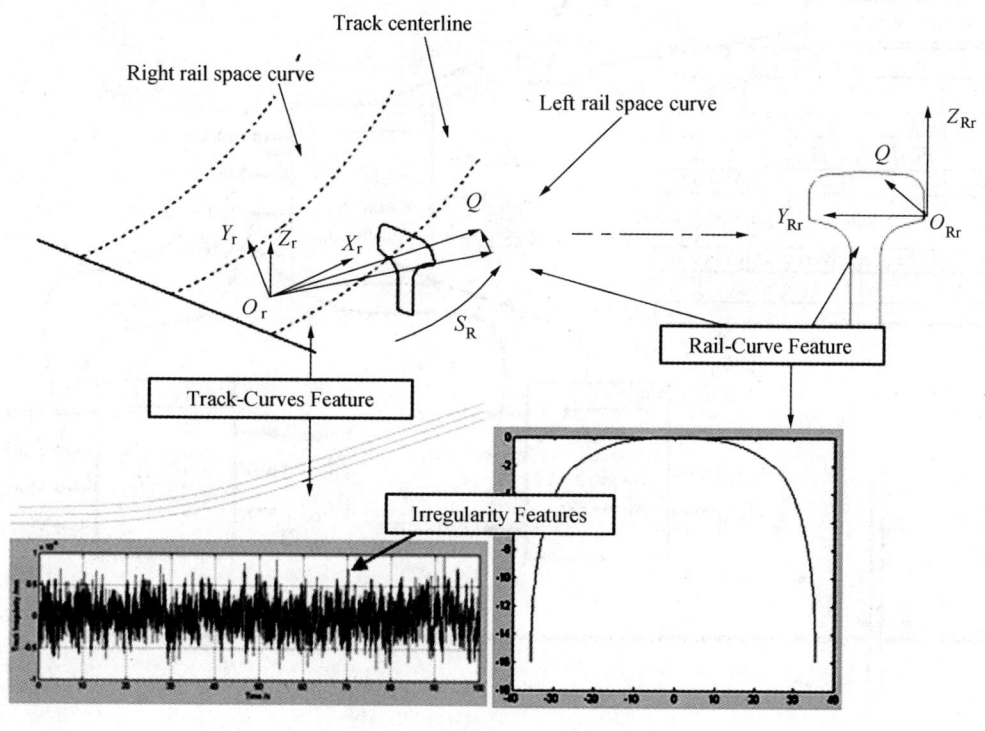

图 2-23　轨道的 ABB 模型

2.4.3　车辆描述

通过将高速列车系统各部件进行逐层分解，获得最基本的分析元素，建立具有分析特征的分析构建块。采用所提出的 HPDA 模型和 GMAR 架构，对复杂高速列车进行 CAD 到 CAE 集成描述。首先，根据系统层视图获得设计需求及相应的先验性数据模型，并在 CAD 环境中建立其初步的设计模型。基于 STEP 采用 EXPRESS 和 EXPRESS-G 描述车辆的 APM 模型到 ABB 模型的转化，由于 ABB 模型具有基元分析特征，因此，可以直接将 ABB 映射到 SMM 中，并利用所开发的高速列车计算包进行车辆的动力学性品质分析与计算。高速列车 APM 与 ABB 拓扑映射过程如图 2-24～图 2-26 所示。

通过子系统层，获得高速列车的整体性能数据、各个部件的物理参数、载荷及空间可达域等参数。根据子系统层获得的数据，可以进行下一层部件级的结构分析或疲劳分析。

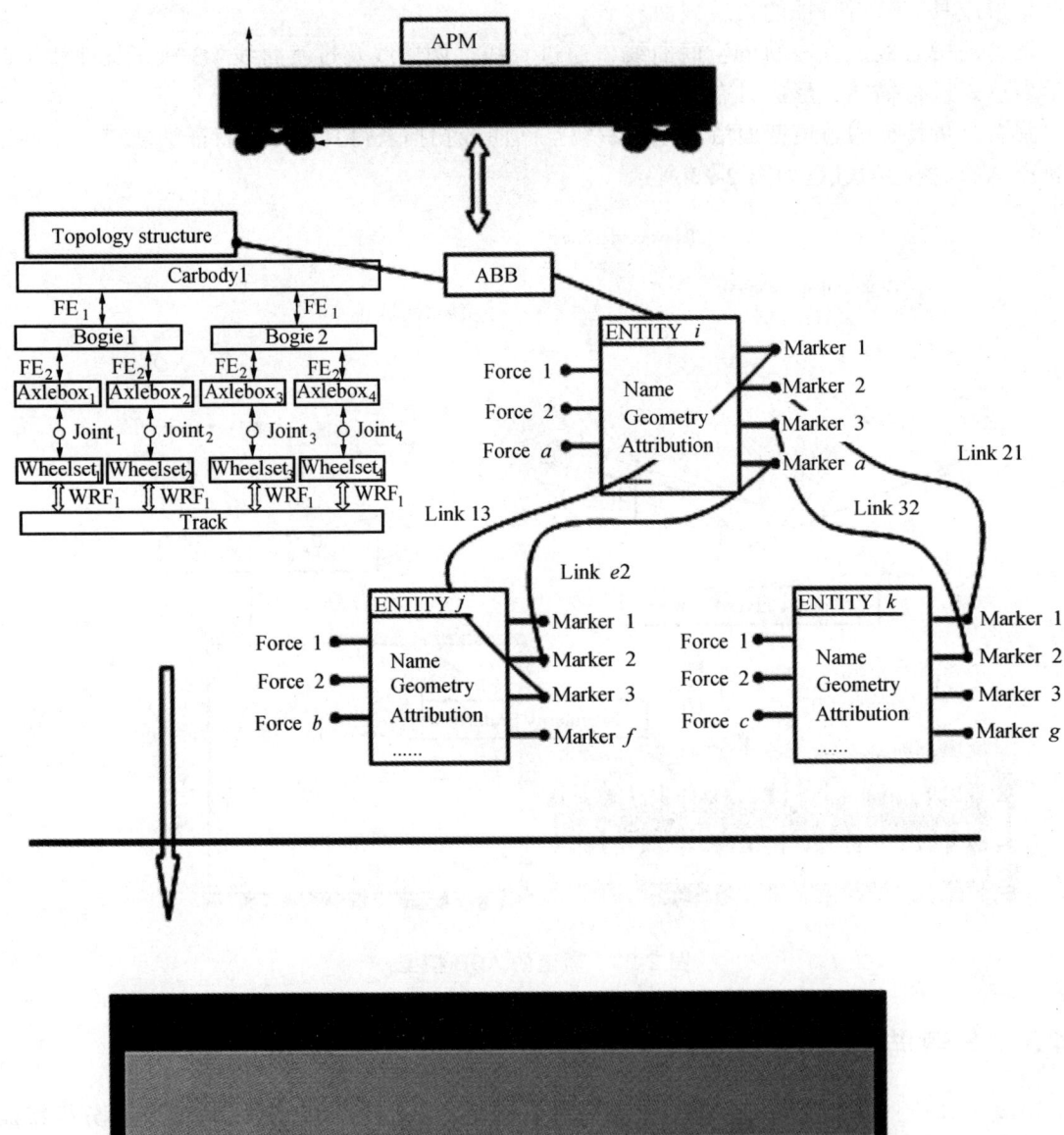

图 2-24 基于 EXPRESS-G 的车辆 APM 与 ABB 映射过程

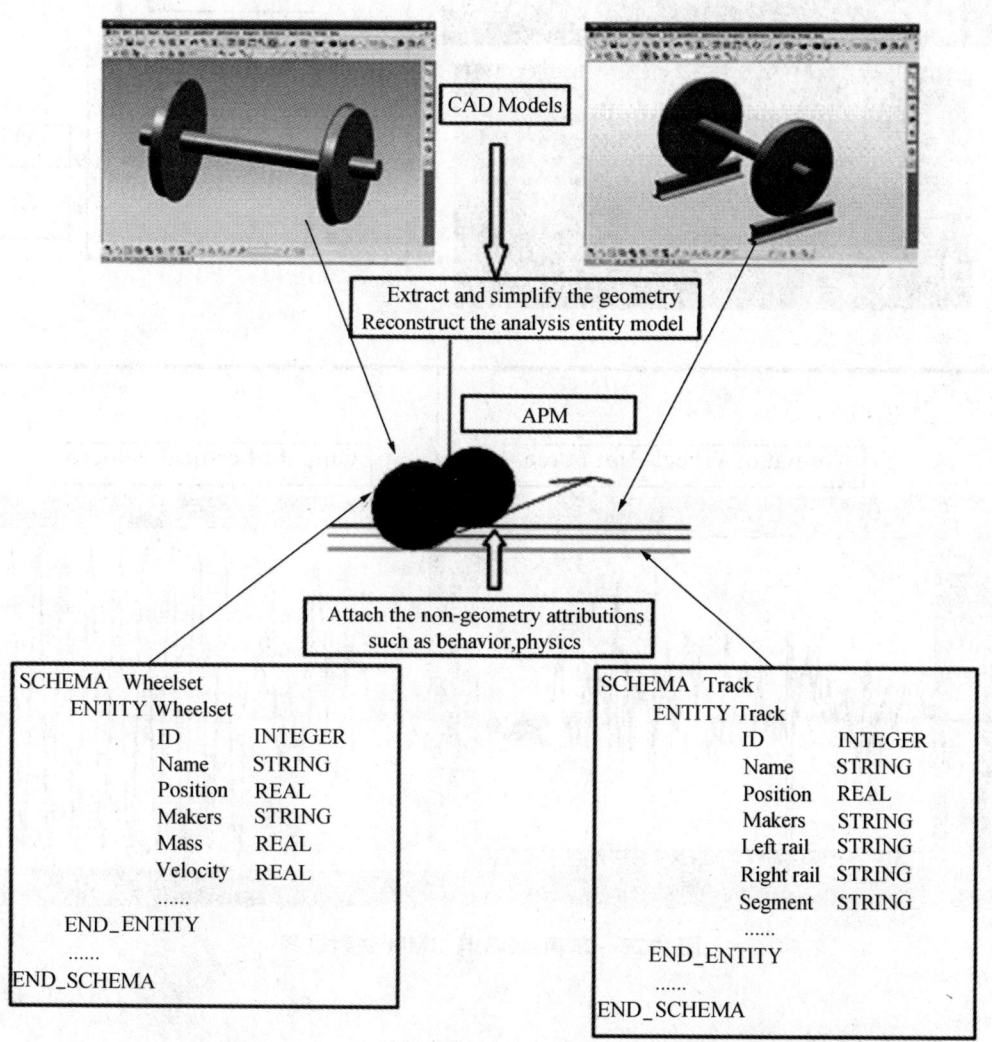

图 2-25 基于 EXPRESS 的车辆轮轨接触模型映射过程

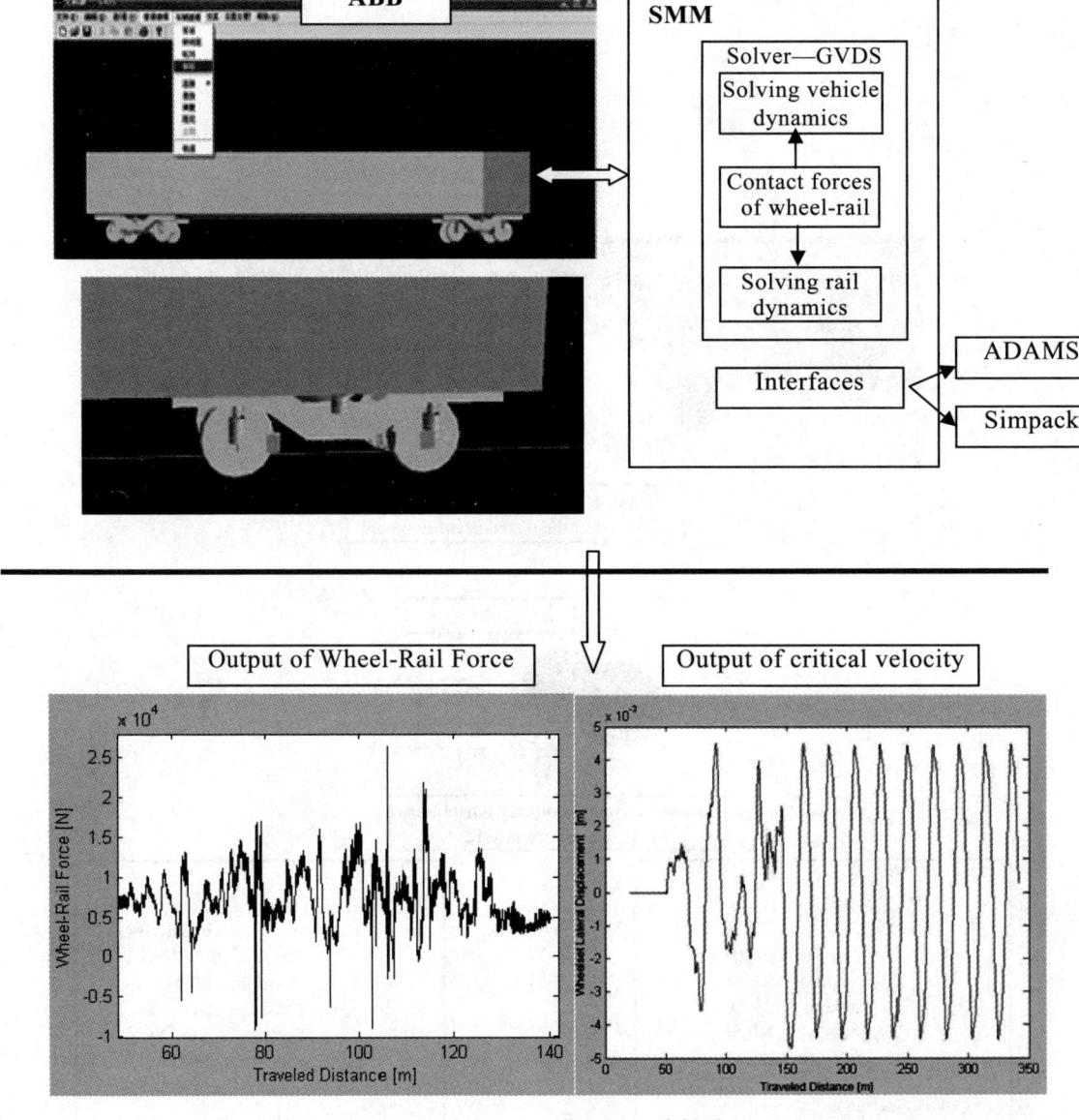

图 2-26 车辆 ABB 与 SMM 映射过程

2.5 本章小结

给出复杂机电系统设计、分析、优化集成闭环设计理论，进而针对高速列车的设计、分析、优化集成问题，提出相应的闭环设计理论，基于 MRA 架构，阐述具体集成的思路及方法，从而为高速列车的设计闭环和迭代提供指导。

参考文献

[1] 丁国富,何邕,邹益胜,等. 基于虚拟样机的产品设计进程反馈模型[J]. 西南交通大学学报,2008,

43（3）：367-372.

[2] Hamri O, Leon J C, Giannini F. Software environment for CAD/CAE integration[J]. Advances in Engineering Software，2010，41：1211-1222.

[3] Yang, D. Y., Ahn, D. G., Lee, C. H., Park, C. H., Kim, T. J. Integration of CAD/CAM/CAE/RP for development of metal forming process[J].Journal of Materials Processing Technology, 2002, 26-34.

[4] Kao, Y. C., Cheng, H. Y., She, C. H. Development of an integrated CAD/CAE/CAM system o taper-tipped thread-rolling die-plates[J]. Journal of Materials Processing Technology,2006,177,98-103.

[5] Lee S. H（2005）A CAD-CAE integration approach using feature-based multi-resolution and multi-abstraction modeling techniques[J]. Computer-Aided Design 37（9）：941-955.

[6] Martina D T, Falcidieno B, Habinger S.Design and Engineering Process Integration Through a Multiple View Intermediate Modeler in a Distributed Object-oriented System Environment[J]. Computer Aided Design，1998，30：437-452.

[7] Sypkens S M, Bronsvoort W F. Integration of design and analysis models[J]. Computer-aided design and application，2009，6（6）：795-808.

[8] 季炳伟，潘双夏，冯培恩. 面向CAD/CAE集成的虚拟样机建模方法[J]. 农业机械学报，2006，37（3）：95-99.

[9] 关振群，顾元宪，张洪武，等. 三维CAD/CAE一体化的参数化动态有限元建模[J]. 计算机集成制造系统，2003，9（12）：1112-1119.

[10] 陈明，邓矢斧，朱睿，等. 基于CATIA平台的CAD/CAE集成[J]. 计算机辅助设计与图形学学报，2006，18（7）：1078-1082.

[11] 丁国富，闫开印，张卫华，等. 面向虚拟样机设计的产品属性提取研究[J]. 计算机集成制造系统，2006，12（1）：14-20.

[12] 丁国富，邹益胜，张卫华，等. 基于虚拟原型的机械多体系统建模可视化[J]. 计算机辅助设计与图形学学报，2006，18（6）：793-799.

[13] R. S. Peak, R. E. Fulton, A. Chandrasekhar, S. Cimtalay, M. A. Hale, D. Koo, L. Ma, A. J. Scholand, D.R.Tamburini, M.W.Wilson（Feb. 2, 1999b）Design-Analysis Associativity Technology for PSI, Phase IReport：Pilot Demonstration of STEP-based Stress Templates Georgia Tech Project E15-647, The Boeing Company Contract W309702.

[14] Peak, R. S. Product Model-Based Analytical Models（PBAMs）：A New Representation of Engineering Analysis Models. Doctoral Thesis，Georgia Institute of Technology，Atlanta，1993.

[15] Peak R S, Fulton R E, Ichirou Nishigaki, Noriaki Okamoto. Integrating Engineering Design and Analysis Using a Multi Representation Approach[J]. Engineering with Computers，1998，14：93-114.

[16] Diego Romano Tamburini. The Analyzable Product Model Representation to Support Design-Analysis Integration[R]. A Thesis presented to Academic Faculty，Georgia Institute of Technology，May 1999.

[17] Ding GF, He Y, Qin SF, Jia MW, Li R. A holistic product design and analysis model and its application in railway vehicle systems design[J]. Proceedings of the Institution of Mechanical Engineers，Part B：Journal of Engineering Manufacture，2012，27（1）：173-186.

[18] 王颋，丁国富，张卫华，等. 基于组件的虚拟原型下的多体动力学仿真研究[J]. 系统仿真学报，2006，18（3）：643-648.

[19] 王颋，丁国富，张卫华，等. 基于组件的多体系统虚拟原型的分析模型研究[J]. 系统仿真学报，2006，18（4）：943-946，950.

[20] 何邕. 面向设计模型的铁道车辆动力学建模与灵敏度分析[D]. 成都：西南交通大学，2012.

第3章 面向设计模型的高速列车分析模型映射

3.1 复杂机电系统分析模型属性提取

3.1.1 分析模型属性提取思路

虚拟样机最终获得的，不仅仅是设计的完整性，还有样机分析的正确性，它将代替产品的物理样机实现产品多种性能的分析、试验和评价。对于机械系统虚拟样机，主要的性能分析手段有：强度分析、寿命预测、多体系统动力学、流体分析（气、液动力学）等。这些分析的基本数据来源于三维CAD设计的零部件本身。以多体系统分析为例，系统需要提供以下性能数据：

（1）对刚体有：标识号、质量、几何形状、质心、转动惯量、位置坐标、方位坐标、自由度、材料密度等。

（2）对运动副有：标识号、类型、铰点与其关联的两刚体的位置、铰点的方位坐标、铰点的位置坐标、自由度数目。常见的运动副有旋转副、滑动副、平面副、圆柱副、万向节、球面副、齿轮副等。

（3）对弹性体有：标识号、质量、几何形状、质心、转动惯量、位置坐标、自由度、材料密度、惯性矩、弹性模量、模态、阻尼等。

（4）对力元有：序号、所连接两刚体的坐标位置（上下作用点的位置）、力元的物理类型定义（刚度、阻尼、摩擦力等特性曲线）。

这些数据有些是产品零部件的本身特性给出的，如质量、几何形状、质心、转动惯量、密度、弹性模量、刚度、阻尼等等；有些需要通过分析产品装配关系和空间运动特性得到，如位置、方位、铰与多体的连接关系、位置坐标。所有这些特性大部分都可以从CAD模型中提取。

针对复杂机电系统的设计与分析，现有的CAD设计软件已经能很完整地得到产品的构型，并在其设计空间内，能够得到产品零部件之间的关系，但其主要是面对制造的设计。所以CAD提供的功能和输出的数据很少是面向后续性能分析的，这已经在目前的很多基于虚拟样机的产品分析案例中得到证实。在后续的产品性能分析中，包括：多体动力学分析、强度可靠性分析以及其他性能分析等，CAD仍然只能提供初步的实体模型，并不能从实体本身得到该零部件本身应该具有的性能属性。所以需要在物理试验中去获得产品零部件的属性数据，这无形中增加了数据采集的难度，增加了设备检验的投资，提高了产品研制的成本。而且，从实践效果来看，CAD模型在向后续性能分析功能传递的过程中，由于精度、算法、求解模式等原因，会丢失一些信息，这将导致人工的干预过多，浪费人力物力，甚至因为一个小的失误导致样机分析不能正常进行。所以，目前在虚拟样机分析中，很多还是各自开展自己的工作，CAD只负责设计，动力学分析需要根据产品功能进行模型简化后再重新建模，有限元分析也是根据初始的设计方案进行建模，这就导致分析软件与 CAD 之间严重脱节，也导致各种分析软件的分析结果不完全统一，企业也不知道究竟哪种算法是正确的，因而还是采用一些保守的设计方法，比如提高安全系数等。这实际上使虚拟样机技术陷入一定的误区。

这种误区的真正原因是在 CAD 中只考虑了几何建模，而没有完全考虑对产品零部件以及整机进行物理建模，人为地将产品模型性能数据提取放在性能分析模块中，而忽略了 CAD 模型本身完整性的存在。实际上，产品的 CAD 在提供了几何模型的同时，也基本上提供了产品及零部件的物理属性，所以应该在 CAD 中就对产品的物理属性进行建模，也就是将产品的属性进行定义，并提前放在 CAD 设计中，为后续的性能分析提供一个完整的没有异议的一体化模型，从而将模型不一致的现象统一起来。将这两种思想进行归纳，在 CAD 和样机性能分析之间建立一属性提取层，如图 3-1 所示，以获得满意的虚拟样机模型。

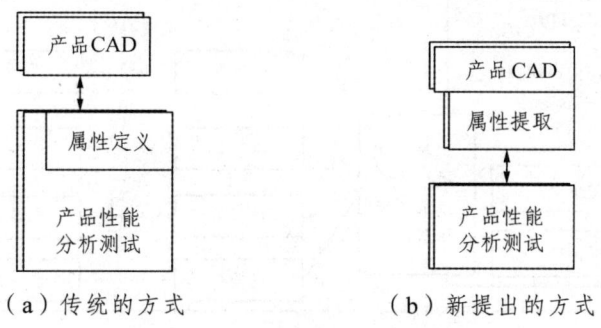

图 3-1　两种不同的属性定义的方式

3.1.2　基于设计模型的复杂机电系统分析模型多映射

从图 3-1（b）可以看出，为了达到直接从 CAD 提取或定义属性的目标，需要 CAD 的功能有更高的要求。但是目前的 CAD 显然不能满足这种要求，需要对其功能进行扩展。对于多种 CAD 软件，目前都有在其上进行二次开发的功能，比如 Pro/E 的 ToolKit、SolidWorks 的 SDK API（Application Programming Interface 的简称）、CAXA 的 SDK（Software Development Kit 的简称）、CATIA 的 CAA 等。

设计模型可以通过 CAD 得到，分析模型在 CAD 模型的基础上，通过外部接口定义或者 CAD 平台下进行 SDK 开发定义，最终得到的模型是一个可扩展的 IGES 文件。所谓可扩展的 IGES 文件是指保持原来的模型数据接口和格式不变，在该文件的尾部增加供本系统使用的特殊格式数据，这些数据主要用来定义该模型的属性数据。这样该文件既可以和通用的应用软件接口，又可以为本系统所用，既有专门性，又有通用性。所有得到的数据都是以 IGES 为载体的能够描述模型属性的数据块，这些数据块的集合就形成整个数据模型，供平台使用。

显然，数字样机实际上是一种空间抽象的物理模型与实体模型的结合，实体模型通过 CAD 设计得到，并以一定的方式附着在空间抽象的物理模型上，而抽象的物理模型不仅仅是定义产品零部件的属性，而且要根据其在产品中的功能和关系，映射为抽象的类似于图的模型结构，在必要的时候根据后续的功能进行缩减。为此，提出基于设计模型的分析模型多映射方法如图 3-2 所示，该方法将基于设计模型进行各种分析模型的属性提取，然后映射为不同的分析模型，供各分析模型自动求解。整个属性提取的主框架如图 3-3 所示。

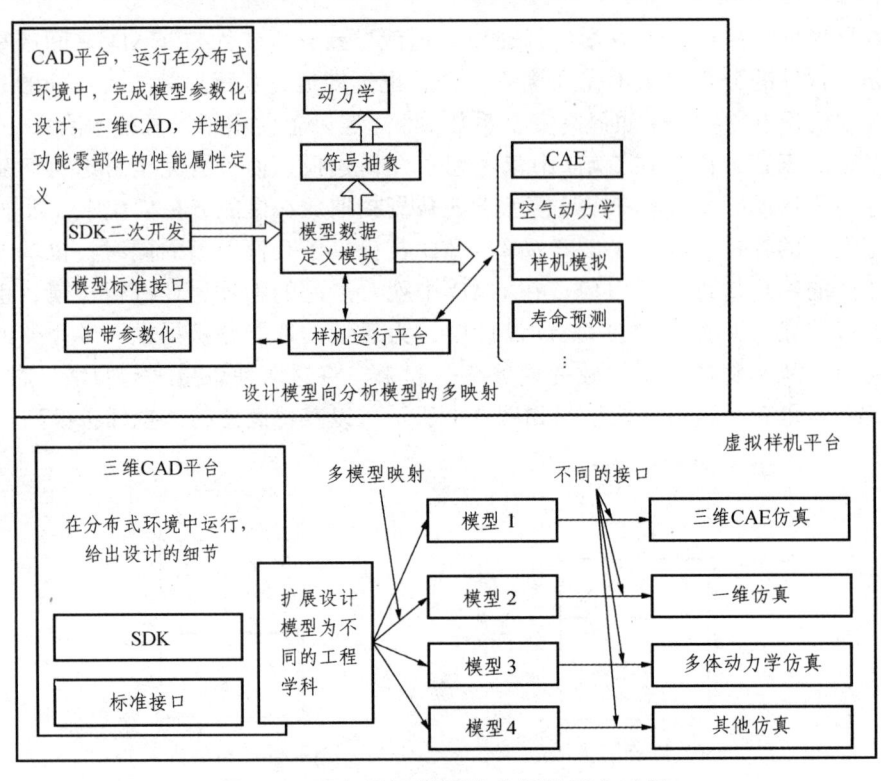

图 3-2 面向设计模型的分析模型多映射

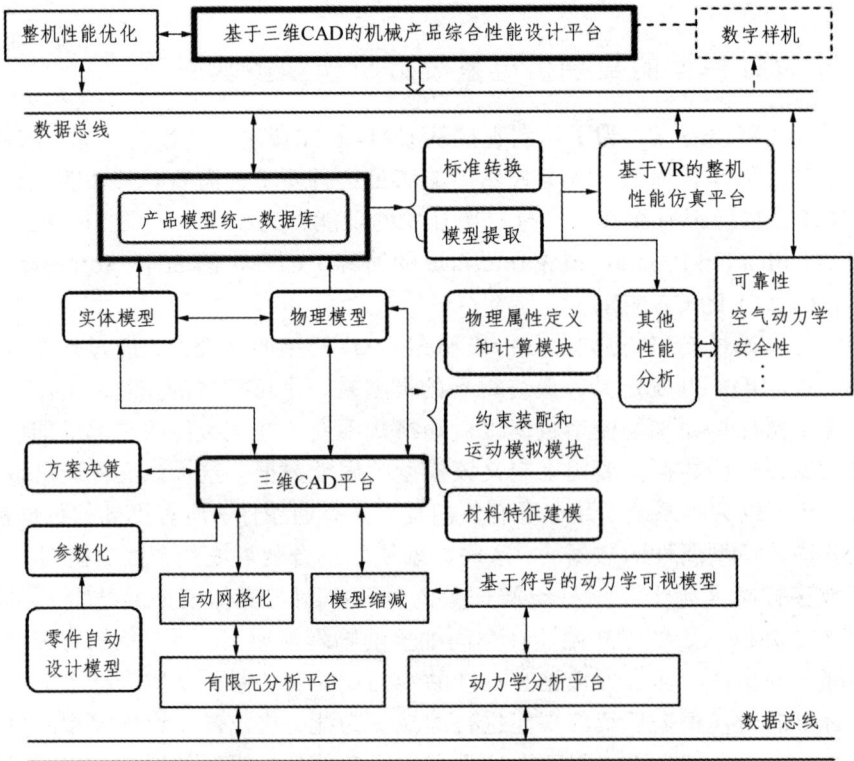

图 3-3 面向设计模型的分析模型属性提取及映射整体框架

对于复杂机电系统,主要分析的要点包括:强度及疲劳可靠性、动力学、流体分析(热、温度、气流)等,这些都是基于 CAD 设计模型来进行的,如图 3-3 所示。每个分析模型的提取流程和内容不一致。

对于动力学分析模型的属性提取思路如图 3-4 所示。对以有限元为基础的分析模型属性进行提取流程,参考图 3-5,流场等分析如图 3-6 所示。

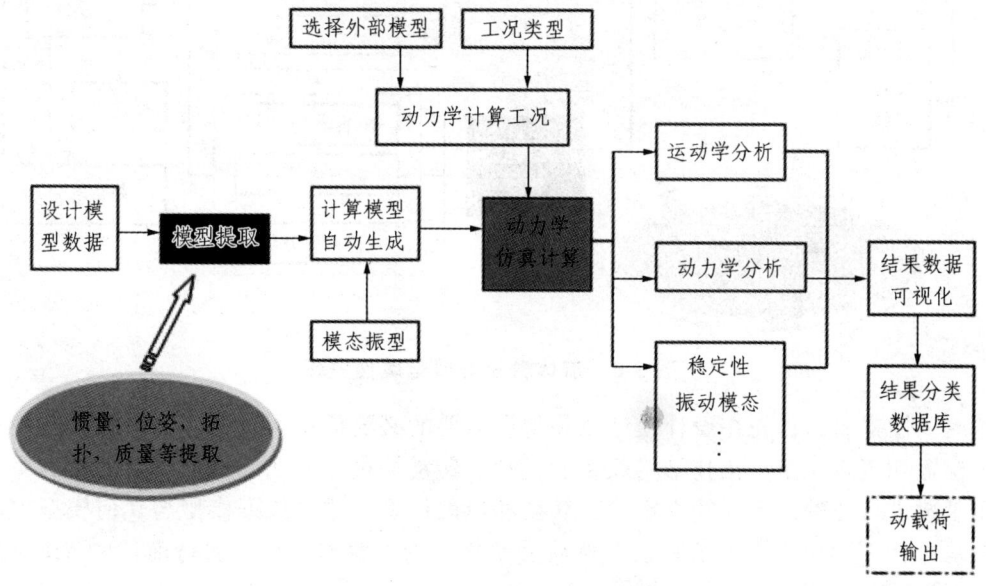

图 3-4 动力学分析与属性提取

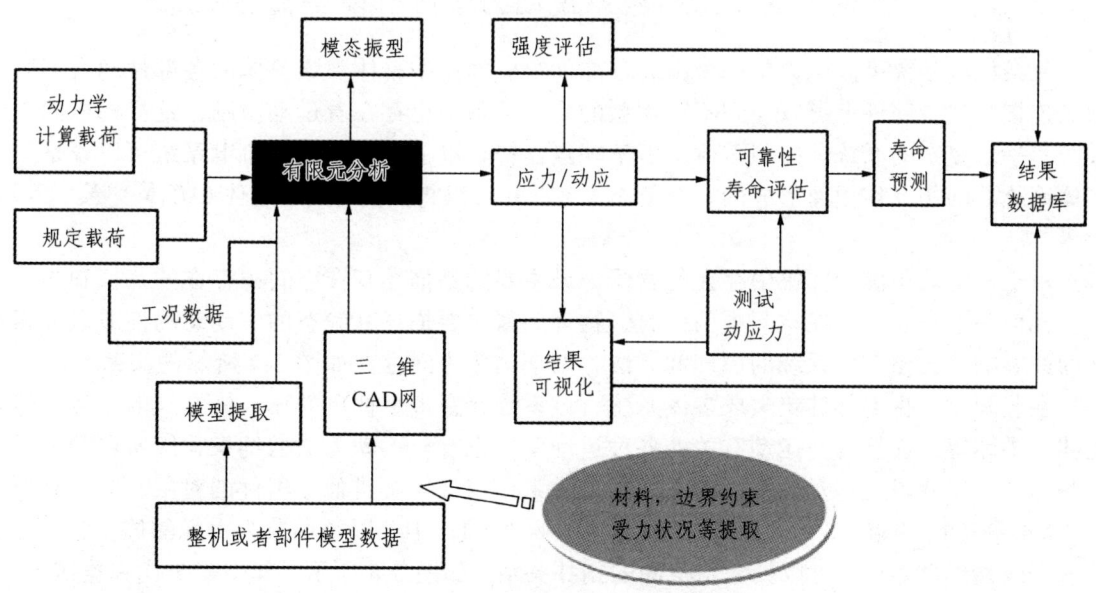

图 3-5 强度及疲劳分析与属性提取

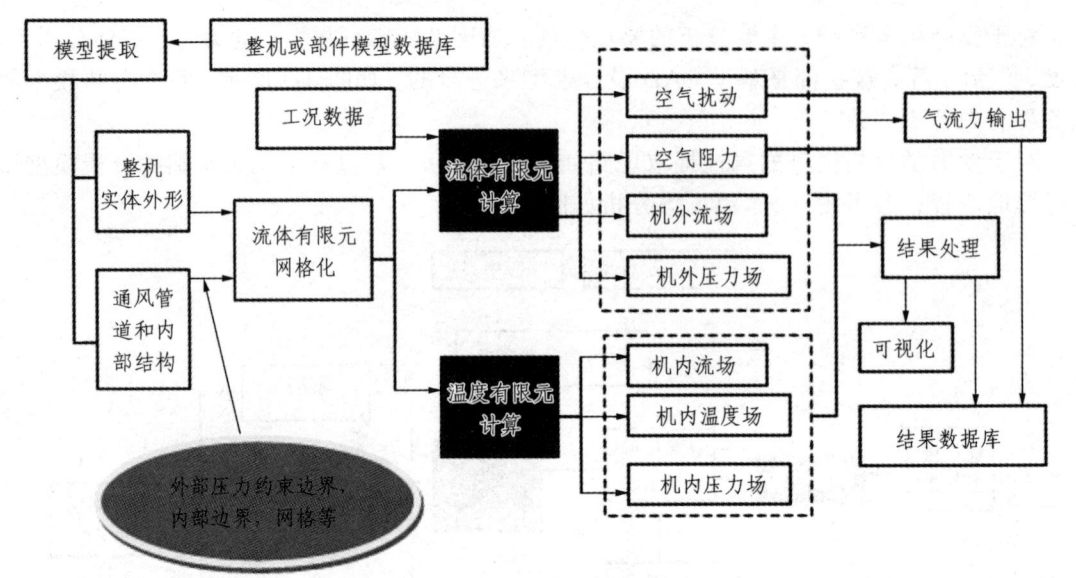

图 3-6　流体分析计算与属性提取

这些属性提取，首先在设计模型上获得所需要的必要信息，包括几何形状、质量、质心位置、位置和姿态关系、拓扑结构关系、材料、转动惯量等，然后根据产品工作的实际服役和应用工况进行各种边界和约束定义，获得相应的模型。这些数据模型与几何模型绑定，可按照要求进行不同分析模型的映射，然后交给相应的求解器求解，实行前述的 MRA 架构流程，从而实现 CAD/CAE 的有效集成。

3.1.3　基于设计模型的复杂机电系统动力学分析模型属性提取

复杂机电系统可以认为是一个由装备部件组成的一个整体。该整体的各部件间有不同类型的连接方式，部件上可以受到不同类型的力，装备中也存在着运动激励，这样构成的机电系统是一个复杂的系统。按照多体动力学观点，符合以上定义的复杂机电系统可以说是一个多体系统之间相互作用而形成的一个复杂系统，并可以将其简化为：刚体（柔体）、铰、力元、力等。

对于机电装备虚拟样机中存在的物体，最主要的是描述其在空间中存在的几何和物理关系。几何关系主要是其在空间中的位置，物理关系主要描述其静态的、动态的性质以及相互之间的影响。按照多体系统的原理和方法，两个物体之间存在如图 3-7 所示的关系。

在装配中，将零部件定义成多体系统，该系统存在多个抽象的体、体之间的连接。体有刚体、柔体等；连接有与运动有关的各种运动副，也有与运动无关的约束，即所谓的力元，如弹簧。为了获得这些对象之间的空间抽象关系，定义 4 个类似于组件的对象，它们对应着体（MJ，MI）、约束（S）、约束连接的两体的标志（IJ，II）以及抽象为力元的体。它们存在于多个线性的链表中，可以抽象出空间的拓扑关系，如图 3-8 所示。其中箭头代表连接关系，椭圆代表体。每个体设想其固结坐标系和质心重合，其方位可用 Euler 角来表示；约束连接的两体标志点的坐标系附在所连接的体上，并由相对固结坐标系给出其位置和方位。

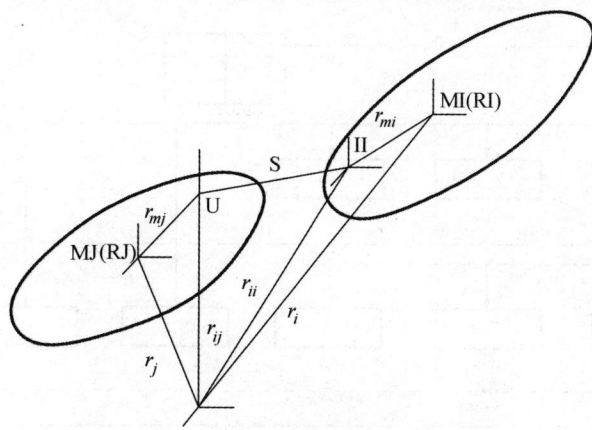

图 3-7　模型空间的体之间的关系

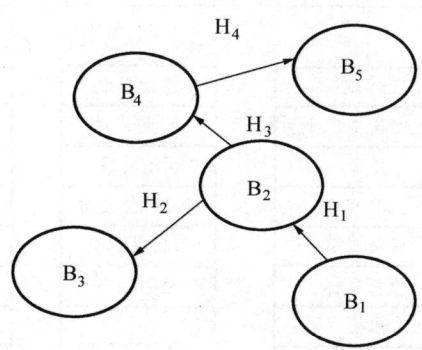

图 3-8　模型空间映射的拓扑关系

现有的 CAD 系统都可以通过二次开发进入到系统的设计空间，获得设计空间的相关信息。以 CATIA 为例，各坐标系和矢量之间的关系可以通过 CATIA 模型空间丰富的坐标系关系获得。在 CATIA 设计环境中，无论是零件还是装配体，都有一个父坐标系和子坐标系，通过坐标系之间的关系，可以获得各部件相对位置关系。

结合 CATIA 中产品动力学信息模型的表达，将产品的动力学信息进行了分层描述，即部件层和特征层，进而建立起基于 CATIA/CAA 的动力学信息模型。部件层主要是从宏观的角度表达装配体的部件构成，其信息包括部件名称、装配层次、部件关系等部件信息。特征层主要是从微观的角度来描述零部件的具体几何对象，主要包括名称、体积、重心、材料、功能、位置等属性信息以及约束类型、运动关系等关联信息。基于 CATIA/CAA 的动力学信息模型如图 3-9 所示。该模型较好地表达了产品动力学模型属性信息以及关联信息，基本满足后续动力学分析对信息量的要求，而且模型相对简单。

在获取过程中，采用了 CATIA 内部在零件设计空间和装配空间以及特征空间内丰富的空间坐标变换关系，并在基于几何拓扑内核的基础上获得抽象定义体的各种属性。对于非获取属性，则采用丰富的 CAA 二次开发接口功能进行扩展。

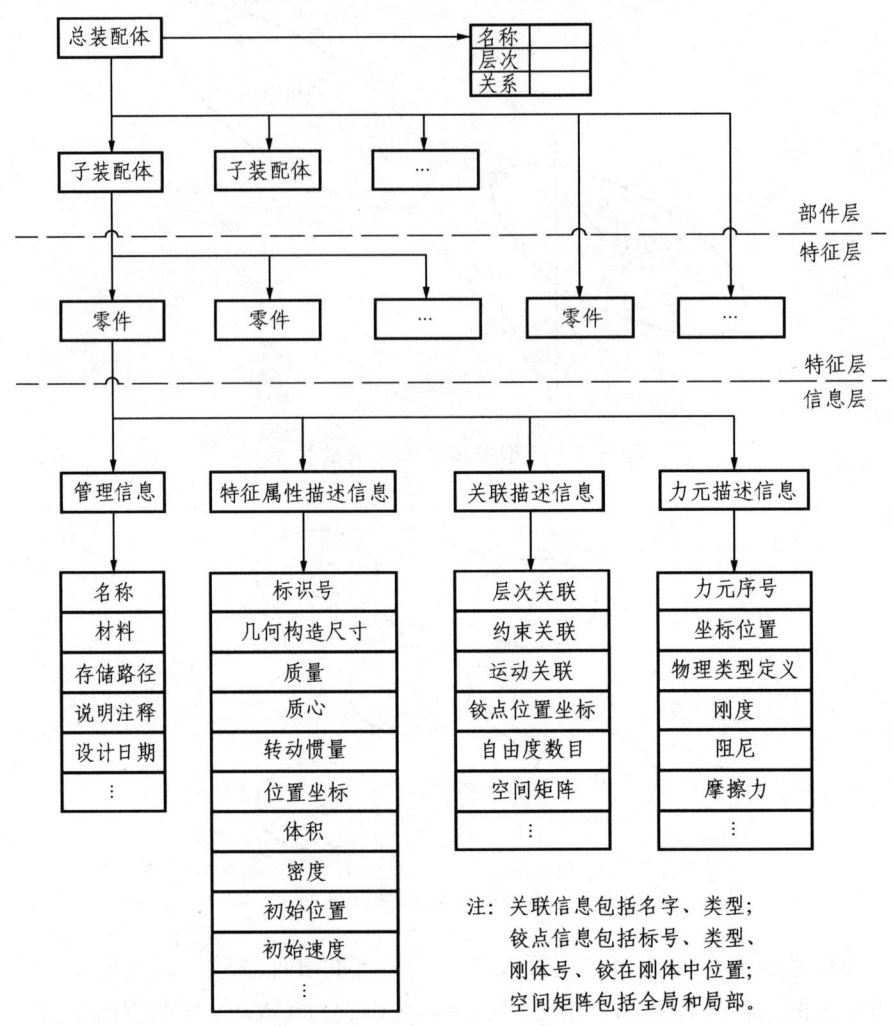

图 3-9 基于 CATIA/CAA 的面向 CAD 的动力学分析模型提取

对于刚体构件，其是一个在模型空间中有质量的实体。定义所有刚体的刚体号，计算刚体的质心坐标、刚体的惯量、刚体的质量、刚体的初始位置、刚体几何信息等，如图 3-10 所示。为了求解其在空间中的位姿（位置和方向）和转动惯量等参数，需要定义一个固结于构件的坐标系，称之为连体基或质心坐标系。该坐标系的原点在构件的质心位置，各轴与构件在绝对坐标系里的子坐标系各轴平行，并且可以采用方向余弦或者欧拉角来描述其在模型空间中的位置姿态。这样对于某些构件，需要在该构件的父坐标系、子坐标系和连体基上作变换，才能得到该构件的质心位置和在空间中的方位。转动惯量的计算则比较复杂。对于单个构件，首先通过 CATIA 提供的基于父坐标系转动惯量的计算，然后利用连体基与父坐标系之间的方位关系，变换为连体基下的转动惯量计算；对于多个构件组成的装配体，则需要将各构件经过以上处理后，再采用平行移轴定理得到。

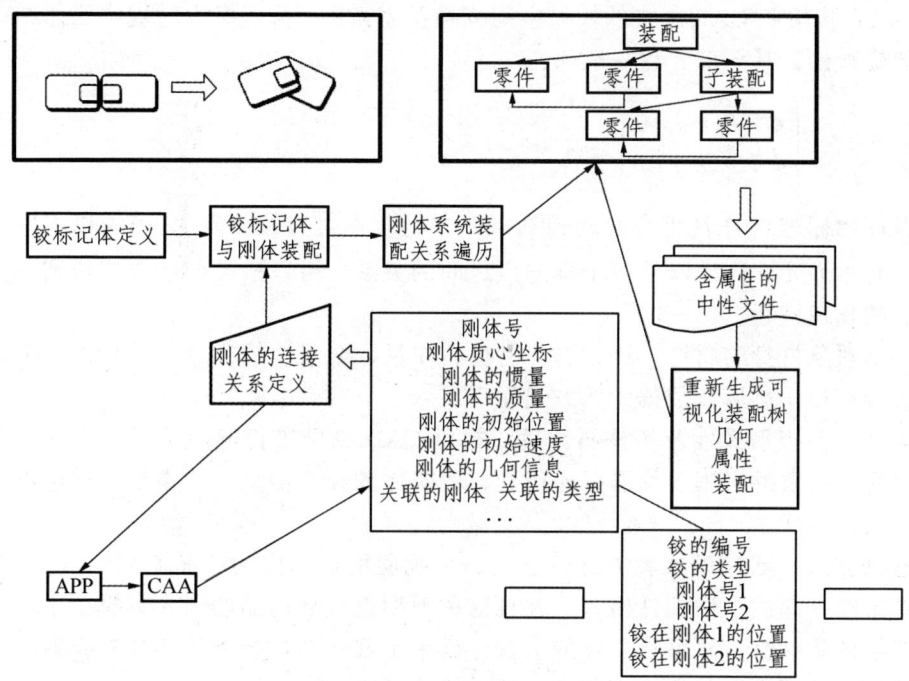

图 3-10　动力学属性提取过程

约束属性的定义方法：

（1）定义刚体关联的刚体，关联约束的类型，然后定义约束标记体号（刚体号+约束的编号）。

（2）根据约束标记体号创建约束对象，附上约束的编号、约束的类型、刚体号 1、刚体号 2，将约束标记体的质心与刚体号 1 的质心矢量差作为约束标记体在刚体 1 上的固结矢量（约束标记在刚体 1 的位置）。

（3）根据约束关联的刚体号 2 定义刚体号 2 的属性，同时传递刚体号 1、刚体号 2 根据刚体号 1 对约束指针的引用，获得约束的编号，定义相应的约束标记体号（刚体号+约束的编号），根据约束的编号可以定义出相应的约束在刚体 2 的位置。

为了定义各构件之间的连接关系，必须引入约束坐标系或者铰坐标系，这里称为标志坐标系。该坐标系依附于构件的固连坐标系，其关系表达为图 3-7 的 r_{mj} 和 r_{mi}。依附坐标系的位置通过连体基下的相对位置关系得到，即直接通过模型空间中的抽象实体与依附构件之间的坐标变换得到。

这里引用了一个介于多体系统和 CAD 模型之间的抽象体，即约束标记体（Marker），其类似于 ADAMS 中的 Mark。在抽象的多体模型之间，采用 CATIA 丰富的人机交互获得在多体模型所定义约束点位置的定位，并将其标记。这种标记是一种具有抽象几何实体特性而又忽略其质量、形体的点，以方便获得约束坐标系与刚体固结坐标系和惯性主轴坐标系之间的局部和全局变换关系，准确定义各种约束的空间位置约束关系。

由于一个约束需要两个这样的标志坐标系，而这两个坐标系又分别在不同的构件体上，这为描述约束的类型带来了难度。描述一个完整的约束类型的关键是定义两个标志坐标系的方位及其约束的方程，所以需要首先定义该标志坐标系的方向余弦阵。由于该坐标系抽象于实体中，可以直接按照 CATIA 中的模型空间变换关系得到，再根据方位规定具体约束的约束方程，比如旋转铰，其约束方程一般为：

$$\begin{bmatrix} \Phi^s(P_i, P_j) = 0 \\ \Phi^{pl}(h_i, h_j) = 0 \end{bmatrix}$$

只要保证两标志点 P_i、P_j 重合，两转轴 h_i、h_j 平行（通过方位给定），就可以很好地定义一个回转副。对于力元，同样涉及两个标志点之间的关系，可以按类似的方法得到，只是要额外定制它们的物理属性。

对于每个对象自身的属性，比如材料特征、质量、惯量、体积、力学特性等等，则通过属性获取直接获得，然后以数据库的方式保存。

在完全获取到模型属性及拓扑属性后，根据 CAD 模型进行遍历。所有零件（包含对刚体属性的引用、约束的引用）均可以遍历到，将刚体的属性信息、约束信息按标识号唯一地输出成中性文件格式。

利用这种方法，通过设计者的部分参与，系统便可自动得到产品 CAD 几何模型数据与物理属性绑定在一起的中性文件格式。并且这种模型直接从产品的 CAD 模型中移植出，对设计具有严格的依赖性，并可在后续的可视建模中重现。与过去利用 IGES 或 STEP 等格式转换得到的模型后再定义分析模型相比，此方法更准确。

3.1.4 复杂机电系统多分析视图模型重构

面向整机性能的多分析视图模型重构技术以动力学模型重构为例进行详细过程阐述。动力学模型重构是在 CAD 环境中映射了一个多体系统的拓扑结构，并将其存储在中性文件格式中，该格式中保留了所定义多体系统的拓扑关系，包括装配位置关系、空间坐标位置及姿态、各体之间的约束关系及定义等，同时输出一个与之对应的几何模型，该模型所给出的实体严格对应于中性文件中所定义的零件或者装配。通过读取从 CAD 中提取的模型原始数据，实现了从虚拟原型到多体分析模型之间的过渡。过渡的方式描述如图 3-11 所示。

首先将获得的中性文件解码，按照既定的格式从中获得在虚拟原型中定义的刚体、标志体、约束、约束力元、所施加的力等，再根据所定义的属性恢复多体系统的空间拓扑关系。比如，刚体 a、b、c 分别有 i、j、k 个标志，有 d、e、f 个力，相互定义了 ii、jj、kk、ee 个关联关系，则它们可以恢复成的空间拓扑结构如图 3-12 所示。几个体都严格对应几何实体所给定的对象，这些对象在几何实体中通过归类和所归属的点、线、面来统计判断出给哪个实体，并按照 CAD 中定义的虚拟原型的装配顺序与中性文件中的标识体对应。它们之间的相互位置关系，包括固结坐标系与惯性主轴坐标系之间的变换关系、标志坐标系与固结坐标系之间的变换关系、刚体所对应的姿态角（欧拉角）或方向余弦、标志坐标系的方位与所定义的约束类型的关系（自由度的限制）、力所定义的位置及方位等，这些都已经严格定义在中性文件中。通过在虚拟原型中的坐标系和可视化模块中的空间坐标系映射而进行最终的定位，从而获得满意的多体系统模型。

第3章　面向设计模型的高速列车分析模型映射

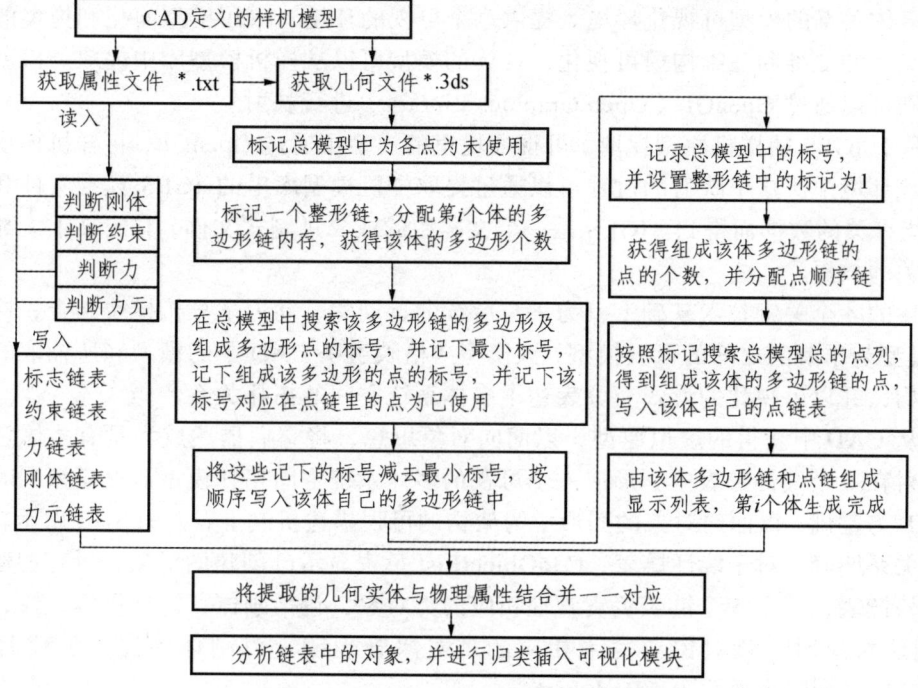

图 3-11　虚拟原型向分析模型的过渡

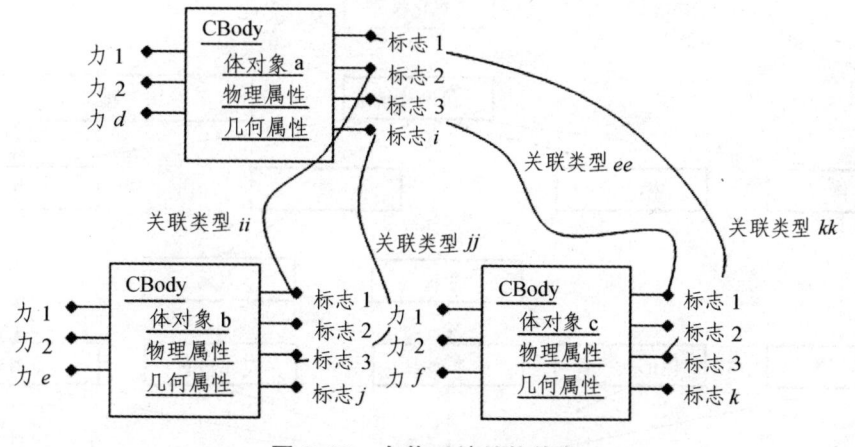

图 3-12　多体系统结构恢复

在多体系统的可视化建模中，需要解决以下几个关键技术：

（1）基于面向对象的组件技术。所谓组件，是建立在面向对象基础上的，具有一定功能和外部接口的可重用和继承的程序体。组件不但要包含所建模对象的属性、形状和行为，还要提供其与外部相关联的对象之间的接口，可采用基于 VC++COM 技术来完成组件的建立。

（2）各个抽象的刚体或弹性体之间的位置及约束关系，以及约束关系的定义。需要确立各体之间的全局和局部之间的空间变换关系，定义基于约束的各体的自由度和约束类型的简化与抽象。可以按照多刚体动力学的方法建立各体之间的有向关系和拓扑关系矩阵图。

（3）多体关系的模型可视化环境。提供一个可视的环境，采用模型简化和拖曳的方式，建立基于组件的二维和三维构模可视化，各体的模型可以从样机模型库中提取。模型在计算机里重构则可以通过OpenGL（Open Graphics Library）进行映射。

（4）基于IGES的样机原型提取。可视环境里的模型可通过OpenGL，将样机模型库的模型映射到该环境中。这个映射的过程可以通过提取样机模型库里的IGES模型文件和其扩展的、与性能有关的数据而得到。IGES是一个文本型的或二进制式文件，其定义了大部分与几何形体有关的数据。

在上述的4个关键技术基础上，为了与后续的运动学、动力学分析模块结合，构建了一个CAD模型与求解器之间的可视模型，该模型严格映射了CAD中的模型和所抽取的多体系统模型结构，并以可视化的形式充分表达了多体系统空间的拓扑关系。

按照从CAD中获得的虚拟原型，以面向对象思想，将它们描述成为具有多体意义的对象，并映射在6个线性链表中，形成一个可视的多体系统空间拓扑模型。该模型同时建立在以OpenGL为基础，以面向对象的图形学为架构的可视描述机制上，如图3-13所示。各对象间的继承关系明确，对于线性链表：C3dObjectList负责显示已创建的对象，所有创建的对象都会写入该链表；其余5个链表负责管理相应的类对象，包括刚体、铰标记体、铰、力元和力。当创建对象时，该对象要写入相应的类对象管理链。以刚体为例，创建时要写入C3dObjectList，同时也要写入CBodyList。

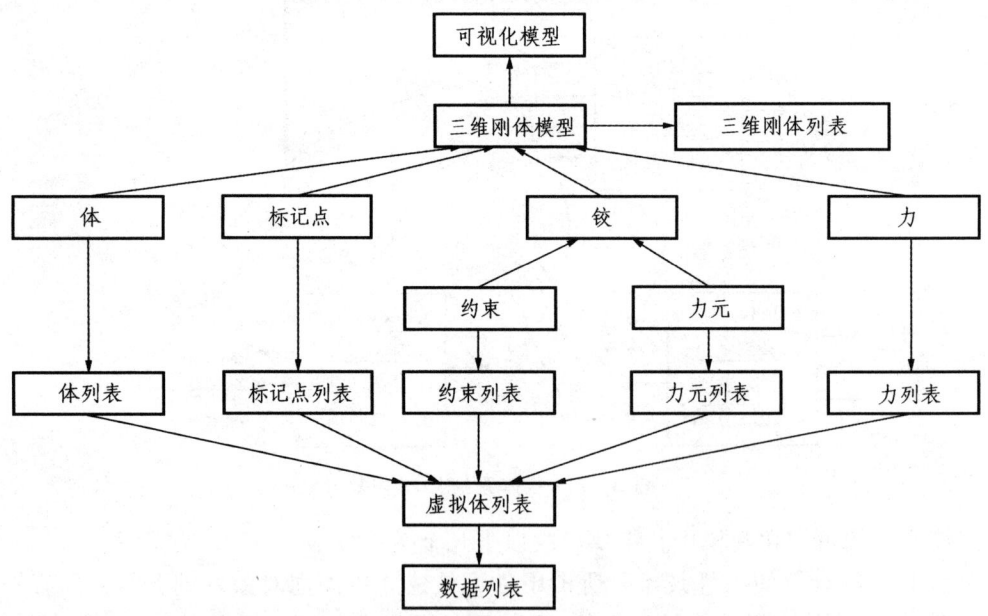

图3-13 多体系统在面向对象的三维可视环境中的表达

为了有利于可视化，各种标记定义为存在对象的可视体。Body为从虚拟原型中得到的几何实体，标志则已经抽象为一个假想的点，各种约束、力元和力建立在刚体上，可以描述为一个虚拟的实体，以方便可视化建模。这些虚拟的实体部分可以描述为如图3-14所示的三维代替符号。图中给出的实线为对象的继承关系描述。各种约束模型的定义则根据约束的类型建立抽象的约束符号方程。

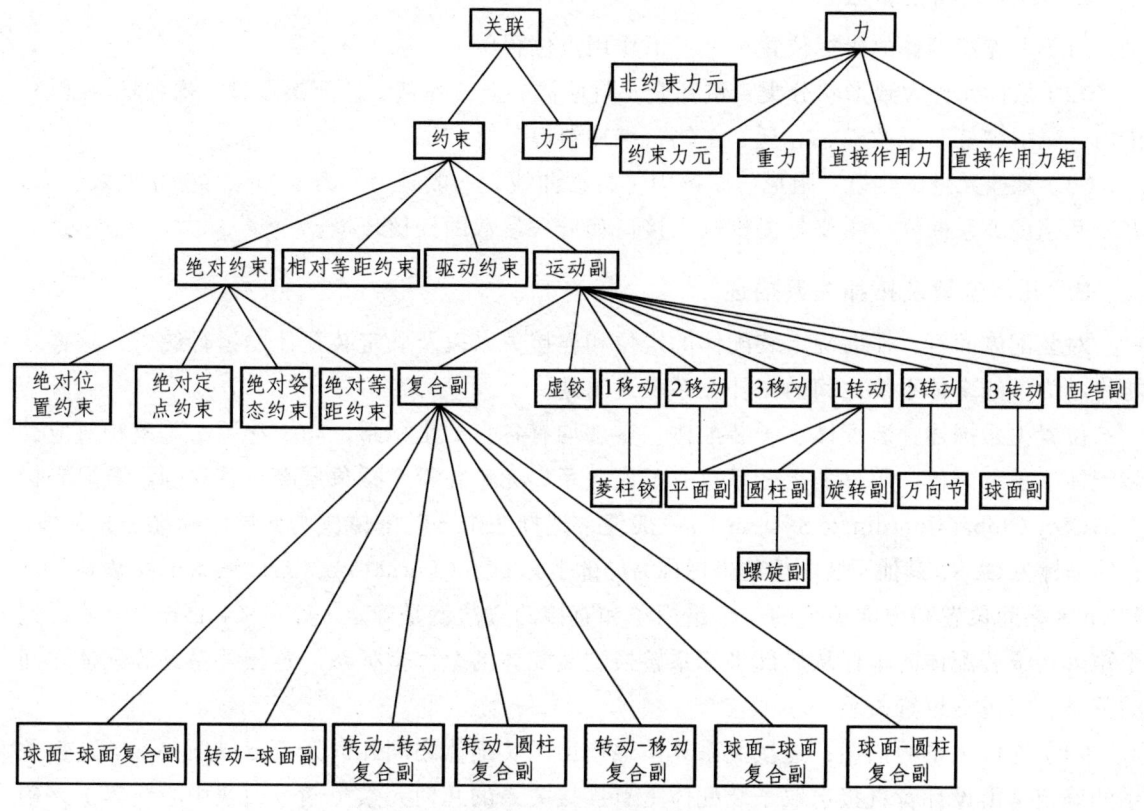

图 3-14　各种对象的三维可视符号标记

3.2　高速列车动力学分析模型属性提取方法

3.2.1　高速列车动力学属性特征信息分类

高速列车动力学分析模型的组成主要有刚体（含弹性体）、约束、力元等。刚体或弹性体主要有车体、转向架、轮对等；约束主要有万向节、回转副等；力元主要包括：一系悬挂、二系悬挂、减振器、阻尼器等。每个组成都有相应的属性。

1. 刚体（含弹性体）的属性参数

（1）刚体质量。

（2）刚体 3 个方向转动惯量。

（3）刚体质心位置。

（4）刚体或弹性体几何简化外形。

（5）弹性体模态、阻尼。

2. 力元的属性参数

（1）所连接两体的坐标位置（上、下作用点位置）。

（2）悬挂元件大致形状分类：钢弹簧、阻尼器、空气弹簧、抗侧滚扭杆、橡胶堆、楔块、止挡、牵引拉杆、承载鞍、心盘、车钩、缓冲器等。

（3）悬挂元件的刚度、阻尼、摩擦力等特性曲线，一般是力、力矩和位移关系曲线，力、力矩和速度关系曲线，主要是提供输入接口和输入参数的校核环境。

3. 几何位置及拓扑关系描述

对装配体而言，需要确定装配体的定位和连接关系以及确定装配体的运行约束，这样才能将动力学的多体系统之间的拓扑关系表达清楚。

位置关系描述：装配体、子装配体、零件均有各自的坐标系，与上述层次关系相对应，装配体、子装配体、零件的坐标系也有层次关系。无论在哪个抽象层上，首先确定全局坐标系 GCS（Global Coordinate System），一般地，选择一个子装配体作为此层的标准子装配体，它的坐标为 GCS，其他子装配体的坐标称为局部坐标 LCS（Local Coordinate System）。表达 LCS 和 GCS 之间位置和方向关系的一个最简单和直接的方法就是确定一个 4×4 的齐次矩阵，这个矩阵将子装配体的坐标从局部坐标系转换到装配体的全体坐标系。连接关系是装配体之间的关系，它包含位置关系。

（1）连接关系的描述：连接关系具体地指出两装配体之间几何元素形成的关系。连接关系的确定是由设计者直接选取子装配体上有连接关系的几何元素（面、边或中心线等）来确定它们的相对位置和方向。例如平面贴合，在模型中记录平面方程。

（2）运动关系的描述：转向架结构两零部件之间的运动约束关系是对两零部件之间的运动进行定义和描述。一般把传动关系归在运动约束中。零部件之间的传动关系主要用来描述零部件之间的传动关系。

利用 CAA-RADE 开发工具和 CATIA 提供的 C++API 在 CATIA 上进行二次开发，可以得到各种需要的信息，以车体的属性提取为例，其过程如下。

① 车体对象的选择和模型名的获取，在 CATIA 设计空间内获取。

② 获取车体 CAD 模型的几何属性值。主要包括车体总长、宽和高，选择车体对象后，自动提取其长、宽、高几何属性值，并显示在交互界面中。

③ 获取车体 CAD 模型的物理属性值。包括质量、质心和惯性矩。选择车体对象后，自动提取其质量、质心位置、惯性矩，并在交互界面中显示结果。

④ 输出车体性能属性值。根据所选择的车体，获取其几何属性和物理属性后，以 TXT 格式输出并保存这些属性值。

⑤ 生成车体的简化模型，利用从实际的车体 CAD 模型中获取的几何属性值自动构建出车体的简化模型。

其提取流程如图 3-15、图 3-16 所示。图 3-17、图 3-18 是显示和输出相应的结果。

第 3 章　面向设计模型的高速列车分析模型映射

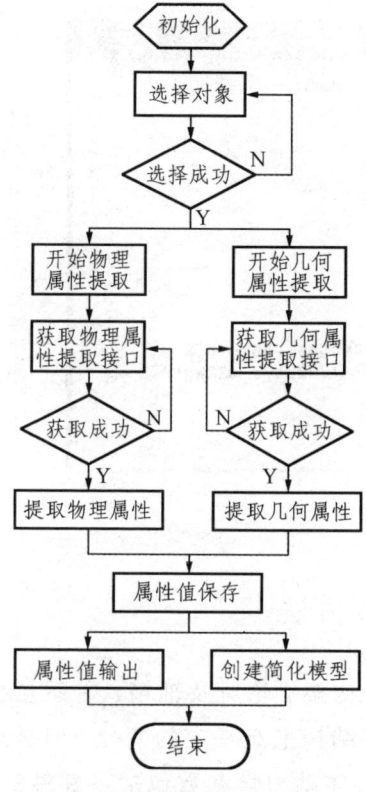

图 3-15　属性提取流程设计

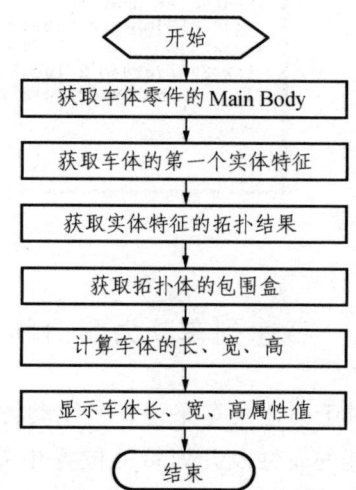

图 3-16　车体几何属性的获取流程

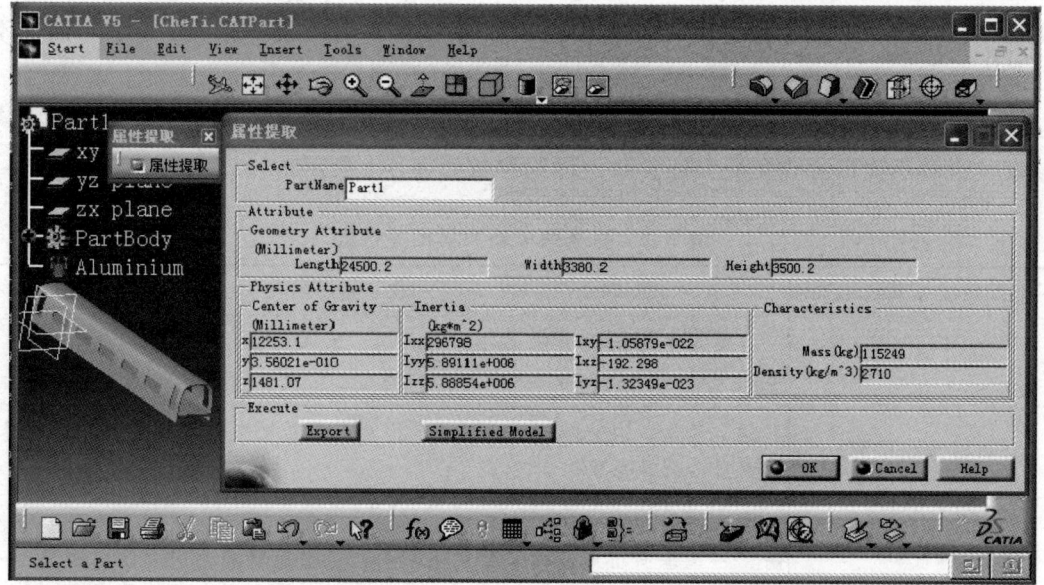

图 3-17　属性提取程序测试结果

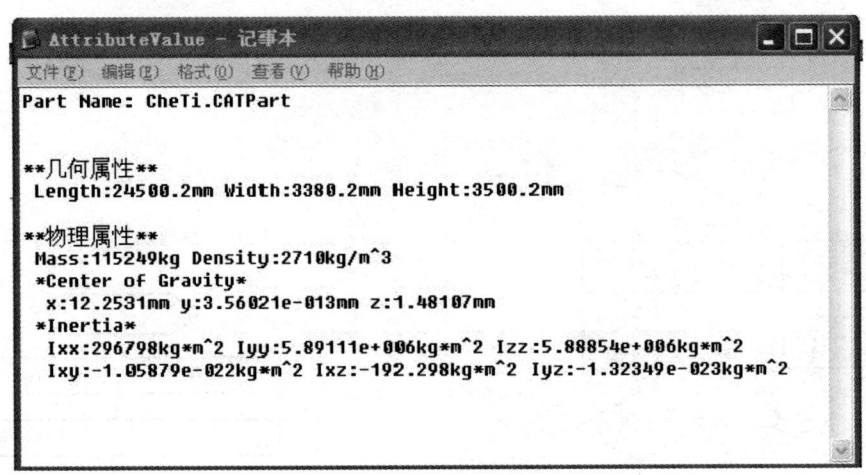

图 3-18　输出结果

3.2.2　高速列车动力学分析模型性能参数提取方法

对于高速列车来说，多体动力学参数主要与车体、构架、轮对及轴箱、一系悬挂与二系悬挂的属性及几何特征位置相关。不同型号的列车在结构上有一定的变化，但是总体结构类似，即子装配体或子零件存在相似性。高速列车多体动力学参数包括零部件的质量、转动惯量和重心以及其他与研究对象动力学分析相关的几何尺寸参数，如转向架中心距、车体重心距轨面高、车体质量、车体侧滚转动惯量、一系悬挂横向跨距、一系簧上作用点距轨面高。多体动力学参数与设计几何模型的属性及几何信息密切相关，影响产品的动力学性能分析。

高速列车的多体动力学参数包括：车体参数、转向架构架参数、一系悬挂参数、二系悬挂参数、轮对及轴箱参数、牵引杆参数，详细参数如表 3-1 所示。

表 3-1　高速列车动力学相关参数

高速列车多体系统组成	参　　数
车体参数	转向架中心距、车体重心距轨面高、车体质量、车体侧滚转动惯量、车体点头转动惯量、车体摇头转动惯量
转向架构架参数	构架质量、构架侧滚转动惯量、构架点头转动惯量、构架摇头转动惯量、构架重心距轨面高
一系悬挂参数	一系悬挂横向跨距、一系簧上作用点距轨面高、一系簧下作用点距轨面高、一系垂向阻尼横向跨距、一系垂向阻尼距转向架中心纵向距离、一系垂向阻尼上作用点距轨面高、一系垂向阻尼下作用点距轨面高、一系钢簧纵向刚度、一系钢簧横向刚度、一系钢簧垂向刚度、一系垂向阻尼、一系垂向减振器接头刚度

续表

高速列车多体系统组成	参　数
二系悬挂系统	空气弹簧横向跨距、空气弹簧上表面距轨面高、空气弹簧下表面距轨面高、抗蛇行减振器横向跨距、抗蛇行减振器与车体连接点距转向架中心纵向距离、抗蛇行减振器与构架连接点距转向架中心纵向距离、抗蛇行减振器与车体连接点距轨面高、抗蛇行减振器与构架连接点距轨面高、二系横向减振器距转向架中心纵向距离、二系横向减振器与车体连接点距车体中心线横向跨距、二系横向减振器与构架连接点距车体中心线横向跨距、二系横向减振器与车体连接点距轨面高、二系横向减振器与构架连接点距轨面高、二系垂向阻尼横向跨距、二系垂向阻尼距转向架中心纵向距离、二系垂向阻尼上作用点距轨面高、二系垂向阻尼下作用点距轨面高、横向止挡横向跨距、横向止挡距轨面高、空气弹簧纵向刚度、空气弹簧横向刚度、空气弹簧垂向刚度、二系横向阻尼、二系横向减振器节点刚度、二系垂向阻尼、抗蛇行减振器节点刚度、横向止挡间隙
轮对及轴箱	轴距、车轮滚动圆横向跨距、车轮滚动圆直径、轮对内侧距、轮对质量、轮对侧滚转动惯量、轮对点头转动惯量、轮对摇头转动惯量、轴箱转臂节点横向跨距、轴箱转臂节点距轨面高、轴箱转臂节点距转向架中心纵向距离、轴箱转臂节点纵向刚度、轴箱转臂节点横向刚度
牵引杆系统	牵引拉杆纵向刚度、牵引拉杆横向刚度、牵引拉杆垂向刚度

为了快速获取多体动力学参数，将以上多体动力学参数分为两类：

（1）依附于实体的多体动力学参数，比如各部件中心位置、重心、质量、转动惯量等。

（2）依附于几何特征的多体动力学参数，主要集中在位置关系，比如轨面位置、构架重心距轨面高、一系钢簧上作用点、一系钢簧下作用点、一系垂向阻尼上作用点、一系垂向阻尼下作用点、空气弹簧上表面、空气弹簧下表面、二系垂向阻尼上作用点、二系垂向阻尼下作用点、抗蛇行减振器与车体连接点、抗蛇行减振器与构架连接点、二系横向减振器与车体连接点、二系横向减振器与构架连接点、车轮滚动圆直径等等。

针对依附于实体的多体动力学参数，首先定义模板模型，对其 B-REP 信息进行分析，构建模板模型的属性邻接图，然后与待搜索的实体模型进行相似度计算，若二者之间的相似度高于阈值，则认为此待搜索的实体模型为参数依附的实体，利用 CAD 软件二次开发接口直接获取参数。针对依附于几何特征的多体动力学参数，对模板零部件模型的面特征构建属性邻接图，预先对模板模型中参数依附的特定几何特征进行标记，若载入的实体与模板模型结构一致则获取对应标记面的位置，然后进一步计算获得参数。图 3-19、图 3-20、图 3-21 为相关的提取界面及过程。

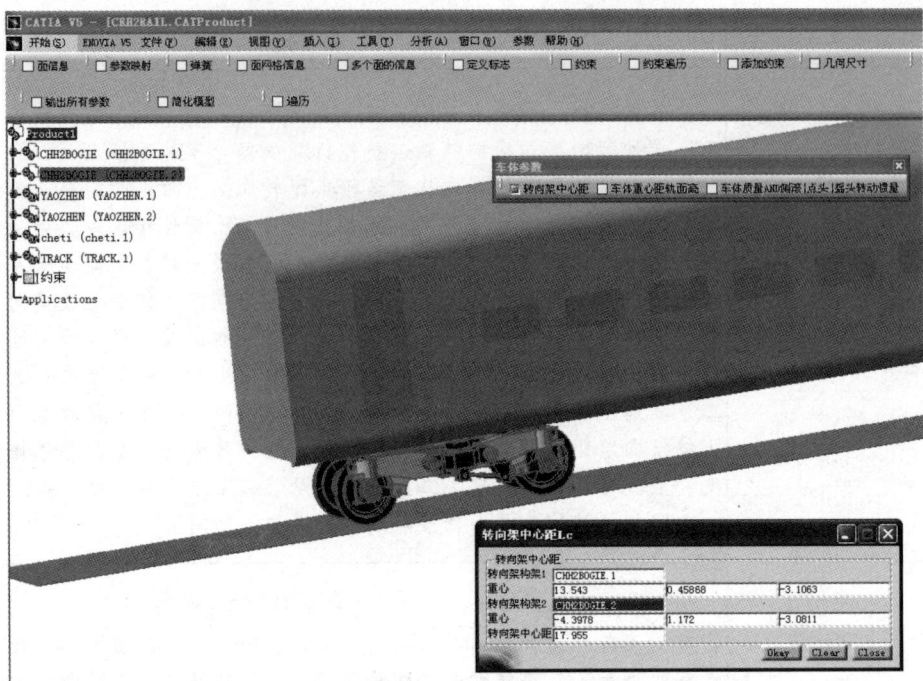

图 3-19　提取转向架中心距

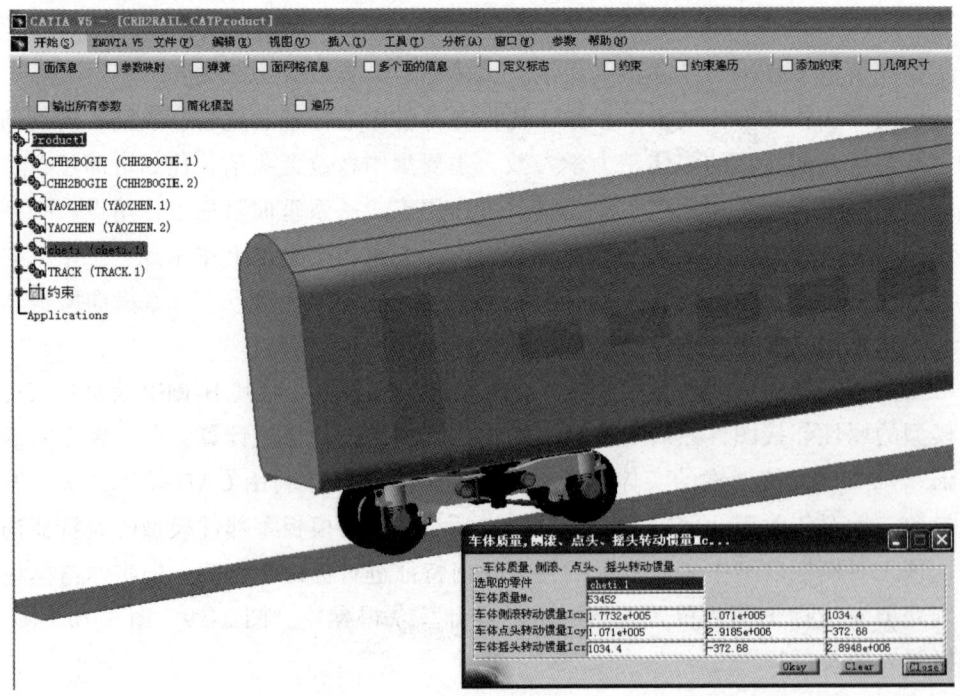

图 3-20　提取车体质量、侧滚、点头、摇头转动惯量

第 3 章 面向设计模型的高速列车分析模型映射

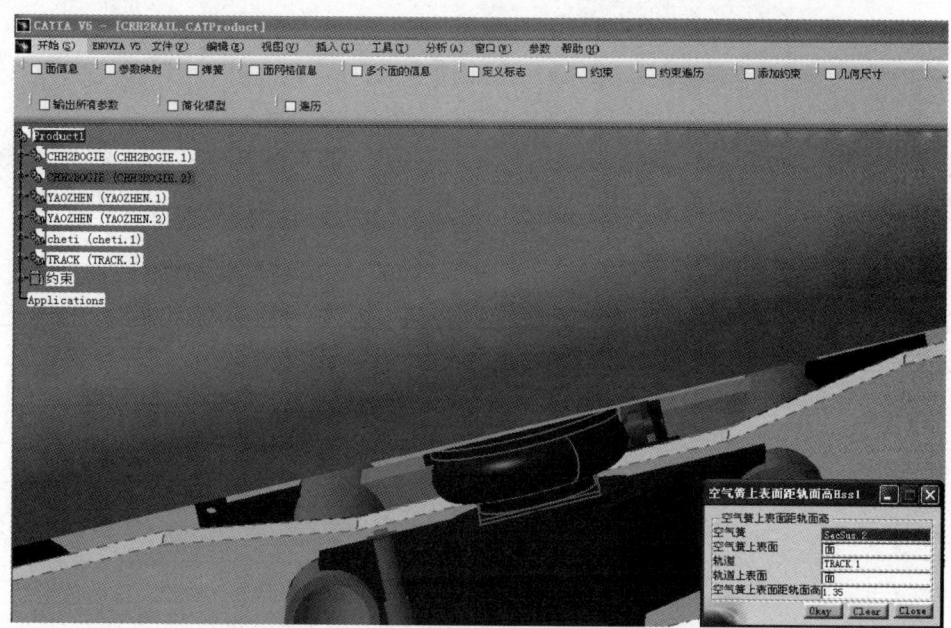

图 3-21 提取空气弹簧上表面距轨面高度

3.2.3 高速列车动力学分析模型之拓扑几何模型获取

正常情况下，在三维设计模型中获取了高速列车的由多体系统组成的各个建模要素的参数以及各个组成的相互之间的拓扑几何关系，便可以建立高速列车动力学分析模型，并形成动力学方程组进行求解。考虑到各个组成部分之间复杂的拓扑关系，可视化地表达这些关系是理解整个动力学模型的有效手段。事实上，各商业多体动力学软件都具有可视化建模功能，比如 SIMPACK，ADAMS，RECURDYN 等。这些软件能够建立简单的模型，也可导入三维 CAD 模型，但是已经丢失了相应的特征信息，与属性数据也不关联，这不利于把握后续分析计算结果的可视化。通过在设计模型上提取属性数据和几何数据，还原模型的真实性，将对仿真的逼真性、可信性有很大的帮助。但是，所有的几何细节都考虑，势必导致后续仿真计算模型的模型渲染和处理能力加大，耗费大量的计算资源，因此获得既能体现模型本质，又能将模型有效轻量化的几何模型，是高速列车动力学仿真可视化的关键。

构建高速列车基于动力学分析的简化模型，首先对高速列车模型根据结构进行分解，从设计几模型抽象出所需要研究的零部件目标的特定信息和尽可能地接近产品原貌的简化模型。建立简化模型库，以便快速构建不同类型的列车模型。在设计几何模型环境中通过模型库选择对应的简化模型，将简化模型合并成装配体，最后将设计几何模型的主要零部件尺寸及位姿映射至简化模型。利用简化模型库可以方便地修改模型组件和参数，不需花费很大精力或重新写程序，便可以在设计阶段改变模型组件。具体步骤如下：

步骤 1：在设计几何模型环境中提取所需要研究的零部件的主要结构尺寸。
步骤 2：提取所需要研究对象的位姿矩阵。
步骤 3：从简化模型库中选择复杂模型对应的简化模型。
步骤 4：将简化模型合并成装配体。
步骤 5：将设计几何模型的主要零部件尺寸及位姿映射至简化模型装配体，从而驱动简化模型装配体的主要零部件尺寸及位姿与原模型保持一致。

实体抽象简化模型主要包括车体外形、转向架构架、一系悬挂、二系悬挂、轮对与轴箱等实体。其中需要将复杂的车体外形等实体用近似的简化模型替代。

近似模型要求实体特征尽量简单。通过对车体外形、转向架构架、一系悬挂、二系悬挂、轮对与轴箱的进一步划分，建立零部件模型库，模型数据库有 5 类模型，分别为车体、构架、轮对、一系悬挂与二系悬挂，如表 3-2 与图 3-22 所示。

表 3-2 数据库中的模型类型

部件	类型
车体	车头
	中间车体
构架	H 形构架（CRH_1 拖车转向架，CRH_2 转向架）
	口字形构架（德国 ICE_1 高速动力车转向架）
	日字形构架（CRH_1 动力转向架）
	H 形构架（CRH_5 转向架）
	目字形构架（DF_4 型内燃机车，SS_3 型电力机车）
轮对	动力轮对
	非动力轮对
一系悬挂	圆弹簧
	橡胶弹簧
二系悬挂	囊式空气弹簧
	膜式空气弹簧

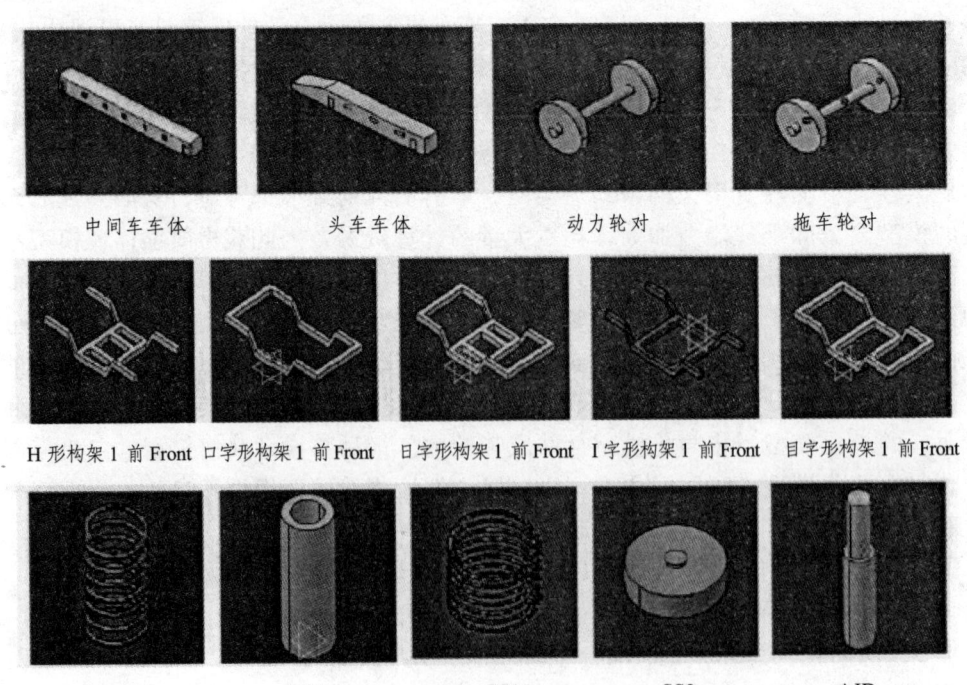

图 3-22 高速列车的抽象简化模型

通过用户交互式操作选择对应的简化模型合并成装配体,初步生成简化模型装配体。获取设计几何模型的主要几何尺寸参数,生成驱动参数表,对简化模型装配体进行搜索,若有和驱动参数表中参数 ID 一致的参数,便自动进行同步映射,达到主要结构几何尺寸参数的一致。

依靠模型数据库可以快速生成构成列车模型的各个主要组成部分,在模型库中选择需要的零部件,合并成新的装配体作为简化模型,如图 3-23、图 3-24 所示。但是此时主要零部件的结构几何尺寸以及其在装配体中的位姿与原 CAD 设计几何模型不一致。因此需要获取主要零部件的结构几何尺寸及位姿,然后将零部件位姿矩阵以及尺寸参数映射至简化模型中,保持简化模型与设计几何模型的一致性。

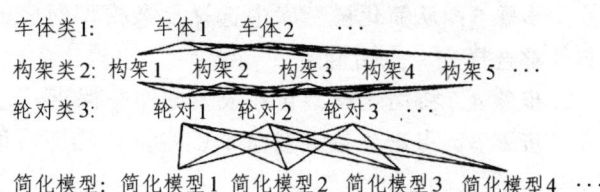

图 3-23 实体抽象简化模型的合并

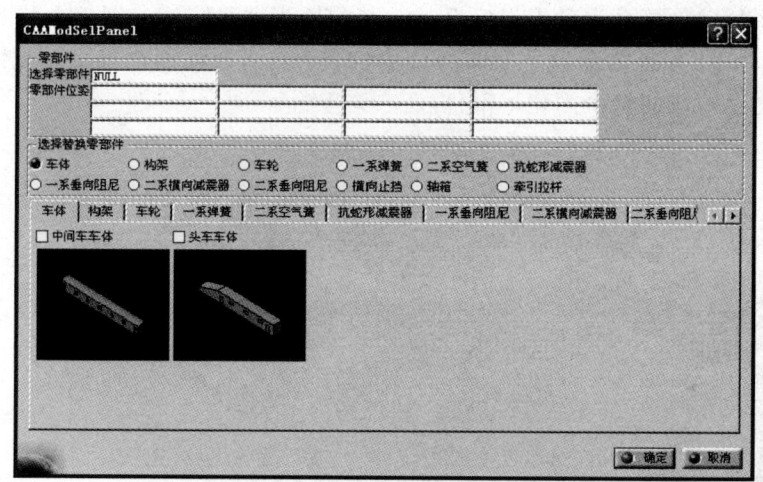

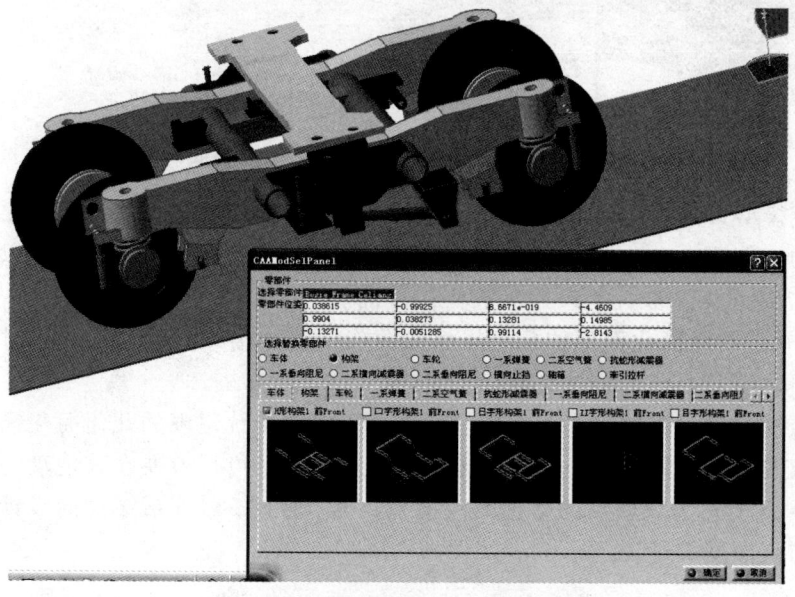

图 3-24 实体模型抽象简化操作

具体步骤：
步骤 1：在设计几何模型环境中提取所需要研究的零部件主要结构尺寸。
步骤 2：提取所需要研究对象的位姿矩阵。
步骤 3：从简化模型库中选择复杂模型对应的简化模型。重复以上 3 个步骤直至所有零部件都选择完，点击确定。
步骤 4：将简化模型合并成装配体并保存。
步骤 5：点击参数映射命令；将设计几何模型的主要零部件尺寸及位姿映射至简化模型装配体。

实体抽象简化模型在动力学模型中的位姿应与其复杂模型在设计几何模型的位姿一致。零部件在装配体中的位姿用 4×4 矩阵表示。在 CAD 设计环境中，存在一个世界坐标系（惯性坐标系）WCS。每个零件的局部坐标系 PLCS，即子坐标系。对于单个零件的设计实体，对于装配体下的零件，其父坐标系为装配体局部坐标系 ALCS，若装配体为一级装配，则装配体局部坐标系的父坐标系为世界坐标系。若装配体为多级装配，则整个装配体的父坐标系为世界坐标系。如图 3-25 为获取主要零部件的位姿，当生成新简化模型装配体时，将零部件的位姿一一映射至对应的每个简化零部件。

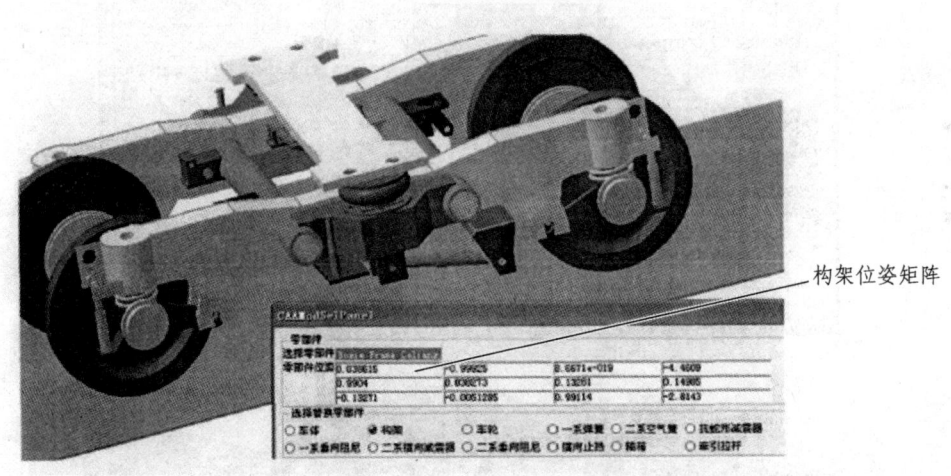

图 3-25 实体模型（构架）位姿获取

由于简化模型只是在结构上对设计几何模型的抽象，因此在几何尺寸上要重新定义以保持与原模型的一致性，如图 3-26 所示。设计几何模型的主要几何尺寸参数可以通过交互方式获取，图 3-27 所示为获取几何尺寸参数操作界面。

在 CAD 软件中将简化模型的几何尺寸参数作为输入接口，通过参数映射功能达到设计几何模型至简化模型的尺寸参数映射。

基于以上的操作，便快速获得了高速列车基于多体系统建模的几何简化模型，这些模型与前述的参数模型相对应，并可以形成相应的计算接口，可以方便在其他动力学仿真软件中使用。如图 3-28 所示为获取到的简化几何模型数据。自此，就完成了面向设计模型的分析模型向动力学仿真模型的过渡。

构架长度保持一致性

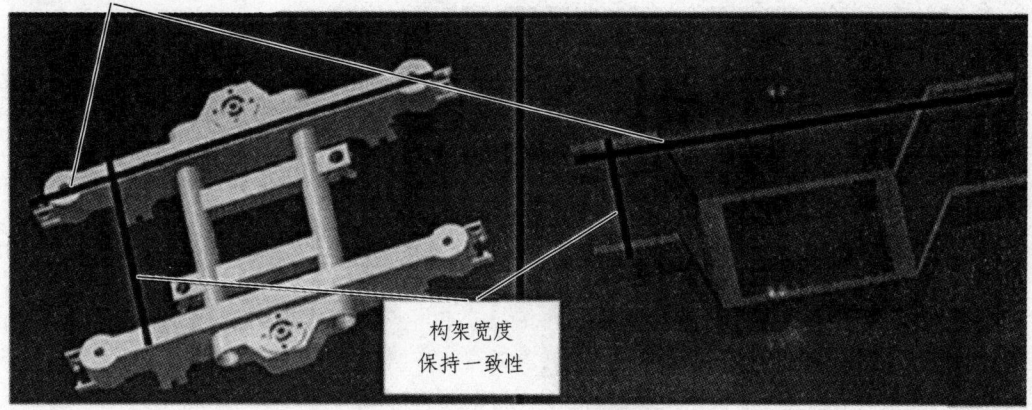

构架宽度保持一致性

图 3-26 几何尺寸参数映射

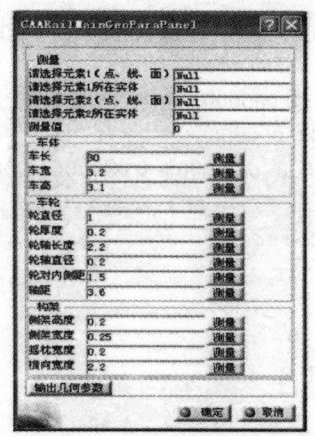

图 3-27 几何尺寸参数获取界面

```
CWheelSet {
m_pBodyType       < 0 >              //刚体类型
m_IsCaxaModel     < 1 >              //是否为导入模型
Model_Import_Flag < 1 >              //输入标志
NumVertex         < 1968 >           //模型实体坐标点记数
NumPolyLists      < 7 >              //几何多边形链表数
centerModel       < 0 >              //是否显示在场景中心
NumTriangles      < 392 >            //三角面片数
Solid Color       < 1 >              //实体显示
车轴长度           < 1187.500000 >    //物理模型定义,下同
车轴半径           < 80.000000 >
踏面半径           < 456.597229 >
显示几何触斑            < 0 >
不接受以下两个系数       < 0 >
踏面钢轨摩擦系数        < 0.400000 >
轮缘钢轨摩擦系数        < 0.000000 >
轮轨接触法向阻力系数     < 0.700000 >
```

```
轮轨法向阻尼力弹性力极限比        < 2000.000000 >
m_fStaticState < 10200.000000 0.000000 -457.500000 >
Num Points         < 396 >    // 几何数据定义，下同
                   < -10121.749023, -687.500061, 440.867065, -0.987811, 0.000324, 0.155657>
                   < -10121.749023, -687.500061, 474.132935, -0.970301, 0.000217, -0.241899>
                   ……
                   < -10273.084961, -1187.500000, 490.038940, 0.865441, 0.000000, -0.501011>
                   < -10273.084961, -787.500061, 490.038940, 0.951416, 0.000000, -0.307908>
                   < 1, 2, 0 >
                   ……
                   < 395, 393, 394 >
                   < 395, 394, 372 >
                   < 371, 395, 372 >
    Num            < 0 >      // 序号
    MarkerNum      < 0 >                                           //标志数目定义
    ForceNum       < 0 >                                           //力数目定义
    Inertia        < 1.000000 0.000000 0.000000 0.000000 1.000000 0.000000 0.000000 0.000000
1.000000 >                                                         //转动惯量
    sLoc           < 0.000000 0.000000 0.000000 >                  //位置坐标
    sVel           < 0.000000 0.000000 0.000000 >                  //初始速度
    Cos            < 1.000000 0.000000 0.000000 0.000000 1.000000 0.000000 0.000000 0.000000
1.000000 >                                                         //方向余弦
    部件质量        < 1401.935669 >
    惯量 Jx         < 790.769856 >
    惯量 Jy         < 111.223808 >
    惯量 Jz         < 790.769856 >
    速度 Vx         < 18055.556641 >
    速度 Vy         < 0.000000 >
    速度 Vz         < 0.000000 >
    角速度 Ox       < 0.000000 >
    角速度 Oy       < 0.000000 >
    角速度 Oz       < 0.000000 >
    Name           < Wheel 1 >
    Color          < 0.705000 0.467000 0.334000 1.000000 >  // RGBA
    Origin         < -10200.000000 0.000000 457.500000 0.000000 >     //场景控制，下同
    Origin1        < 0.000000 0.000000 0.000000 1.000000 >
    Rotation       < 0.000000 0.000000 0.000000 >
    Scale          < 1.000000 1.000000 1.000000 >
    Translate      < 0.000000 0.000000 0.000000 >
    StaticTranslate < 10200.000000 0.000000 -457.500000 >
    BoundSize      < -431602080.000000 -431602080.000000 -431602080.000000 >
    Material Name  < None >
    Texture Map    < None >
    CAnimation Procedures {
}
```

图 3-28 轮对的模型数据导出

3.2.4 高速列车分析视图模型重构

通过 3.1.4 节的分析视图模型的重构技术,建立以一个能够基于多体系统拓扑结构重建高端机电装备的动力学分析可视化环境。该环境将设计模型中提取出的分析模型(包括几何模型、物理属性模型、拓扑关系)以可视化的形式表达出来,便于模型的查看、修改、重构等,并以指定的数据模型格式向动力学求解过渡。如图 3-29 所示为自主开发的高端机电装备动力学可视化重构环境。

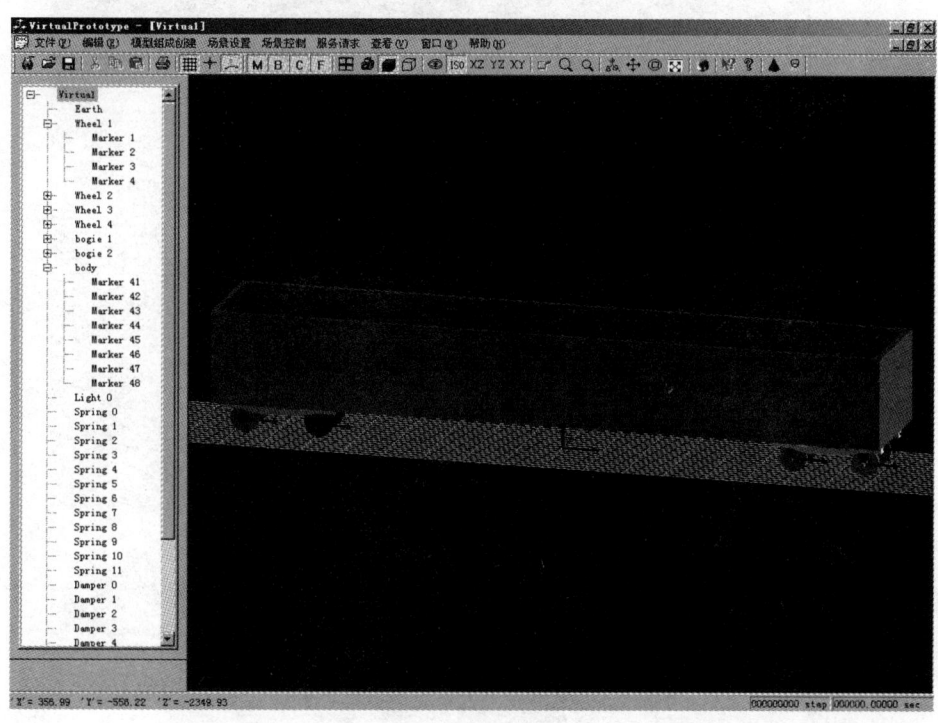

图 3-29 高端机电装备动力学可视化重构环境

有限元模型相对简单,只要能够找到相应的网格划分工具,并完成自定义工作,就能很快完成模型的过渡,比如采用 ANSYS 二次开发语言 APDL 进行定制,或者采用第三方软件 HYPERMESH、ANSA 等进行定制,就可以顺利完成整个分析模型从设计模型向仿真计算模型(求解模型)的过渡,也符合 MRA 架构的 CAD/CAE 集成机理。

在后续求解过程中,以动力学仿真分析为例,一旦建立了多体系统之间的拓扑关系和约束后,便可以按照多体动力学原理对其模型进行求解。由 VIRTUALMBS 将重构的模型按照商业软件或者自主开发软件的前处理文件格式进行映射和数据过渡。求解模块主要解决以下几个问题:寻找多体系统动力学的求解原理和方法以及稳定可靠而又速度较快的求解算法;多体系统动力学求解的边界界定和初始条件的设置;求解结果的输出等。求解器可以采用 ADAMS、SIMPACK 等,可以采用这些软件自带后处理模块来分析结果,也可以在 VIRTUALMBS 下进行。

图 3-30 和图 3-31 分别显示了三维和二维可视化的结果。

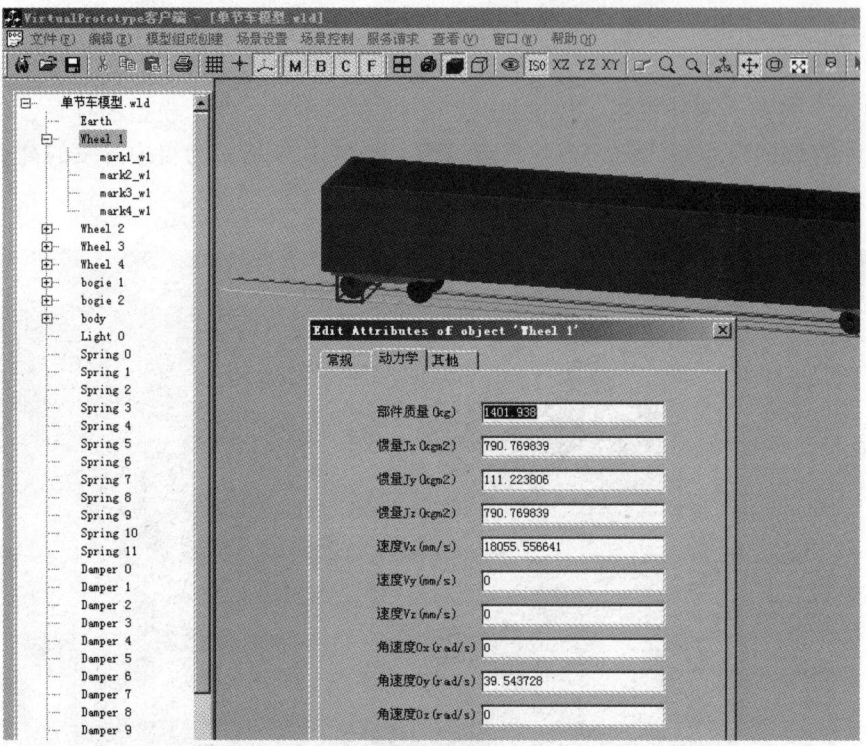

图 3-30 三维可视化行为仿真界面

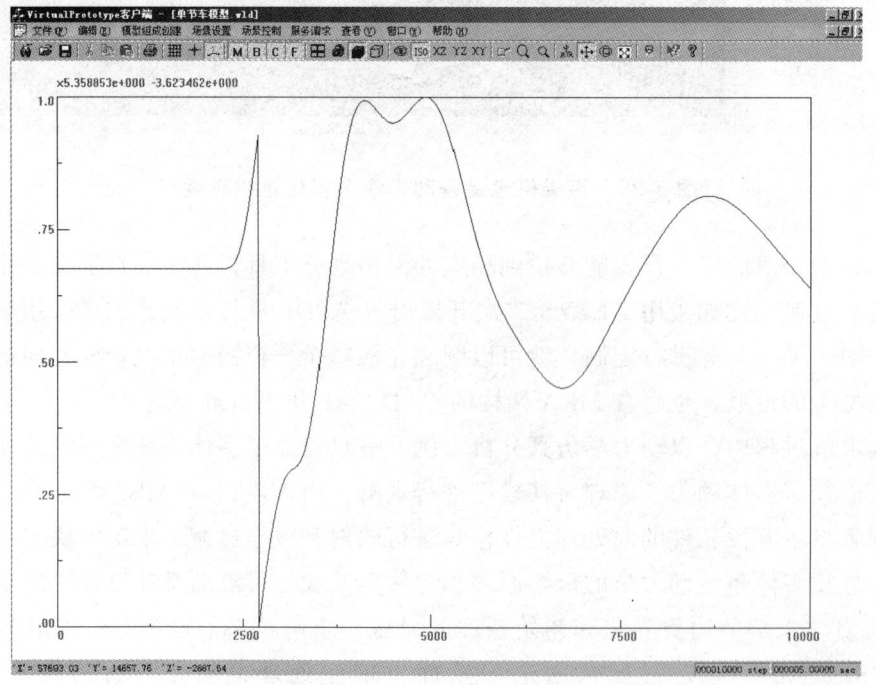

图 3-31 二维可视化车身横移曲线

3.3 本章小结

研究了基于设计模型的分析模型属性提取的思路和具体方法,并对高速列车各动力学相关的几何和物理参数进行了提取,根据高速列车的多体系统拓扑架构需求,研究了详细模型轻量化的动力学简化几何模型,将参数和模型充分整合,重构出高速列车动力学分析模型和仿真物理模型,进而构建出相应的数学模型,从而将 CAD/CAE 有效整合起来,实现动力学模型数据的快速映射及获得,并定制出相应的仿真模型,实现 CAD/CAE 一体化。

参考文献

[1] Zou YS, Ding GF, Zhang WH, Xu MH, He Y. Research and Development of Virtual Prototype of Running Gears for Railway Vehicle[J]. Chinese Journal of Mechanical Engineering, 2008, 21(1): 36-41.

[2] R. S. Peak, R. E. Fulton, A. Chandrasekhar, S. Cimtalay, M. A. Hale, D. Koo, L. Ma, A. J. Scholand, D.R.Tamburini, M.W.Wilson(Feb. 2, 1999b)Design-Analysis Associativity Technology for PSI, Phase IReport: Pilot Demonstration of STEP-based Stress Templates Georgia Tech Project E15-647, The Boeing Company Contract W309702.

[3] Peak, R. S. Product Model-Based Analytical Models(PBAMs): A New Representation of Engineering Analysis Models. Doctoral Thesis, Georgia Institute of Technology, Atlanta, 1993.

[4] Peak R S, Fulton R E, Ichirou Nishigaki, Noriaki Okamoto. Integrating Engineering Design and Analysis Using a Multi Representation Approach[J]. Engineering with Computers, 1998, 14: 93-114.

[5] Diego Romano Tamburini. The Analyzable Product Model Representation to Support Design-Analysis Integration[R]. A Thesis presented to Academic Faculty, Georgia Institute of Technology, May 1999.

[6] 阎开印,张卫华,李晓兵,等. 面向虚拟样机的车辆转向架设计自动化及属性获取[J]. 中国铁道科学, 2005, 16(6): 13-17.

[7] 丁国富,阎开印,张卫华,等. 面向虚拟样机设计的产品属性提取研究[J]. 计算机集成制造系统, 2006, 12(1): 14-20.

[8] 颜文辉,阎开印,丁国富. 基于 CAXA 的机械多体系统动力学参数模型研究[J]. 机械, 2005, (6).

[9] 阎开印. 基于多体系统意义下的机车车辆虚拟样机研究[D]. 成都:西南交通大学, 2006.

[10] 宋晓,李伯虎,柴旭东. 复杂产品虚拟样机工程中模型管理系统的研究与实现[J]. 计算机集成制造系统, 2004, 10(12): 1446-1450.

[11] 王鹏,李伯虎,柴旭东,等. 复杂产品虚拟样机协同仿真建模技术研究[J]. 系统仿真学报, 2004, 16(2): 274-277.

[12] Li R, Zou YS, Zhang J, Zhu PF, Ding GF. Study on High-speed Train CAD-CAE Integration Modeling Technology Based on the Multi-level Assembly Models[C]. Proceedings of the 18th International Conference on Automation & Computing. 2012: 1-5.

[13] 丁国富. 车辆-轨道耦合系统中基于变参数的三维图形仿真研究[J]. 计算机辅助设计与图形学学报，2002，12（2），115-119.

[14] 丁国富，翟婉明，王开云. 机车车辆在轨道上运行的动力学可视仿真[J]. 铁道学报 2002，24（3），14-17.

[15] 丁国富，邹益胜，张卫华，等. 基于虚拟原型的机械多体系统建模可视化[J]. 计算机辅助设计与图形学学报，2006，18（6）：793-799.

第 4 章 高速列车多分析视图耦合仿真

4.1 复杂机电系统多分析视图耦合仿真

复杂机电系统，通常涉及机械、控制、电子、液压和气动等多个学科领域，每个学科领域可用一个分析视图来表达，其装备整体性能是各领域技术的综合体现。随着计算技术的发展和很多工程系统的应用，产品研发过程中各领域的设计和仿真能力得到不断加强，相对而言领域间的协同能力则成为复杂产品开发的瓶颈所在。由于各个应用系统着眼于解决不同领域的技术问题，每个领域一般都有其各自的目标和约束条件，有时候这些目标和约束条件与其他领域存在着耦合的关系，甚至是相互矛盾的，合理确定各个领域间的共享参数非常困难。传统的多学科系统设计采用的是单学科顺序设计方法，忽略了各系统之间的耦合，使设计结果常常不是最优解，导致设计循环的增加和成本的增加。因此，复杂机电系统的研发过程应采用并行方式，呈现集成、分布、并行、协同、智能、虚拟的不断演化的特征。行之有效的方法是实现基于仿真的设计，即在产品设计的同时建立多领域集成的虚拟样机，在产品开发的各个阶段通过多领域协同仿真进行设计验证。

由于复杂机电系统涉及多个学科领域，对其进行性能分析时，需要在设计视图的基础上，采用多个分析视图对其进行多方面呈现，同时还要考虑不同分析视图（学科领域）之间的耦合作用。因此，要真正实现基于仿真的设计，必须是基于多分析视图耦合仿真。针对复杂机电系统多分析视图耦合仿真，需要突破以下两个关键问题：一是不同功能、性能特性的不同学科领域的子系统间的耦合仿真模型构建问题；二是不同仿真步长、时长的不同学科领域的子系统间耦合仿真过程推进的时空同步控制问题。

4.1.1 复杂机电系统多分析视图耦合仿真模型研究

复杂机电系统多分析视图耦合仿真模型的构建包括两部分内容，首先构建系统的数学模型；再构建其可应用于计算机仿真的模型。数学模型是基础，计算机仿真模型是数学模型在计算机仿真中的应用。

1. 复杂机电系统多分析视图耦合仿真数学建模

多分析视图耦合仿真，其本质是多学科协同仿真，只不过在仿真过程中更强调不同学科领域间的实时耦合作用，即在每个仿真步上都需要进行各个分析视图之间的耦合。在建模方法上，可以借鉴目前典型的多学科协同仿真建模方法，而在仿真方法上，则需要体现出这种强耦合作用。多学科协同仿真的建模方法主要包括基于统一语言的建模方法和基于接口集成的建模方法两种。

基于统一语言的建模方法是指采用联立数学方程组对整个系统进行统一描述，通过建模者手动或采用面向对象和基于方程的统一建模语言建立各个学科领域的联立方程。联立方程组的求解过程，即是仿真过程。在具体建模实现方式上，有基于方程的方法、基于多极点

（Multipoles）的方法和基于键合图（Bond）的方法等。Modelica 是目前应用比较广泛的统一建模语言。Modelica 语言是由 HildingElmqvis 博士等开始研究，由瑞典 Linköping 大学 Modelica 协会开发的一种免费的、面向对象的建模语言，其设计目标是用来处理大型的、复杂的、混合的物理系统问题。Modelica 的两个重要特点是面向对象和非因果关系。Modelica 既是一种建模语言，也是一种模型交换规则，已经开始应用于电动汽车系统、机-电-液控耦合系统、化学反应过程系统、热动力学系统、离散事件系统等领域。总体上说，基于统一语言的建模方法对系统描述的准确度高，但从工程应用角度上看，对于复杂的机电系统，需要建模者掌握不同学科领域的知识，建模难度高，建模工作量大，难以很好地集成现有基于商业软件的不同学科领域的模型，而且对于大型系统也将存在求解方面的瓶颈。

基于接口集成的建模方法首先利用某学科领域仿真软件构建该领域的仿真模型，然后构建各个不同领域仿真软件之间的标准接口，实现多领域建模。现有的仿真软件只需要对自身的信息交互接口进行改造和封装，无需对内部具体的算法和实现机制进行改动。基于接口集成的建模方法，降低了建模难度，也可充分利用各学科领域现有的仿真模型、方法、软件和研究成果等。相对于基于统一语言的建模方法，此方法突出了对现有仿真资源的继承和重用，有更强的工程适用性，也是目前在多学科领域协同仿真中主要采用的建模方法。

2. 基于组件的复杂机电系统多分析视图耦合仿真计算机建模

在基于接口集成的复杂机电系统多分析视图耦合仿真建模中，借鉴面向对象编程的概念，将各分析视图模型抽象为对象。耦合系统建模时先建立各分析视图的仿真模型，且各分析视图模型相对独立，只通过接口与其他分析视图的模型相关联，体现了各分析视图模型对象的封装性。在各分析视图模型的基础上可以层次化组装成多种耦合仿真模型，体现了各分析视图模型对象的继承性。

为提高各分析视图仿真模型的可重用性，在多分析视图耦合仿真建模实现时，借鉴面向对象编程的概念，采用组件技术对各分析视图模型对象进行实例化，形成仿真组件模型。组件模型的工作原理如图 4-1 所示，组件的输入集在组件功能模型的作用下形成确定的对应输出集。对整个系统的研究者来说，组件是一个黑匣子，只需要了解组件的工作机理，不需要清楚组件的内部工作过程，这种方式降低了耦合仿真的难度。

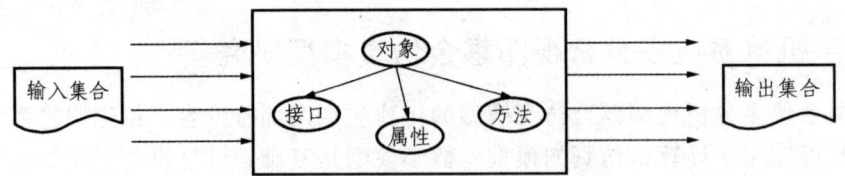

图 4-1 组件模型的工作原理

基于仿真组件模型构建的复杂机电系统多分析视图耦合仿真模型如图 4-2 所示。以分析视图模型对象 A 为例，将其实例化为仿真组件 A，其中 A_i 代表仿真组件 A 的输入集，包含系统本身及相关系统的输入数据，作用域为本模型和耦合关系模型，耦合接口数据②、④包含在 A_i 中；A_o 代表仿真组件 A 的输出集，包含系统本身的输出数据，作用域为本系统和相关耦合子系统，耦合接口数据①、③包含在 A_o 中。

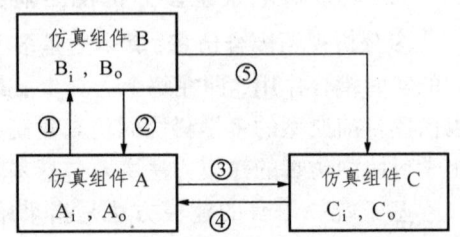

图 4-2 基于仿真组件模型构建的复杂机电系统多分析视图耦合仿真模型

4.1.2 复杂机电系统多分析视图耦合仿真方法研究

复杂机电系统多分析视图耦合仿真模型是实现复杂机电系统多分析视图耦合仿真的核心基础，但由于参与耦合仿真的各分析视图子系统的仿真步长可能不一致，在同一时空坐标系下进行耦合仿真时，导致耦合仿真推进过程中各领域间存在时空不同步现象。为实现多领域协同仿真和基于仿真步的耦合控制，这里提出一种多层次的多领域协同仿真耦合控制方法，如图 4-3 所示，其流程描述如下：

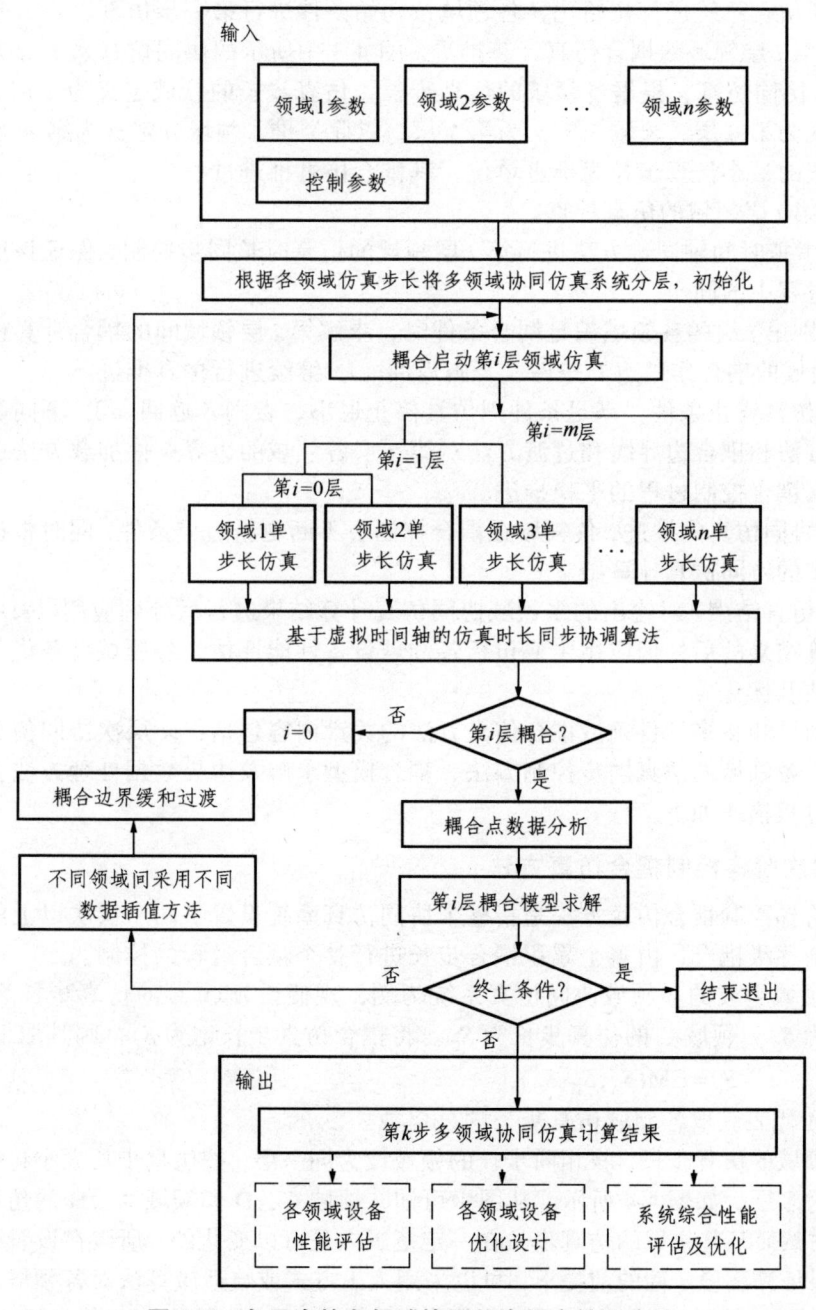

图 4-3　多层次的多领域协同仿真耦合控制方法

① 获取参与协同仿真的各领域系统的参数及协同仿真控制参数等,作为协同仿真系统的输入,并根据各领域间的耦合作用关系,建立多领域协同仿真模型。

② 进行多领域协同仿真系统初始化。由于多领域仿真中的各领域仿真步长不一致,根据各领域的仿真步长对多领域协同仿真系统进行分层。将仿真步长相同的定义为一层,领域个数不限。随着仿真步长的增长,层级增加,据此方法将整个系统划分为多层结构。如协同仿真中的4个领域的仿真步长分别是0.001 s,0.05 s,0.05 s,0.2 s,则领域1定义为第一层,领域2和领域3定义为第二层,领域4定义为第三层。设定各层的耦合仿真步长和累积仿真步长,对协同仿真系统进行初始化,各领域按初始条件进行第一步仿真。

③ 进行第 i 层领域的耦合仿真计算推进。图4-3中所示的协同仿真系统分为 m 层,共有 n 个领域参与协同仿真,根据各领域的仿真步长,仿真步长的领域定义为1层,假设领域1和领域2定义为第0层,领域3定义为第1层,以此类推,领域 n 定义为第 m 层。协同仿真系统以各领域的最小仿真步长为推进单位,其耦合仿真推进过程为:

a)启动第 i 层领域的仿真计算。

b)采用虚拟时间轴同步方法进行第 i 层领域的仿真时长同步控制,保证该层各领域在协同仿真推进过程中的同步。

c)当判别第 i 层的各领域满足耦合条件时,求解第 i 层领域间的耦合计算模型,并更新第 i 层相关领域的耦合作用边界条件,否则返回a),继续进行仿真推进。

d)判别仿真终止条件,满足条件则仿真停止退出,否则,返回a),不同领域间采用不同数据插值方法和耦合边界缓和过渡方法对第 i 层各领域的边界条件加载方法进行控制,以确保协同仿真耦合控制过程的平稳推进。

④ 随着协同仿真的推进,各领域在耦合控制下不断更新边界条件,同时根据约定的时间步长输出该步的协同仿真计算结果。

⑤ 协同仿真结束,对输出的多领域协同仿真计算结果进行后处理应用。采用耦合控制的协同仿真计算结果的后处理应用主要包括各领域设备性能评估、各领域设备优化设计、系统综合性能评估及优化等。

从流程图可知,多学科领域耦合仿真方法的关键内容包括:多层次协同仿真推进及控制方法、同层次各领域的仿真同步控制方法、耦合模型求解及边界数据处理方法。其关键内容的详细实现过程描述如下。

1. 多层次阶梯控制耦合仿真方法

多层次阶梯控制耦合仿真方法是指整个协同仿真系统设置了两个层次以上的耦合控制仿真步长,实施逐级耦合,由多个累积耦合步长进行整个耦合过程的控制。

以3个领域组成的多领域协同仿真系统为例,现假设领域A的仿真步长为 S_A,领域B的仿真步长为 S_B,领域C的仿真步长为 S_C。将耦合仿真步长记为 S_I,则其取值方式为

$$S_I = CM(S_A, S_B, S_C)$$

式中函数CM代表获取各领域仿真步长的公倍数。

根据各领域的仿真步长,将相同步长的领域设为同一层,按仿真步长大小将协同仿真系统的各领域设为多层,如图4-4所示。从图中可知,领域C、D和领域A、B的仿真步长之间不成倍比关系,然而某些领域的仿真步长在一定范围内是可以变化的,所以在设置各领域的仿真步长时,在保证算法稳定性的前提下,可以采用人工方式或自适应算法对各领域的仿真步长进行调整,使得各领域的仿真步长和耦合仿真步长之间成倍比关系,以利于控制耦合方法的实施。

第 4 章　高速列车多分析视图耦合仿真

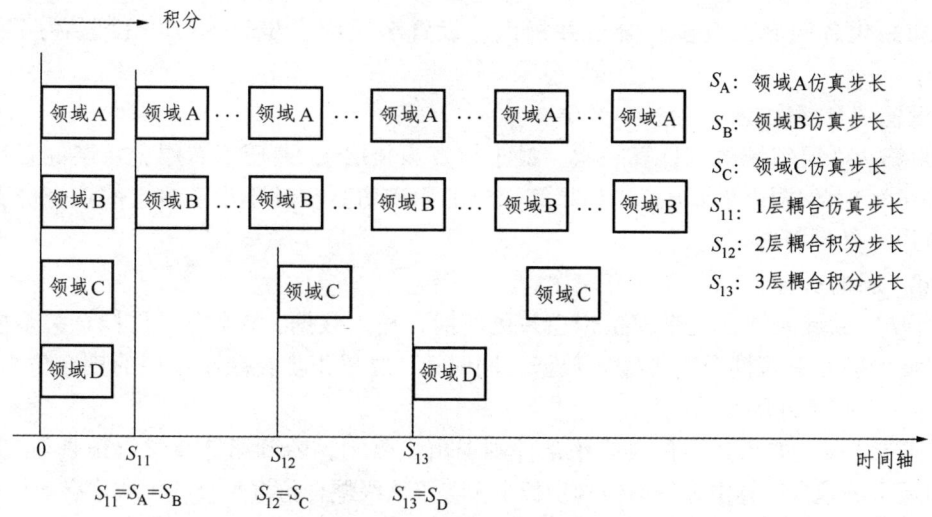

图 4-4　多层仿真步长设置

在多领域协同仿真中，假设参与耦合计算领域的个数为 n，各领域的仿真步长为 $S[i]$（$0 \leqslant i < n$），各领域的最小仿真步长记为 Min S=min（$S[i]$），根据各领域的仿真步长设置耦合仿真步长的层次数为 m，为每一层次都定义一个耦合仿真步长，记为 $S_I[j]$（$0 \leqslant j < m$），同时为每一层次都定义一个累积仿真步长，记为 Accu $S[j]$（$0 \leqslant j < m$）。多层次协同仿真推进及控制方法的详细实现流程描述如图 4-5 所示。

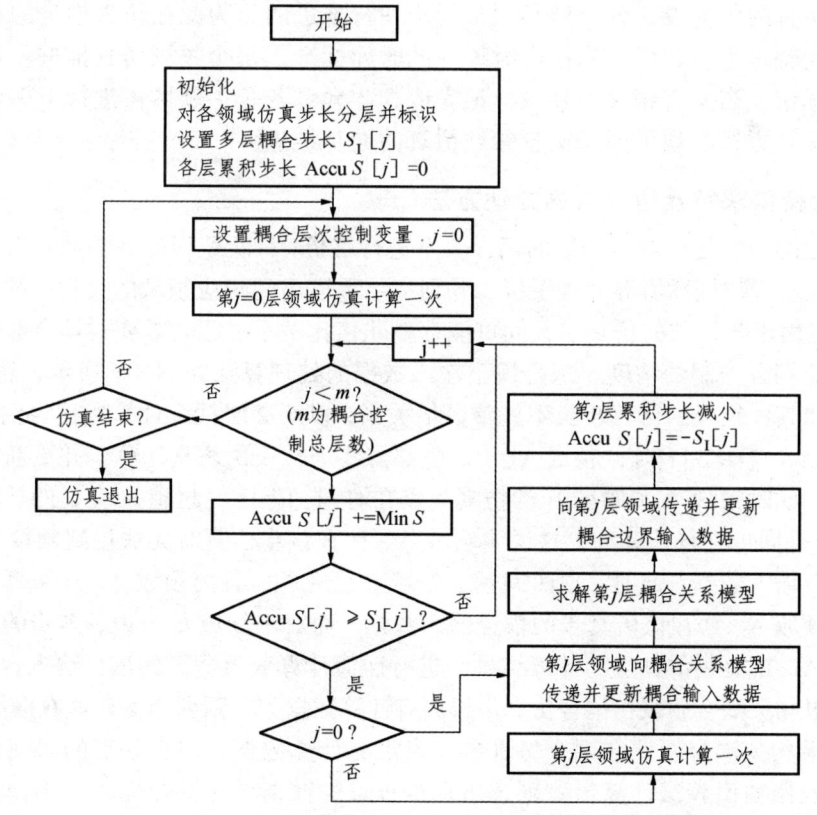

图 4-5　多层次协同仿真推进及控制方法的详细实现流程

① 初始化各领域仿真步长分层并标识，设置多层耦合步长 $S_l[j]$，设置各层累积步长 $AccuS[j]$。

② 设置耦合层次控制变量 j，令 $j=0$。

③ 对第 $j=0$ 层领域仿真计算一次（最小仿真步长层），遍历所有层，每层的累积仿真步长增加第 $j=0$ 层的领域仿真步长。如果第 j 层的累积仿真步长不小于该层的耦合仿真步长且不为第 0 层，转到第⑤步。

④ 第 j 层的所有领域仿真计算一次。

⑤ 第 j 层领域向耦合关系模型传递并更新耦合输入数据，求解第 j 层耦合关系模型，向第 j 层领域传递并更新耦合边界输入数据，同时第 j 层累积步长减小该层的耦合仿真步长。

⑥ j++，遍历各层。

⑦ 遍历结束，如果达到仿真终止条件则退出，否则，转到第③步继续仿真。

在每层次的耦合计算中，只有仿真步长小于等于该级耦合仿真步长的领域才启动仿真计算，而仿真步长大于该级耦合仿真步长的领域虽然也参与耦合计算，但领域本身并没有启动仿真计算，仍处于等待状态，只是将上一次的计算结果进行处理后，为其他相关领域的耦合提供输入数据。

2. 同层次各领域的仿真同步控制方法

在同一硬件条件下，各领域进行一个仿真步长计算所消耗的物理时间各不相等。因此，在各领域自由仿真推进的状态下，各领域计算物理时间的不一致性必将导致其仿真空间的不一致性。

从耦合仿真的角度看，各领域必须是同步并行推进的。为此在仿真推进的过程中，构造一条虚拟时间轴作为各领域仿真推进时统一的时间标准，每个领域仿真推进一步，在虚拟时间轴上进行标记。当所有相关的领域标记完成，才允许各相关领域再进行下一仿真步的仿真计算，通过这种方式实现了同层次各领域仿真的同步推进。

3. 耦合模型求解及边界数据处理方法

耦合模型的求解是指对各领域的耦合关系进行解析，将所获得的各领域具有耦合关系的耦合输入数据，进行数据插值等处理手段，分别将结果输出到相应领域的过程。耦合模型的求解并不困难，但由于各领域的仿真步长间可能存在非倍比关系，此时需要对耦合数据进行专门的处理，以保证耦合控制的精度。耦合模型输入数据的处理算法如图 4-6 所示，第 2、3 层次耦合仿真步长和其他领域的仿真步长不成整数倍关系，以第 2 层耦合计算过程为例，当 $AccuS[0] \geqslant S_l[0]$ 且 $AccuS[1] \geqslant S_l[1]$ 时，领域 A、B、C 都需要进行一次仿真计算，并更新相关领域的耦合输入数据。此时领域 A 和领域 B 的仿真起点在时间轴上已经超越领域 C 的仿真起点，而领域 A、B、C 是同步进行计算的，这说明领域 A、B 在该步仿真时无法得到领域 C 在该仿真起点时刻的耦合输入数据。此时，取时间轴上领域 C 已有的、且离领域 A、B 仿真起点最近的计算数据作为领域 A、B 在该仿真步的耦合输入数据。而对于领域 C 来说，本步的耦合仿真计算可通过领域 A、B 上一仿真步的计算结果，进行插值计算获得所需的耦合输入数据。

（1）如果相关耦合领域在耦合仿真步长点有计算数据的，则利用该计算数据作为耦合输入。

（2）如果相关耦合领域在耦合仿真步长点没有计算数据，但在该点的时间轴前后都有计算数据，则利用插值算法计算出该耦合仿真步长点的数据作为耦合输入，不同类型的领域采用不同的插值算法。

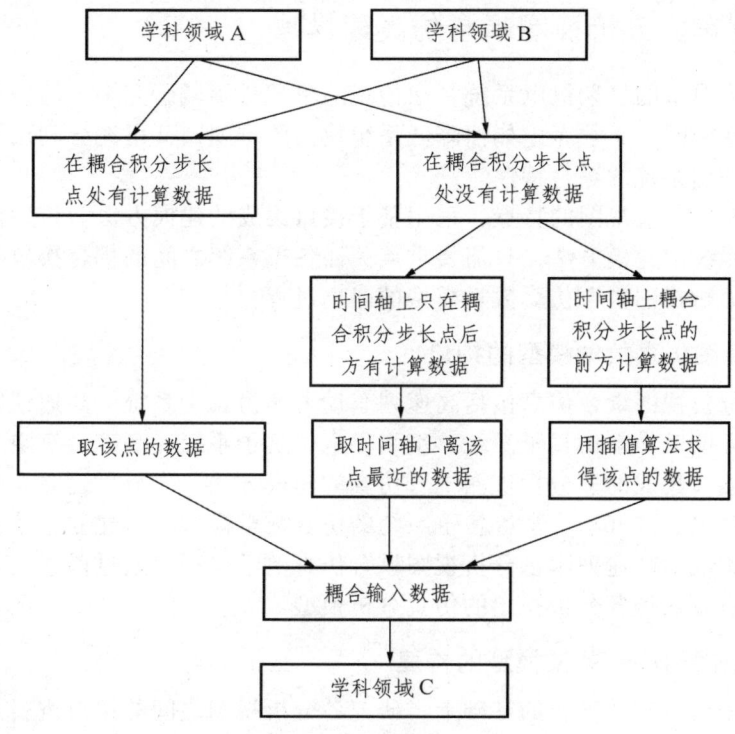

图 4-6 耦合数据处理算法

（3）如果相关耦合领域在耦合仿真步长点没有计算数据，且在时间轴上计算数据位于该点之前，则取时间轴上离该点最近的计算数据作为耦合输入。

在求解耦合模型时，针对不同的领域采用各自适合的插值算法，提高耦合边界数据的精度，最终提高整个协同仿真系统耦合计算的精度。

求解耦合模型后，需对相关领域的边界条件进行更新。这种离散系统耦合方式在耦合点处由于边界条件的突然更新，会对系统带来一定的冲击。为增强协同仿真系统耦合计算的鲁棒性，对各领域间的耦合边界采用缓和插值过渡的方法，如在该耦合步获得的耦合边界数据，通过分步插值的方式加载到本领域随后连续的几次仿真计算中，由此避免因耦合边界突变导致相关联的领域仿真计算失稳。

4.2 高速列车多分析视图模型耦合仿真

高速列车是一种典型的复杂机电系统。高速列车的运行环境复杂，不仅受到线路和接触网等固定设施条件的影响，同时受到牵引供电和列车运行控制系统的控制，最终还将受到空气扰动、阻力及噪声等的制约。随着列车运行速度的提高，高速列车与其周边运行环境之间的相互作用加剧。传统的基于车辆动力学、线路动力学、弓网动力学、空气动力学等单学科领域性能分析的设计，难以获得优秀的高速列车整机性能。为此，必须将高速列车与其周边运行环境耦合起来，作为一个整体进行多学科领域研究，以获得高速列车整机性能更优的设计参数。然而，在本文研究之前尚没有一套成熟的耦合仿真模型、方法和软件平台可以支持高速列车与其周边运行环境的耦合仿真。本节将以高速列车为实例对象，具体阐述复杂机电系统多分析视图耦合仿真建模方法、耦合仿真控制方法的相关研究。

4.2.1 高速列车多分析视图耦合仿真建模

高速列车作为典型的复杂机电系统,在传统的单学科领域研究中,已经积累了丰硕的研究成果,在系统建模时,必须考虑如何降低系统建模的难度,又可充分利用现有的研究基础和成果,还可反映出系统的综合特性。

根据高速列车多分析视图的特点,采用基于接口集成的建模方法。该建模方法不需要研究各学科领域子系统的建模方法,只需要重点关注各子系统之间的耦合接口关系。下面具体描述高速列车多分析视图耦合仿真数学模型的建立过程。

1. 各分析视图仿真数学模型的构建

高速列车多分析视图耦合仿真包括高速列车动力学仿真子系统、高速铁路线路动力学仿真子系统、高速弓网动力学仿真子系统、牵引供电仿真子系统、高速列车空气动力学仿真子系统。根据基于接口集成的多分析视图耦合仿真的建模方法,先分别建立高速列车、轨道线路、弓网、牵引供电、空气动力学等各子系统的仿真数学模型,再建立各子系统之间的耦合关系模型,最后集成为高速列车多分析视图耦合仿真数学模型。通过前述的分析模型属性提取和重构技术,可以获得各分析视图的仿真分析模型。

2. 各分析视图间耦合关系模型的构建

在各分析视图仿真数学模型的基础上,研究各分析视图之间的接口逻辑及数据,建立各分析视图之间的耦合关系模型。对于高速列车来说,耦合关系主要包括车线耦合、车弓网耦合、机电耦合和流固耦合 4 部分。

(1)车辆动力学分析视图与线路动力学分析视图之间的车线耦合关系模型。

车轮在钢轨上的运动是一个复杂的动力学过程,牵涉很多因素,既有车辆方面的,又有轨道方面的,而且相互渗透。轮轨之间的相互动力作用以轮轨接触点为分界面,向上传递给车辆系统,向下施加给轨道结构。从系统工程的观点来看,铁路轮轨系统包含两个相对独立的物理系统——车辆系统和轨道系统。轮轨相互作用问题,实质上是车辆与轨道相互作用问题。

车辆与轨道线路是铁路运输系统中不可分割的两大组成部分。车辆系统与轨道系统并非孤立系统,两者是相互耦合、相互影响的。例如,轨道的变形会激起车辆的振动,而车辆的振动经轮轨接触界面,引起轨道结构振动的加剧,反过来助长了轨道的变形,这种互反馈作用将使车辆-轨道系统处于特定的耦合振动形态之中。

轮轨作用是车辆与轨道线路耦合的支点,轮轨之间的黏着是传递动力的源泉,而轮轨之间的蠕滑和冲击又传递着振动。由于钢轨安装误差、磨耗、地面的不均匀沉降等原因,轨道是不平顺的。轨道的不平顺是振动的起源,当快速运动的轮子经过变形的轨道时,会产生激扰。这种激扰向上传递,引起列车振动,向下传递,引起轨道新的变形。列车与轨道线路系统之间的这种耦合关系模型如图 4-7 所示。

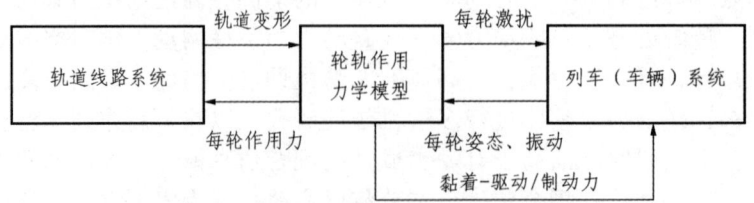

图 4-7 列车-轨道线路耦合关系模型

（2）车辆动力学分析视图与弓网动力学分析视图之间的车弓网耦合关系模型。

除轮轨接触外，受电弓-接触网是机车车辆与外界的另一个接触副。高速铁路大多采用电力牵引，高速列车必须在高速运动条件下从输电线-接触网上取得电能，而且必须保证供电的绝对可靠和不间断，否则将影响高速列车运行和电气驱动系统的性能。所以，如何保证在高速运行条件下具有良好的受流质量，即在列车高速运行时保持稳定的受流状态，是目前弓网动力学研究的核心。

弓网接触受流是列车运动的基础。列车抬升受电弓与接触网保持一定压力的接触状态，受电弓取流，驱动传动系统牵引列车前进。同时，列车也传递振动给受电弓，由于接触网是柔性的，受电弓的振动、运动的速度和加速度等都会对弓网之间的接触状态产生影响，进而影响到受流质量。取流不稳或不足，会引起牵引力的不平稳或是不足，从而引起列车的纵向冲动，进而加剧受电弓的振动。列车（车辆）-受电弓-接触网之间的这种耦合关系模型如图4-8 所示。

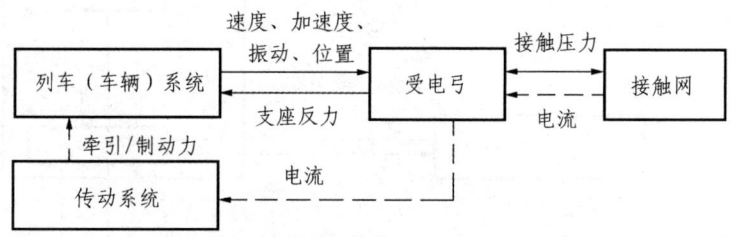

图 4-8 列车车辆-受电弓-接触网耦合关系模型

在目前的弓网耦合振动研究中主要考虑弓网受流作用，认为机车车辆振动对弓网影响较小，而且一般在机车车辆动力学研究中均不考虑弓网振动对机车车辆振动的影响。也就是说，机车车辆动力学研究和弓网系统动力学研究还没有有机结合起来。但在高速情况下，列车会因为受电弓离线，引起供电不连续，导致纵向冲击。因此，进行机车车辆-受电弓-接触网系统的耦合振动研究是十分必要的。

（3）车辆动力学分析视图与牵引供电分析视图之间的机电耦合关系模型。

牵引供电系统是列车运行的动力。列车的最高运行速度除了由其动力学性能决定外，还由其供电系统的能力决定。列车和牵引供电系统实际上是一个闭环系统，是相互耦合相互影响的。传统研究中，对这两个系统一般进行分别研究，不考虑耦合影响，而是将另一个系统进行简化处理。研究牵引供电系统时，列车系统被简化为多质点模型，研究车辆系统时忽略牵引供电系统实际为定常速度的影响，而用给定速度曲线或牵引力曲线实现变速，无法实现闭环的列车动力学及牵引供电系统的相关研究。

牵引供电系统由列车牵引控制、牵引传动与供电系统 3 部分组成，也需要进行耦合关系研究。在列车运行过程中，研究列车操纵指令（模拟司机在司控台的手柄操纵，在时刻表的约束下，完成区间运行的安全、准点、舒适运行控制）传递至牵引传动系统（仿真牵引传动系统的拓扑及控制策略），执行与高速列车设计相一致的牵引/再生制动特性仿真输出，结合齿轮传动装置，提供列车动力学计算所需的车轮转矩，与轮轨系统耦合，研究其纵向驱动力及空转、滑行等。同时，为正确描述上述的仿真，必须将供电系统考虑在内，研究"真实系统"的机电耦合，即牵引供电系统实际网压水平与传动系统实际取流之间的相互作用、相互制约。三者的耦合研究，可以更为"真实"地描述高速列车动力学计算所需的环境因素。列车纵向驱动力的输出是将司机手柄级位（列车运动学所需的加速、减速、恒速、精确停车等）转化为传动系统牵引功率需求或再生功率回馈，牵引供电系统的容量、运行图等耦合作用下仿真计算的结果。该纵向驱动力是列车形成车体速度的必要条件和依据。

列车和牵引供电系统的耦合，可以研究列车纵向动力学、列车纵向颤振、列车车端连接的动态性能及其对列车纵向动力学性能的影响、列车操控、列车制动防滑控制，以及研究转向架和轮对振动对传动系统的影响等；也可以研究高速列车优化操纵、高速列车的空转、滑行、运行图下的列车取流与网压等。为高速列车安全准点舒适运行操纵、列车运行图编制以及牵引供电系统容量、变电所、分区所的位置设计等提供依据。列车与牵引供电系统的耦合关系模型如图 4-9 所示。

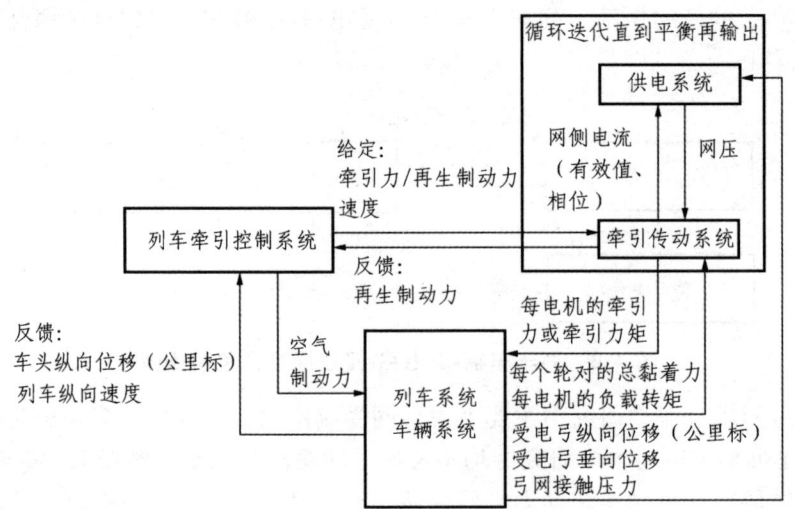

图 4-9 列车与牵引供电耦合关系模型

列车操纵指令传递至牵引传动系统，由传动系统执行，将指令转化为高速列车牵引/再生制动特性并输出，结合齿轮传动装置，提供列车动力学计算所需的车轮转矩，并与线路耦合，形成轮周牵引/制动力。由列车动力学计算出车体速度、位移给列车运行及牵引供电系统。列车运行则根据列车位置、车体速度、运行时分等信息进行预测控制，产生牵引/制动工况及手柄级位的变更。传动系统把功率需求或回馈值提供给供电系统，供电系统根据其容量、运行图等信息计算出网压，再提供给传动系统。

车辆系统将列车当前运行公里标、运行速度、黏着力以及空气阻力等传递给列车运行控制系统，同时将电机逆向转矩传递给传动系统，再由运行控制系统和供电系统联合作用，计算出合理的电机输出转矩，将其传递给列车并驱动列车运行。

（4）车辆动力学分析视图与空气动力学分析视图之间的流固耦合关系模型。

列车在行驶时，与周围的气流产生相对运动，空气与列车及其周围环境产生了相互影响。当列车速度较小时，列车受到的空气阻力较小，对列车的动力学性能影响不是主要因素。但随着列车运行速度的提高，由于列车作为地面上高速运行的长大物体，其头、尾端由多种曲率的曲面构成，再加上车顶受电弓和车下走行部使得列车的外形很不光滑，除空气阻力急剧增大外，还出现了许多行车安全和周围环境的空气动力学问题，例如列车过隧道、两车交会、大风等对列车动力学性能的影响，因此进行列车-气流的耦合研究十分必要。

列车和气流的耦合主要受列车外形和运行速度的影响。列车（车辆）的头车、中间车和尾车的外形（含受电弓）以某种姿态和速度和气流产生相互作用，气流在局部范围内受到压缩，产生反力，作用于列车（车辆）系统的外表面，这些反力就形成了列车运行阻力和车辆升力，进而影响列车（车辆）系统的动力学性能。列车与气流的耦合关系模型如图4-10所示。

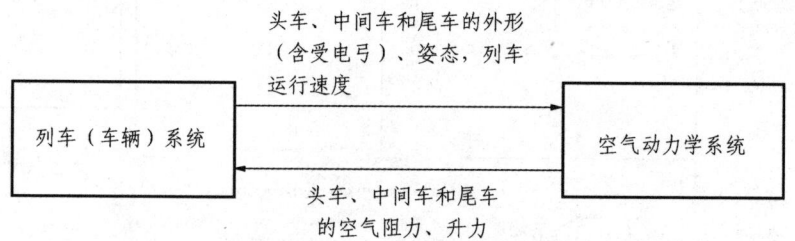

图 4-10 列车与气流的耦合关系模型

3. 基于接口集成的多分析视图耦合仿真模型

通过集成高速列车各分析视图的数学模型以及分析视图之间的耦合关系模型，即构建了高速列车多分析视图耦合仿真模型，称为高速列车（耦合）大系统动力学模型，如图4-11所示，其底层的数学模型如图4-12所示。该耦合模型从系统的角度出发，以列车（车辆）子系统为核心，以线路、弓网、供电、气动等子系统为作用边界，各子系统自成体系，又和其他子系统通过边界进行相互作用，形成一个有机的整体。

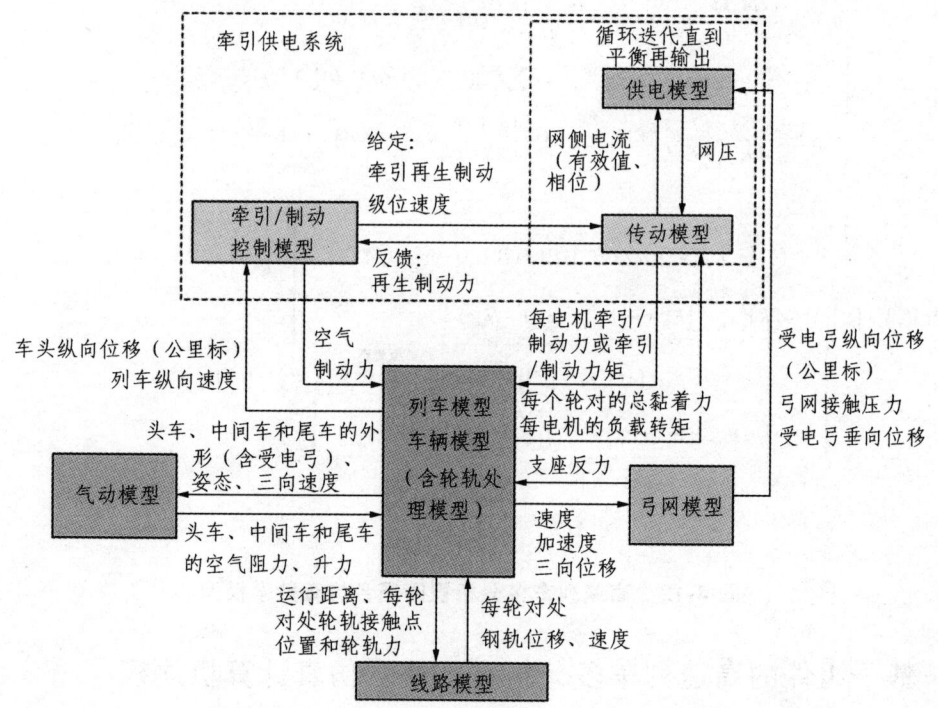

图 4-11 高速列车多分析视图耦合仿真模型

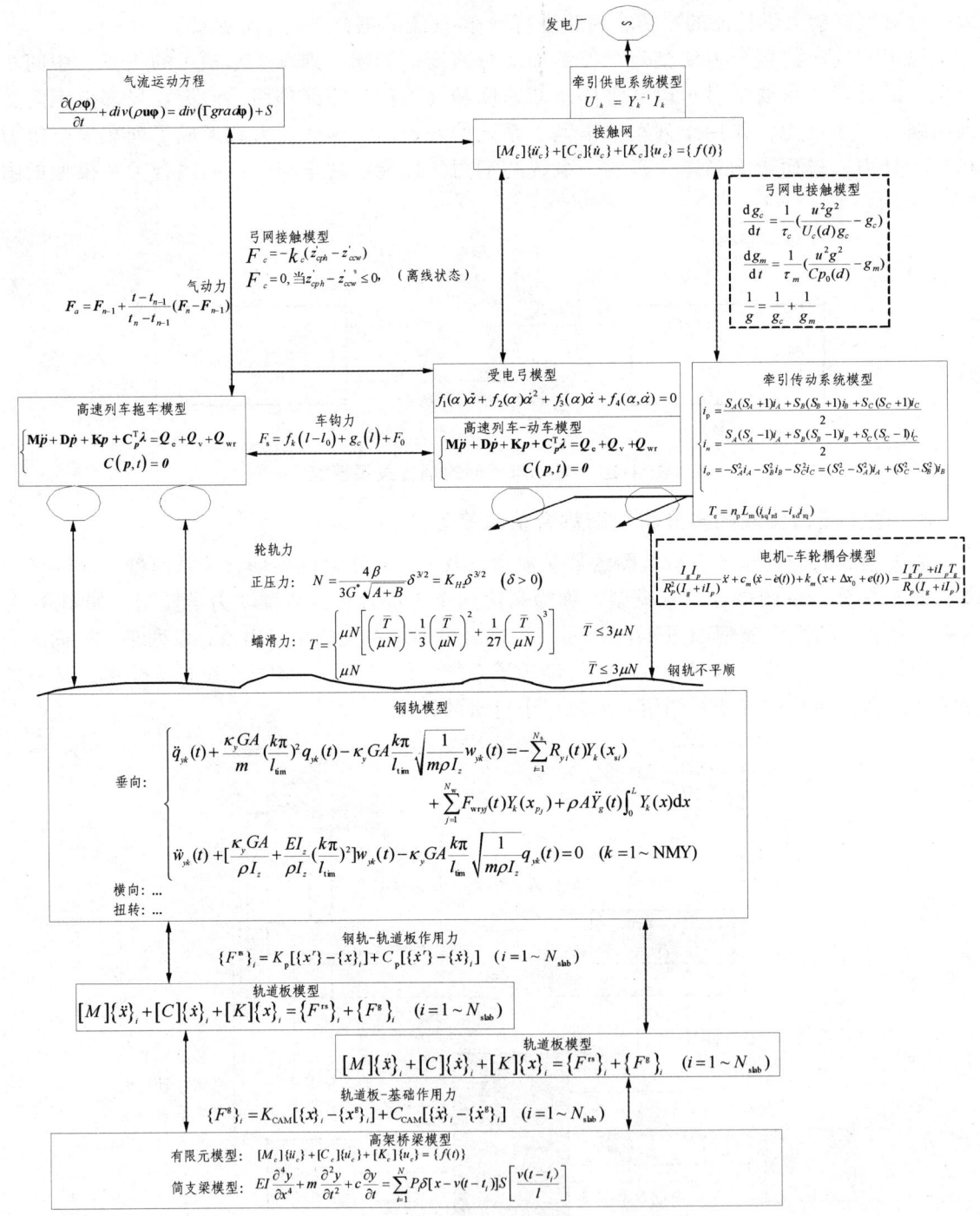

图 4-12 高速列车多分析视图耦合仿真数学模型

4.2.2 基于组件的高速列车多分析视图耦合仿真计算机建模

以上述的基于接口集成的高速列车多分析视图耦合仿真数学模型为基础,采用组件技术对各分析视图的模型对象进行封装,形成各分析视图的仿真组件模型,再将各分析视图之间的耦合作用输入输出封装为仿真组件的接口。高速列车多分析视图耦合仿真包括车辆动力学仿真子系统、线路动力学仿真子系统、弓网动力学仿真子系统、空气动力学仿真子系统和牵引供电仿真子系统。以车辆动力学仿真子系统为例,将其封装为车辆子系统仿真组件,记为车辆组件 A,该仿真组件的输入接口定义为 A_i,接收的数据包括①、③、⑤、⑦,输出接口定义为 A_o,发送的数据包括②、④、⑥、⑧。据此建立的高速列车多分析视图耦合仿真组件模型如图 4-13 所示。利用该模型,便可进行高速列车多分析视图耦合仿真计算机系统的开发。

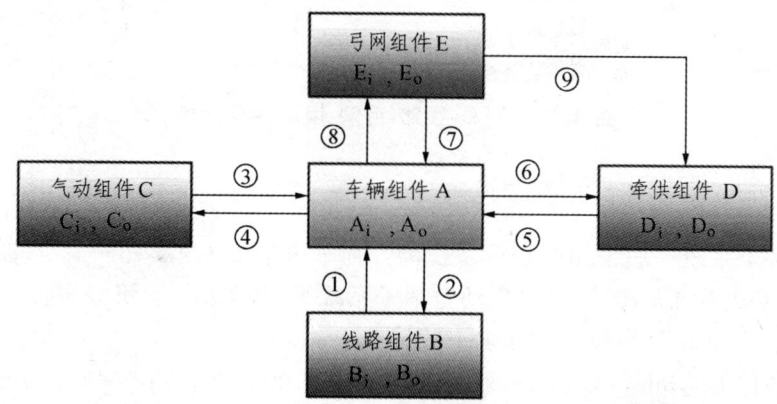

图 4-13 高速列车多分析视图耦合仿真组件模型

根据研究需要,高速列车的各个多分析视图可进行动态自由组合,以建立各种层级的多分析视图耦合仿真模型。典型的耦合仿真模型包括车辆-线路耦合仿真模型、车辆-线路-弓网耦合仿真模型、车辆-线路-气动耦合仿真模型、车辆-线路-牵引供电耦合仿真模型、车辆-线路-气动-弓网耦合仿真模型、车辆-线路-牵引供电-气动耦合仿真模型、车辆-线路-弓网-牵引供电耦合仿真模型等。图 4-14 ~ 图 4-17 所示为其中的几种耦合仿真组件模型。

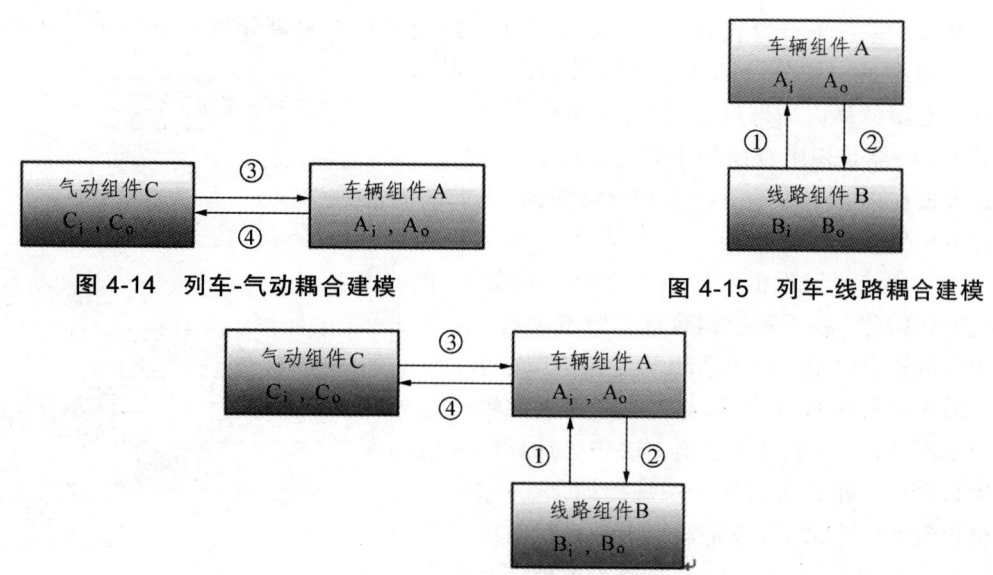

图 4-14 列车-气动耦合建模

图 4-15 列车-线路耦合建模

图 4-16 列车-线路-气动耦合建模

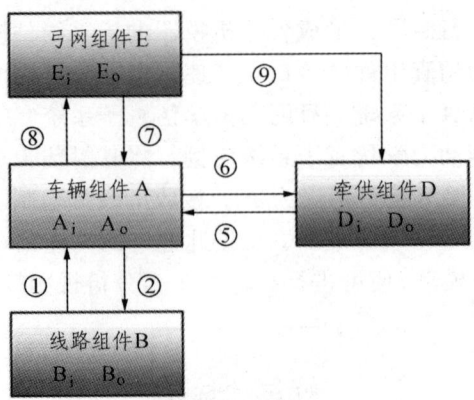

图 4-17 列车-线路-弓网-供电耦合建模

4.2.3 高速列车多分析视图耦合仿真计算

高速列车各子系统一般采用的积分步长为：列车子系统为 1×10^{-4} s，线路子系统为 5×10^{-5} s，弓网子系统为 1×10^{-4} s，空气动力学子系统为 1×10^{-3} s，可变步长，牵引供电子系统为 1×10^{-1} s。并且积分步长分布在多个数量级上。

同一硬件条件下（Intel Core2 Duo CPU E8400，3.00 GHz，内存 4 G，winXP 系统），各子系统一个积分步的计算时间为：列车子系统、线路子系统、弓网子系统和牵引供电子系统为 $10^{-2}\sim10^{-1}$ s 不等，相差不大，而空气动力学子系统则大于 10^2 s，差异较大。

积分步级的耦合计算协调是为了解决不同计算尺度的子系统在耦合计算时的时空同步问题，包括积分步长的协调和计算时间的协调，其主要的协调手段是计算等待及相应的数据处理。简言之，积分步长的协调就是一步算得长的子系统等一步算得短的子系统，等各子系统在空间上保持一致了再一起接着算。计算时间的协调就是算得快的子系统等算得慢的子系统，等各子系统都算完了（时间上保持一致了）再一起接着算。

从各子系统的计算流程分析可知，各子系统的流程大致可分为 4 个部分：初始化、计算输入数据准备、积分计算和计算结果输出，后 3 个部分在积分体内循环进行。计算结果输出包含两类数据：一类是输出存储用于后处理的数据，另一类是寄放在内存中用于下一步积分的数据。根据耦合计算模型及各子系统的计算流程，高速列车系统动力学耦合计算流程也可分为 4 个阶段：各耦合子系统的初始化、各子系统耦合计算数据准备、各子系统间的耦合计算、各子系统的计算结果输出，后 3 个阶段循环进行。耦合计算时各子系统的输入包含两个部分：一是来自本系统上次积分计算的输出结果数据，二是来自其他子系统的耦合输入数据；输出也包含两个部分：一是输出本子系统后续计算和存储需要的数据，二是输出其他子系统需要的耦合数据，如图 4-18 所示。

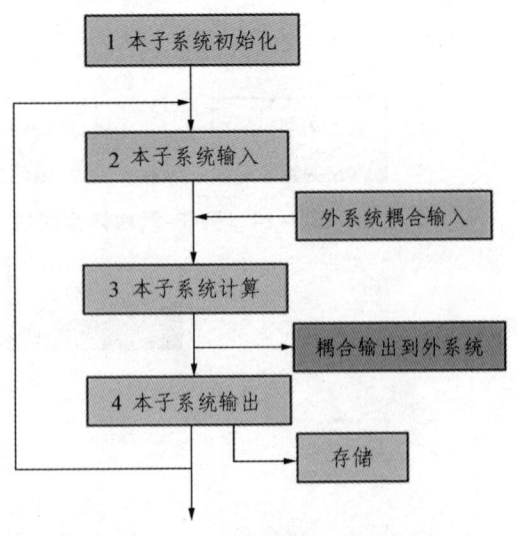

图 4-18 子系统耦合仿真流程

根据高速列车各子系统的计算特性及上述的耦合步长协调方法,这里提出了如图 4-19 所示的包含 3 个层次耦合积分步长协调的高速列车系统动力学耦合计算协调策略。其中,车辆、线路、弓网积分步长相同为第 1 协调层;流固计算步长为第 2 协调层,其步长与第 1 协调层的步长成整数倍比关系;牵引供电为第 3 协调层,其步长与第 2 协调层的步长也成整数倍比关系。

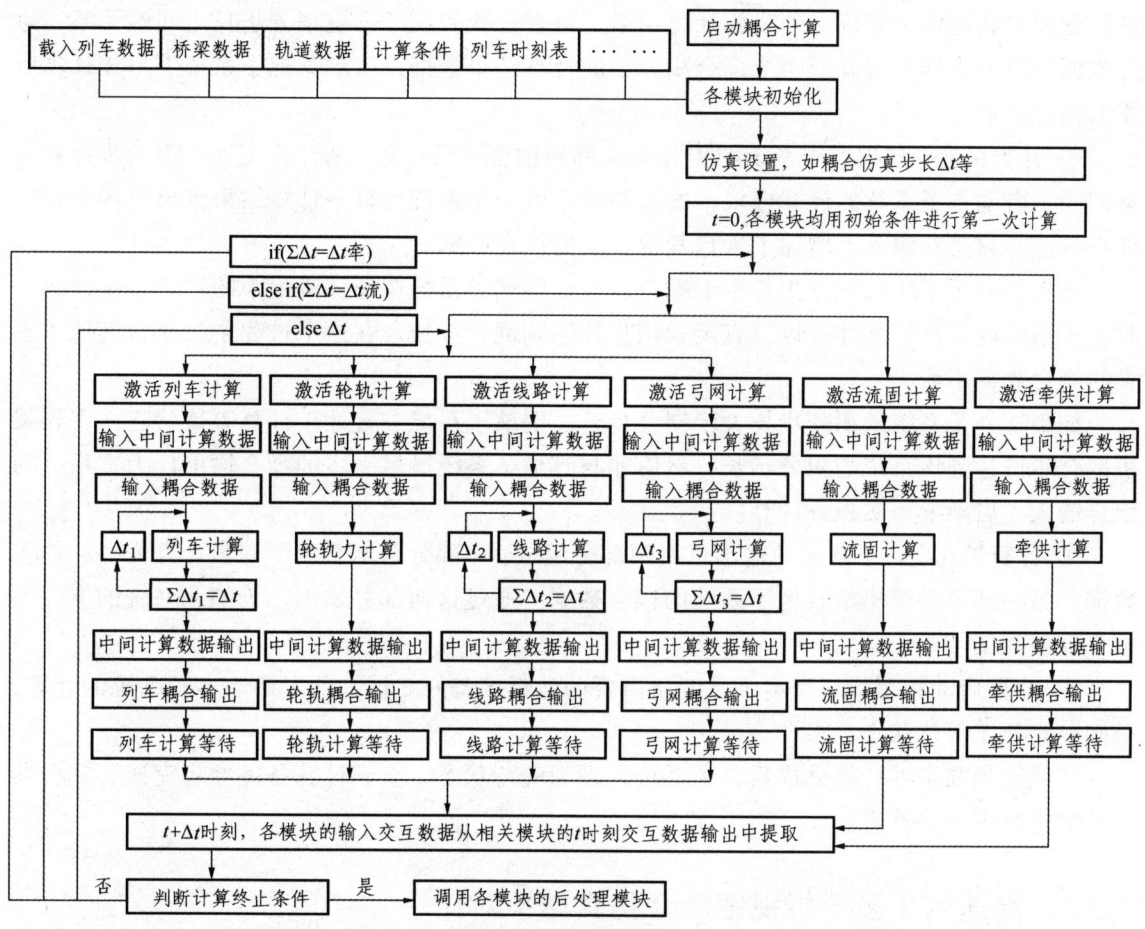

图 4-19 高速列车多分析视图耦合仿真多层次递阶控制策略

高速列车多分析视图耦合仿真多层次递阶控制策略的实施流程如下:

通过各子系统的初始化工作,各子系统可以进行第一步计算,后续计算可以利用第一步计算的结果,进行耦合计算。整个耦合过程以各子系统并行计算模式进行。

(1)第一步计算:各子系统都用各自的初始条件作为输入条件,未进行耦合。过程为启动各子系统的计算模块→输入初始条件→子系统计算→计算结果输出→各子系统计算等待。在"计算结果输出"中,除了输出本系统下一步计算所需的数据,还输出了其他子系统下一步计算所需的耦合数据。

(2)后续计算:在前一步计算之后,各系统输出了其他子系统需要的耦合数据,各子系统利用本系统前一步的计算结果及耦合数据,便可进行耦合计算。在这个计算过程中,有以下几点需要注意:

① 计算输入。各子系统的输入由两部分组成：一部分是本系统前一步计算输出的结果数据，另一部分是其他子系统输出的耦合数据，通过这两部分输入，便可进行子系统在该步的耦合计算。

② 耦合数据。由于各子系统的积分步长不一致，在经过第一步计算以后，各子系统之间在时空上是不一致的。因此，在耦合时，必须对积分步长大于耦合步长的子系统的耦合数据进行处理。利用该子系统上一步的计算结果、耦合步长和该系统积分步长之间的关系，进行数据插值或直接利用其上一个耦合积分步的计算结果数据，得到其他子系统下一步计算所需的耦合数据。

③ 计算流程。如果各子系统的积分步长都和耦合步长一致，则计算流程与第一步计算完全相同：启动各子系统的计算模块→输入初始条件→子系统计算→计算结果输出→各子系统计算等待，只是在输入上增加了来自其他模块的耦合数据。

如果某一子系统的积分步长小于耦合步长，则该子系统在计算流程中的"子系统计算"时，子系统内部进行循环计算，直至累积步长达到耦合步长。在这个过程中，来自其他子系统的耦合数据不变。

如果某一子系统的积分步长大于耦合步长，则该子系统一直处于计算等待状态，直到累积耦合步长达到该系统的积分步长，然后才与其他子系统最后一步的耦合输出作为本系统的耦合输入，启动下一次积分计算。

④ 计算输出。各子系统的输出也由两部分组成：一部分是本系统下一步计算需要的输入数据，另一部分是输出给其他子系统的耦合数据。通过这两部分输出，为耦合系统的下一步计算准备数据。

⑤ 计算启动和等待。当本子系统所需要的数据准备好之后，便可启动本子系统的计算，否则一直处于等待状态。

子系统当前步的计算完成后，子系统处理为等待状态，直到计算条件准备完成，耦合器启动其进行下一步计算。

4.2.4　高速列车多分析视图耦合仿真结果对比

以两种典型的应用实例，通过对比单分析视图和多分析视图耦合的仿真结果，检验本章所研究的耦合仿真方法的可行性和有效性。

1. 车辆-线路耦合实例研究

（1）计算工况。对"工况1：车辆系统独立仿真"和"工况2：车-线耦合仿真"两种工况进行分析，分别设置250 km/h、300 km/h、350 km/h 3个速度等级，通过比较不同工况下的头车、中间车和尾车的轮轨接触力和车体振动加速度，考察钢轨及轨下结构弹性变形对车辆系统动态响应的影响。

（2）仿真结果。轮轨力极值统计如表4-1所示，车体振动加速度极值统计如表4-2所示。

表 4-1 轮轨力极值统计

车辆号	速度 /km·h^{-1}	最大轮轨垂向力/kN			最小轮轨垂向力/kN			最大轮轨横向力/kN			最小轮轨横向力/kN		
		工况1	工况2	差异	工况1	工况2	差异	工况1	工况2	差异	工况1	工况2	差异
车1	250	79.81	79.91	0.1	27.37	27.22	-0.15	8.30	7.88	-0.42	-4.96	-4.98	-0.02
车3	250	80.01	76.50	-3.51	27.36	28.54	1.18	8.33	7.87	-0.46	-4.96	-5.11	-0.15
车8	250	80.33	80.79	0.46	27.65	26.62	-1.03	8.37	7.88	-0.49	-4.96	-5.10	-0.14
车1	300	91.63	91.55	-0.08	15.97	16.20	0.23	10.12	9.81	-0.31	-5.59	-5.55	0.04
车3	300	91.43	91.66	0.23	15.83	15.30	-0.53	10.13	9.61	-0.52	-5.59	-5.40	0.19
车8	300	90.89	91.40	0.51	16.04	15.06	-0.98	10.22	9.68	-0.54	-5.59	-5.66	-0.07
车1	350	104.7	104.7	-0.04	2.81	2.76	-0.05	11.82	11.83	0.01	-9.22	-8.93	0.29
车3	350	101.8	101.4	-0.34	4.50	4.44	-0.06	11.89	12.00	0.11	-9.24	-9.01	0.23
车8	350	104.8	104.4	-0.31	3.00	2.57	-0.43	11.89	11.64	-0.25	-9.23	-8.86	0.37

表 4-2 车体振动加速度极值统计

车辆	速度 /km·h^{-1}	车体最大横向加速度/m·s^{-2}			车体最大垂向加速度/m·s^{-2}		
		工况1	工况2	差异	工况1	工况2	差异
车辆1	250	0.18	0.18	0	0.32	0.32	0
车辆3	250	0.18	0.18	0	0.32	0.33	0.01
车辆8	250	0.18	0.18	0	0.32	0.33	0.01
车辆1	300	0.22	0.22	0	0.39	0.39	0
车辆3	300	0.22	0.23	0.01	0.39	0.39	0
车辆8	300	0.22	0.23	0.01	0.39	0.39	0
车辆1	350	0.29	0.29	0	0.50	0.50	0
车辆3	350	0.29	0.30	0.01	0.50	0.50	0
车辆8	350	0.29	0.31	0.02	0.50	0.50	0

（3）结果分析。从轮轨力上分析，两种工况下轮轨垂向力幅值差异在10%以内，轮轨横向力的幅值差异在15%以内，而且随着速度的增加，这种相互影响加剧，特别是当列车通过曲线段时。从轮轨力极值统计如表4-1所示，车体振动加速度极值统计如表4-2所示。

表4.1中的轮轨力极值来看，两种工况差异较小。其中，最大垂向力的最大幅值差异为3.51 kN，最大差异比例为4.39%；最小垂向力的最大幅值差异为1.18 kN，最大差异比例为14.33%；最大横向力的最大幅值差异为0.54 kN，最大差异比例为5.85%；最小垂向力的最大幅值差异为0.37 kN，最大差异比例为4.01%。

从车体加速度上分析，轨下结构及钢轨弹性对头车和尾车车体加速度的影响较大，而中间车由于受到边上车辆的制约，影响较小。这种影响跟速度和曲线都有一定的关系，速度越高，影响越大，曲线段的影响比直线段大。从表4-2车体振动加速度极值统计来看，两种工况的差异也很小，并且在有差异的情况下其幅值也很小。对于车体横向振动加速度，最大差异幅值为0.02 m/s^2，最大差异比例为6.89%；对于车体垂向振动加速度，最大差异幅值为0.01 m/s^2，最大差异比例为3.13%。

2. 车辆-气动耦合实例研究

（1）计算工况。按空气动力学和车辆动力学的作用关系，分析联合仿真和离线仿真。其中联合仿真是指考虑车辆运行和周边气流之间的相互影响,进行车辆动力学和空气动力学基于积分步级的双向耦合仿真。而离线仿真是指只考虑气动力对车辆动力学性能的单向影响,先单独计算出工况条件下的气动力,然后将其作为外载荷单向加载到车辆动力学计算模块中。设置两种不同的工况,考察不同的气动力耦合方式对车辆-气动力耦合计算结果的影响。

工况 1:车辆-线路-气动力耦合计算(联合仿真),直线轨道,车速 350 km/h。

工况 2:车辆-线路-气动力耦合计算(离线仿真),直线轨道,车速 350 km/h。

(2)仿真结果。头车气动力(矩)和姿态比较如图 4-20 所示。

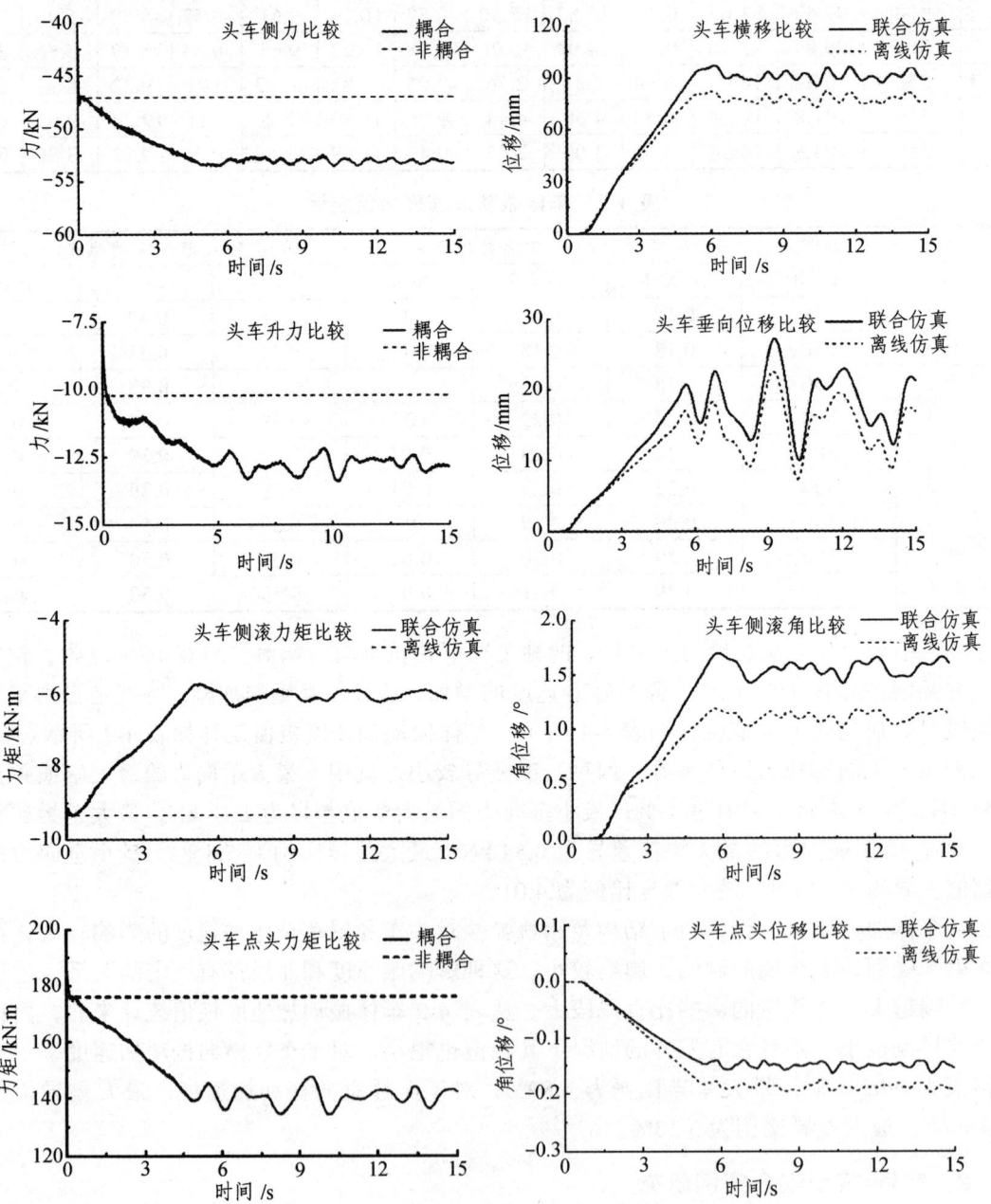

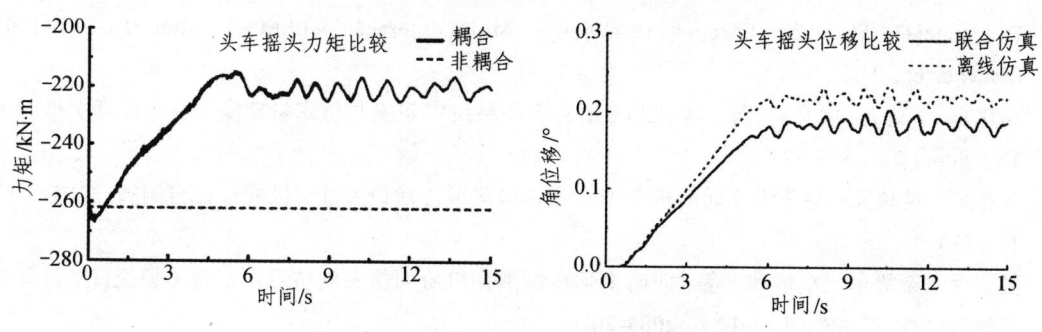

图 4-20 头车气动力(矩)和姿态比较

（3）结果分析。考虑了空气动力学和车辆动力学的双向耦合以后，分析两种工况下头车气动力（矩）和姿态。结果如下：

① 头车侧力向背风侧方向增加 6.5 kN 左右，约 13.8%；头车向背风侧横移增加 15 mm。

② 头车升力向下增加 2.37 kN 左右，约 15.7%；头车向下沉浮位移增加 4.2 mm 左右。

③ 头车绕质心的侧滚力矩方向为负，即绕质心向迎风侧旋转，侧滚力矩绝对值减小 3.5 kN·m 左右；头车向背风侧旋转的侧滚角位移增大 0.6 左右。

④ 头车摇头力矩和点头力矩绝对值有所减小，相应的头车摇头和点头角位移也减小。

从上述分析可以得出结论，不同气动耦合方式对车辆动态响应的影响较大。

4.3 本章小结

本章仍以一面及点的方式，首先阐述复杂机电系统多分析视图组成的多领域系统的耦合的建模、仿真技术及方法，并围绕高速列车多领域耦合仿真的具体实际及工况，进行了详细的建模和仿真研究，这些仿真研究为后续优化提供了精准的数学模型。

参考文献

[1] 张卫华. 高速列车系统动力学理论及其应用[J]. 学术动态，2009，(2)：35-40.

[2] 张曙光，金学松. 高速轮轨系统动力学研究体系及其系统建模[J]. 科学通报，2007，52（7）：855-860.

[3] 张卫华. 机车车辆动态模拟[M]. 北京：中国铁道出版社，2006.

[4] KALKER J J. Fast algorithm for the simplified theory of rolling contact[J]. Vehicle System Dynamics, 1982, 11（1）: 1-13.

[5] SHEN Z Y, HEDRICK J K, ELKINS J A. A comparison of alternative creep-force models for rail vehicle dynamic analysis[J]. Vehicle System Dynamics, 1983, 12（1-3）: 79-83.

[6] 翟婉明. 车辆-轨道耦合系统动力学[M]. 3 版. 北京：中国铁道出版社，2007.

[7] 张曙光. 高速列车设计方法研究[M]. 北京：中国铁道出版社，2009.

[8] 于涛. 面向对象的多领域复杂机电系统键合图建模和仿真研究[D]. 北京：北京机电研究所，2006.

[9] ELMQVIST H, MATTSSON S E, OTTER M. Modelica - The New Object-oriented Modeling

Language[J]. The 12th European Simulation Multiconference, ESM'98, June 16-19, 1998, Manchester, UK.

[10] 赵建军,丁建完,周凡利,等. Modelica 语言多领域统一建模与仿真机理[J]. 系统仿真学报,2006, 18（Suppl.2）: 570-573.

[11] 雷春丽,芮执元. 基于组件元的机电产品多领域集成方法研究[J]. 机械设计与制造, 2010, (8): 131-133.

[12] 侯宝存,柴旭东,李伯虎,等. 面向多学科虚拟样机协同仿真的仿真网格技术研究[J]. 计算机集成制造系统, 2006, 12（12）: 2004-2010.

[13] 王宏伟,张和明. 面向广域网环境的协同仿真平台的设计与实现[J]. 计算机集成制造系统, 2009, 15（1）: 12-20.

[14] 周宁,张卫华. 基于直接积分法的弓网耦合系统动态性能仿真分析[J]. 中国铁道科学, 2008, 29（6）: 71-76.

[15] 邹益胜. 高速列车系统动力学耦合计算平台研究[R]. 西南交通大学博士后出站报告, 2011.

第 5 章 面向多体系统的高速列车动力学参数灵敏度分析

5.1 灵敏度分析概述

按照 MAR 架构理论，设计模型一旦向分析模型过渡后，构建基于物理模型的仿真模型，就能够分析设计参数与动力学分析目标之间的关联关系。由于设计参数实现只能按照经验进行，设计参数对分析指标的贡献大小不可知，这对后续基于优化的闭环设计带来了挑战和困难，可能导致求解的空间规模很大，很难找到合适的设计参数域，以满足给定的设计目标，因此需要在设计模型和分析模型的基础上，基于仿真模型，对高速列车设计参数进行灵敏度分析，找到相应的关键参数，再建立优化求解模型。本章主要研究通过基于多体系统动力学理论，来分析高速列车设计参数对分析目标的灵敏程度。

灵敏度分析理论起源于优化控制领域，而后经直接微分法和伴随变量法扩展应用到机械结构和多体系统动力学领域。灵敏度分析方法提供了局部优化策略的梯度信息，因此该方法常常用于优化设计。在结构领域，采用有限元法的优化技术更新设计。在多体系统领域，由于涉及大量的设计参数和难以定义广泛的性能函数使得优化技术的应用受到限制。

对设计模型进行分析与仿真的目的是需要根据仿真结果对设计模型进行评价，如果不能明确设计模型对仿真结果的影响是如何进行的，就只是得到该设计模型的一个仿真结果，而无法获得如何改进设计的方法。因此，在产品设计的每一个过程中，需要进行根据设计要求对设计参数优化的操作。而灵敏度分析作为优化设计与动力学分析的桥梁，起着重要的作用，主要体现在验证设计方案、优化设计、改进和完善优化数学模型。

灵敏度分析模型（SAM）作为连接动力学性能与设计模型设计参数的桥梁，反映了产品在动态运行过程中参数和性能的演变规律，对优化设计起着重要的导向作用。本章在微分-代数方程数学模型和通用目标函数的基础上，分别采用直接微分方法和伴随变量法推导设计灵敏度方程。

设 Ψ 为性能函数，设计参数 $b = [m^T, a^T, c^T]^T$，m 描述质量属性，a 描述铰位置参数，c 描述与力相关的参数（如弹簧刚度和阻尼系数）。

由于采用基于欧拉四元数的笛卡儿坐标法建立的多体系统动力学方程是微分-代数混合方程，其一般形式如下：

$$M\ddot{q} + \Phi_q^T \lambda = F$$

$$\Phi(q,t) = 0$$

其中

$$q = \begin{bmatrix} q_1^T & q_2^T & \cdots & q_n^T \end{bmatrix}^T$$

采用欧拉四元数描述 q 的维数为 $7n$，由于坐标不独立，需要 m 个约束方程：

$$\Phi = \begin{bmatrix} \Phi_1 & \Phi_2 & \cdots & \Phi_m \end{bmatrix}^T$$

约束方程的雅可比矩阵为

$$\Phi_q = \begin{bmatrix} \dfrac{\partial \Phi^1}{\partial q_1} & \cdots & \dfrac{\partial \Phi^1}{\partial q_n} \\ \vdots & & \vdots \\ \dfrac{\partial \Phi^m}{\partial q_1} & \cdots & \dfrac{\partial \Phi^m}{\partial q_n} \end{bmatrix}$$

拉格朗日乘子阵为

$$\lambda = \begin{bmatrix} \lambda_1 & \lambda_2 & \cdots & \lambda_n \end{bmatrix}^T$$

给定初始条件：

$$q(0) = q_0$$

$$\dot{q}(0) = \dot{q}_0$$

速度与加速度约束方程如下：

$$\dot{\Phi} = \Phi_q \dot{q} + \Phi_t = 0$$

$$\ddot{\Phi} = \Phi_q \ddot{q} - \gamma = 0$$

多体系统动力学方程：

$$\begin{bmatrix} M & \Phi_q^T \\ \Phi_q & 0 \end{bmatrix} \begin{bmatrix} \ddot{q} \\ \lambda \end{bmatrix} = \begin{bmatrix} F \\ \gamma \end{bmatrix}$$

5.2 面向设计的多体系统灵敏度分析模型

5.2.1 多体系统灵敏度分析模型

灵敏度分析的通用目标函数一般定义为

$$\psi(b) = g(q^i, \dot{q}^i, b, t^i) + \int_{t_0}^{t_1} f(q, \dot{q}, b, \lambda, t) \mathrm{d}t, \quad i = 0, 1 \tag{5-1}$$

函数中 t^i 可以是给定的具体时刻，也可以是某些状态变量或条件达到的特定时刻，一般由下式计算：

$$\Omega^i(q^i, \dot{q}^i, b, t^i) = 0, \quad i = 0, 1 \tag{5-2}$$

$$q^i = q(t^i), \quad \dot{q}^i = \dot{q}(t^i) \tag{5-3}$$

含有设计变量的多体系统动力学微分-代数方程的数学模型为

$$\begin{cases} M(q,b,t)\ddot{q} + \Phi_q^T \lambda = F(q,\dot{q},b,t) & \text{(a)} \\ \Phi(q,b,t) = 0 & \text{(b)} \end{cases} \tag{5-4}$$

其中

$$q = q(t) = \begin{bmatrix} q_1^T(t) & q_2^T(t) & \cdots & q_n^T(t) \end{bmatrix}^T \tag{5-5}$$

为系统的状态变量,采用欧拉四元数描述 q 的维数为 $7n$。

$$b = \begin{bmatrix} b_1 & b_2 & \cdots & b_s \end{bmatrix}^T \tag{5-6}$$

为系统的设计变量,状态变量 $q(t)$、t^i 与设计变量 b 相关。

系统的初始状态

$$q(t^0) = q^0, \quad \dot{q}(t^0) = \dot{q}^0 \tag{5-7}$$

定义系统的隐式初始条件为

$$\phi^0(q^0, b, t^0) = 0 \tag{5-8}$$

$$\varphi^0(q^0, \dot{q}^0, b, t^0) = 0 \tag{5-9}$$

为保证初始状态的唯一性,初始状态的雅可比矩阵,$\partial \phi^0 / \partial q^0$,$\partial \varphi^0 / \partial \dot{q}^0$ 非奇异。

5.2.2 多体系统动力学微分-代数方程一阶灵敏度分析模型

将式(5-1)两边关于设计变量 b 求导,获得目标函数关于设计变量的一阶灵敏度,即

$$\psi_b = g_{\dot{q}^0}\dot{q}_b^0 + g_{\dot{q}^1}\dot{q}_b^1 + g_{q^0}q_b^0 + g_{q^1}q_b^1 + g_b + \dot{g}^0 t_b^0 + \dot{g}^1 t_b^1$$
$$+ \int_{t_0}^{t_1}(f_{\dot{q}}\dot{q}_b + f_q q_b + f_b + f_\lambda \lambda_b + \dot{f} t_b)\,\mathrm{d}t \tag{5-10}$$

$$\psi_b = g_{\dot{q}^0}\dot{q}_b^0 + g_{\dot{q}^1}\dot{q}_b^1 + (g_{q^0} - f_{\dot{q}^0})q_b^0 + (g_{q^1} + f_{\dot{q}^1})q_b^1 + g_b + (\dot{g}^0 - f^0)t_b^0$$
$$+ (\dot{g}^1 + f^1)t_b^1 + \int_{t_0}^{t_1}\left[\left(f_q - \frac{\mathrm{d}f_{\dot{q}}}{\mathrm{d}t}\right)q_b + f_b + f_\lambda \lambda_b\right]\mathrm{d}t \tag{5-11}$$

t_b^0,t_b^1 由式(5-4)对设计变量 b 求导得出,

$$t_b^i = -(\Omega_{\dot{q}^i}^i / \dot{\Omega}^i)\dot{q}_b^i - (\Omega_{q^i}^i / \dot{\Omega}^i)q_b^i - \Omega_b^i / \dot{\Omega}^i, \quad i = 0, 1 \tag{5-12}$$

式(5-11)中的未知量为状态变量关于设计变量的偏导数 q_b^0,q_b^1,$\dot{q}_b^0$,$\dot{q}_b^1$,q_b 和 λ_b。可以采用有限差分法、直接微分法计算这些未知量,然后求出 ψ_b。也可采用伴随变量法,由

于引入了伴随变量，避免了对上述未知量的直接计算，还可以采用几种方法的混合形式，以避免各种方法的缺点。下面分别阐述用直接微分法和伴随变量法求目标函数关于设计变量的一阶灵敏度。

（1）一阶灵敏度直接微分公式。

$$\Phi_q(q,b)\dot{q}=0, \quad \Phi_q=\left[\partial \Phi_i / \partial q_j\right] \quad (5\text{-}13)$$

$$\Phi_q(q,b)\ddot{q}+(\Phi_q(q,b)\dot{q})_q\dot{q}=0 \quad (5\text{-}14)$$

采用微分链式法则将式［5-4（a）］、［5-4（b）］、（5-13）和（5-14）对设计变量 b 求导有

$$M\ddot{q}_b+(M\ddot{q})_b+(M\ddot{q})_q q_b+\Phi_q^T\lambda_b+(\Phi_q^T\lambda)_b+(\Phi_q^T\lambda)_q q_b=F_b+F_q q_b+F_{\dot{q}}\dot{q}_b \quad (5\text{-}15)$$

$$\Phi_q q_b+\Phi_b=0 \quad (5\text{-}16)$$

$$\Phi_q\dot{q}_b+(\Phi_q\dot{q})_b+(\Phi_q\dot{q})_q q_b=0 \quad (5\text{-}17)$$

$$\Phi_q\ddot{q}_b+(\Phi_q\ddot{q})_q q_b+(\Phi_q\ddot{q})_b+2(\Phi_q\dot{q})_q\dot{q}_b-((\Phi_q\dot{q})_q\dot{q})_b+((\Phi_q\dot{q})_q\dot{q})_q q_b=0 \quad (5\text{-}18)$$

$$M\ddot{q}_b+\Phi_q^T\lambda_b=F_b+F_q q_b+F_{\dot{q}}\dot{q}_b-(M\ddot{q})_b-(M\ddot{q})_q q_b-(\Phi_q^T\lambda)_b-(\Phi_q^T\lambda)_q q_b \quad (5\text{-}19)$$

将式（5-18）和（5-19）联立有

$$\begin{bmatrix} M & \Phi_q^T \\ \Phi_q & 0 \end{bmatrix}\begin{bmatrix} \ddot{q}_b \\ \lambda_b \end{bmatrix}=\begin{bmatrix} F_b+F_q q_b+F_{\dot{q}}\dot{q}_b-(M\ddot{q})_b-(M\ddot{q})_q q_b-(\Phi_q^T\lambda)_b-(\Phi_q^T\lambda)_q q_b \\ -(\Phi_q\ddot{q})_q q_b-(\Phi_q\ddot{q})_b-2(\Phi_q\dot{q})_q\dot{q}_b-((\Phi_q\dot{q})_q\dot{q})_b-((\Phi_q\dot{q})_q\dot{q})_q q_b \end{bmatrix}$$

$$(5\text{-}20)$$

式（5-20）是关于 q_b 的微分方程，需要初值 q_b^0、$\dot{q}_b^0$ 才能求解，将式（5-8）和式（5-9）两边分别对设计变量 b 求导有

$$\phi_{q^0}^0 q_b^0+\phi_b^0+\dot{\phi}^0 t_b^0=0 \quad (5\text{-}21)$$

$$\varphi_{q^0}^0 q_b^0+\varphi_{\dot{q}^0}^0\dot{q}_b^0+\varphi_b^0+\dot{\varphi}^0 t_b^0=0 \quad (5\text{-}22)$$

将式（5-12）代入式（5-21）、（5-22）结合式（5-16）、（5-17）整理有

$$\begin{bmatrix} \Phi_{q^0}^0 & 0 \\ \phi_{q^0}^0-\dot{\phi}^0\Omega_{q^0}^0/\dot{\Omega}^0 & -\dot{\phi}^0\Omega_{\dot{q}^0}^0/\dot{\Omega}^0 \\ (\Phi_{q^0}^0\dot{q}^0)_{q^0} & \Phi_{\dot{q}^0}^0 \\ \varphi_{q^0}^0-\dot{\varphi}^0\Omega_{q^0}^0/\dot{\Omega}^0 & \varphi_{\dot{q}^0}^0-\dot{\varphi}^0\Omega_{\dot{q}^0}^0/\dot{\Omega}^0 \end{bmatrix}\begin{bmatrix} q_b^0 \\ \dot{q}_b^0 \end{bmatrix}=-\begin{bmatrix} \Phi_b^0 \\ \phi_b^0-\dot{\phi}^0\Omega_b^0/\dot{\Omega}^0 \\ (\Phi_{q^0}^0\dot{q}^0)_b \\ \varphi_b^0-\dot{\varphi}^0\Omega_b^0/\dot{\Omega}^0 \end{bmatrix} \quad (5\text{-}23)$$

由式（5-23）可求解 q_b^0、$\dot{q}_b^0$，将它们作为式（5-20）的初值可求解 $\ddot{q}_b$，λ_b，q_b，$\dot{q}_b$，q_b^1 和 $\dot{q}_b^1$。将上述所求得量代入式（5-11）可以得到目标函数关于设计变量的一阶灵敏度。有一点需指出，在利用式（5-20）求解 $\ddot{q}_b$，λ_b 等的过程中，一些与设计状态和设计变量有关的量如 F_q，$F_{\dot{q}}$ 需要提前求出，这些量的求解过程将在下一节介绍。

第5章 面向多体系统的高速列车动力学参数灵敏度分析

（2）一阶灵敏度伴随变量公式。

为避免计算状态变量相对设计变量的微分，提出采用伴随变量法求解微分代数方程的一阶灵敏度公式。为便于简化表达，故令

$$A_q = (M\ddot{q})_q + (\boldsymbol{\Phi}_q^{\mathrm{T}}\lambda)_q - F_q \tag{5-24}$$

$$A_b = (M\ddot{q})_b + (\boldsymbol{\Phi}_q^{\mathrm{T}}\lambda)_b - F_b \tag{5-25}$$

则式（5-15）可表示为

$$M\ddot{q}_b + \boldsymbol{\Phi}_q^{\mathrm{T}}\lambda_b + A_q q_b + A_b - F_{\dot{q}}\dot{q}_b = 0 \tag{5-26}$$

引伴随变量 υ，τ 对式（5-15）、（5-16）在区间 $[t_0, t_1]$ 积分有

$$\int_{t_0}^{t_1} \tau^{\mathrm{T}} \left[M\ddot{q}_b + (M\ddot{q})_b + (M\ddot{q})_q q_b + \boldsymbol{\Phi}_q^{\mathrm{T}}\lambda_b + (\boldsymbol{\Phi}_q^{\mathrm{T}}\lambda)_b + (\boldsymbol{\Phi}_q^{\mathrm{T}}\lambda)_q q_b - F_b - F_q q_b - F_{\dot{q}}\dot{q}_b \right] \mathrm{d}t = 0 \tag{5-27}$$

$$\left[\tau^{\mathrm{T}} M \dot{q}_b - (\dot{\tau}^{\mathrm{T}} M + \tau^{\mathrm{T}}\dot{M} + \tau^{\mathrm{T}} F_{\dot{q}}) q_b \right]_{t_0}^{t_1}$$

$$+ \int_{t_0}^{t_1} \left\{ \left[\ddot{\tau}^{\mathrm{T}} M + \dot{\tau}^{\mathrm{T}}(2\dot{M} + F_{\dot{q}}) + \tau^{\mathrm{T}} \left(\ddot{M} + \frac{\mathrm{d}F_{\dot{q}}}{\mathrm{d}t} + A_q \right) \right] q_b + \tau^{\mathrm{T}} \boldsymbol{\Phi}_q^{\mathrm{T}} \lambda_b + \tau^{\mathrm{T}} A_b \right\} \mathrm{d}t = 0 \tag{5-28}$$

$$\int_{t_0}^{t_1} \upsilon^{\mathrm{T}}(\boldsymbol{\Phi}_q q_b + \boldsymbol{\Phi}_b) \mathrm{d}t = 0 \tag{5-29}$$

对式（5-16），（5-17）满足时间 t^0，t^1 有

$$\boldsymbol{\Phi}^i = \boldsymbol{\Phi}(q^i, b, t^i) = 0, \quad i = 0, 1 \tag{5-30}$$

$$\dot{\boldsymbol{\Phi}}^i = \dot{\boldsymbol{\Phi}}(q^i, b, t^i) = 0, \quad i = 0, 1 \tag{5-31}$$

引入伴随变量 ϑ，ζ，ς^i，σ^i，ρ^i（$i=0,1$），转置后分别左乘式（5-4），（5-8），（5-9），（5-21），（5-22）可得

$$(\rho^i)^{\mathrm{T}}(\Omega_{q^i}^i q_b^i + \Omega_b^i + \dot{\Omega}^i t_b^i) = 0 \tag{5-32}$$

$$\vartheta^{\mathrm{T}}(\phi_{q^0}^0 q_b^0 + \phi_b^0 + \dot{\phi}^0 t_b^0) = 0 \tag{5-33}$$

$$\zeta^{\mathrm{T}}(\varphi_{\dot{q}^0}^0 \dot{q}_b^0 + \varphi_{q}^0 q_b^0 + \varphi_b^0 + \dot{\varphi}^0 t_b^0) = 0 \tag{5-34}$$

$$(\varsigma^i)^{\mathrm{T}}(\boldsymbol{\Phi}_{q^i}^i q_b^i + \boldsymbol{\Phi}_b^i + \dot{\boldsymbol{\Phi}}^i t_b^i) = 0 \tag{5-35}$$

$$(\sigma^i)^{\mathrm{T}}(\boldsymbol{\Phi}_{q^i}^i \dot{q}_b^i + (\boldsymbol{\Phi}_q^i \dot{q})_b + (\boldsymbol{\Phi}_{q^i}^i \dot{q})_{q^i} q_b^i + \ddot{\boldsymbol{\Phi}}^i t_b^i) = 0 \tag{5-36}$$

由于式（5-28），（5-29），（5-32）~（5-36）全为 0，因此，将式（5-28）减去式（5-29）和（5-32）~（5-36）再与式（5-11）相加不影响灵敏度的值。可通过取 ϑ，ζ，ς^i，σ^i，ρ^i（$i=0,1$）使得式（5-11）中的如 q_b^0，q_b^1，$\dot{q}_b^0$，$\dot{q}_b^1$，t_b^0，t_b^1，q_b，λ_b 的系数为 0，则可得到

如下伴随变量方程：

$$M^0\dot{\tau}^0 + \dot{M}^0\tau^0 + F_{\dot{q}^0}^0\tau^0 + (\Omega_{q^0}^0)^T\rho^0 + (\phi_{q^0}^0)^T\vartheta^0 + (\varphi_{q^0}^0)^T\zeta^0 + (\Phi_{q^0}^0)^T\varsigma^0 + \left((\Phi_{q^0}^0\dot{q}^0)_{q^0}\right)^T\sigma^0 = (g_{q^0} - f_{\dot{q}^0}^0)^T \quad (5\text{-}37)$$

$$M^1\dot{\tau}^1 + \dot{M}^1\tau^1 + F_{\dot{q}^1}^1\tau^1 + (\Omega_{q^1}^1)^T\rho^1 + (\Phi_{q^1}^1)^T\varsigma^1 + \left((\Phi_{q^1}^1\dot{q}^1)_{q^1}\right)^T\sigma^1 = -(g_{q^1} + f_{\dot{q}^1}^1)^T \quad (5\text{-}38)$$

$$M^0\tau^0 - (\varphi_{\dot{q}^0}^0)^T\zeta - (\Phi_{\dot{q}^0}^0)^T\sigma^0 = -(g_{\dot{q}^0})^T \quad (5\text{-}39)$$

$$M^1\tau^1 + (\Phi_{\dot{q}^1}^1)^T\sigma^1 = (g_{\dot{q}^1})^T \quad (5\text{-}40)$$

$$(\dot{\Omega}^0)^T\rho^0 + (\dot{\phi}^0)^T\vartheta + (\dot{\varphi}^0)^T\zeta + (\dot{\Phi}^0)^T\varsigma^0 + (\ddot{\Phi}^0)^T\sigma^0 = (\dot{g}^0 - f^0) \quad (5\text{-}41)$$

$$(\dot{\Omega}^1)^T\rho^1 + (\dot{\Phi}^1)^T\varsigma^1 + (\ddot{\Phi}^1)^T\sigma^1 = (\dot{g}^1 + f^1) \quad (5\text{-}42)$$

$$M\ddot{\tau} + (2\dot{M} + F_{\dot{q}})^T\dot{\tau} + \left(\ddot{M} + \frac{dF_{\dot{q}}}{dt} + A_q\right)^T\tau + \Phi_q^T\upsilon = \left(f_q - \frac{df_{\dot{q}}}{dt}\right)^T \quad (5\text{-}43)$$

$$\Phi_q\tau = f_\lambda^T \quad (5\text{-}44)$$

目标函数关于设计变量的导数为

$$\psi_b = g_b - \left(\sum_{i=0}^1 \left[(\rho^i)^T\Omega_b^i + (\varsigma^i)^T\Phi_b^i + (\sigma^i)^T(\Phi_{q^i}^i\dot{q}^i)_b\right] + \vartheta^T\phi_b^0 + \zeta^T\varphi_b^0\right)$$
$$+ \int_{t_0}^{t_1}\left[f_b - \tau^T A_b - \upsilon^T\Phi_b\right]dt \quad (5\text{-}45)$$

接下来的工作就是求解这些伴随变量，从式（5-45）可以看出，在求解完伴随变量后，还需求解如 f_b，Φ_b 这些量。

5.2.3 一阶微分计算

1. 理论基础

为了求解灵敏方程中的相关项对 q，$\dot{q}$，b 的导数，列写基本公式，由欧拉四元数描述刚体在空间的姿态。

$$\Lambda = \begin{bmatrix} e_0 & e^T \end{bmatrix}^T = \begin{bmatrix} e_0 & e_1 & e_2 & e_2 \end{bmatrix}^T \quad (5\text{-}46)$$

$$L(\Lambda) = \begin{bmatrix} -e & -\tilde{e} + e_0 I_3 \end{bmatrix} = \begin{bmatrix} -e_1 & e_0 & e_3 & -e_2 \\ -e_2 & -e_3 & e_0 & e_1 \\ -e_3 & e_2 & -e_1 & e_0 \end{bmatrix} \quad (5\text{-}47)$$

$$u = Au' \quad (5\text{-}48)$$

$$u_\Lambda = (Au')_\Lambda = \left[(e_0^2 - e^T e)u' + 2(ee^T + e_0\tilde{e})u'\right]_\Lambda = 2\left[(e_0 I + \tilde{e})u' \quad eu'^T - (e_0 I + \tilde{e})\tilde{u}'\right]$$

第5章 面向多体系统的高速列车动力学参数灵敏度分析

$$\tag{5-49}$$

可以定义一个 3×4 的矩阵 $G(\Lambda, u')$ 表示，即

$$G(\Lambda, u') = u_{\Lambda} = (Au')_{\Lambda} = 2\left[(e_0 I + \tilde{e})u' \quad eu'^{\mathrm{T}} - (e_0 I + \tilde{e})\tilde{u}'\right] \tag{5-50}$$

根据欧拉四元数 Λ 可以定义向量 $\Lambda_i, \Lambda_j \in \mathbf{R}^4$，则矩阵 $G(\Lambda, u')$ 具有下面交换性：

$$G(\Lambda_i, u')\Lambda_j = G(\Lambda_j, u')\Lambda_i \tag{5-51}$$

对于任意向量 $u \in \mathbf{R}^3$，则 $A^{\mathrm{T}} u$ 相对于欧拉四元数的微分为

$$(A^{\mathrm{T}} u)_{\Lambda} = 2\left[(e_0 I - \tilde{e})u \quad eu^{\mathrm{T}} + (e_0 I - \tilde{e})\tilde{u}\right] \tag{5-52}$$

可以定义一个 3×4 的矩阵 $H(\Lambda, u)$ 表示，即

$$H(\Lambda, u) = (A^{\mathrm{T}} u)_{\Lambda} = 2\left[(e_0 I - \tilde{e})u \quad eu^{\mathrm{T}} + (e_0 I - \tilde{e})\tilde{u}\right] \tag{5-53}$$

与矩阵 $G(\Lambda, u')$ 类似，矩阵 $H(\Lambda, u)$ 同样具有交换性：

$$H(\Lambda_i, u)\Lambda_j = H(\Lambda_j, u)\Lambda_i \tag{5-54}$$

式（5-51）、（5-54）是后面公式的重要应用：

$$\left(G(\Lambda_i, u')\Lambda_j\right)_{\Lambda_i} = \left(G(\Lambda_j, u')\Lambda_i\right)_{\Lambda_i} = G(\Lambda_j, u') \tag{5-55}$$

$$\left(H(\Lambda_i, u)\Lambda_j\right)_{\Lambda_i} = \left(H(\Lambda_j, u)\Lambda_i\right)_{\Lambda_i} = H(\Lambda_j, u) \tag{5-56}$$

关于欧拉四元数及矩阵 G，H，向量 u'，$\partial \in \mathbf{R}^3$ 相互转换的重要属性：

$$\left(G^{\mathrm{T}}(\Lambda, u')\partial\right)_{u'} = H^{\mathrm{T}}(\Lambda, \partial) \tag{5-57}$$

$$\left(G^{\mathrm{T}}(\Lambda, u')\alpha\right)_{\Lambda} = Y(u', \partial) \tag{5-58}$$

$$\left(H^{\mathrm{T}}(\Lambda, \partial u')\right)_{\partial} = G^{\mathrm{T}}(\Lambda, u') \tag{5-59}$$

$$\left(H^{\mathrm{T}}(\Lambda, \partial)u'\right)_{\Lambda} = Z(u', \partial) \tag{5-60}$$

矩阵 $Y(u', \partial)$ 和 $Z(u', \partial)$ 定义如下：

$$Y(u', \partial) = 2\begin{bmatrix} u'^{\mathrm{T}}\partial & u'^{\mathrm{T}}\tilde{\partial} \\ \tilde{u}'\partial & u'\partial^{\mathrm{T}} + \partial u'^{\mathrm{T}} - u'^{\mathrm{T}}\partial I \end{bmatrix} \tag{5-61}$$

$$Z(u', \partial) = 2\begin{bmatrix} u'^{\mathrm{T}}\partial & -u'^{\mathrm{T}}\tilde{\partial} \\ -\tilde{u}'\partial & u'\partial^{\mathrm{T}} + \partial u'^{\mathrm{T}} - u'^{\mathrm{T}}\partial I \end{bmatrix} \tag{5-62}$$

对于式（5-61）有如下性质：

$$R(\Lambda_i)\Lambda_j = -R(\Lambda_j)\Lambda_i \tag{5-63}$$

$$L(\Lambda_i)\Lambda_j = -L(\Lambda_j)\Lambda_i \tag{5-64}$$

对任意向量 $\beta \in R^4$ 有如下性质：

$$\left(R(\Lambda_i)\beta\right)_{\Lambda_i} = -R(\beta) \tag{5-65}$$

$$\left(L(\Lambda_i)\beta\right)_{\Lambda_i} = -L(\beta) \tag{5-66}$$

对任意向量 $\alpha \in R^4$ 有如下性质：

$$\left(R^{\mathrm{T}}(\Lambda_i)\alpha\right)_{\Lambda_i} = V(\alpha) \tag{5-67}$$

$$\left(L^{\mathrm{T}}(\Lambda_i)\alpha\right)_{\Lambda_i} = W(\alpha) \tag{5-68}$$

$$V(\alpha) = \begin{bmatrix} 0 & -\alpha^{\mathrm{T}} \\ \alpha & \tilde{\alpha} \end{bmatrix} \tag{5-69}$$

$$W(\alpha) = \begin{bmatrix} 0 & -\alpha^{\mathrm{T}} \\ \alpha & -\tilde{\alpha} \end{bmatrix} \tag{5-70}$$

关于位置向量的偏微分

$$\left(G(\Lambda_i, u_i')\Lambda_j\right)_{u_i'} = 2R(\Lambda_i)L^{\mathrm{T}}(\Lambda_j) \tag{5-71}$$

$$\left(H(\Lambda_i, u_i')\Lambda_j\right)_{u_i'} = 2L(\Lambda_i)R^{\mathrm{T}}(\Lambda_j) \tag{5-72}$$

2. 约束特征微分

定义约束基元特征 $\boldsymbol{\Phi}^s$、$\boldsymbol{\Phi}^{d1}$、$\boldsymbol{\Phi}^{d2}$ 和 $\boldsymbol{\Phi}^{ss}$

定义

$$\boldsymbol{q} = \begin{bmatrix} \boldsymbol{q}_i^{\mathrm{T}}, \boldsymbol{q}_j^{\mathrm{T}} \end{bmatrix}^{\mathrm{T}}, \quad \boldsymbol{q}_i = \begin{bmatrix} \boldsymbol{R}_i^{\mathrm{T}} & \Lambda_i^{\mathrm{T}} \end{bmatrix}^{\mathrm{T}} \tag{5-73}$$

$\boldsymbol{\Phi}^s$ 的微分

$$\boldsymbol{\Phi}^s = \boldsymbol{d}_{ij} = \boldsymbol{R}_j + \boldsymbol{u}_j - \boldsymbol{R}_i - \boldsymbol{u}_i = \boldsymbol{R}_j + \boldsymbol{A}_j \boldsymbol{u}_j' - \boldsymbol{R}_i - \boldsymbol{A}_i \boldsymbol{u}_i' = 0 \tag{5-74}$$

$$\begin{cases} \boldsymbol{\Phi}^s_{R_i} = -\boldsymbol{I} \\ \boldsymbol{\Phi}^s_{R_j} = -\boldsymbol{I} \\ \boldsymbol{\Phi}^s_{\Lambda_i} = -\boldsymbol{G}(\Lambda_i, u_i') \\ \boldsymbol{\Phi}^s_{\Lambda_j} = -\boldsymbol{G}(\Lambda_j, u_j') \end{cases} \tag{5-75}$$

因此，有

$$\boldsymbol{\Phi}^s_q = \begin{bmatrix} -\boldsymbol{I} & -\boldsymbol{G}(\Lambda_i, u_i') & \boldsymbol{I} & \boldsymbol{G}(\Lambda_j, u_j') \end{bmatrix} \tag{5-76}$$

定义一个 14×1 的向量 γ

第 5 章 面向多体系统的高速列车动力学参数灵敏度分析

$$\gamma = \begin{bmatrix} \gamma^{1\mathrm{T}} & \gamma^{2\mathrm{T}} & \gamma^{3\mathrm{T}} & \gamma^{4\mathrm{T}} \end{bmatrix}^{\mathrm{T}} \tag{5-77}$$

$$\Phi_q^s \gamma = \begin{bmatrix} -\gamma^1 & -G(\Lambda_i, u_i')\gamma^2 & \gamma^3 & G(\Lambda_j, u_j')\gamma^4 \end{bmatrix} \tag{5-78}$$

利用式（5-51），有

$$\Phi_q^s \gamma = \begin{bmatrix} -\gamma^1 & G(\gamma^2, u_i')\Lambda_i & \gamma^3 & G(\gamma^4, u_j')\Lambda_j \end{bmatrix} \tag{5-79}$$

$$(\Phi_q^s \gamma)_q = \begin{bmatrix} 0 & -G(\gamma^2, u_i') & 0 & G(\gamma^4, u_j') \end{bmatrix} \tag{5-80}$$

定义一个 14×1 的向量 η

$$\eta = \begin{bmatrix} \eta^{1\mathrm{T}} & \eta^{2\mathrm{T}} & \eta^{3\mathrm{T}} & \eta^{4\mathrm{T}} \end{bmatrix}^{\mathrm{T}} \tag{5-81}$$

$$(\Phi_q^s \gamma)_q \eta = \begin{bmatrix} 0 & -G(\gamma^2, u_i')\eta^2 & 0 & G(\gamma^4, u_j')\eta^4 \end{bmatrix} \tag{5-82}$$

$$\left((\Phi_q^s \gamma)_q \eta \right)_q = 0 \tag{5-83}$$

当 $\gamma = \eta = \dot{q}$ 时，则

$$\left((\Phi_q^s \dot{q})_q \dot{q} \right)_q = 0 \tag{5-84}$$

$$(\Phi_q^s \dot{q})_q \dot{q} = \begin{bmatrix} 0 & -G(\dot{q}_i, u_i')\dot{q}_i & 0 & G(\dot{q}_j, u_j')\dot{q}_j \end{bmatrix} \tag{5-85}$$

$$\left((\Phi_q^s \dot{q})_q \dot{q} \right)_{\dot{q}} = \begin{bmatrix} 0 & -2G(\dot{q}_i, u_i') & 0 & 2G(\dot{q}_j, u_j') \end{bmatrix} \tag{5-86}$$

$\lambda \in \mathbf{R}^3$

$$(\Phi_q^s)^{\mathrm{T}} \lambda = \begin{bmatrix} -\lambda \\ -G^{\mathrm{T}}(\Lambda_i, u_i')\lambda \\ \lambda \\ G^{\mathrm{T}}(\Lambda_j, u_j')\lambda \end{bmatrix} \tag{5-87}$$

$(\Phi_q^s)^{\mathrm{T}} \lambda$ 相对于 q 的偏微分为

$$\left((\Phi_q^s)^{\mathrm{T}} \lambda \right)_q = \begin{bmatrix} 0 & 0 & 0 & 0 \\ 0 & -Y(u_i', \lambda) & 0 & 0 \\ 0 & 0 & 0 & 0 \\ 0 & 0 & 0 & Y(u_j', \lambda) \end{bmatrix} \tag{5-88}$$

当铰的参数作为设计变量时有

$$\Phi_{u_i'}^s = -A_i \tag{5-89}$$

$$(\Phi_q^s \dot{q})_{u_i'} = \left(-\dot{R}_i - G(\Lambda_i, u_i')\dot{\Lambda}_i + \dot{R}_j + G(\Lambda_j, u_j')\dot{\Lambda}_j \right)_{u_i'} = -2R(\Lambda_i)L^{\mathrm{T}}(\dot{\Lambda}_i) \tag{5-90}$$

$$\left((\boldsymbol{\Phi}_q^s)^{\mathrm{T}}\lambda\right)_{u_i'} = \begin{bmatrix} 0 \\ -\boldsymbol{H}^{\mathrm{T}}(\Lambda_i,\lambda) \\ 0 \\ 0 \end{bmatrix} \tag{5-91}$$

$$\left((\boldsymbol{\Phi}_q^s\dot{\boldsymbol{q}})_q\dot{\boldsymbol{q}}\right)_{u_i'} = -2\boldsymbol{R}(\dot{\Lambda}_i)\boldsymbol{L}^{\mathrm{T}}(\dot{\Lambda}_i) \tag{5-92}$$

$\boldsymbol{\Phi}^{d1}$ 的微分

$$\boldsymbol{\Phi}^{d1} = \boldsymbol{s}_i^{\mathrm{T}}\boldsymbol{s}_j = 0 \tag{5-93}$$

相对 q 的微分为

$$\boldsymbol{\Phi}_q^{d1} = \begin{bmatrix} 0 & \boldsymbol{s}_j^{\mathrm{T}}\boldsymbol{G}(\Lambda_i,\boldsymbol{s}_i') & 0 & \boldsymbol{s}_i^{\mathrm{T}}\boldsymbol{G}(\Lambda_j,\boldsymbol{s}_j') \end{bmatrix} \tag{5-94}$$

$$\begin{aligned}(\boldsymbol{\Phi}_q^{d1}\gamma)_q = \begin{bmatrix} 0 & \boldsymbol{s}_j^{\mathrm{T}}\boldsymbol{G}(\gamma^2,\boldsymbol{s}_i') + \gamma^{4\mathrm{T}}\boldsymbol{G}^{\mathrm{T}}(\Lambda_j,\boldsymbol{s}_j')\boldsymbol{G}(\Lambda_i,\boldsymbol{s}_i') \\ & 0 & \boldsymbol{s}_i^{\mathrm{T}}\boldsymbol{G}(\gamma^4,\boldsymbol{s}_j') + \gamma^{2\mathrm{T}}\boldsymbol{G}^{\mathrm{T}}(\Lambda_i,\boldsymbol{s}_i')\boldsymbol{G}(\Lambda_j,\boldsymbol{s}_j') \end{bmatrix}\end{aligned} \tag{5-95}$$

与前面的方法类似则

$$\begin{aligned}\left((\boldsymbol{\Phi}_q^{d1}\dot{\boldsymbol{q}})_q\dot{\boldsymbol{q}}\right)_q = \begin{bmatrix} 0 & \ddot{\Lambda}_j^{\mathrm{T}}\left(2\boldsymbol{G}^{\mathrm{T}}(\Lambda_j,\boldsymbol{s}_j')\boldsymbol{G}(\dot{\Lambda}_i,\boldsymbol{s}_i') + \boldsymbol{G}^{\mathrm{T}}(\dot{\Lambda}_j,\boldsymbol{s}_j')\boldsymbol{G}(\Lambda_i,\boldsymbol{s}_i')\right) \\ & 0 & \ddot{\Lambda}_i^{\mathrm{T}}\left(2\boldsymbol{G}^{\mathrm{T}}(\Lambda_i,\boldsymbol{s}_i')\boldsymbol{G}(\dot{\Lambda}_j,\boldsymbol{s}_j') + \boldsymbol{G}^{\mathrm{T}}(\dot{\Lambda}_i,\boldsymbol{s}_i')\boldsymbol{G}(\Lambda_j,\boldsymbol{s}_j')\right) \end{bmatrix}\end{aligned} \tag{5-96}$$

$$\begin{aligned}\left((\boldsymbol{\Phi}_q^{d1}\dot{\boldsymbol{q}})_q\dot{\boldsymbol{q}}\right)_{\dot{q}} = \begin{bmatrix} 0 & 2\boldsymbol{s}_j^{\mathrm{T}}\boldsymbol{G}(\dot{\Lambda}_i,\boldsymbol{s}_i') + 2\ddot{\Lambda}_j^{\mathrm{T}}\boldsymbol{G}^{\mathrm{T}}(\Lambda_j,\boldsymbol{s}_j')\boldsymbol{G}(\Lambda_i,\boldsymbol{s}_i') \\ & 0 & 2\boldsymbol{s}_i^{\mathrm{T}}\boldsymbol{G}(\dot{\Lambda}_j,\boldsymbol{s}_j') + 2\ddot{\Lambda}_i^{\mathrm{T}}\boldsymbol{G}^{\mathrm{T}}(\Lambda_i,\boldsymbol{s}_i')\boldsymbol{G}(\Lambda_j,\boldsymbol{s}_j') \end{bmatrix}\end{aligned} \tag{5-97}$$

$(\boldsymbol{\Phi}_q^{d1})^{\mathrm{T}}\lambda$ 相对于 q 的偏微分为

$$\left((\boldsymbol{\Phi}_q^{d1})^{\mathrm{T}}\lambda\right)_q = \begin{bmatrix} 0 & 0 & 0 & 0 \\ 0 & \boldsymbol{Y}(\boldsymbol{s}_i',\boldsymbol{s}_j) & 0 & \boldsymbol{G}^{\mathrm{T}}(\Lambda_i,\boldsymbol{s}_i')\boldsymbol{G}(\Lambda_j,\boldsymbol{s}_j') \\ 0 & 0 & 0 & 0 \\ 0 & \boldsymbol{G}^{\mathrm{T}}(\Lambda_j,\boldsymbol{s}_j')\boldsymbol{G}(\Lambda_i,\boldsymbol{s}_i') & 0 & \boldsymbol{Y}(\boldsymbol{s}_j',\boldsymbol{s}_i) \end{bmatrix}\lambda \tag{5-98}$$

对设计参数 $\boldsymbol{s}_i'$ 微分有

$$\boldsymbol{\Phi}_{\boldsymbol{s}_i'}^{d1} = \boldsymbol{s}_j^{\mathrm{T}}\boldsymbol{A}_i \tag{5-99}$$

$$(\boldsymbol{\Phi}_q^{d1}\dot{\boldsymbol{q}})_{\boldsymbol{s}_i'} = 2\boldsymbol{s}_j^{\mathrm{T}}\boldsymbol{R}(\Lambda_i)\boldsymbol{L}^{\mathrm{T}}(\dot{\Lambda}_i) + \ddot{\Lambda}_j^{\mathrm{T}}\boldsymbol{G}^{\mathrm{T}}(\Lambda_j,\boldsymbol{s}_j')\boldsymbol{A}_i \tag{5-100}$$

$$\left((\boldsymbol{\Phi}_q^{d1})^{\mathrm{T}}\lambda\right)_{\boldsymbol{s}_i'} = \begin{bmatrix} 0 \\ \boldsymbol{H}^{\mathrm{T}}(\Lambda_i,\boldsymbol{s}_j) \\ 0 \\ \boldsymbol{G}^{\mathrm{T}}(\Lambda_j,\boldsymbol{s}_j')\boldsymbol{A}_i \end{bmatrix}\lambda \tag{5-101}$$

$$\left((\boldsymbol{\Phi}_q^{d1}\dot{\boldsymbol{q}})_q\dot{\boldsymbol{q}}\right)_{s_i'} = \dot{\boldsymbol{\Lambda}}_j^{\mathrm{T}}\boldsymbol{G}^{\mathrm{T}}(\dot{\boldsymbol{\Lambda}}_j, s_j')\boldsymbol{A}_i + 2\boldsymbol{s}_j^{\mathrm{T}}\boldsymbol{R}(\dot{\boldsymbol{\Lambda}}_i)\boldsymbol{L}^{\mathrm{T}}(\dot{\boldsymbol{\Lambda}}_i) + 4\dot{\boldsymbol{s}}_j^{\mathrm{T}}\boldsymbol{R}(\boldsymbol{\Lambda}_i)\boldsymbol{L}^{\mathrm{T}}(\dot{\boldsymbol{\Lambda}}_i) \quad (5\text{-}102)$$

质量、广义力微分

$$\begin{bmatrix} m_i\boldsymbol{I} & 0 \\ 0 & 4\boldsymbol{L}_i^{\mathrm{T}}\boldsymbol{J}_i'\boldsymbol{L}_i \end{bmatrix}\begin{bmatrix} \ddot{\boldsymbol{R}}_i \\ \ddot{\boldsymbol{\Lambda}}_i \end{bmatrix} + \begin{bmatrix} \boldsymbol{\Phi}_{R_i}^{\mathrm{T}} & 0 \\ \boldsymbol{\Phi}_{\Lambda_i}^{\mathrm{T}} & \boldsymbol{\Phi}_{\Lambda_i}^{A\mathrm{T}} \end{bmatrix}\begin{bmatrix} \lambda_i \\ \lambda_i^{\Lambda} \end{bmatrix} = \begin{bmatrix} F_i^A \\ 2\boldsymbol{L}_i^{\mathrm{T}}n_i'^A \end{bmatrix} + \begin{bmatrix} 0 \\ -8\dot{\boldsymbol{L}}_i^{\mathrm{T}}\boldsymbol{J}_i'\boldsymbol{L}_i\dot{\boldsymbol{\Lambda}}_i \end{bmatrix} \quad (5\text{-}103)$$

F_i^A 为主动力，$n_i'^A$ 为主动力矩。

广义质量阵

$$\boldsymbol{M}_i = \begin{bmatrix} m_i\boldsymbol{I} & 0 \\ 0 & 4\boldsymbol{L}_i^{\mathrm{T}}\boldsymbol{J}_i'\boldsymbol{L}_i \end{bmatrix} \quad (5\text{-}104)$$

广义力分为广义惯性力和广义主动力

$$\boldsymbol{Z}_i = \begin{bmatrix} 0 \\ -8\dot{\boldsymbol{L}}_i^{\mathrm{T}}\boldsymbol{J}_i'\boldsymbol{L}_i\dot{\boldsymbol{\Lambda}}_i \end{bmatrix} \quad (5\text{-}105)$$

广义主动力

$$\bar{\boldsymbol{F}}_i^A = \begin{bmatrix} F_i^A \\ 2\boldsymbol{L}_i^{\mathrm{T}}n_i'^A \end{bmatrix} + \boldsymbol{F}_i^{\mathrm{TSDA}} + \boldsymbol{F}_i^{\mathrm{RSDA}} \quad (5\text{-}106)$$

$$(\boldsymbol{M}_i\ddot{\boldsymbol{q}}_i)_{q_i} = \begin{bmatrix} m_i\ddot{\boldsymbol{R}}_i \\ 4\boldsymbol{L}_i^{\mathrm{T}}\boldsymbol{J}_i'\boldsymbol{L}_i\ddot{\boldsymbol{\Lambda}}_i \end{bmatrix}_{q_i} = \begin{bmatrix} 0 \\ 4W(\boldsymbol{J}_i'\boldsymbol{L}_i\ddot{\boldsymbol{\Lambda}}_i) - 4\boldsymbol{L}_i^{\mathrm{T}}\boldsymbol{J}_i'\ddot{\boldsymbol{L}}_i \end{bmatrix} \quad (5\text{-}107)$$

$$\boldsymbol{Z}_{iq_i} = \begin{bmatrix} 0 \\ -8\dot{\boldsymbol{L}}_i^{\mathrm{T}}\boldsymbol{J}_i'\boldsymbol{L}_i\dot{\boldsymbol{\Lambda}}_i \end{bmatrix}_{q_i} = \begin{bmatrix} 0 \\ 8\dot{\boldsymbol{L}}_i^{\mathrm{T}}\boldsymbol{J}_i'\dot{\boldsymbol{L}}_i \end{bmatrix} \quad (5\text{-}108)$$

$$\boldsymbol{Z}_{i\dot{q}_i} = \begin{bmatrix} 0 \\ -8\dot{\boldsymbol{L}}_i^{\mathrm{T}}\boldsymbol{J}_i'\boldsymbol{L}_i\dot{\boldsymbol{\Lambda}}_i \end{bmatrix}_{\dot{q}_i} = \begin{bmatrix} 0 \\ -8W(\boldsymbol{J}_i'\boldsymbol{L}_i\dot{\boldsymbol{\Lambda}}_i) - 8\dot{\boldsymbol{L}}_i^{\mathrm{T}}\boldsymbol{J}_i'\boldsymbol{L}_i \end{bmatrix} \quad (5\text{-}109)$$

5.2.4 数值算例

1. 实例一

以本章参考文献[6]中的双摆系统为例，如图 5-1 所示。$L_a = L_b = 1\text{ m}$，$M_a = M_b = 1\text{ kg}$，$q_1 = q_2 = \pi/30$，$g = 9.81\text{ m/s}^2$，考虑在重力作用下，从初始位置自由释放。计算 q_1 相对于 L_a 的灵敏度，即 $\mathrm{d}q_1/\mathrm{d}L_a$。采用本研究计算方法的结果如图 5-2 所示，与文献[6]中的计算结果（如图 5-3 所示），对比一致。

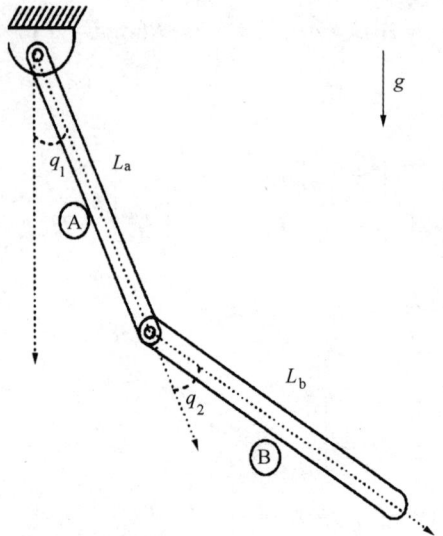

图 5-1 双摆系统

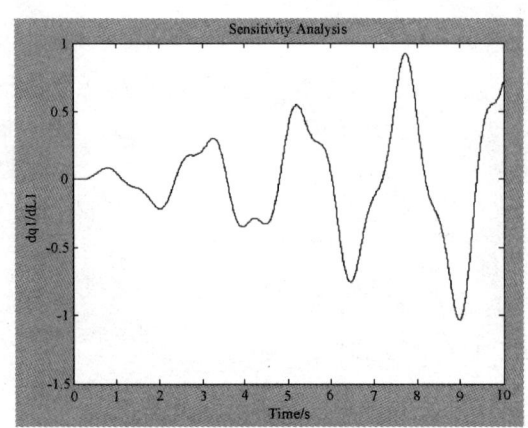

图 5-2 本研究计算的结果

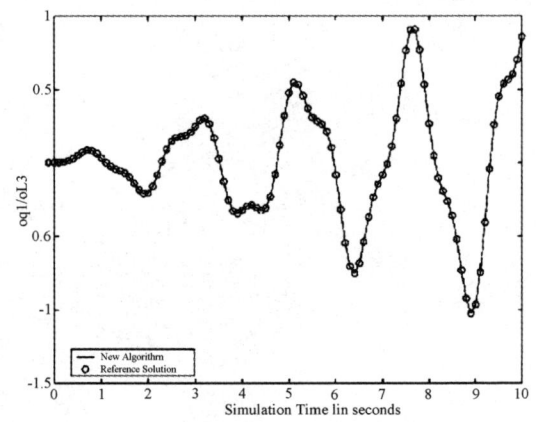

图 5-3 文献[6]计算的结果

2. 实例二

以文献[10]中的曲柄滑块为例，如图 5-4 所示。该系统由匀质的曲柄、连杆和理论滑块构成。设系统设计参数为 $b = [l_1, l_2, m_1, m_2, m_3]^T$，$m_1 = m_2 = 1\,\text{kg}$，$m_3 = 2\,\text{kg}$，$l_1 = 1\,\text{m}$，$l_2 = \sqrt{3}\,\text{m}$，$\theta_1 = 20°$，$t = 2\,\text{s}$，计算各状态变量对设计变量的偏导数，可以从图中直观看出各状态变量对各设计变量的依赖关系。采用本研究计算方法的结果如图 5-5（b），5-6（b）所示，与文献[7]中的计算结果 [如图 5-5（a），5-6（a）所示] 对比一致。

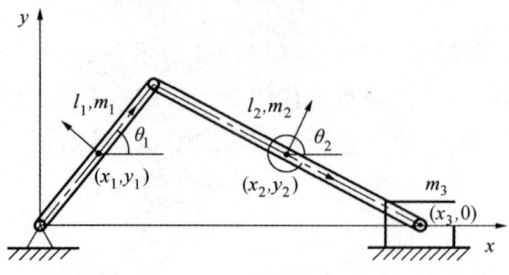

图 5-4 曲柄滑块系统

第 5 章 面向多体系统的高速列车动力学参数灵敏度分析

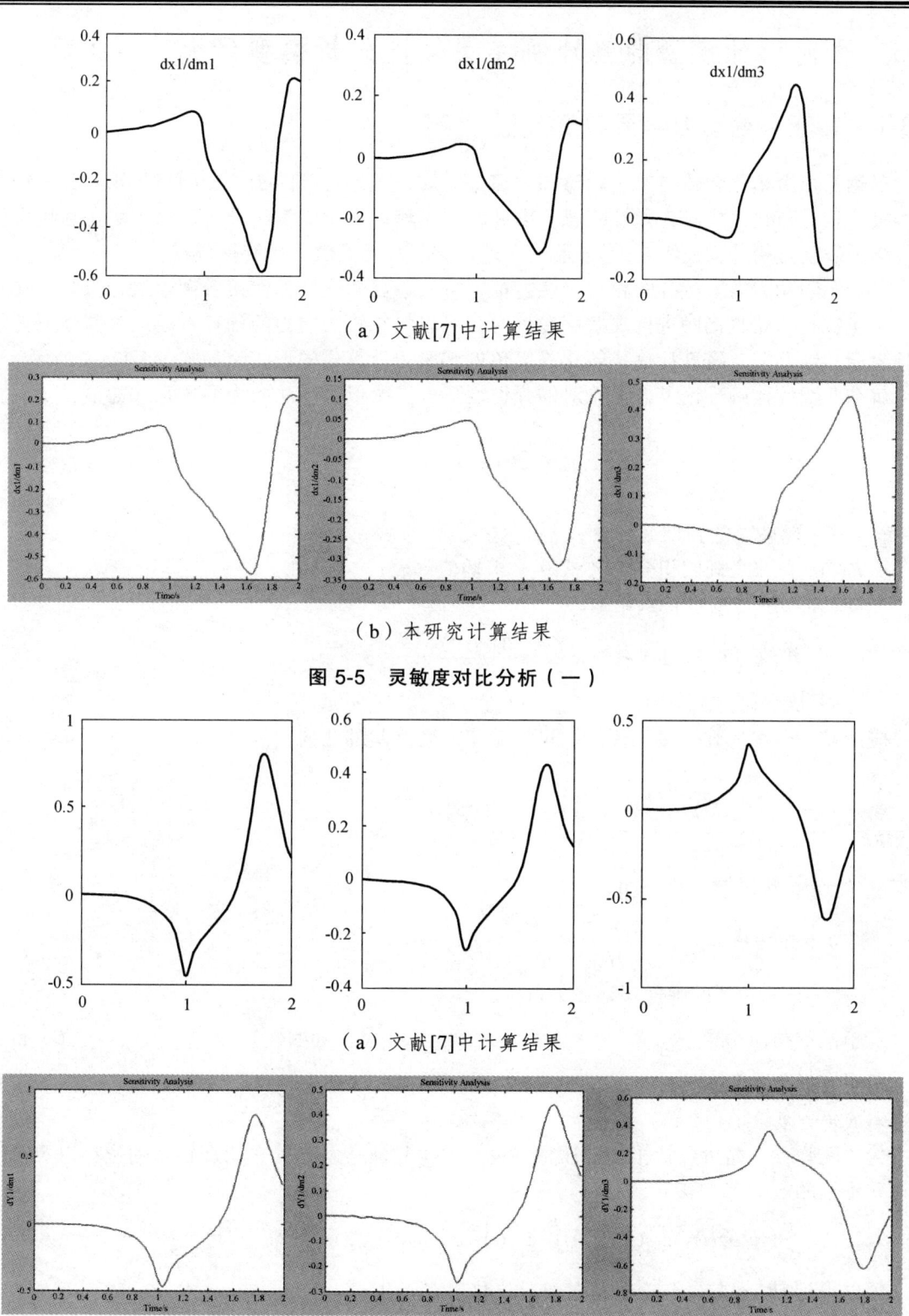

（a）文献[7]中计算结果

（b）本研究计算结果

图 5-5 灵敏度对比分析（一）

（a）文献[7]中计算结果

（b）本研究计算结果

图 5-6 灵敏度对比分析（二）

5.3 面向设计模型的高速列车灵敏度分析模型研究

5.3.1 车辆系统动力学灵敏度分析

车辆系统由车体、转向架、轮对和轨道等组成，车体与转向架、转向架与轮对都采用力元连接，轮对与轨道接触为弹性接触。因此，对车辆动力学灵敏度分析，除了满足通用多体动力学灵敏度分析外，还需对弹簧-阻尼力进行基于基元灵敏分析特征建模。

对于车辆动力学里特有的轮轨接触特征，采用赫兹非线性弹性接触理论进行求解，在对车辆系统特有的轮轨接触进行灵敏度建模时，可以将轮轨法向力的计算考虑成弹簧阻尼力的计算模型，因此需要将其计算式转化为简单的弹簧力计算式的形式，如式（5-111）所示。

赫兹非线性接触理论考虑了轮对的弹性变形，其变形量与法向力的关系式如下：

$$\delta = \frac{K(e)}{\pi m}\left[\frac{9}{2}(A+B)G^2 N^2\right]^{1/3} \quad (5\text{-}110)$$

式中　δ——轮轨总的弹性变形量；

　　　$K(e)$——完全椭圆积分，文献[9]给出插值数表；

　　　m、A、B——赫兹接触系数；

　　　G——轮轨材料的物理参数，$G = \dfrac{2(1+v^2)}{E}$；

　　　N——接触斑内法向力。

应用赫兹非线性弹性接触理论，可以确定轮轨之间的法向力

$$f_N(t) = \left[\frac{1}{H}\delta z_N(t)\right]^{3/2} = K\left[\delta z_N(t)\right]^{3/2} \quad (5\text{-}111)$$

式中　H——轮轨接触常数（$\text{m/N}^{2/3}$）；

　　　类似于弹性系数，$K = \left[\dfrac{1}{H}\right]^{3/2}$；

　　　$\delta z_N(t)$——轮轨间弹性压缩量，m。

对于锥形踏面车轮　　　　　　$H = 4.57 R^{-0.149} \times 10^{-8}$（$\text{m/N}^{2/3}$）　　　（5-112）

对于磨耗型踏面车轮　　　　　$H = 3.86 R^{-0.115} \times 10^{-8}$（$\text{m/N}^{2/3}$）　　　（5-113）

式中　R——车轮半径，m。

轮轨间弹性压缩量包括车轮静压量在内，可由轮轨接触点处车轮和钢轨的位移以及轨道的位移不平顺 $z_0(t)$ 直接确定。

$$\delta z(t) = z_{wj}(t) - z_{rj}(t) - z_{0j}(t) \quad (5\text{-}114)$$

可以得到 t 时刻左、右轮轨垂向相对位移

$$\begin{cases} \delta z_L = z_W(t) - \Delta z_{t-\min L} + \Delta z_{0-\min L} \\ \delta z_R = z_W(t) - \Delta z_{t-\min R} + \Delta z_{0-\min R} \end{cases} \quad (5\text{-}115)$$

式中 $z_W(t)$——t 时刻轮对质心的垂向位移。

因此，对弹簧阻尼力进行灵敏度基元特征分析

$$F_{ei} = F_s \hat{l} \tag{5-116}$$

$$F_{ei\Lambda} = 2F_s \boldsymbol{L}_i^{\mathrm{T}} \tilde{\boldsymbol{u}}_i' \boldsymbol{A}_i^{\mathrm{T}} \hat{\boldsymbol{l}} \tag{5-117}$$

写成矩阵表达式

$$\begin{aligned}\boldsymbol{F}_i^{\mathrm{TSDA}} &= F_s \begin{bmatrix} \hat{\boldsymbol{l}} \\ 2\boldsymbol{L}_i^{\mathrm{T}} \tilde{\boldsymbol{u}}_i' \boldsymbol{A}_i^{\mathrm{T}} \hat{\boldsymbol{l}} \end{bmatrix} = \left(k(l-l_0) + c\dot{l} + f_a\right) \begin{bmatrix} \hat{\boldsymbol{l}} \\ 2\boldsymbol{L}_i^{\mathrm{T}} \tilde{\boldsymbol{u}}_i' \boldsymbol{A}_i^{\mathrm{T}} \hat{\boldsymbol{l}} \end{bmatrix} \\ &= \left(\frac{k(l-l_0) + c\dot{l} + f_a}{l}\right) \begin{bmatrix} \boldsymbol{d}_{ij} \\ 2\boldsymbol{L}_i^{\mathrm{T}} \tilde{\boldsymbol{u}}_i' \boldsymbol{A}_i^{\mathrm{T}} \boldsymbol{d}_{ij} \end{bmatrix}\end{aligned} \tag{5-118}$$

$$l^2 = \boldsymbol{d}_{ij}^{\mathrm{T}} \boldsymbol{d}_{ij} \tag{5-119}$$

同理有

$$F_{ei} = 0 \tag{5-120}$$

$$F_{ei\Lambda} = -2T_{ij} \boldsymbol{L}_i^{\mathrm{T}} \boldsymbol{A}_i^{\mathrm{T}} \boldsymbol{l}_{ij} \tag{5-121}$$

写成矩阵形式为

$$\begin{aligned}\boldsymbol{F}_i^{\mathrm{RSDA}} &= T_{ij} \begin{bmatrix} \boldsymbol{0} \\ 2\boldsymbol{L}_i^{\mathrm{T}} \boldsymbol{A}_i^{\mathrm{T}} \boldsymbol{l}_{ij} \end{bmatrix} = \left(k_r(\theta_{ij} - \theta_0) + c_r \dot{\theta}_{ij} + T\right) \begin{bmatrix} \boldsymbol{0} \\ 2\boldsymbol{L}_i^{\mathrm{T}} \boldsymbol{A}_i^{\mathrm{T}} \boldsymbol{l}_{ij} \end{bmatrix} \\ &= \left(k_r(\theta_{ij} - \theta_0) + c_r \dot{\theta}_{ij} + T\right) \begin{bmatrix} \boldsymbol{0} \\ 2\boldsymbol{L}_i^{\mathrm{T}} \boldsymbol{l}_{ij}' \end{bmatrix}\end{aligned} \tag{5-122}$$

$$\dot{l} = \frac{1}{l} \boldsymbol{d}_{ij}^{\mathrm{T}} \dot{\boldsymbol{d}}_{ij} \tag{5-123}$$

当 $l \neq 0$ 则有

$$\dot{\boldsymbol{d}}_{ij} = \dot{\boldsymbol{R}}_j - \tilde{\boldsymbol{u}}_j \omega_j - \dot{\boldsymbol{R}}_i + \tilde{\boldsymbol{u}}_i \omega_i = \dot{\boldsymbol{R}}_j - 2A_j \tilde{\boldsymbol{u}}_j' \boldsymbol{L}_j \dot{\Lambda}_j - \dot{\boldsymbol{R}}_i + 2A_i \tilde{\boldsymbol{u}}_i' \boldsymbol{L}_i \dot{\Lambda}_i \tag{5-124}$$

$$l_q = \frac{1}{l} \boldsymbol{d}_{ij}^{\mathrm{T}} \boldsymbol{d}_{ijq} \tag{5-125}$$

其中

$$\boldsymbol{d}_{ijq} = \boldsymbol{\Phi}_q^s = \begin{bmatrix} -\boldsymbol{I} & -\boldsymbol{G}(\Lambda_i, u_i') & \boldsymbol{I} & \boldsymbol{G}(\Lambda_j, u_j') \end{bmatrix} \tag{5-126}$$

$$\dot{l}_q = \left(\frac{1}{l} \boldsymbol{d}_{ij}^{\mathrm{T}} \dot{\boldsymbol{d}}_{ij}\right)_q = -\frac{1}{l^2} \boldsymbol{d}_{ij}^{\mathrm{T}} \dot{\boldsymbol{d}}_{ij} l_q + \frac{1}{l} \boldsymbol{d}_{ij}^{\mathrm{T}} \dot{\boldsymbol{d}}_{ijq} + \frac{1}{l} \dot{\boldsymbol{d}}_{ij}^{\mathrm{T}} \boldsymbol{d}_{ijq} \tag{5-127}$$

$$\dot{l}_{\dot{q}} = \left(\frac{1}{l} \boldsymbol{d}_{ij}^{\mathrm{T}} \dot{\boldsymbol{d}}_{ij}\right)_{\dot{q}} = \frac{1}{l} \boldsymbol{d}_{ij}^{\mathrm{T}} \left(\dot{\boldsymbol{R}}_j - 2\boldsymbol{A}_j \tilde{\boldsymbol{u}}_j' \boldsymbol{L}_j \dot{\boldsymbol{\Lambda}}_j - \dot{\boldsymbol{R}}_i + 2\boldsymbol{A}_i \tilde{\boldsymbol{u}}_i' \boldsymbol{L}_i \dot{\boldsymbol{\Lambda}}_i\right)_{\dot{q}}$$

$$= \frac{1}{l} \boldsymbol{d}_{ij}^{\mathrm{T}} \begin{bmatrix} -\boldsymbol{I} & 2\boldsymbol{A}_i \tilde{\boldsymbol{u}}_i' \boldsymbol{L}_i & \boldsymbol{I} & -2\boldsymbol{A}_j \tilde{\boldsymbol{u}}_j' \boldsymbol{L}_j \end{bmatrix} \quad (5\text{-}128)$$

$$\left(\boldsymbol{F}_i^{\mathrm{TSDA}}\right)_q = \left\{ \left(\frac{k(l-l_0) + c\dot{l} + f_a}{l}\right) \begin{bmatrix} \boldsymbol{d}_{ij} \\ 2\boldsymbol{L}_i^{\mathrm{T}} \tilde{\boldsymbol{u}}_i' \boldsymbol{A}_i^{\mathrm{T}} \boldsymbol{d}_{ij} \end{bmatrix} \right\}_q$$

$$= \left(\frac{k(l-l_0) + c\dot{l} + f_a}{l}\right) \left\{ \begin{bmatrix} \boldsymbol{d}_{ijq} \\ 2\boldsymbol{L}_i^{\mathrm{T}} \tilde{\boldsymbol{u}}_i' \boldsymbol{A}_i^{\mathrm{T}} \boldsymbol{d}_{ijq} \end{bmatrix} + \begin{bmatrix} 0 \\ 2\left(\boldsymbol{L}_i^{\mathrm{T}} \tilde{\boldsymbol{u}}_i' \boldsymbol{H}(\boldsymbol{\Lambda}_i, \boldsymbol{d}_{ij}) + \boldsymbol{W}(\tilde{\boldsymbol{u}}_i' \boldsymbol{A}_i^{\mathrm{T}} \boldsymbol{d}_{ij})\right) \end{bmatrix} \right\}$$

$$+ \begin{bmatrix} \boldsymbol{d}_{ij} \\ 2\boldsymbol{L}_i^{\mathrm{T}} \tilde{\boldsymbol{u}}_i' \boldsymbol{A}_i^{\mathrm{T}} \boldsymbol{d}_{ij} \end{bmatrix} \left\{ \left(\frac{[kl + lf_{al}] - k(l-l_0) + c\dot{l} + f_a}{l^2}\right) l_q + \left(\frac{c + f_{al}}{l}\right) \dot{l}_q \right\} \quad (5\text{-}129)$$

$$\left(\boldsymbol{F}_i^{\mathrm{TSDA}}\right)_{\dot{q}} = \left\{ \left(\frac{k(l-l_0) + c\dot{l} + f_a}{l}\right) \begin{bmatrix} \boldsymbol{d}_{ij} \\ 2\boldsymbol{L}_i^{\mathrm{T}} \tilde{\boldsymbol{u}}_i' \boldsymbol{A}_i^{\mathrm{T}} \boldsymbol{d}_{ij} \end{bmatrix} \right\}_{\dot{q}}$$

$$= \begin{bmatrix} \boldsymbol{d}_{ij} \\ 2\boldsymbol{L}_i^{\mathrm{T}} \tilde{\boldsymbol{u}}_i' \boldsymbol{A}_i^{\mathrm{T}} \boldsymbol{d}_{ij} \end{bmatrix} \left(\frac{c + f_{al}}{l}\right) \dot{l}_q \quad (5\text{-}130)$$

$$\left(\overline{\boldsymbol{F}}_i^A\right)_q = \begin{bmatrix} \boldsymbol{F}_{iq}^A \\ 2\boldsymbol{L}_i^{\mathrm{T}} \boldsymbol{n}_{iq}'^A \end{bmatrix} + \begin{bmatrix} 0 & 0 & 0 & 0 \\ 0 & 2\boldsymbol{W}(\boldsymbol{n}_i'^A) & 0 & 0 \end{bmatrix} + \left(\boldsymbol{F}_i^{\mathrm{TSDA}}\right)_q + \left(\boldsymbol{F}_i^{\mathrm{RSDA}}\right)_q \quad (5\text{-}131)$$

$$\left(\overline{\boldsymbol{F}}_i^A\right)_{\dot{q}} = \begin{bmatrix} \boldsymbol{F}_{i\dot{q}}^A \\ 2\boldsymbol{L}_i^{\mathrm{T}} \boldsymbol{n}_{i\dot{q}}'^A \end{bmatrix} + \left(\boldsymbol{F}_i^{\mathrm{TSDA}}\right)_{\dot{q}} + \left(\boldsymbol{F}_i^{\mathrm{RSDA}}\right)_{\dot{q}} \quad (5\text{-}132)$$

当以弹簧刚度、阻尼系数等作为设计变量时,考虑如下计算公式

$$\left(\boldsymbol{F}_i^{\mathrm{TSDA}}\right)_{k,c,l_0,f_a} = \frac{1}{l} \begin{bmatrix} \boldsymbol{d}_{ij} \\ 2\boldsymbol{L}_i^{\mathrm{T}} \tilde{\boldsymbol{u}}_i' \boldsymbol{A}_i^{\mathrm{T}} \boldsymbol{d}_{ij} \end{bmatrix} = \begin{bmatrix} k(l-l_0) + c\dot{l} + f_a \end{bmatrix}_{k,c,l_0,f_a}$$

$$= \frac{1}{l} \begin{bmatrix} \boldsymbol{d}_{ij} \\ 2\boldsymbol{L}_i^{\mathrm{T}} \tilde{\boldsymbol{u}}_i' \boldsymbol{A}_i^{\mathrm{T}} \boldsymbol{d}_{ij} \end{bmatrix} \begin{bmatrix} (l-l_0) & -k & \dot{l} & 1 \end{bmatrix} \quad (5\text{-}133)$$

5.3.2 车辆系统动力学灵敏度分析算例

以国内准高速车辆为研究对象,曲线通过时,在进入和驶出缓和曲线直线段分别设置为 30 m 和 70 m,缓和曲线长为 100 m,圆曲线长 60 m,曲线半径 600 m,超高 100 mm,曲线通过速度 103 km/h。分析中主要考虑一系悬挂纵向刚度(单位 MN/m)对轮对的脱轨系数、轮轨横向力以及轮轴横向力等指标的影响,然后与灵敏度分析结果进行对比。

通过分析计算,当一系纵向定位刚度在 1~28 MN/m 范围内变化时,各项动力学性能指标随一系纵向定位刚度 K_{px} 的变化关系如图 5-7~图 5-9 所示。

当 $K_{px}<10$ 时，K_{px} 的变化对轮对的脱轨系数、轮轨横向力以及轮轴横向力影响较大，但随着 K_{px} 的增加，各指标趋于平稳。

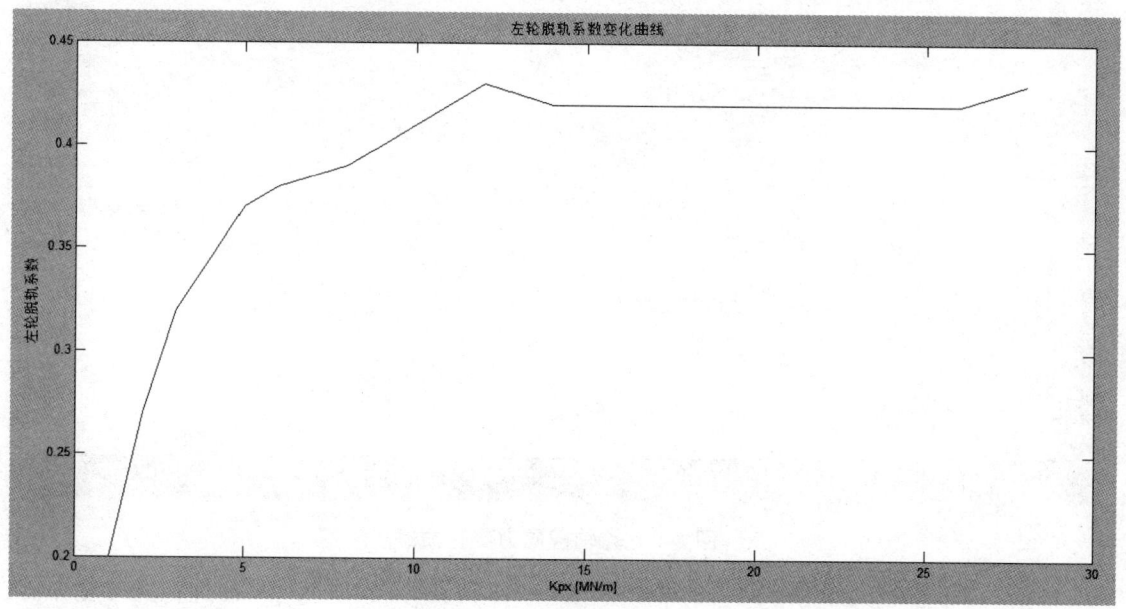

图 5-7　左轮脱轨系数变化曲线

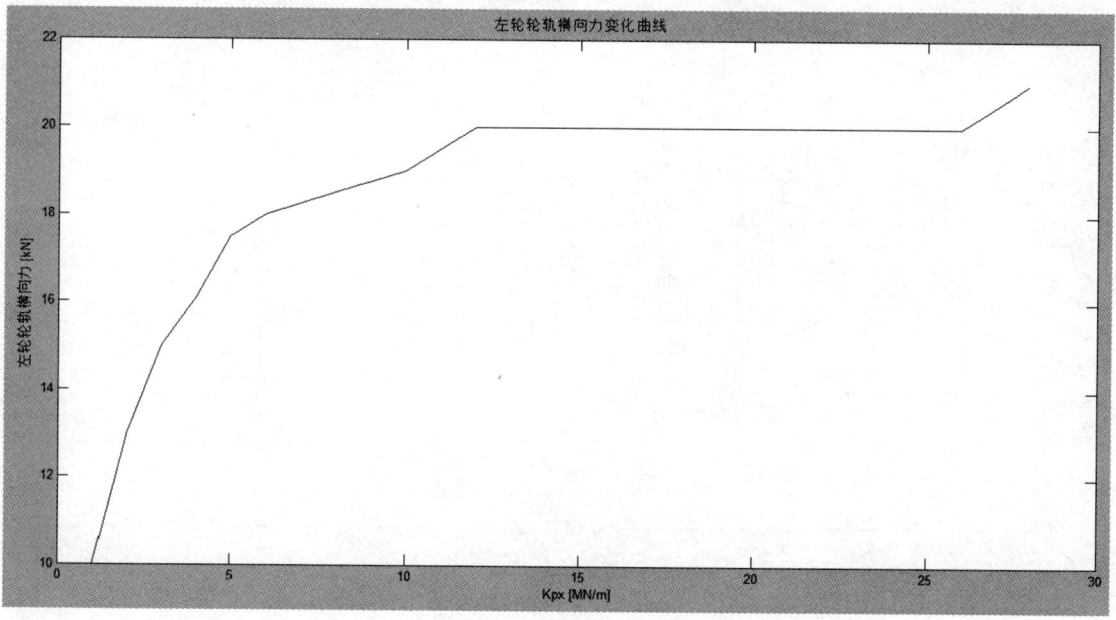

图 5-8　左轮轮轨横向力变化曲线

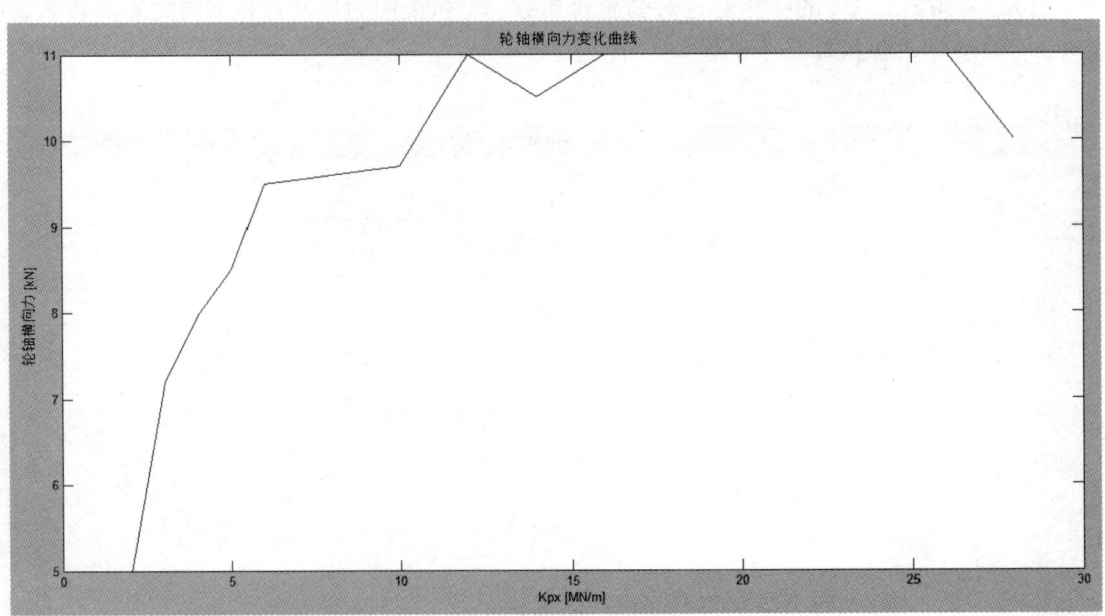

图 5-9　轮轴横向力变化曲线

根据本研究，选取 $K_{px}=3$、$K_{px}=10$、$K_{px}=18$、$K_{px}=24$、$K_{px}=28$ 进行灵敏度分析，其分析结果如图 5-10～图 5-24 所示。

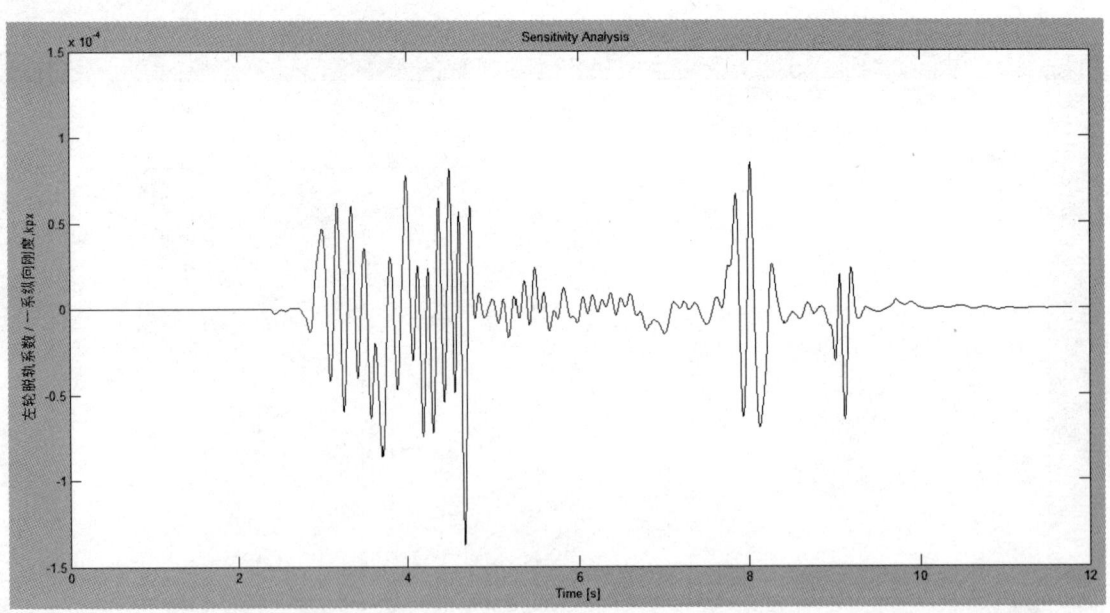

图 5-10　当 $K_{px}=3$ 时左轮脱轨灵敏度分析曲线

第 5 章 面向多体系统的高速列车动力学参数灵敏度分析

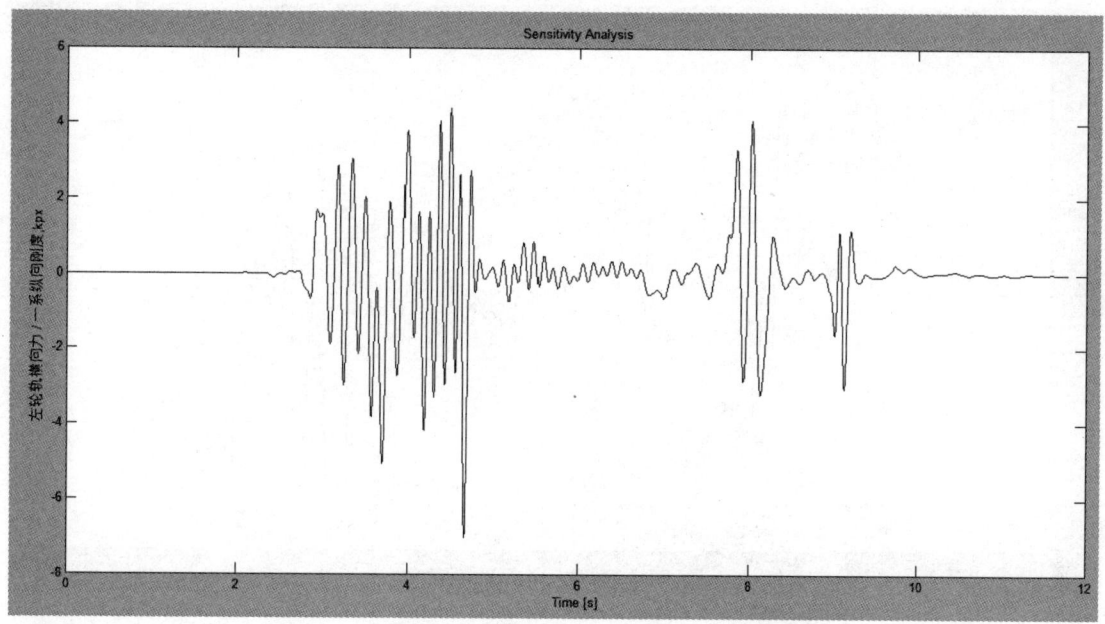

图 5-11 当 $K_{px}=3$ 时左轮横向力灵敏度分析曲线

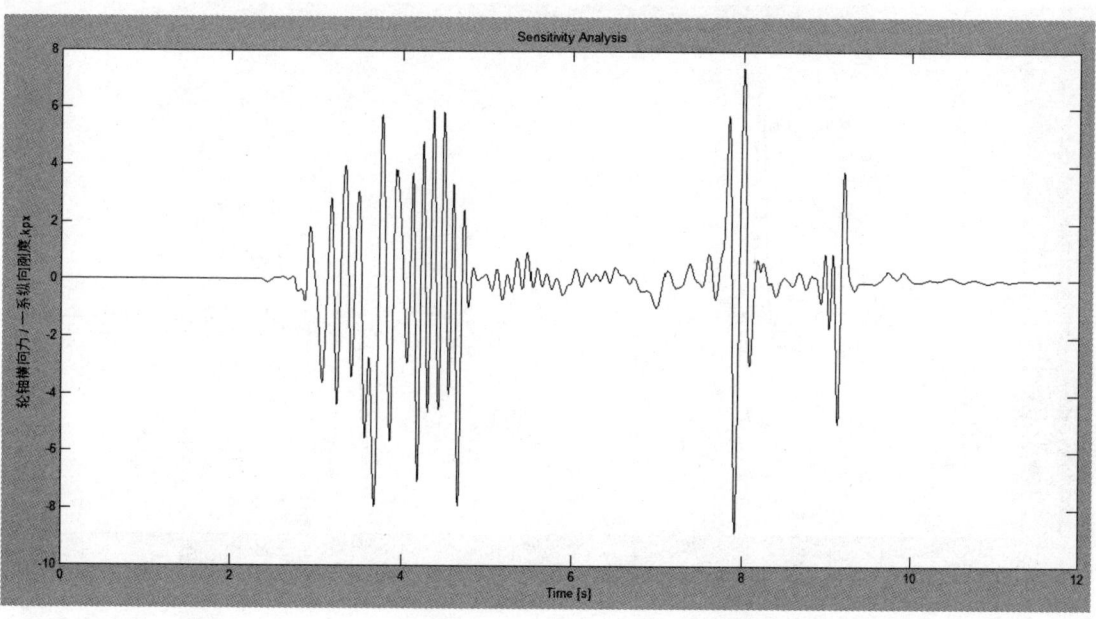

图 5-12 当 $K_{px}=3$ 时轮轴横向力灵敏度分析曲线

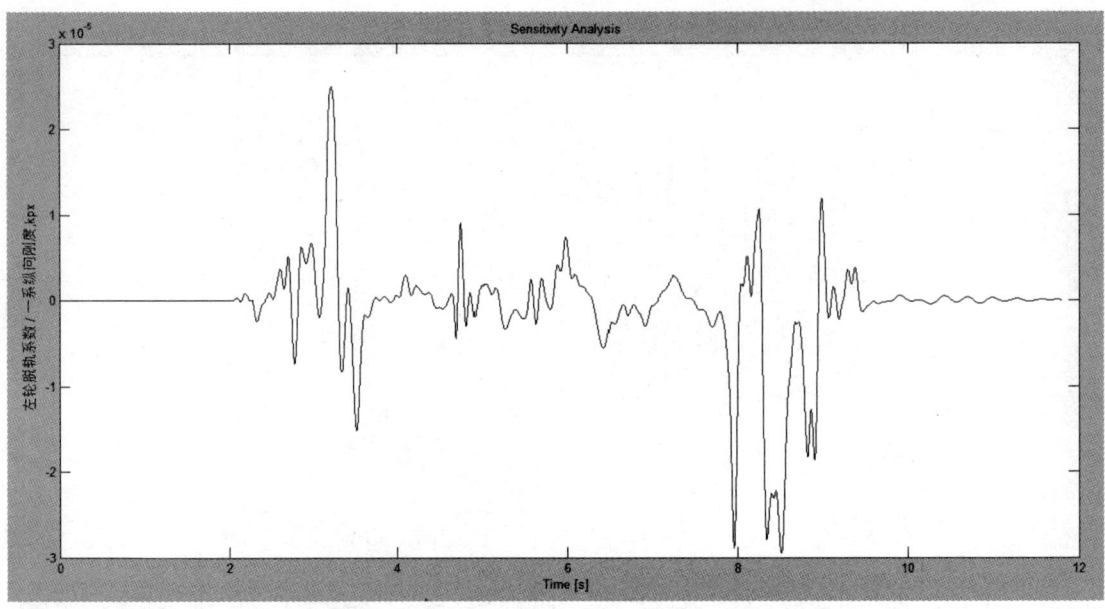

图 5-13 当 $K_{px}=10$ 时左轮脱轨系数灵敏度分析曲线

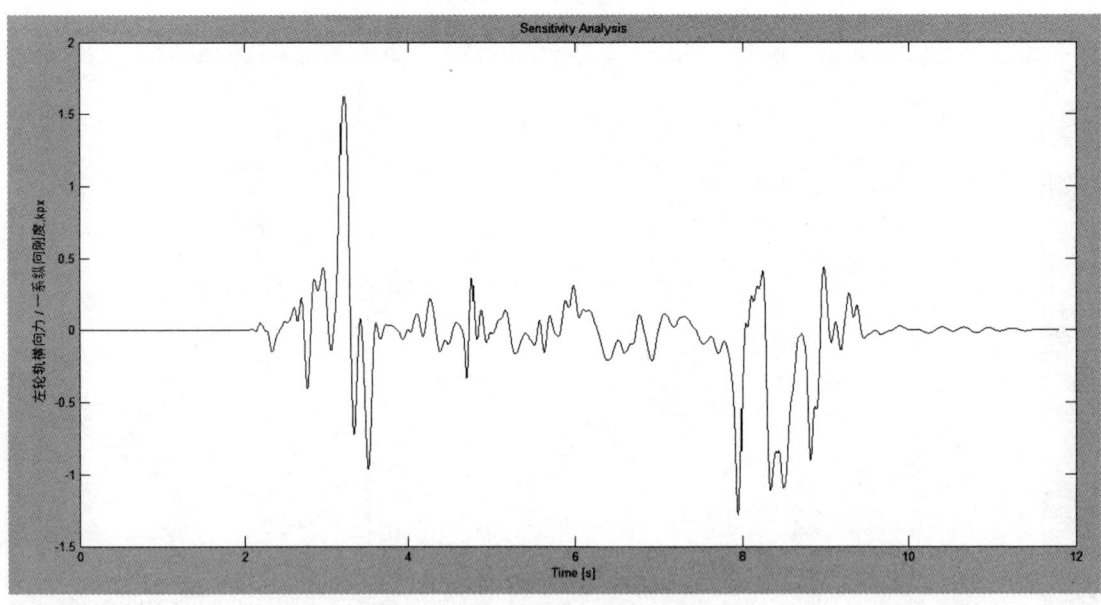

图 5-14 当 $K_{px}=10$ 时左轮轨横向力灵敏度分析曲线

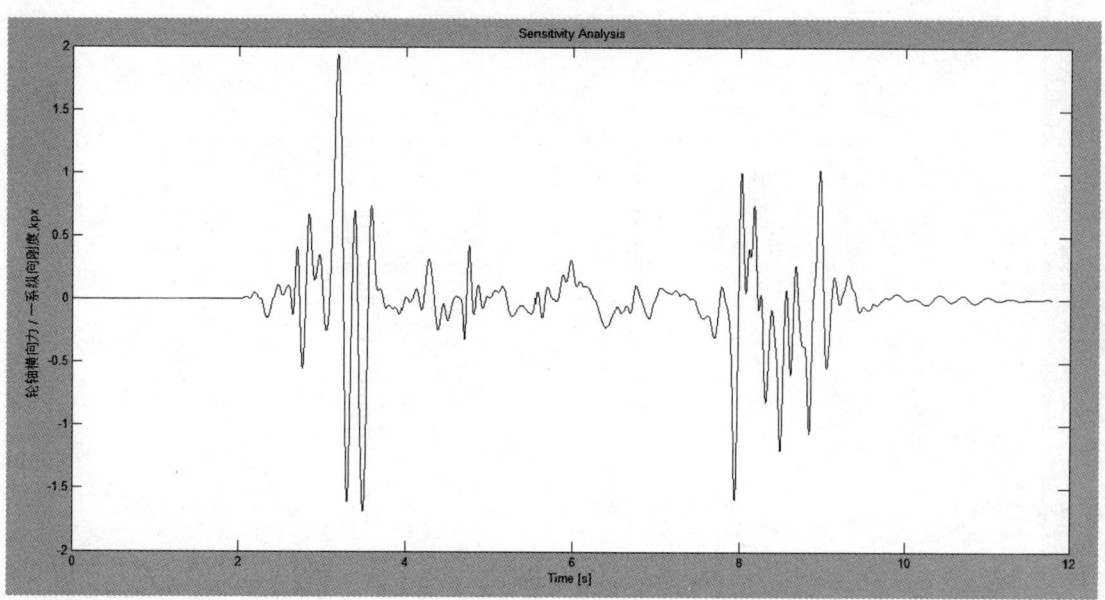

图 5-15　当 $K_{px}=10$ 时轮轴横向力灵敏度分析曲线

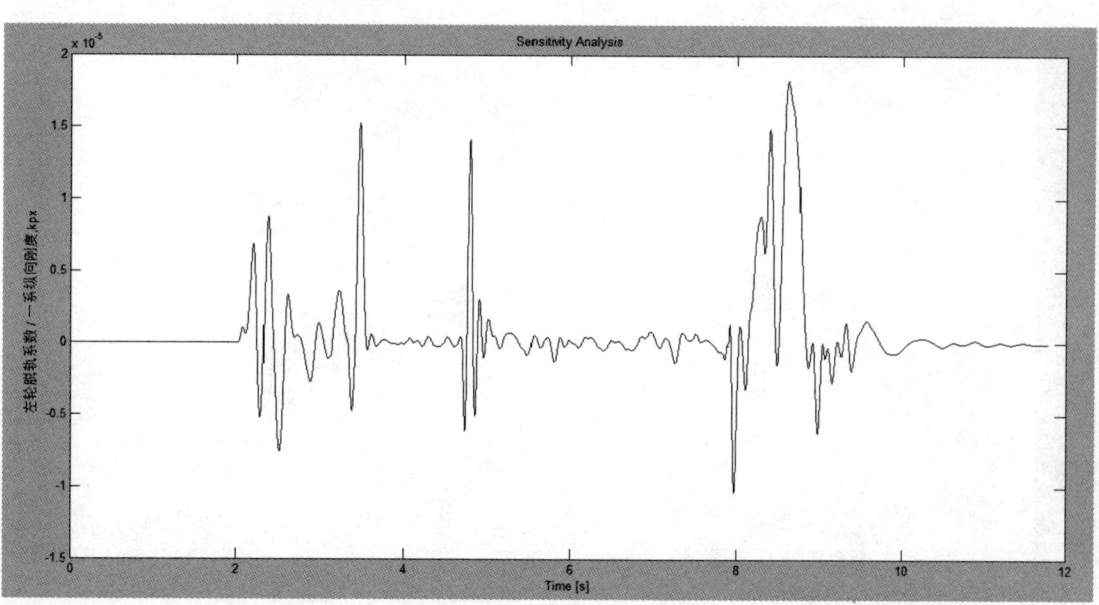

图 5-16　当 $K_{px}=18$ 时左轮脱轨系数灵敏度分析曲线

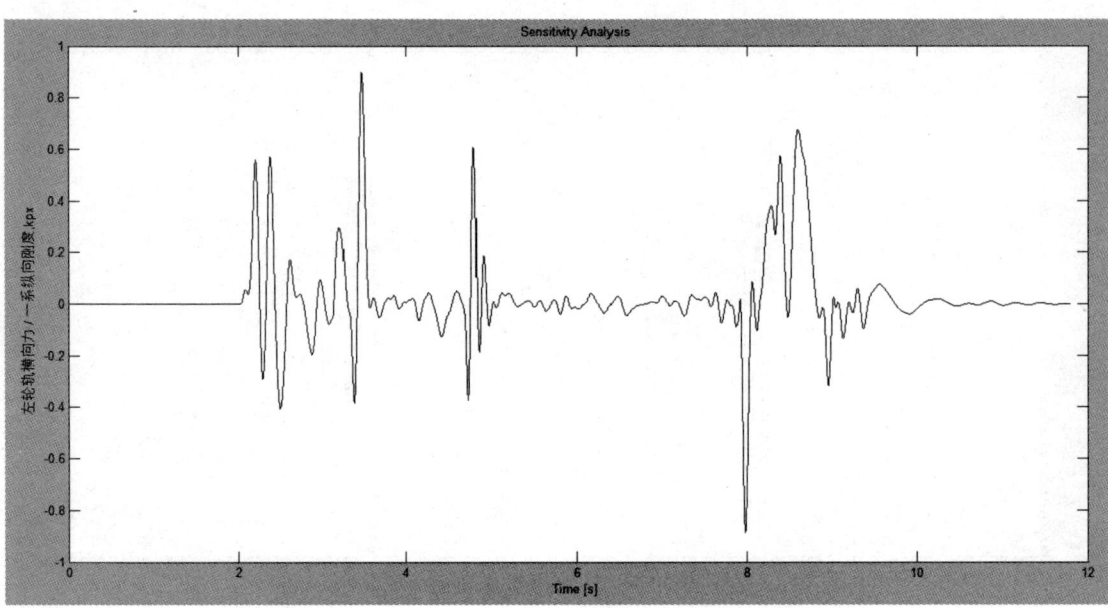

图 5-17 当 $K_{px}=18$ 时左轮轨横向力灵敏度分析曲线

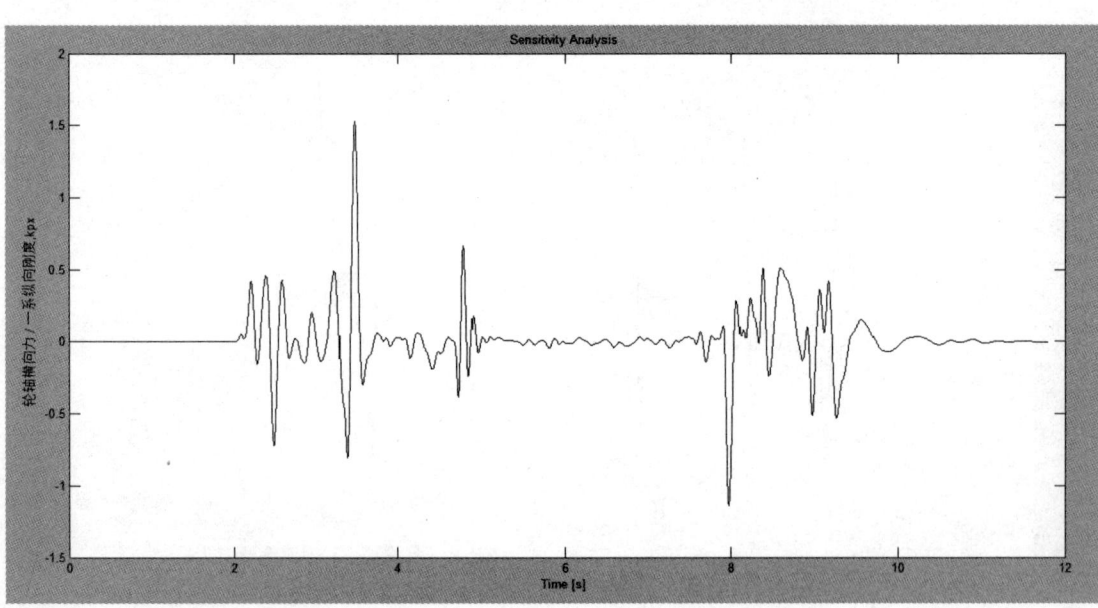

图 5-18 当 $K_{px}=18$ 时轮轴横向力灵敏度分析曲线

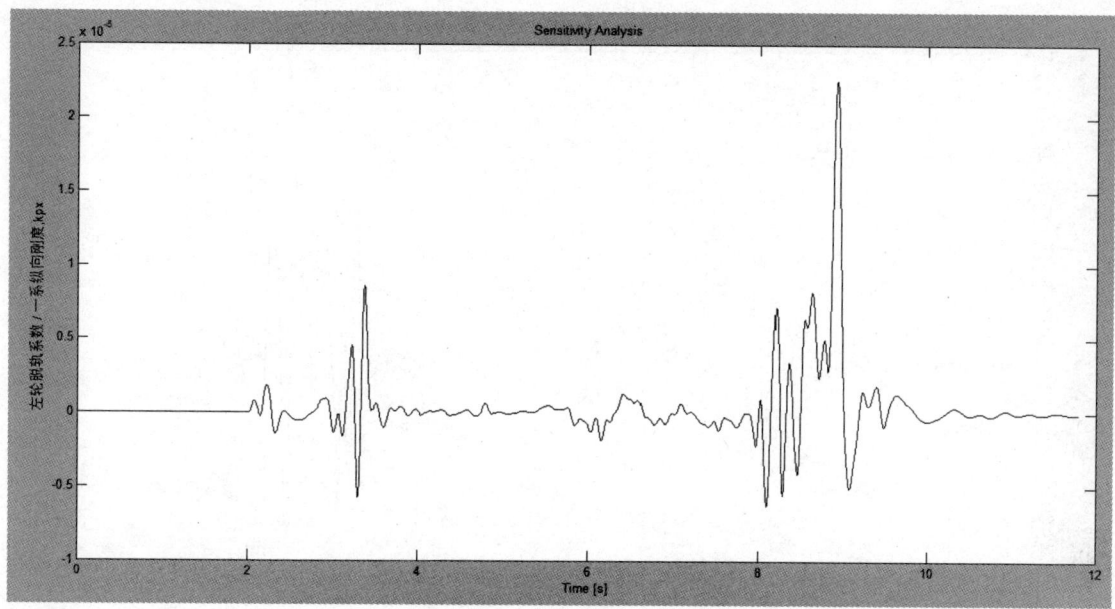

图 5-19　当 $K_{px}=24$ 时左轮脱轨系数灵敏度分析曲线

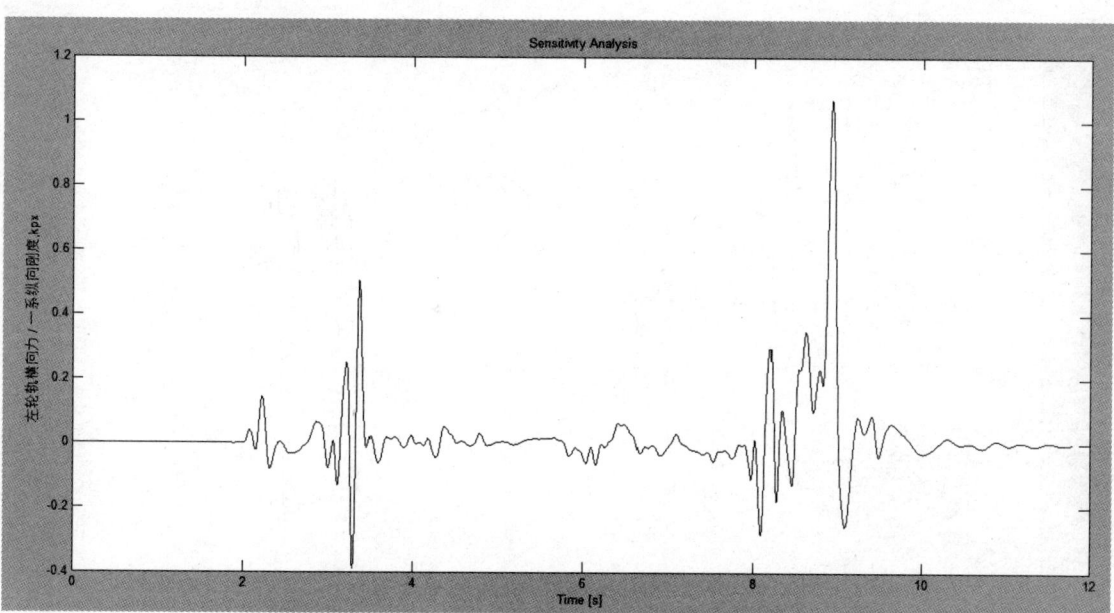

图 5-20　当 $K_{px}=24$ 时左轮轨横向力灵敏度分析曲线

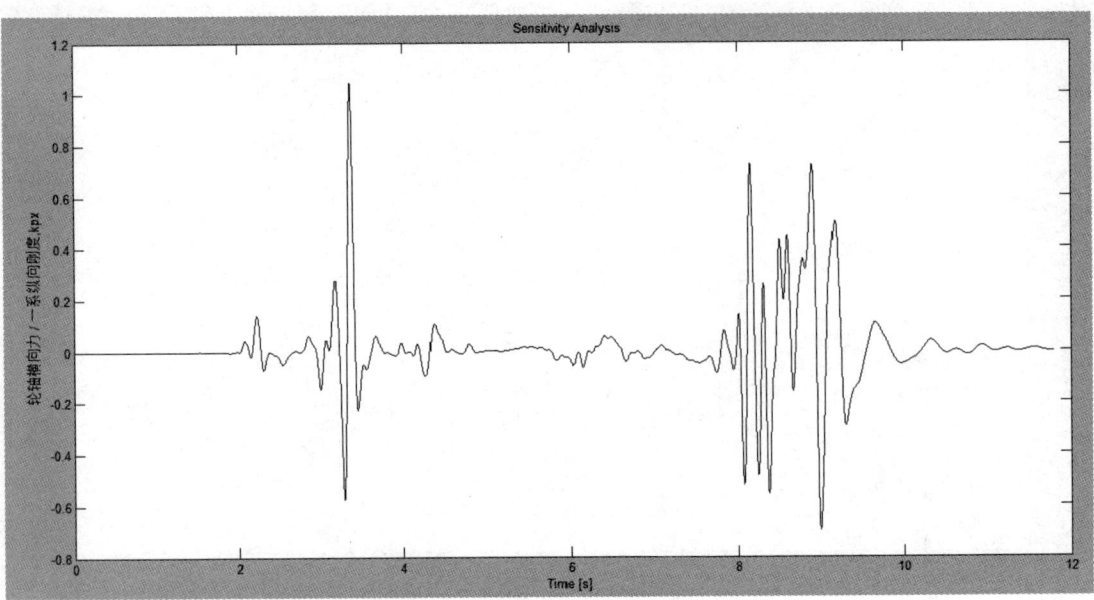

图 5-21　当 $K_{px}=24$ 时轮轴横向力灵敏度分析曲线

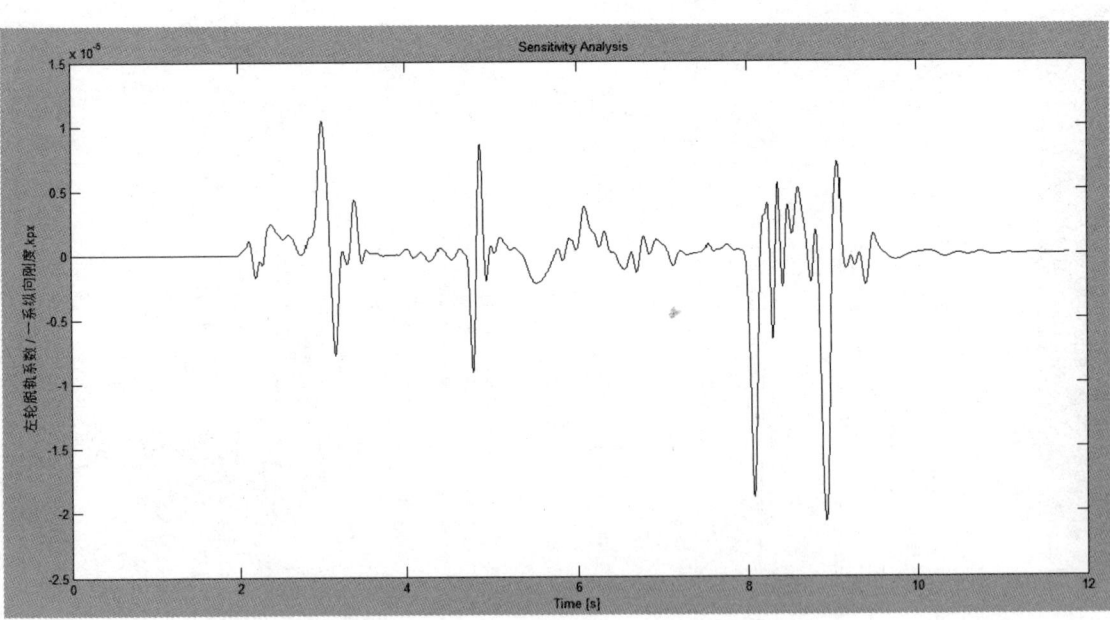

图 5-22　当 $K_{px}=28$ 时左轮脱轨系数灵敏度分析曲线

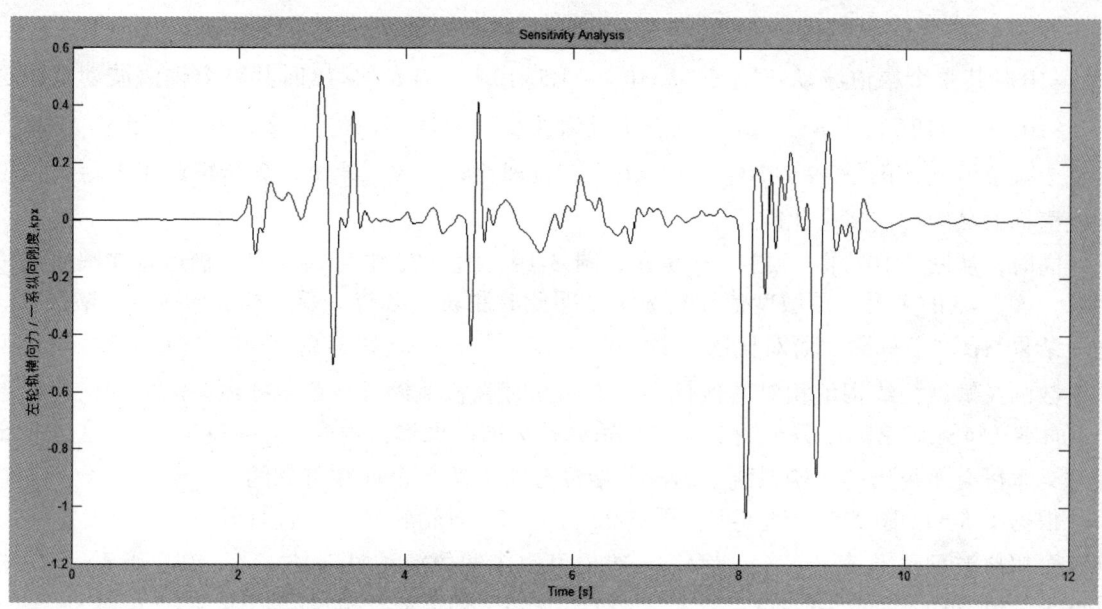

图 5-23 当 $K_{px}=28$ 时左轮轨横向力灵敏度分析曲线

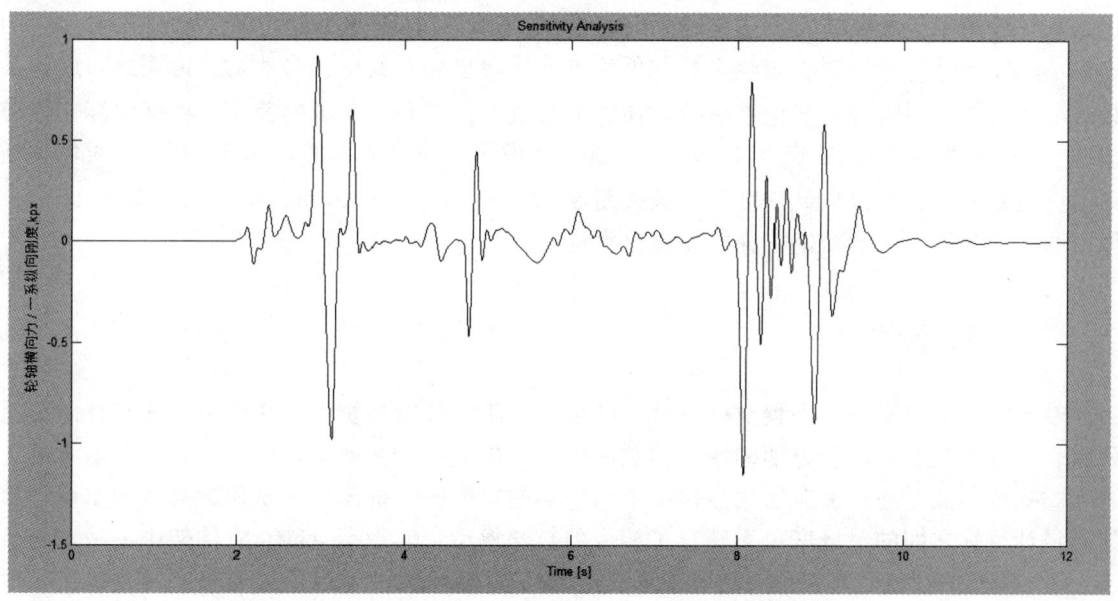

图 5-24 当 $K_{px}=28$ 时轮轴横向力灵敏度分析曲线

从图 5-7～图 5-9 可知,当 $K_{px}<10$ 时,K_{px} 的变化对轮对的脱轨系数、轮轨横向力以及轮轴横向力影响较大,因此,在这个范围各项指标的灵敏度将有较大的值。而随着 K_{px} 的增加,各指标趋于平稳,也即各项性能指标的灵敏度值将会比较小。

将灵敏度分析结果中的图 5-10、图 5-13、图 5-16、图 5-19、图 5-22 进行对比分析,得出左轮脱轨系数的灵敏度,当 $K_{px}=3$ 时其整个幅值波动范围是 $-1.5\times10^{-4} \sim 1.5\times10^{-4}$;当 $K_{px}=10$ 时其整个幅值波动范围是 $-3\times10^{-5} \sim 1.5\times10^{-5}$;当 $K_{px}=18$ 时其整个幅值波动范围是 $-1.5\times10^{-5} \sim 2\times10^{-5}$;当 $K_{px}=24$ 时其整个幅值波动范围是 $-1\times10^{-5} \sim 2.5\times10^{-5}$;当 $K_{px}=28$ 时其整个幅值波动范围是 $-2.5\times10^{-5} \sim 1.5\times10^{-5}$,也即符合当 $K_{px} \geqslant 10$,各指标趋于平稳,各项性能指标的灵敏度值将会比较小。

同时,从图 5-10、图 5-13、图 5-16、图 5-19、图 5-22 中可知,当车辆运行在圆曲线段上时,$K_{px}=3$ 的工况,灵敏度值比较大,说明此时脱轨系数与一系悬挂纵向刚度影响较大,这一结果与图 5-7 一致。而对比图 5-13、图 5-16、图 5-19、图 5-22 可知,当 $K_{px}=24$ 时,脱轨系数的灵敏度曲线幅值相对其他较小,说明此时脱轨系数对一系悬挂纵向刚度的依赖性更小,而本次试验对象的原型车辆系统的一系悬挂纵向刚度恰恰就是 $K_{px}=24$ MN/m,这进一步说明,本研究所提出的车辆系统动力学灵敏度分析方法是合理和可靠的。

根据图 5-11、图 5-14、图 5-17、图 5-20、图 5-23 对轮轨横向力进行分析有,当 $K_{px}=3$ 时其整个幅值波动范围是 $-8 \sim 6$;当 $K_{px}=10$ 时其整个幅值波动范围是 $-1.5 \sim 2$;当 $K_{px}=18$ 时其整个幅值波动范围是 $-1 \sim 2$;当 $K_{px}=24$ 时其整个幅值波动范围是 $-0.4 \sim 1.2$;当 $K_{px}=28$ 时其整个幅值波动范围是 $-1.2 \sim 0.6$,也即符合当 $K_{px} \geqslant 10$,各指标趋于平稳这一结果。

当车辆运行在圆曲线段上时,$K_{px}=3$ 的工况,灵敏度值比较大,说明此时轮轨横向力受一系悬挂纵向刚度影响较大,这一结果与图 5-8 一致。而对比图 5-14,图 5-17,图 5-20,图 5-23 可知,当 $K_{px}=24$ 时,脱轨系数的灵敏度曲线幅值相对其他是最小的,说明此时脱轨系数对一系悬挂纵向刚度的变化不敏感。在这个取值上,有利于系统的稳定。根据实际车辆模型的一系纵向刚度取值为 $K_{px}=24$ MN/m,进一步说明本研究成果的正确性。同理,对轮轴横向力灵敏度分析,可以从灵敏度分析结果图 5-12、图 5-15、图 5-18、图 5-21、图 5-24 中,得出与上述分析一致的结论,证明了其可靠性。

5.4 本章小结

基于第一类拉格朗日方程建模方法,推导了一阶灵敏度分析的直接微分公式和伴随变量公式,分析了基于多体动力学的设计参数灵敏度分析方法。在此基础上,将轮轨关系考虑为力元,规范形成了高速列车通用多体系统动力学的灵敏度分析模型,从而为高速列车设计参数与设计目标之间的灵敏度关系建立了相应的数学模型,实现了 GMRA 构架中灵敏度分析(SAM)模型的数值计算工作,为高速列车性能参数设计提供了帮助。通过实例分析,证明了本章所提出的建模方法。一般情况下,在此基础上,可以找到相关参数对设计目标的重要度关系,减少设计变量。但以解析的方法实现高速列车动力学参数优化,尤其考虑复杂运营环境下的多领域耦合计算是非常困难的,需要建立在多学科耦合仿真的基础上,探索更为合适的模型代替求解空间进行参数优化。

参考文献

[1] E J Haug, Design sensitivity analysis of dynamic systems, in: C.A. Mota Soare(Ed.). NATO ASI

Series F 27, Springer, Berlin, Heidelberg, 1987, pp.705-755.

[2] Haug, E J, Arora, J.S..Applied optimal design: mechanical and structural systems[M]. New York: John Wiley&Sons, Inc., 1979.

[3] Haug, E J Choi, K K, et al. Virtual Prototyping Simulation for Design of Mechanical Systems[J]. Journal of Mechanical Design, Transactions of the ASME, 1995, 117B (6): 63-70.

[4] Serban, R., Dynamics and Sensitivity Analysis of Multibody Systems[D]. PhD Thesis, The University of Iowa, 1998.

[5] Horatiu Ciprian German. Computer-aided design sensitivity analysis for dynamic multibody systems[D]. PhD Thesis, The University of Iowa, 2006.

[6] Rudranarayan M. Mukherjee, Kishor D. Bhalerao, Kurt S. Anderson. A divide-and-conquer direct differentiation approach for multibody system sensitivity analysis[J]. Struct Multidisc Optim, 2008, 35: 413-429.

[7] 潘振宽,丁洁玉,高磊,等. 多体系统动力学动态最优化设计与灵敏度分析[J]. 力学学报, 2005, 37 (5): 611-618.

[8] 潘振宽,赵维加,高坌,等, 多体系统动力学设计灵敏度分析[J]. 力学学报, 2002, 34: 70-74.

[9] 潘振宽,丁洁玉,王钰. 基于隐式微分代数方程的多体系统动力学设计灵敏度分析方法[J]. 动力学与控制学报, 2004, 2 (2): 66-69.

[10] Ding Jie-Yu, Pan Zhen-Kuan, Chen Li-Qun. Second order adjoint sensitivity analysis of multibody systems described by differential-algebraic equations, Multibody Syst Dyn (2007), 18: 599-617.

[11] 丁洁玉. 基于多体系统的灵敏度分析及动态优化设计[D]. 上海:上海大学, 2008.

[12] Vijay K. Garg. Rao V. Dukkip. Dynamics of Railway Vehicle Systems. Orland: Academic Press, 1984.

[13] 陈果. 车辆-轨道耦合系统随机振动分析[D]. 成都:西南交通大学, 2000.

[14] Guofu Ding, Yong He, Yisheng Zou, Shengfeng Qin, Rong Li.Multi-Body Dynamics-Based Sensitivity Analysis for Railway Vehicle system.Proc IMechE Part F: Journal of Rail and Rapid Transit, 2014, 0 (0): 1-12.

[15] Guofu Ding, Yong He, Shengfeng Qin, Meiwei Jia, Rong Li.A Holistic Product Design and Analysis Modeland Its Application in Railway Vehicle Systems Design. Proceedings of the Institution of Mechanical Engineers, Part B, Journal of Engineering Manufacture, 2013, 227 (1): 173-18.

[16] G F Ding, X F Cheng, R Li, J J Liu, R Mi., Research Progress on Digital Design and Manufacturing for Solid Carbide End Mill, Key Engineering Materials, 2012, 499 (1): 289-294.

[17] 何邕. 面向设计模型的铁道车辆动力学建模与灵敏度分析[D]. 成都:西南交通大学, 2011.

第6章 高速列车基于代理模型的整机性能设计参数灵敏度分析

复杂的机电产品系统中，涉及的设计变量数量庞大，往往直接进行优化设计是难以收敛和实现的。通常可以先进行灵敏度分析，研究各个设计参数对目标响应指标的影响程度，再按照一定的规则去掉那些影响程度非常小的设计变量参数，得到简化的小维数变量的优化模型，从而降低求解难度。采用求解微分方程等方法，Haug、Etman、Bestle、Eberhard、Horatiu、Anderson 和 Hsu 等人对机械系统的多体动力学做了灵敏度分析方面的研究。

高速列车关键参数的识别，就是研究高速列车整机性能设计变量的变化对输出响应指标的影响程度，也就是利用灵敏度分析来研究原始设计参数发生变化时，输出响应的稳定性。即通过灵敏度分析之后，确定哪些参数对列车动力学系统有较大的影响，这样当输出的动态性能响应指标需要改善时，可以按照灵敏度有的放矢地调整输入的设计参数，以达到较好的运行效果。在高速列车的研究中，何邕将轮轨力用典型的弹簧阻尼力进行描述，通过对弹簧阻尼力进行基于基元灵敏度分析特征建模，获得轮轨力的灵敏度分析模型，实现了所获模型的数值计算工作。事实上，在工程实际应用中，灵敏度分析非常广泛地用于解决结构优化设计问题，但由于所需求解的方程组量大且复杂，很少用于多体动力学、多学科领域中。

代理模型的研究对高速列车关键参数的识别开辟了另外一种方法，这种方法避开了求解大量复杂方程组的过程。对比建立复杂的多体系统方程，该方法具有效率高、实时性强、成本低的特点。

6.1 高速列车动力学模型构建

6.1.1 高速列车多刚体系统动力学模型

刚体、力元、作动器、铰、约束、外力和外力矩等基本要素构成了一个多刚体系统，各个要素之间相互作用，如图 6-1 所示（图中 b 是刚体的个数）。

对一个多刚体系统，它的动力学模型可以由牛顿-欧拉微分代数方程组表述，即含有一个微分方程加上一个约束引起的代数方程共同构成，如式（6-1）、（6-2）：

$$M\ddot{q} + C_q^T \lambda = C_e + Q_v \quad (6\text{-}1)$$

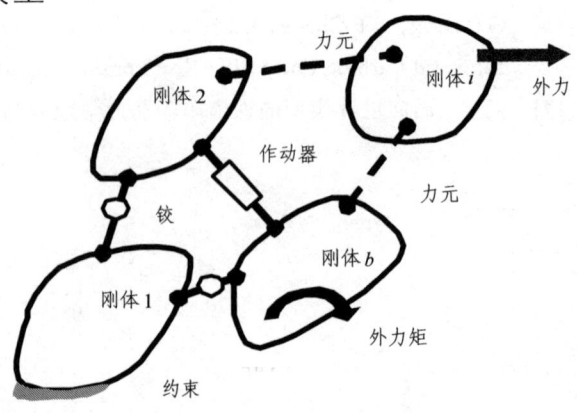

图 6-1 多刚体系统动力学模型

$$C(q,t) = 0 \tag{6-2}$$

这里 M 表示质量矩阵，q 是指位置矢量，λ 则为拉格朗日乘子，C_q^T 是约束雅克比矩阵，Q_e 和 Q_v 为分别表达了广义力中的外力和外力矩。

$$M = \begin{bmatrix} M^1 & & & \\ & M^2 & & 0 \\ & & \ddots & \\ 0 & & & M^{nb} \end{bmatrix},\ C_d^T = \begin{bmatrix} C_{d_{fr}^1}^T \\ C_{d_{fr}^2}^T \\ \vdots \\ C_{d_{fr}^{nb}}^T \end{bmatrix},\ Q_e = \begin{bmatrix} Q_e^1 \\ Q_e^2 \\ \vdots \\ Q_e^{nb} \end{bmatrix},\ Q_v = \begin{bmatrix} Q_v^1 \\ Q_v^2 \\ \vdots \\ Q_v^{nb} \end{bmatrix} \tag{6-3}$$

将公式（6-2）相对于时间进行二次求导，可得

$$C_q \ddot{q} = Q_c \tag{6-4}$$

上式中 Q_c 表示约束反力，由式（6-1）、（6-3）构成了增广总体系统方程组

$$\begin{bmatrix} M & C_q^T \\ C_q & 0 \end{bmatrix} \begin{bmatrix} \ddot{q} \\ \lambda \end{bmatrix} = \begin{bmatrix} Q_e + Q_v \\ Q_c \end{bmatrix} \tag{6-5}$$

多刚体动力学需要设计积分器求解方程组，但对于车辆系统整体动力学来讲，为了应对不断提高的高速列车运行速度和结构优化的要求，部件弹性振动的影响日益显著。因此，对车辆系统动力学分析时，应该将车体、构架和轮对部件，按照实际情况作为弹性体看待，以满足高速列车动力学分析。刚柔耦合动态仿真是现代车辆动力学的深入拓展研究，是实现车辆集成设计的重要理论基础之一。当然，通过建立刚体-弹性体动力学系统，更需要利用特殊刚度方程的求解器才有可能求解。

6.1.2 高速列车轮轨关系模型考虑因素

1. 模型相关假设

列车车辆高速运行时的性能，显而易见是和轮轨接触关系密不可分的。但是轮轨之间的相互作用关系非常复杂，为了便于理论研究，为此建立以下假设：

（1）法向接触可直接简化，认为其满足 Hertz 接触条件。
（2）高速轮轨在滚动接触时，不考虑其惯性力的作用。
（3）采用弹性半空间接触副，来代替轮轨的实际情况。
（4）不考虑中间介质的影响，假定轮轨相接触的表面是光滑且连续的。
（5）不考虑接触斑之外的其他约束条件对轮轨相互作用的影响。
（6）温度因素被忽略。

2. 轮轨接触在空间上的几何关系

轮对在实际的高速运行过程中会产生摇头角位移，因而轮轨之间相互作用的问题由平面问题直接上升到空间问题，求解变得更加复杂。为此，不得不按照空间问题处理轮轨接触。实际情况中，左轮轨和右轮轨的法向弹性压缩量是不同的，这是由于左轮轨和右轮轨的最小

垂向间距有差异而造成的。此差异也预示着，轮轨的法向力和蠕滑力的大小是不一样的。具体的求解步骤过程如下：

（1）根据一些轮对及钢轨的已知基本状态参数、运动位移量，比如轮对的侧滚量和摇头角、轮轨和钢轨的横移量等，通过数值积分计算出来。

（2）由于轮对侧滚和摇头的存在，实际上接触点不会落在通过轮对中心线的铅垂面剖切的踏面主轮廓线上，而是在纵向有一定偏移。将车轮踏面看成一系列以轮对中心线为滚动轴的圆组成的旋转曲面，则每个滚动圆上有且仅有一个可能的接触点，一系列接触点构成空间接触迹线。

（3）在绝对坐标系中离散化钢轨轨头轮廓线，其中钢轨轨头轮廓线离散点坐标考虑钢轨振动位移和轨道几何不平顺静态位移的叠加。

（4）人为地向上抬起轮对后，找出空间迹线与钢轨轨头轮廓在左右侧上的离散点，以此可得到左右侧垂向最小距离点，也就是轮轨左右侧的接触点。所以可以通过找到垂向最小距离点来得到左轮轨和右轮轨接触作用点。

（5）求得轮轨接触点后，最后可以求解此点处的其他几何参量，比如接触点在车轮踏面和钢轨轮廓面上的曲率，在不同坐标系中的位置、接触角等。

3. 非线性环节

按照高速列车动态的实际情况，仿真时为了达到效果，需要对一些模态建立非线性模型。空气弹簧悬挂特性、车体和构架在非中速工况下的运动模态以及在一系和二系悬挂特性的这些基础分析中，都可以采用高速转向架线性模型进行分析。

但是在列车的实际高速运行中，存在着大量的非线性因素。这些因素如果在设计初期不加以考虑，必将对高速列车动力学性能产生无法预料的影响，仿真中列车安全性、运动的稳定舒适性和曲线通过率都将和实际的分析脱离，无法达到理想的预期目的。因而在实际中应该考虑这些非线性影响因素，即建立高速列车非线性模型来进行仿真。应该增加的非线性环节较多，一般将以下环节视为非线性：一系悬挂中的弹簧刚度、一系中的定位装置、二系悬挂的空气弹簧装置、横向止挡装置、抗侧滚扭转装置、轮轨接触几何特性、减振器卸荷特性等。

（1）一系中的定位装置：该装置中存在非线性很强的橡胶堆，产生的非线性作用会影响小半径曲线通过分析能力和临界速度分析能力。

（2）抗侧滚扭杆装置：在抗侧滚扭杆装置中，扭杆利用扭臂形成了"浮动"支撑形式。有的情况下该装置会形成比较小的抗侧滚刚度，比如运行在直线、圆曲线道路上时，即使在轨道不平顺激扰下，车体也不会产生低频侧滚运动。但是列车运行在顺坡段上的时候，当速度和顺坡率达到一定程度时，抗侧滚刚度会上升，当达到一定数值的时候，会产生低频侧滚运动。

（3）空气弹簧装置：该装置使得悬挂刚度和激扰速度的关系显现出很强的非线性，这是因为空气弹簧高度阀具有迟滞效应，同时节流孔具有节流作用。

（4）非线性弹簧：对于非线性弹簧，将其特性曲线看成是某函数空间的元素，可通过试验获得数据再拟合成函数曲线。一般情况下，用式 $F(x) = K_1 x + K_2 x^3$ 来表达这种非线性。

(5)非线性阻尼：考虑卸荷特性，同非线性弹簧一样，非线性阻尼一般也无法用一个参数来描述，处理方式可以类似非线性弹簧。

(6)横向止挡：在列车高速运行时，事实证明车体横移时，接触到横向止挡后，后者出现非线性的特性，而该非线性可采用多段线性来描述。

(7)干摩擦：由于润滑失效等现象，车辆悬挂装置中时常出现干摩擦，所以也需要考虑干摩擦的非线性特性。

列车中还有一些部件，进行非线性特性研究时，与横向止挡类似，也采用多段线性来描述，如垂向减振器、横向减振器和抗蛇行减振器的非线性都可以采用该方法。

4. 边界条件

1）轨道不平顺

随着列车运行速度的提高，轨道的不平顺度必将影响到研究列车和轨道运行时的相互关系、列车运行时候的各项性能指标、列车优化设计参数值的选择等。由于轨道是由钢轨组合起来的，不断发生变化的车辆承载情况和天气情况，使得轨道的几何变形也不断地变大，达到一定的程度后，轨道不平顺会更加明显。钢轨初始弯曲程度、运行中的耗损和轨枕质量等随机性的因素，也都是造成轨道不平顺的原因，而其不平顺程度的变化是没有规律的，在车辆动力学分析中必须给予考虑。

但是轨道不平顺自身所带有的随机性问题，引起的是一个随机振动的问题，显然无法简单地处理这个问题。为此引入了功率谱密度函数和均方差等函数，以此研究轨道不平顺的波形图，通过计算频率、振幅、波长等特征值，以便发现是否具有一定的规律性。

工程上，轨道不平顺的函数，如谱密度，是通过测量实际线路得到的。自20世纪60年代中期以来，英国、日本、德国、美国、俄罗斯、印度、捷克等国家都测定了各自的轨道不平顺的谱密度和相关函数。在我国，铁道科学研究院和原长沙铁道学院随机振动实验室都分别对相关函数的建立做了大量的实地测量和统计工作，并最终给出了不同线路上轨道水平和轨距不平顺的计算公式，但是目前尚未形成类似国外那样完善的轨道谱标准。

2）线路的空间几何

线路的空间几何，即轨道平纵断面信息，线路的曲线情况如曲线半径、超高、缓和曲线长度等信息是测量系统动力学仿真时重要的计算边界，是进行车辆系统安全性分析的必要条件。线路中一些工况，如曲线、坡道等因素，对高速列车动力学仿真中临界速度的计算的影响是比较大的，也对阻力计算有很大的影响。通常情况下，可以按照设计施工部门所提供的空间几何参数进行建模。

3）风载荷

风载荷作为一种工况条件，对列车系统动力学的仿真也起到一定的作用。进行车辆系统动力学仿真时，一般会评估车辆系统在不同等级横风作用下的安全性，一般根据横风等级和作用面积计算得到等效集中作用力，考虑以离线的方式加入，即首先计算好风载荷对车辆系统的影响，再以外力的形式添加其影响。

6.1.3 基于 SIMPACK 的高速列车仿真模型

1. 高速列车仿真建模方法

用物理实验的方法研究分析多刚体系统动力学在绝大多数情况下是很难的,因此利用现代计算机信息技术解决多刚体系统动力学就成为必然。动力学分析软件可以对复杂动力学系统建模,并进行大量的数值分析。建模时的机理一般是多刚体系统理论中的拉格朗日方法,利用它可以建立复杂系统的动力学方程,通常选取系统中的每个刚体质心在惯性参考系内的 3 个直角坐标和确定刚体方位的 3 个欧拉角作为笛卡儿广义坐标。

为了分析复杂机械系统动力学问题,必须先对复杂多体系统进行一定范围内的简化。多刚体系统在计算机中的建模,其实也就是应用不同形式的约束将全部的刚体有机地连接起来。在具体的动力学建模中,操作人员要做的工作包括:如何定义多刚体系统中每个体的质量、质心和惯性力矩等属性;确定相互作用的刚体之间的约束方式;合理地简化具有线性和非线性特征的力元、激励等,并正确地施加这些力元和激励;输入耦合和优化参数;标识出传感器和安装位置等。

针对庞大的动力学建模,SIMPACK 模型将实际的物理模型抽象成模型的基本单元:体、铰接、力元、约束等,输入到软件中形成仿真模型,然后利用拉格朗日方法创建多体动力学系统的动力学方程,再对这些动力学方程采用各种数值方法进行求解。大量的数学方法保证 SIMPACK 最终可以得到有效仿真,确保其建模的能力。

通常动力学可以采用符号推导的方法得到,也可以采用数值技术的方法得到。符号代码允许用户输出 SIMPACK 模型,作为标准的 Fortran 语言代码或者 C 语言代码,并且可以独立运行,所以其具有良好的兼容性。

对于仿真之后的输出响应,该软件能够进行宽范围的分析,这可用于进行结构分析和设计动力学系统:静态分析、动力学分析、非线性动力学分析、线性系统分析、符号推导、其他语言代码的生成以及特征值分析等。

从最初的多体系统设计概念到最后给出有效的结果,建模经历了以下几个步骤:建模对象的定义、力学模型的定义、物理变量的提取、多种设置数据的获取、运动控制的动力学方程的处理、得到有效的结果并输出。

2. 高速列车各部件关系拓扑图

从上面的分析可以知道,高速列车主要由车体、转向架(构架、轴箱及轮对)以及一系、二系悬挂力元组成其动力学分析模型。各个部件之间的拓扑关系如图 6-2 所示,图中各个弹簧力可采用三向分量力元来表达,减振器的力元采用串联弹簧-阻尼力元来描述,轴箱与轮对之间的旋转采用旋转铰链来约束。

3. 高速列车模型的抽象形式

与物理系统描述相比,SIMPACK 中高速列车仿真系统的抽象形式如表 6-1 所示。

第 6 章 高速列车基于代理模型的整机性能设计参数灵敏度分析

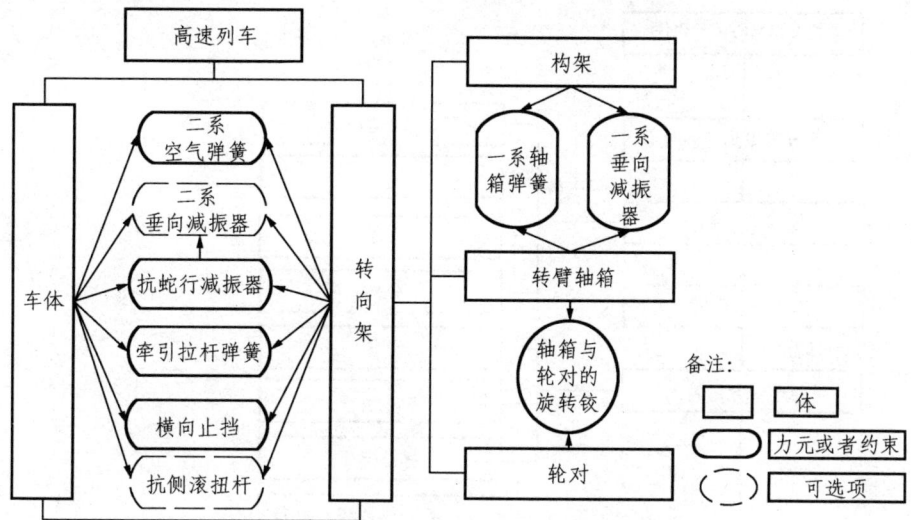

图 6-2 各个部件间的拓扑关系

表 6-1 物理与仿真系统抽象形式对比

物理系统描述/（个/节车）	仿真系统描述/个数	解释
车体（1）	车体（体）（1）	多体系统中的体
构架（2）	构架（体）（2）	多体系统中的体
轴箱（8）	轴箱（体）（8）	多体系统中的体
轮对（4）	轮对（体）（4）	多体系统中的体
一系轴箱弹簧（8）	三向分量力元（8）	多体系统中的力元
一系垂向减振器（8）	串联弹簧-阻尼力元（8）	多体系统中的力元
一系转臂节点（8）	一系转臂力元（8）	多体系统中的力元
二系空气弹簧（4）	三向分量力元（4）	多体系统中的力元
二系垂向减振器（4）	串联弹簧-阻尼力元（4）	多体系统中的力元
二系横向减振器（4）	串联弹簧-阻尼力元（4）	多体系统中的力元
抗蛇行减振器（4）	串联弹簧-阻尼力元（4）	多体系统中的力元
牵引拉杆弹簧（2）	三向分量力元（2）	多体系统中的力元
横向止挡（4）	串联弹簧-阻尼力元（4）	多体系统中的力元
轴箱与轮对之间的旋转（8）	旋转铰（8）	多体系统中的铰
抗侧滚扭杆（2）	力元（2）+力矩（2）	多体系统中的力元和力矩

4. SIMPACK 建模与分析流程图

在 SIMPACK 中建模和分析的流程如图 6-3 所示。

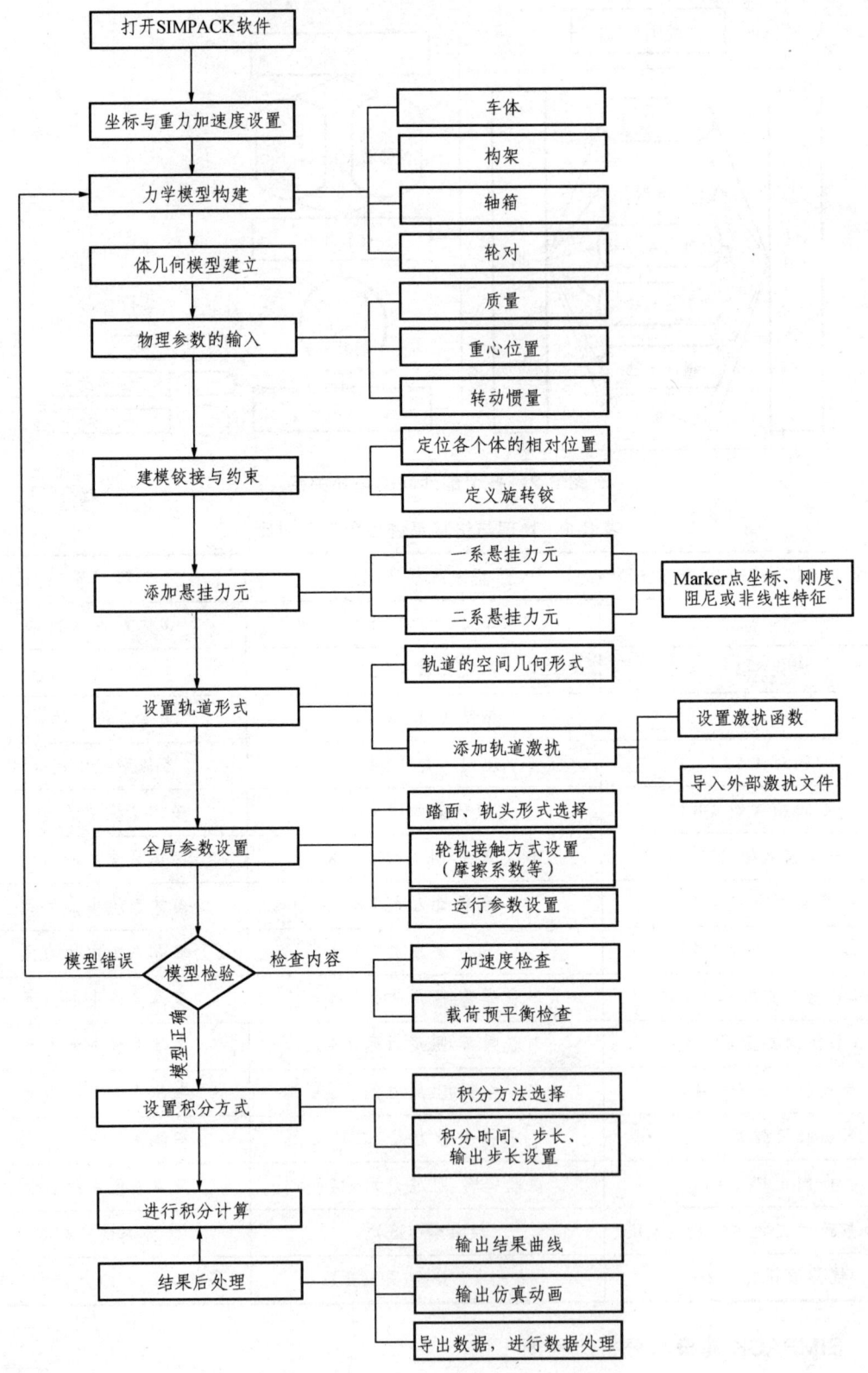

图 6-3 SIMPACK 建模与分析流程图

5. 基于 SIMPACK 的高速列车设计空间

（1）仿真输入参数：运行速度、仿真时间、积分步长、积分方式、车轮踏面等。

（2）高速列车输入的性能参数。

（3）SIMPACK 仿真建模中高速列车输入性能参数变量。

在 SIMPACK 仿真建模中高速列车输入性能参数变量包括了车辆基本参数、质量/转动惯量、重心、结构参数（一系悬挂、二系悬挂、横向止挡、抗侧滚扭杆）、悬挂参数（一系悬挂、二系悬挂、牵引拉杆、抗侧滚扭杆）、非线性特性（曲线）。

这里除了一些参数在实际工程中往往被固定，无法作为输入变量，非线性特性、模态文件一般作为数据文件来处理，涉及的参数仍达上百个。

（4）SIMPACK 仿真后，系统输出参数变量。

SIMPACK 仿真后，系统输出参数变量包括车体、构架、轴箱和轮对在纵向/横向/垂向的平动位移、3 个方向上的转动位移、体运动速度（包括平动和转动）、体运动加速度（包括平动和转动）、轮轨接触力（轮轨垂向力、轮轨横向力、轮轨切向力、轮轨蠕滑力、轮轨蠕滑率）、接触斑（接触点位置、接触斑位置、接触斑长短轴）、轮轴横向力、约束力、力元、连接点位移等，涉及的仿真输出变量也达到上百个。

6.2 高速列车设计空间缩减和确定

6.2.1 高速列车动力学响应性能综合评价和系统输出变量

铁道车辆的动力学性能主要包括运行安全性、曲线通过能力和平稳舒适性 3 个方面，如图 6-4 所示。当列车高速运行时，各种设计参数整体的响应性能受到轨道不平顺等线路条件的随机干扰，都会影响轮轨接触关系，也会对安全性和平稳舒适性带来不利的影响。因此，必须获得高速铁路动态安全性相关的性能评价标准。

铁道车辆运行安全性主要考察车辆是否会出现脱轨和倾覆等安全问题，通常是以脱轨系数、轮重减载率、倾覆系数、临界速度等评价指标来判定车辆运行的安全性。曲线通过能力则需要高速列车在脱轨系数、倾覆系数、轮重减载率、轮轴横向力和磨耗指数 5 项指标都满足要求的情况下，才能顺利通过线路。平稳舒适性，则可以考察车辆振动加速度情况下的横向和垂向平稳性指标。

而在仿真系统中，输出变量特别多，但是并不能直接用来评定高速列车的运行性能。将输出变量进行进一步计算和整合，在未考虑磨耗性能的情况下，最后得到系统的输出参数，根据仿真系统的输出，结合《铁道车辆动力学性能评定和试验鉴定规范》（GB 5599—85），进行进一步计算可得到 7 个动力学输出性能指标，如表 6-2 所示。

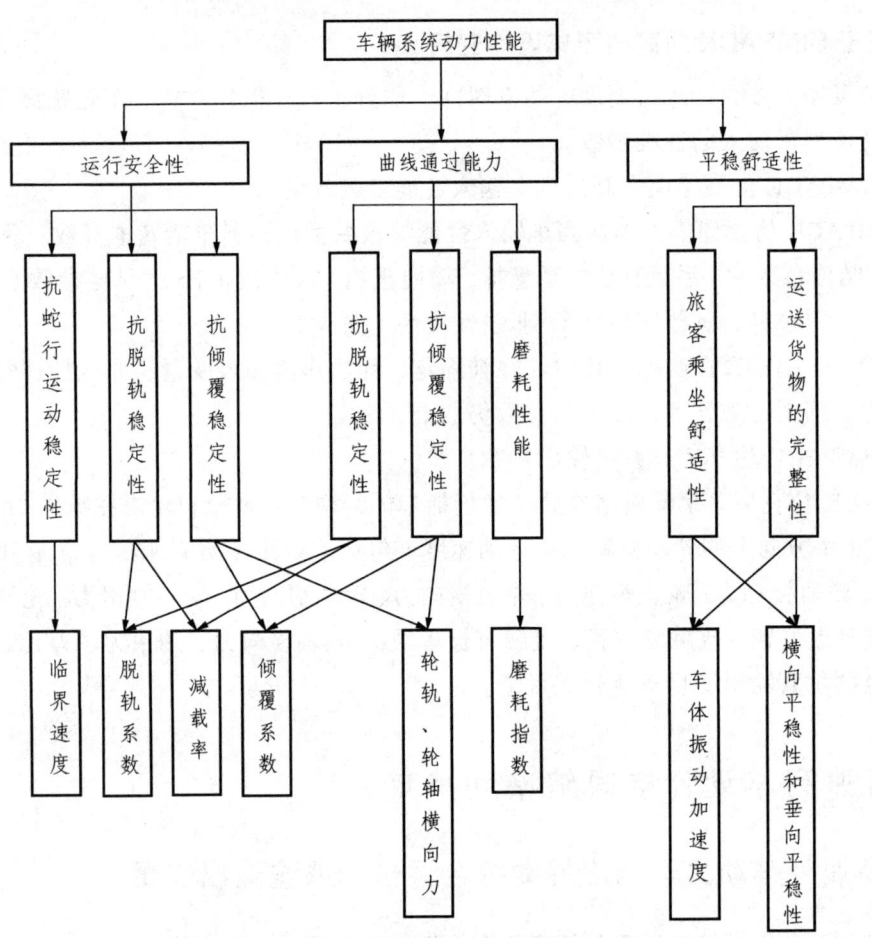

图 6-4　车辆系统动力学性能指标

表 6-2　动力学性能指标

序号	输出响应变量	性能指标含义	单位
1	Y1	横向平稳性指标	/
2	Y2	垂向平稳性指标	/
3	Y3	脱轨系数	/
4	Y4	轮重减载率	/
5	Y5	轮轴横向力	kN
6	Y6	倾覆系数	/
7	Y7	临界速度	km/h

6.2.2　基于专家知识的高速列车输入变量

通过对输入设计变量的分析可见涉及的变量数庞大，采用任何一种模型进行代理的时候，都具有高维高非线性的特点，给建模带来不必要的困难。为了降低计算成本、缩短计算时间，可以利用专家领域中的先验知识来遴选变量，有效地降低输入变量的维数。为此，拟定了一系列的专家领域参数重要度和取值范围调查表。

这些调查表，按照高速列车的体和悬挂系统分开的原则设计。高速列车的体，包括了车体、构架、轴箱和轮对，车体中的输入变量涉及长度、宽度、高度、转向架中心距、质量、转动惯量和重心距轨面高等设计参数；构架中的输入变量涉及：横向轴承中心间距、固定轴距、最大长度、质量、转动惯量和重心距轨面高等设计参数；轴箱中的输入变量涉及轴箱定位方式、轴箱纵向间距、轴箱横向间距、转臂节点距轨面高、转臂节点距转向架中心纵向距离、弹性定位节点纵向刚度和弹性定位节点横向刚度等设计参数；轮对中输入变量涉及车轮直径、车轮滚动圆横向跨距、车轮内侧距、轮辋宽度、车轮外形、适用轨距、匹配钢轨外形、车轴总长、轴颈直径、轴颈中心距、轴身直径、质量和转动惯量等设计参数。

高速列车的悬挂系统，包括了一系悬挂系统和二系悬挂系统，每一种悬挂系统都包括了结构参数和性能参数。比如一系悬挂系统结构参数调查表中涉及的输入变量有横向跨距、簧上作用点距轨面高、簧下作用点距轨面高、垂向阻尼横向跨距、垂向阻尼距转向架中心纵向距离、垂向阻尼上作用点距轨面高、垂向阻尼下作用点距轨面高、轴箱转臂节点横向跨距、轴箱转臂节点距轨面高和轴箱转臂节点距转向架中心纵向距离等设计参数；一系悬挂系统性能参数调查表中涉及的输入变量有圆弹簧刚度、垂向阻尼、垂向减振器接头刚度、轴箱转臂节点纵向刚度和轴箱转臂节点横向刚度等设计参数；二系悬挂系统结构参数调查表中涉及的输入变量有空气弹簧结构参数，空气弹簧上、下表面距轨面高，横向减振器距离参数，垂向阻尼横向跨距，垂向阻尼距转向架中心纵向距离，垂向阻尼上、下作用点距轨面高，抗蛇行减振器横向跨距，抗蛇行减振器距离参数，横向止挡横向跨距，横向止挡距轨面高，横向止挡与中央牵引拉杆座之间的间隙，牵引拉杆距轨面高，牵引拉杆长度和抗侧滚扭杆距轨面高等设计参数；二系悬挂系统性能参数调查表中涉及的输入变量有空气弹簧刚度、垂向阻尼、横向阻尼、横向减振器节点刚度、抗蛇行减振器节点刚度、牵引拉杆刚度等设计参数。由此可见，此调查表基本上融合了高速列车所有的结构和性能参数。

在全部的调查表中，以高速列车在 SIMPACK 中建模仿真所需的设计变量为例，对应着各个车型原始参考数据，要求专家们基于自身经验和领域知识，给出各个设计变量的取值范围和对性能的重要度。重要度取值范围为 0~1，取值越接近于 1，则对系统输出的列车动力学性能指标的影响就越大，从而对列车运行时的安全性、平稳性、舒适性和曲线通过能力的影响也就越大。这样基于专家领域的知识，我们提取出重要度大于 0.5 的设计参数作为高速列车对应的重要输入变量，如某车型对应的输入变量和取值范围如表 6-3 所示。

表 6-3　CRH 某型车输入变量及取值范围

变量序号	变量名	变量名解释	单位	基本取值范围	所属
1	X_1	转向架中心距	mm	17 000~18 000	车体
2	X_2	车体质量	kg	28 000~40 000	车体
3	X_3	侧滚转动惯量-X	kg·m^2	70 000~120 000	车体
4	X_4	点头转动惯量-Y	kg·m^2	1 200 000~1 700 000	车体
5	X_5	摇头转动惯量-Z	kg·m^2	1 100 000~1 500 000	车体
6	X_6	重心距轨面高度	mm	1 400~1 600	车体
7	X_7	固定轴距	mm	2 400~2 600	构架

续表

变量序号	变量名	变量名解释	单位	基本取值范围	所属
8	X_8	构架质量	kg	2 100~3 100	构架
9	X_9	车轮直径（滚动圆名义直径）	mm	790~860	轮对
10	X_{10}	车轮内侧距	mm	1 351~1 355	轮对
11	X_{11}	轮对质量	kg	1 800~2 200	轮对
12	X_{12}	侧滚转动惯量-X	$kg \cdot m^2$	500~750	轮对
13	X_{13}	点头转动惯量-Y	$kg \cdot m^2$	65~100	轮对
14	X_{14}	摇头转动惯量-Z	$kg \cdot m^2$	500~800	轮对
15	X_{15}	一系圆弹簧纵向刚度（每轴箱）	kN/m	800~1 150	一系悬挂
16	X_{16}	一系圆弹簧横向刚度（每轴箱）	kN/m	800~11200	一系悬挂
17	X_{17}	一系圆弹簧垂向刚度（每轴箱）	kN/m	1 000~1 500	一系悬挂
18	X_{18}	一系垂向阻尼（每轴箱）	$kN \cdot s/m$	10~30	一系悬挂
19	X_{19}	一系垂向减振器接头刚度（每轴箱）	MN/m	3~6	一系悬挂
20	X_{20}	轴箱转臂节点纵向刚度（每轴箱）	MN/m	5~10	一系悬挂
21	X_{21}	轴向转臂节点横向刚度（每轴箱）	MN/m	4~10	一系悬挂
22	X_{22}	空气弹簧横向跨距	mm	2 400~2 500	二系悬挂
23	X_{23}	抗蛇形减振器横向跨距	mm	2 400~2 800	二系悬挂
24	X_{24}	空气弹簧纵向刚度（每簧）	kN/m	100~200	二系悬挂
25	X_{25}	空气弹簧横向刚度（每簧）	kN/m	100~200	二系悬挂
26	X_{26}	空气弹簧垂向刚度（每簧）	kN/m	120~300	二系悬挂
27	X_{27}	二系垂向阻尼	$kN \cdot s/m$	20~60	二系悬挂
28	X_{28}	二系横向阻尼	$kN \cdot s/m$	30~50	二系悬挂
29	X_{29}	抗蛇行减振器节点刚度（每个）	MN/m	5~13	二系悬挂

6.3　高速列车动力学代理模型方案

即使不考虑空气动力学等的影响，在复杂的动力学系统下，开展高速列车车辆性能参数的优化工作也是非常困难和具体的。因此引入代理模型，在多维逼近数据空间中，寻求车辆性能参数与其动态响应之间的灵敏度关系，找到高速列车关键参数，为车辆设计和改进找到

第6章 高速列车基于代理模型的整机性能设计参数灵敏度分析

新的缩减空间的优化参数域,是一项非常有意义的工作。

实验设计采用拉丁超立方函数样本设计方法,样本响应数据来自于SIMPACK软件;采用神经网络建立代理模型,一方面需要构建出简单的近似数学模型,大大地降低仿真计算难度,另一方面采用简单的数学模型代替复杂的SIMPACK仿真模型,不得不考虑提高代理模型的收敛速度和预测精度的方案,以改善代理模型技术的泛化能力和学习能力。

利用所建立的代理模型,采用灵敏度分析可以对高速列车动力学重要性能指标的关键设计变量进行识别。最终,一些灵敏度高的参数可以被提取出来,在此基础上给出实际设计策略和依据,指导工程实际问题或应用于设计迭代。设计流程如图6-5所示。

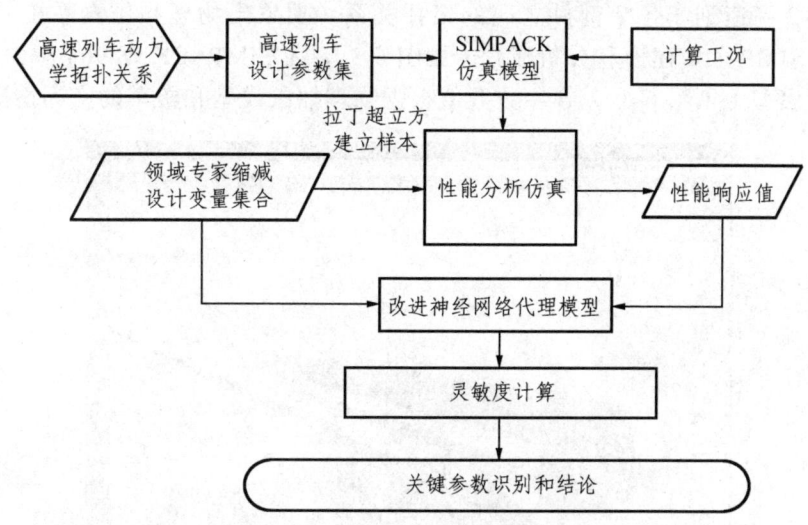

图6-5 高速列车关键参数识别流程图

6.3.1 基于LHS的高速列车计算样本实验设计

拉丁超立方试验设计方法有较好的灵活性、均匀性和可操作性,问题的维数、设计变量数、样本的数目都可以改变,故本文采用了拉丁超立方的试验设计方法来进行取样。

根据文献,拉丁超立方的最少样本数应该是变量数的3倍以上,考虑到失稳的现象,在参考CRH某型车的原设计值和领域专家们意见的基础上,缩减了设计变量取值范围(见表6-3)。在取值范围内,选取了100个水平,确定了相应的取样策略:

(1)采用拉丁超立方样本设计方法生成性能参数的设计样本,生成29×100个规范化样本参数值,即将每个参数变量分成100个水平,计算机仿真中有3组数据失稳,余下97个成功运行的水平。最终根据29个设计变量,100个水平中正常运行的97个水平,确定和修订样本值。

(2)设计样本变成29×97个规范化样本参数值,折算成相应的实际设计变量参数值。再在规范化空间中,将每个参数变量分成6个水平,生成29×6个规范化样本参数值。即对于97+6组规范值,折算成相应的实际设计变量参数值。

(3)其中97个样本点用于建立神经网络代理模型,另外6个作为验证代理模型精度的样本点。

6.3.2 高速列车仿真计算工况

1. 高速列车计算模型

按照 SIMPACK 建模仿真的原理,将高速列车的物理模型抽象出来,即可以正确地处理多体系统元素之间的拓扑关系,得到高速列车各部件的拓扑图,对各参数进行提取和配置;针对高速列车整机中各刚体质量和转动惯量等属性给出正确的定义;确定体和体之间的连接形式,如按照旋转铰链等方式来表述;考虑刚柔混合多体系统动力学的特性,可以对相邻物体之间的弹簧、阻尼、作动器和减振器等进行简化,并施加力元。

根据图 6-2 高速列车各个部件之间的拓扑关系,抽象出物理和仿真系统的形式(见表 6-1),再按照 SIMPACK 建模和分析流程(见图 6-3),在 SIMPACK v8.904 中建立 CRH 某型车动力学仿真模型(见图 6-6),各参数数值根据物理抽象模型和整车的实际情况进行选取。

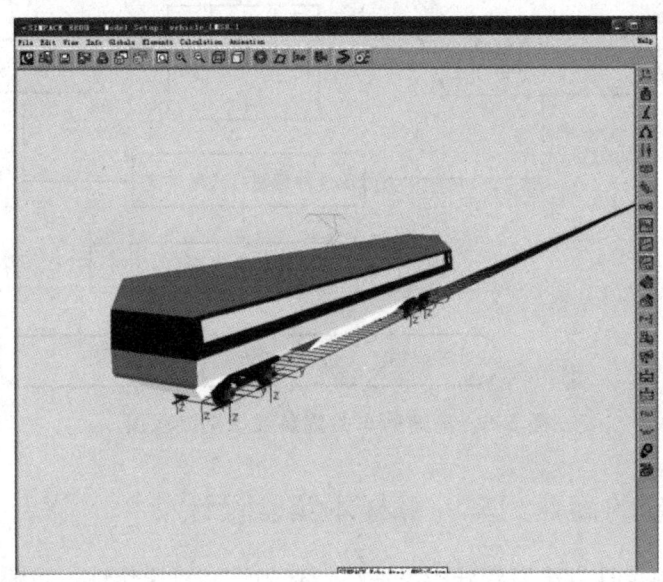

图 6-6　SIMPACK 的计算模型

2. 计算工况

计算工况选取的线路条件如下:

选取 300 km/h 作为计算速度。线路条件:线路的总长度为 1.5 km,有直线段、缓和曲线段和圆曲线 3 种不同的分段。其中直线段分为两段,长度分别为 500 m 和 270 m;缓和曲线也分成两段,长度都是 290 m;圆曲线长度为 150 m,轨道超高取为 102.6 mm,具体情况如图 6-7 所示。

激励条件:实测的京津轨道谱。

踏面形状:LAM。

加入了路线条件,高速列车样本点的计算仿真关系图如图 6-8 所示。样本数据嵌入仿真模型,可以得到构筑代理模型所需的原始输出响应值,在将这些值进行分析计算处理后,转化成输出响应指标的数据,即可构建代理模型。

第6章 高速列车基于代理模型的整机性能设计参数灵敏度分析

单位：米

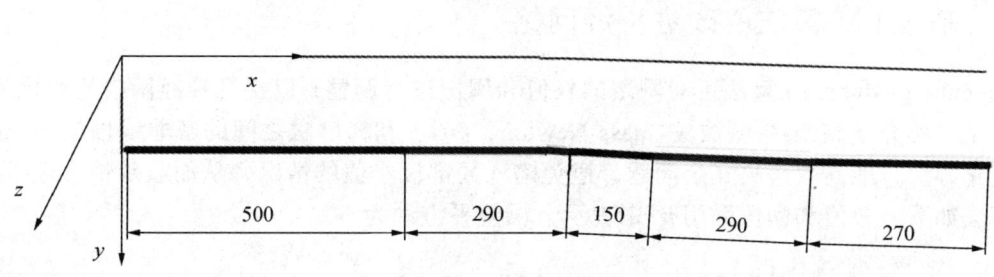

图6-7 线路条件

注：xyz 为轨道坐标，x 为轨道方向，z 的方向竖直向下。线路总长为 1.5 km，其中圆曲线为 150 m，缓和曲线为 $290×2$ m，直线段为 $500+270$ m。

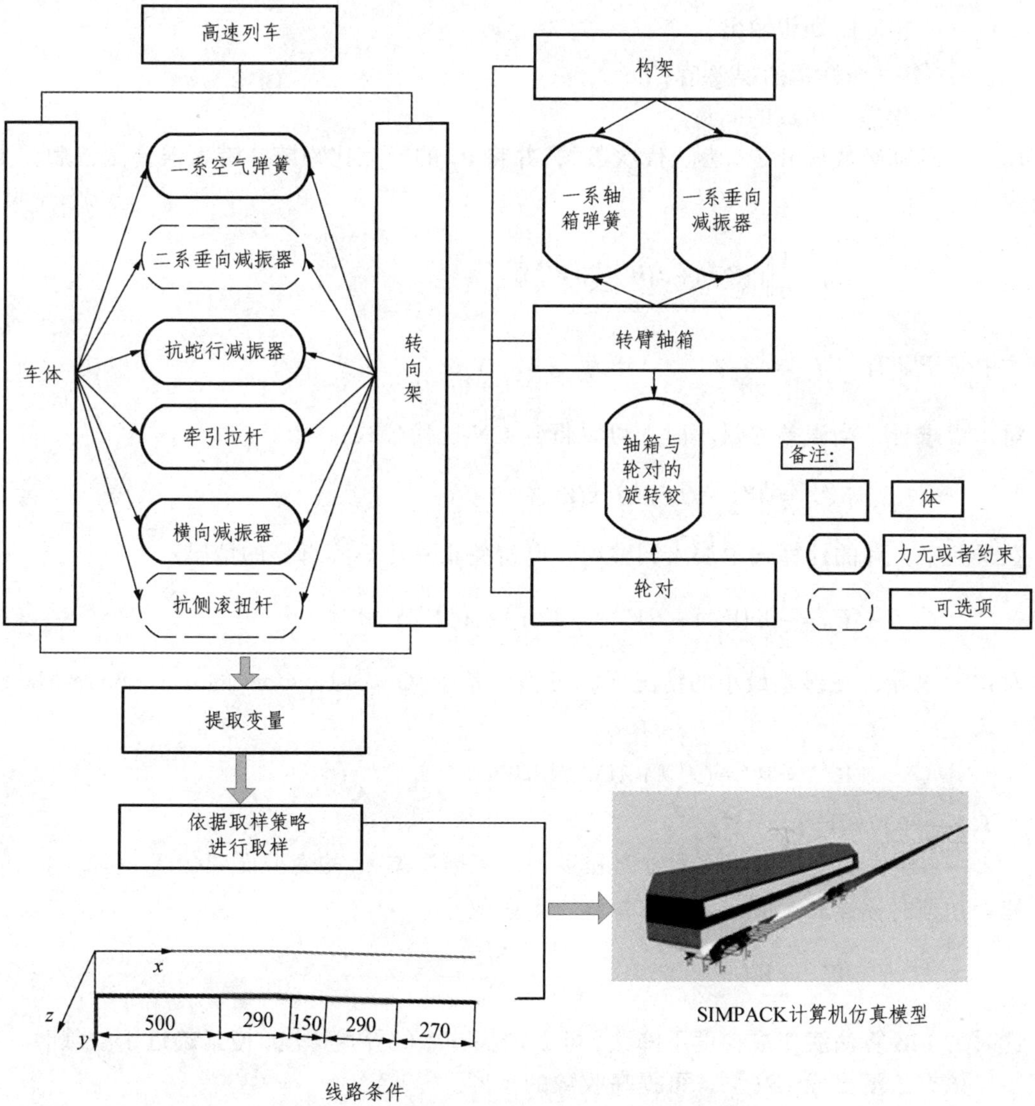

图6-8 高速列车计算仿真拓扑关系图

6.4 构建高速列车改进神经网络代理模型

6.4.1 基于 LM 算法的改进神经网络

Levenberg-Marguart 算法可对网络的权值和阈值进行调整，以提高神经网络的泛化能力。该算法是一种介于高斯-牛顿法（Guass-Newton，GN）和梯度法之间的解非线性最小二乘问题的优化方法，能高效解决冗余问题，避免陷入局部极小值的情况，从而收敛快、逼近精度高。算法如下：权值和阈值采用 W 来表示，误差平方和为

$$E_D = \frac{1}{2}\sum\sum(\overline{O}_{ij} - O_{ij})^2 = \frac{1}{2}\sum_i(\varepsilon^i)^2 = \frac{1}{2}\|\varepsilon\|^2 \tag{6-6}$$

式中　O_{ij}——第 i 个样本在第 j 个神经元的网络输出；
　　　$\overline{O}_{ij}$——相应的期望输出；
　　　ε^i——第 i 个样本的误差值；
　　　E_D——误差 ε_i 组成的向量。

用一阶泰勒级数展开（k 为迭代次数），并将 E_D 的雅克比矩阵 J 带入误差函数后，上式变换为

$$E_D = \frac{1}{2}\|\varepsilon(W^k) + J(W^{k+1} - W^k)\|^2 \tag{6-7}$$

式中对于 J 有：$J_{ji} = \dfrac{\partial \varepsilon^i}{\partial W_j}$

对 W^{k+1} 求导，当误差 E 最小时，可以得到 GN 迭代公式：

$$W^{k+1} = (W^k - J^\mathrm{T}J)^{-1}J^\mathrm{T}\varepsilon(W^k) \tag{6-8}$$

在误差平方和的计算式中加入调整项，以避免雅克比矩阵奇异的情况：

$$E_D = \frac{1}{2}\|\varepsilon(W^k) + J(W^{k+1} - W^k)\|^2 + \lambda\|W^{k+1} - W^k\|^2 \tag{6-9}$$

对 W^{k+1} 求导，在误差最小的情况下，可得到基于 Guass-Newton 的 Levenberg-Marguart 迭代公式

$$W^{k+1} = W^k - (J^\mathrm{T}J + \lambda I)^{-1}J^\mathrm{T}\varepsilon(W^k) \tag{6-10}$$

式中　I——单位矩阵；
　　　λ——迭代变量，控制搜索方向和步长，依据误差 E_D 的变换而变化。

搜索初期时候 λ 取大值，$J^\mathrm{T}J$ 非常小，可以忽略：

$$W^{k+1} = W^k - \frac{1}{\lambda_0}D \tag{6-11}$$

这时的 LM 算法演变成梯度下降法，可以加快开始的寻优速度，搜索趋近于收敛时，λ 变得很小，该方法演变成 GN 法，可提高收敛的精度。

可见 LM 算法实际上就是梯度算法和 GN 法的综合算法，算法综合后充分体现出两种方

法的优点,避开其不利的因素:不仅仅避开了梯度下降法中开始搜索快但是最后收敛慢和精度低的缺点,加入的调整项处理了 GN 中雅克比矩阵奇异和假收敛的现象,同时保证权值和阈值的每次调整都使得误差减小,保证了网络的稳定性。

6.4.2 基于 LM 算法的改进神经网络构建单输出神经网络代理模型

本神经网络代理模型中,从输入层到隐含层的神经元采用非线性转化,在输出上应用了多线性回归模型,采用的是 3 层反馈神经网络。每个网络由一个输入层、一个隐含层以及一个输出层组成。输入层和输出层的神经元的数目,被分别设置于设计参数变量数目 n 和指标参数变量数目 1(见图 6-9),隐含层的节点数定义为 10 或者 12。

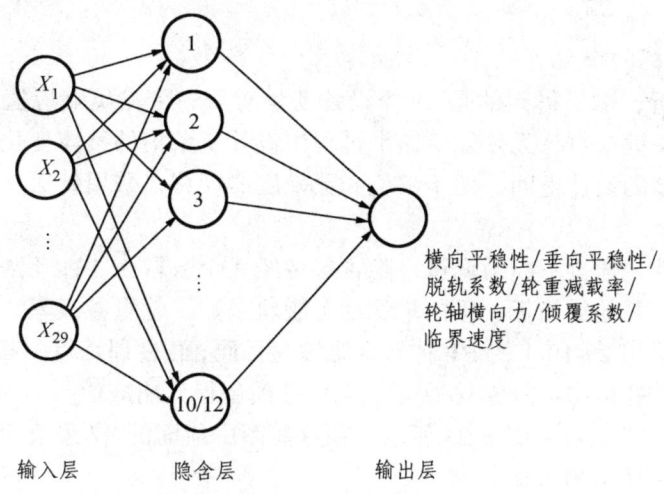

图 6-9 单输出神经网络结构图

神经网络建立了一个网络结构,基于 LM 算法对神经网络结构进行优化,即对网络的权值和阈值进行调整,以提高网络的收敛速度和泛化精度,通过这样的方法,97 组输入输出值的神经网络的训练得以实现。

该型号列车的平稳性、舒适性、安全性,分别对应了 7 个性能指标组:横向平稳性、垂向平稳性、脱轨系数、轮重减载率、轮轴横向力、倾覆系数和临界速度。在 MATLAB 中,针对 7 个神经网络建立了基于设计空间预处理-LM 改进神经网络的单输出代理模型(见图 6-9)。

对于单输出神经网络代理模型,由于其结构简单、规模容量相对较小,可以采用基于 LM 算法的改进神经网络方法进行构建,其速度和精度都能达到要求。该模型可用于高速列车性能参数的灵敏度分析和关键参数的识别。

6.4.3 高速列车神经网络验证和评估

对于采用拉丁超立方建立出来的 97 + 6 组数据中,其中 97 组用于建立 BP 神经网络模型,另外 6 组用于验证模型的正确性。

验证时采用的公式如下:

1. 绝对误差

绝对误差是实验输出响应值 $Y_{实验}$ 与网络模型输出值 $Y_{模型}$ 之差的绝对值：

$$E_a = \left| Y_{实验} - Y_{模型} \right| \tag{6-12}$$

2. 相对误差

$$\Delta \varepsilon = E_a / X_{实验} \tag{6-13}$$

3. 平均相对误差

$$\Delta \bar{\varepsilon} = \sum_{i=1}^{N} \Delta \varepsilon_i / N$$

式中 N——输出指标的个数。

针对灵敏度分析，需要得到的是 29 个设计变量对每一个输出响应值的影响程度，程度大的选择出来组成关键参数，无须知道这个过程中设计变量集的整体变化对其他性能指标的影响。为了降低模型的设计空间，便于权值和灵敏度的计算，采用针对 7 个输出响应分别建立代理模型的方法。

对于横向平稳性，通过不断地调试，隐含层神经元个数取为 12，建立 29-12-1 的 BP 神经网络。通过调试，其他的指标：垂向平稳性、脱轨系数、轮重减载率、轮轴横向力、倾覆系数和临界速度都采用 29-10-1 的 BP 神经网络编写代码，经过训练得到相关系数 r1，r2，…，r7 都比较接近 1，如图 6-10～图 6-16 所示。由代理模型得到响应值与 SIMPACK 仿真出来的实验值的对比图，如图 6-17～图 6-23 所示，在这些图中前面的 97 组值为训练样本的对比，后面的 6 组值为验证样本的对比。

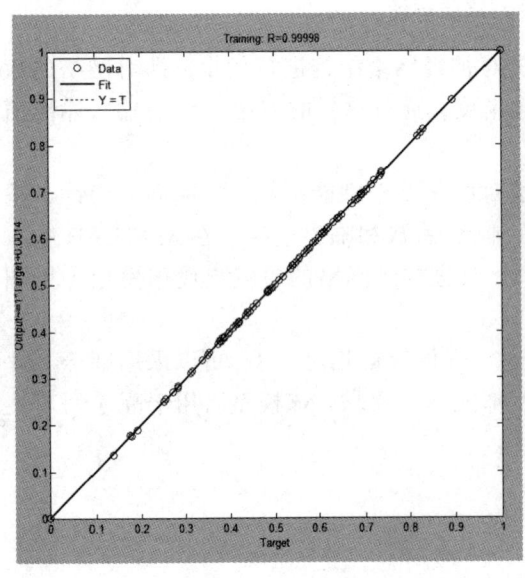

图 6-10 横向平稳性相关系数 r1

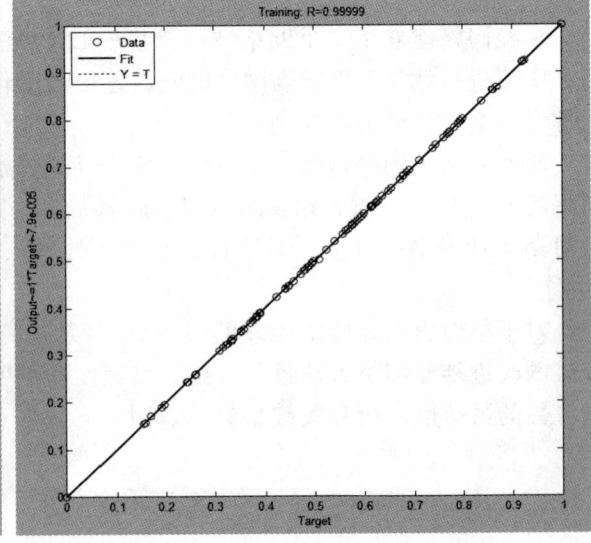

图 6-11 垂向平稳性相关系数 r2

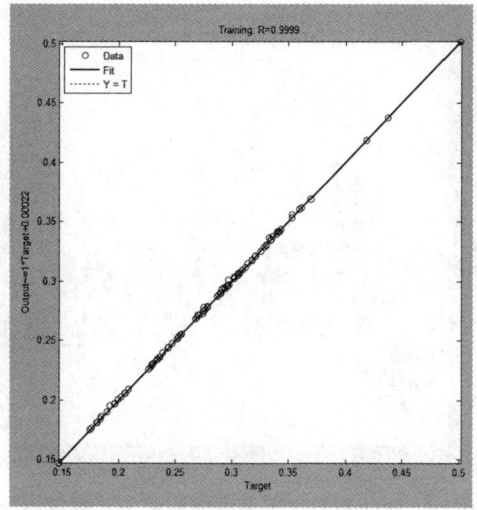

图 6-12　脱轨系数相关系数 r3

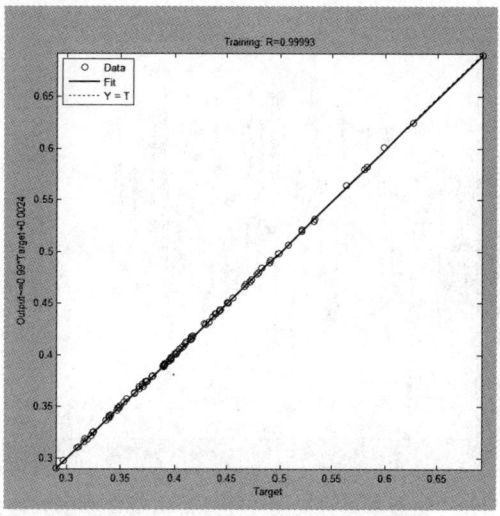

图 6-13　轮重减载率相关系数 r4

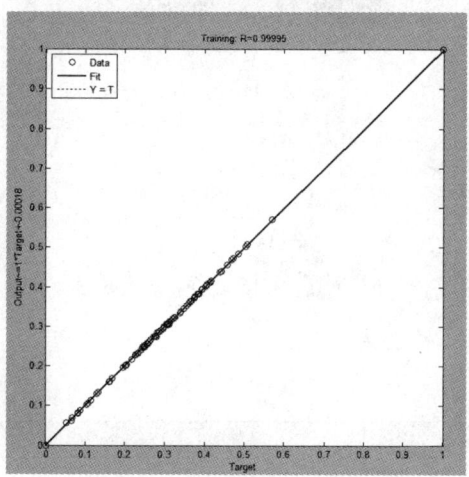

图 6-14　轮轴横向力相关系数 r5

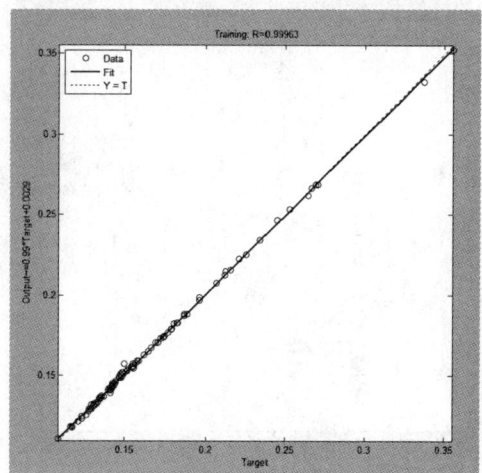

图 6-15　倾覆系数相关系数 r6

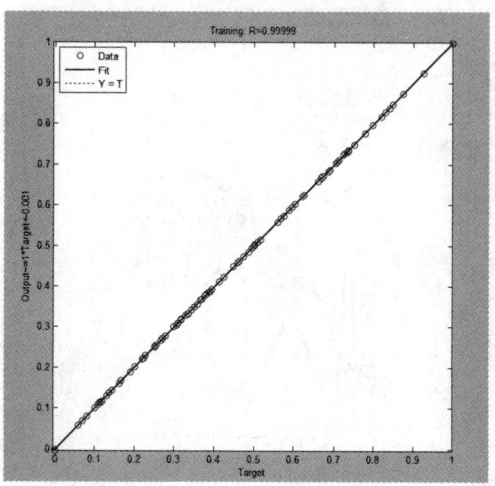

图 6-16　临界速度相关系数 r7

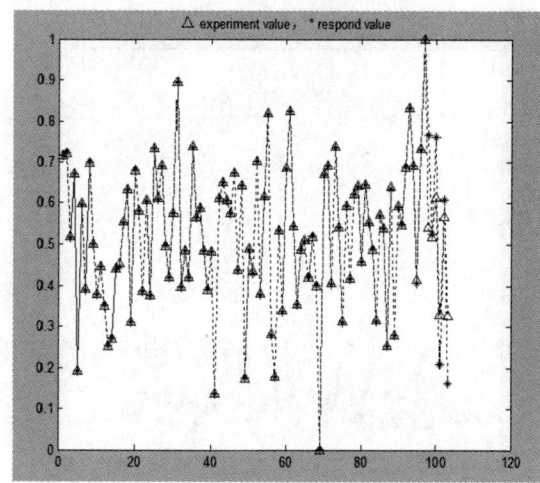

图 6-17　横向平稳性代理模型响应值与实验值对比图

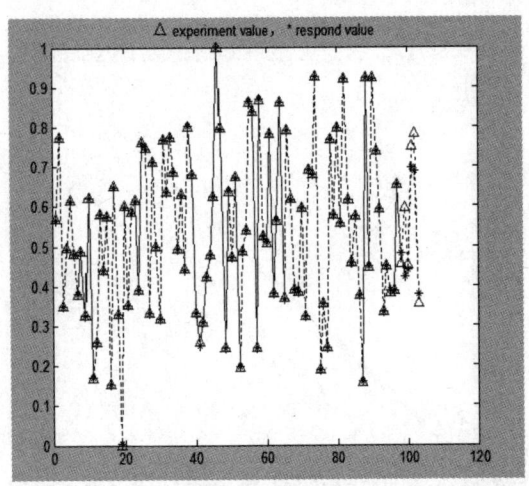

图 6-18 垂向平稳性代理模型响应值与实验值对比图

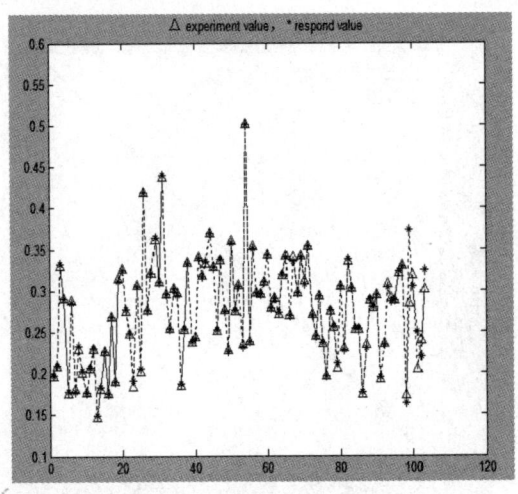

图 6-19 脱轨系数代理模型响应值与实验值对比图

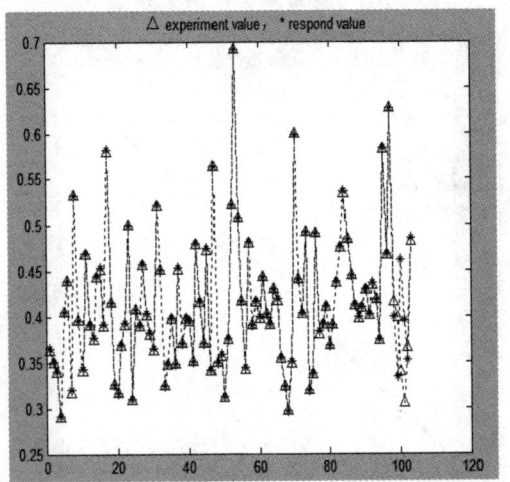

图 6-20 轮重减载率代理模型响应值与实验值对比图

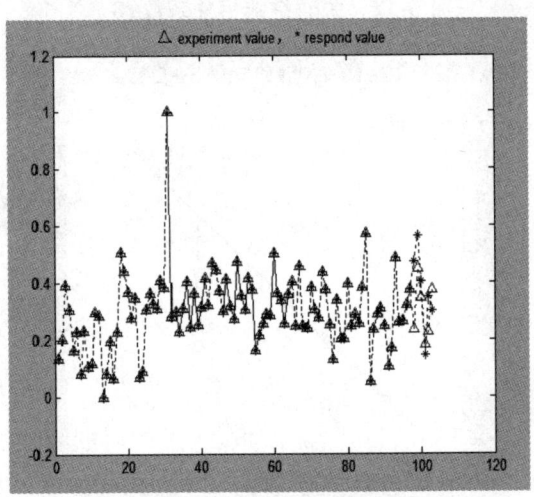

图 6-21 轮轴横向力代理模型响应值与实验值对比图

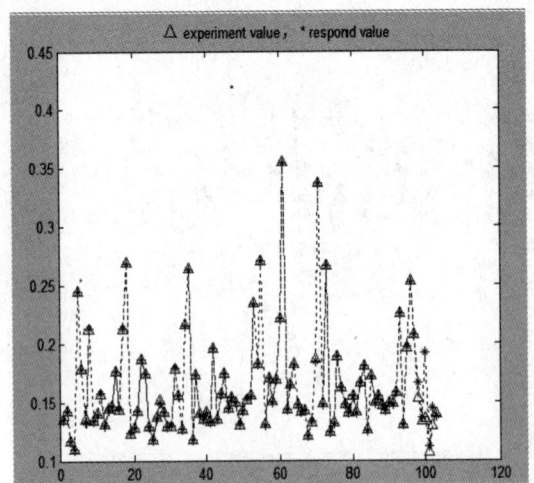

图 6-22 倾覆系数代理模型响应值与实验值对比图

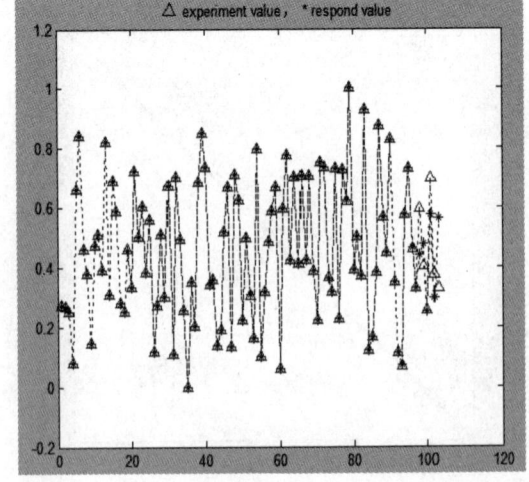

图 6-23 临界速度代理模型响应值与实验值对比图

通过计算，97 组实验值与代理模型得出的响应值的误差值都比较小。如横向平稳性的最大相对误差为 0.18%，垂向平稳性的最大相对误差为 0.22%，脱轨系数的最大相对误差为 1.50%，轮重减载率的最大相对误差为 0.30%，轮轴横向力的最大相对误差为 0.11%，倾覆系数的最大相对误差为 4.72%，临界速度的最大相对误差为 0.32%。

将 6 组未参加建立代理模型而直接由代理模型得到的各个响应值与 SIMPACK 建模得到的实验值比较，横向平稳性的最大相对误差为 6.09%，垂向平稳性的最大相对误差为 5.88%，脱轨系数的最大相对误差为 7.88%，轮重减载率的最大相对误差为 8.56%，轮轴横向力的最大相对误差为 9.38%，倾覆系数的最大相对误差为 9.61%，临界速度的最大相对误差为 4.27%，可见 7 个代理模型的误差都小于 10%，同时所有的平均相对误差小于 6%，所以精度是足够的。这样改进神经网络的泛化能力和泛化精度只需要采用 LM 的神经网络建模即可。

6.5 高速列车设计参数灵敏度分析和关键参数识别

许多年以来，由于神经网络代理模型的"黑匣子"效应，一直都无法解释是如何得到最后的决策的，最初许多商业公司质疑该方法，影响了该方法的进一步推广和使用。最终英国的 Tchaban T、Taylor M J、Griffin A 通过实验方法，找到了输入和输出之间的关系，解决了这一问题，也使得灵敏度分析成为可能。

6.5.1 灵敏度分析方法

根据文献中提供的计算公式可算出灵敏度的值：

$$S_{ik} = \frac{x_i}{o_k} \sum_{j=1}^{n} w_{ij} w_{jk} \tag{6-14}$$

式中　S_{ik}——输入（变量）x_i（$1 \leqslant i \leqslant 29$）在第 k 个输出神经元（性能响应指标）O_k（$1 \leqslant k \leqslant 7$）的影响度，即灵敏度值；

　　　w_{ij}——第 i 个输入层神经元到第 j 个（$1 \leqslant j \leqslant n$，$n$ 为隐含层神经元个数）隐含层神经元的权值矩阵；

　　　w_{jk}——第 j 个隐含层神经元到第个 k 输出层神经元的权值矩阵。

计算出来的灵敏度绝对值 $|S_{ik}|$ 越大相关性越强，$|S_{ik}|$ 越小相关性越小。负值表示负相关。

根据 BP 神经网络得到权值矩阵带入式（6-14），计算后得到 29 个输入变量相对于 7 个性能输出值的灵敏度值。

基于灵敏度分析方法，29 个设计变量参数相对于 7 个输出响应性能指标的灵敏度被计算出来，但是仅仅从这些绝对灵敏度的数值上，还很难看出每一个输入参数对输出参数的相对重要性，所以采用相对灵敏度规则来进行关键参数的识别。

按照式（6-15），计算出相对灵敏度 S'_{ik}：

$$S'_{ik} = S_{ik} / S_{ik\,\max} \tag{6-15}$$

式中　$S_{ik\,\max}$——最大的灵敏度。

根据计算出来的数值分别做出 29 个输入变量对 7 个性能指标的相对灵敏度折线图，如图 6-24～图 6-30 所示，以备后续辨识关键参数使用。

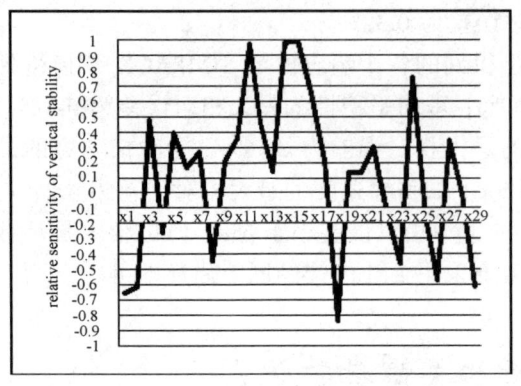

图 6-24 垂向平稳性相对灵敏度

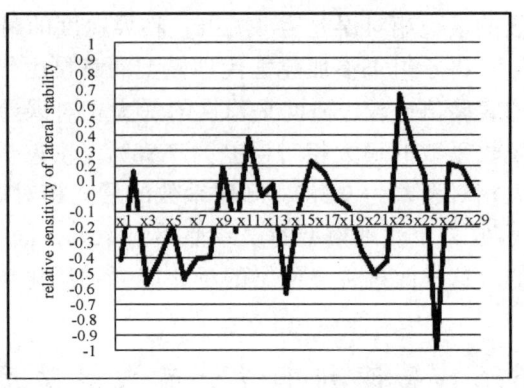

图 6-25 横向平稳性相对灵敏度

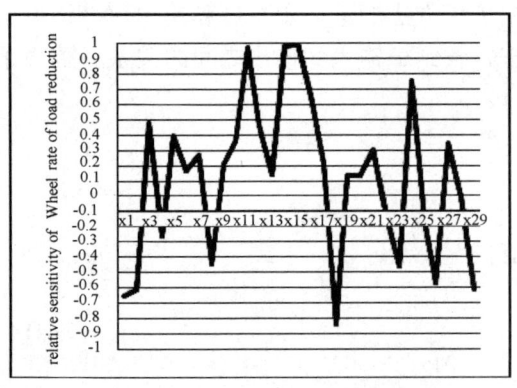

图 6-26 轮重减载率相对灵敏度

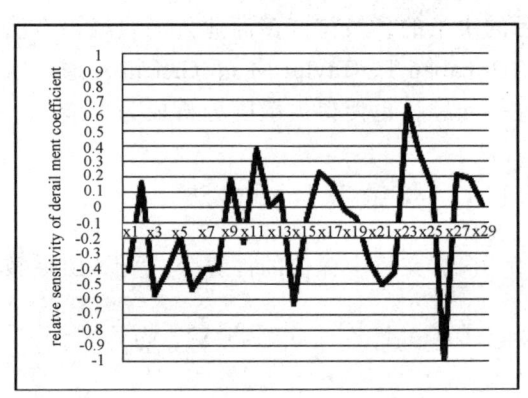

图 6-27 脱轨系数相对灵敏度

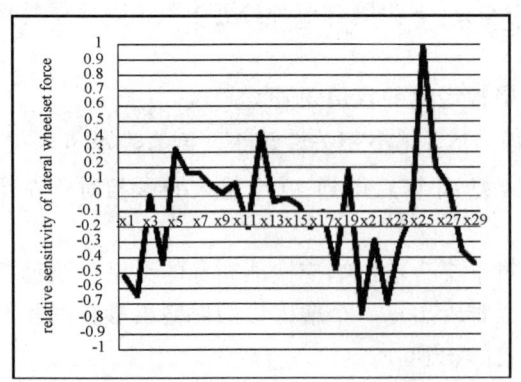

图 6-28 轮轴横向力相对灵敏度

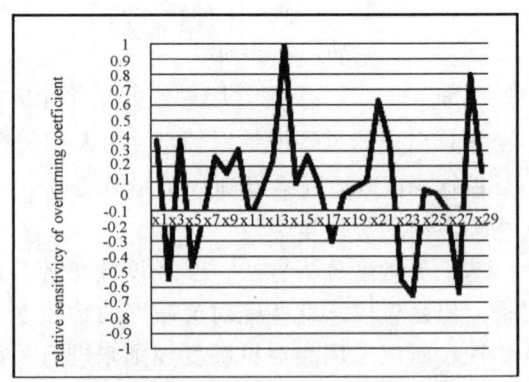

图 6-29 倾覆系数相对灵敏度

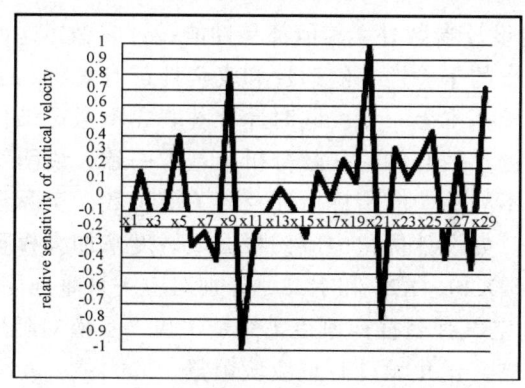

图 6-30　临界速度相对灵敏度

6.5.2　高速列车关键参数识别方法

本文中，采取了计算相对灵敏度的方法，定义最大灵敏度的相对灵敏度为 1，将 29 个输入变量的灵敏度与其对比并作图，将图中绝对值大于一定数值的前几项提取出来，建立有效的各个单性能关键参数推荐表，再对该表进行总体的综合分析，找出高速列车动力学分析所涉及的关键参数。

以相对灵敏度绝对值大于 65% 的前五项为标准，建立有效的各个单性能关键参数推荐表见表 6-4，其中相关性大的排在前面，满足此条件垂向平稳性的设计参数只有一项，再加入一项便于设计协调，带*号的为负相关，其他为正相关。

表 6-4　高速列车关键参数表

关键参数 性能指标	1	2	3	4	5
横向平稳性	X25	X28			
垂向平稳性	X27	X18			
脱轨系数	X26*	X23			
轮重减载率	X15	X14	X11	X18*	X24
轮轴横向力	X25	X20*	X22*		
倾覆系数	X12	X28			
临界速度	X20	X10*	X9	X21	X29

分析表中的数据，可以识别出关键参数，并指导以后的高速列车的进一步设计制造工作。整体设计关键参数有：X9，X10，X11，X12，X14，X15，X18，X20，X21，X23，X24，X25，X26，X27，X28，X29。这些参数分别对应着：车轮直径（滚动圆名义直径）、车轮内侧距、轮对质量、侧滚转动惯量-X、摇头转动惯量-Z、一系圆弹簧纵向刚度（每轴箱）、一系垂向阻尼（每轴箱）、轴箱转臂节点纵向刚度（每轴箱）、轴向转臂节点横向刚度（每轴箱）、空气弹簧纵向刚度（每簧）、空气弹簧横向刚度（每簧）、空气弹簧垂向刚度（每簧）、二系垂向阻尼、二系横向阻尼和抗蛇行减振器节点刚度（每个）。主要设计变量从 29 个减少到 16 个，大大减少了设计空间。

除了 X9、X10 是结构设计参数外，其他都是性能设计参数。这说明输入的性能设计参数和结构设计参数对高速列车的平稳性、舒适性和安全性都有影响，但是性能参数对高速列车的影响更广，这与实际经验基本上一致。同时此推荐表，不考虑结构因素，横向平稳性、垂向平稳性、临界速度的关键参数与相关文献分析上基本一致，说明结论是可靠的。

按照此表，找出了对不同的响应指标所涉及的关键参数，实际设计时候可以按照灵敏度来调节，以达到最优效果。如设计优化中应该根据灵敏度来加大权重值，即灵敏度越大的，权重值越大。而对于 X18、X20、X25 和 X28，分别对应一系垂向阻尼（每轴箱）、轴箱转臂节点纵向刚度（每轴箱）、空气弹簧横向刚度（每簧）和二系横向阻尼，这些设计参数对响应指标中的两项都有较大影响，优化设计时更应该调整，取大值。

6.6 本章小结

在高速列车和类似的复杂机电系统中，实际测试、运行数据无法获得，因此在概念设计中广泛地采用仿真试验数据来验证和实现设计。但是，构建不同的复杂仿真模型和运行模型需要大量的计算、时间和成本。对于优化设计，如果所有的设计变量在设计迭代中考虑了，优化过程将相当的慢。所以按照灵敏度识别关键设计参数，可以减少设计优化过程周期和复杂性。本章主要内容如下：

（1）采用多体系统动力学对高速列车进行建模，并在此高速列车动力学模型的基础上探索各部件间的拓扑结构关系，抽象出物理和仿真系统的表达形式，从中提取出相关物理实验和仿真实验所涉及的输入输出变量。

（2）研究制作专家领域系列调查表，找出那些对性能重要度大的设计参数，结合 CRH 某型车的参考值，经过整合调整后，给出 29 个结构参数和性能参数的设计变量及其取值范围表，大大地缩减了设计空间。对车辆系统动力学性能指标进行研究和分析，找出涉及列车运行安全性、曲线通过能力和平稳舒适性的 7 项综合评价指标，建立系统输出变量表。

（3）确定 CRH 某型高速列车的 29 个输入变量，7 个性能响应输出指标，采用拉丁超立方进行试验设计，借助于 SIMPACK 软件建模并生成 97+6 个样本点。通过对神经网络代理模型的研究，对其进行改进，以提高泛化能力和泛化精度。并采用改进神经网络代理模型来"代替"复杂的仿真模型，降低计算时间和成本，通过验证保证其近似的精度。

（4）通过代理模型的权重分析，进行灵敏度分析，获取高速列车关键参数辨别结果，最终给出实际设计策略和依据。

参考文献

[1] 王卫东，贺启庸，等. 高速铁路列车系统中的动力学问题[J]. 力学进展，2005，134（01）：31-43.

[2] 智野贞弥. 客车车内噪声[J]. 国外铁道车辆，1986，23（6）：38-41.

[3] L G Kurzweil. Method to reduce noise of wheels on the rail[J]. J. of Sound and Vibration，1983：197-220.

[4] 许慰平. 大跨度铁路桥梁车桥空间耦合振动研究[D]. 北京：铁道科学研究院，1988.

[5] 詹斐生. 机车动力学[M]. 北京：中国铁道出版社，1990.
[6] V K Garg, R V Dukkppati. Dynamics of Railway Vehicle Systems[M]. Holland: Academic Press, 1984.
[7] W O Schiehlen. Dynamics of High-Speed Vehicles[M]. Berlin: Spring-Verlag Wien-New York, 1982.
[8] F W Carter. On the Action of Locomotive Driving Wheel[J]. Proc. R. Soc. London, Series A. Mathematical and Physical Sciences, 1926, 112: 151-157.
[9] 王福天. 车辆动力学[M]. 北京：中国铁道出版社，1981.
[10] E J Haug. Computer Aided Kinematics and Dynamics of Mechanical System[M]. Boston: Allyn and Bacon, 1989.
[11] 孙建林. 由轨道不平顺引起的大跨度桥梁和铁路车辆的横向振动[D]. 北京：铁道科学研究院，1988.
[12] 高速铁路论文集（第一辑）[C]. 北京：铁道科学研究院，1992.
[13] 铁路高速客运研究论文选集[C]. 成都：西南交通大学，1992.
[14] E J Haug, J S Arora. Applied optimal design: mechanical and structural systems[M]. New York: John Wiley&Sons, Inc., 1979.
[15] E J Haug, N K Mani, P Krishnasawami, Design Sensitivity Analysis and Optimization of Dynamically Driven Systems[A]. In: Computer Aided Analysis and Optimization of Mechanical System Dynamics. Berlin: Springer-verlag, 1984: 555-636.
[16] E J Haug, V N Sohoni. Design sensitivity analysis and optimization of kinematically driven systems[A]. In: Computer Aided Analysis and Optimization of Mechanical System Dynamics. Berlin: springer-verlag, 1984: 499-554.
[17] L F P Etman. Optimization of Multibody Systems Using Approximation Concepts[D]. Holland: PhD Thesis of Technique University of Eindhoven, 1997.
[18] D Bestle. Analyse und Optimierung Von Mekrrpersystemen. Berlin: Springer, 1994
[19] D Bestle, P Eberhard. Analyzing and Optimizing Multibody Systems[J]. Mechanics of Structures and Machines, 1992, 20（1）: 67~92.
[20] P Eberhard. Analysis and Optimization of Complex Multibody Systems Using Aadvanced Sensitivity Analysis Methods[D]. Stuttgart: PhD Thesis of University of Stuttgart, 1997.
[21] H C German. Computer-aided design sensitivity analysis for dynamic multibody systems[D]. Iowa: PhD Thesis, The University of Iowa, 2006.
[22] K S Anderson. Y H Hsu. Analytical Full-Recursive Sensitivity Analysis for Multibody Chain Systems[J]. Multibody Systems Dynamics, 2002, 8（1）: 1-27
[23] Y H Hsu, K S Anderson, Recursive Sensitivity Analysis for Constrainted Multi-rigid-body Dynamic Systems Design Optimization[J]. Structural and Multidisciplinary Optimization, 2002, 24（4）: 312-324.
[24] 何邕. 面向设计的铁道车辆动力学建模与灵敏度分析[D]. 成都：西南交通大学，2012.
[25] D Jun. Design sensitivity analysis and optimization of high frequency structural-acoustic problems using energy finite element method and energy boundary element method[D]. Iowa: PhD Thesis, The University of Iowa, 2004.

[26] 李笑. 刚柔耦合转K6转向架动力学性能研究[D]. 成都：西南交通大学，2009.

[27] 金学松，沈志云. 轮轨滚动接触理学的发展[J]. 力学进展，2001，31（1）：33-46.

[28] 陈果，翟婉明，左洪福. 新型轮轨空间动态耦合模型[J]. 振动工程学报，2001，14（4）：392-398.

[29] 翟婉明. 车辆-轨道垂向系统的同一模型及其耦合动力学原理[J]. 铁道学报，1992，14：10-21.

[30] 樊令举. 高速动车组转向架动力学性能仿真分析与对比[D]. 大连：大连交通大学，2008.

[31] 梁树林，朴明伟，樊令举，等. 高速转向架线性与非线性模型[J]. 大连交通大学学报，2008，29（5）：17-21.

[32] 王开云，翟婉明，蔡成标. 秦沈客运专线轨道谱与德国轨道谱的比较[J]. 西南交通大学学报，2007，42（4）：425-430.

[33] 蔡成标. 高速铁路列车-线路-桥梁耦合振动理论及应用研究[D]. 成都：西南交通大学，2004.

[34] 陈秀方，金守华，曾华亮. 客运专线轨道不平顺功率谱分析[J]. 中国工程科学，2008(4)：117-121.

[35] 李斌. 轨道结构随机振动和Ⅲ型轨枕可靠性研究[D]. 成都：西南交通大学，2010.

[36] 翟婉明. 车辆-轨道耦合动力学研究的新进展[J]. 中国铁道科学，2002，23（2）：1-14.

[37] 袁士杰，吕哲勤. 多刚体系统动力学[M]. 北京：北京理工大学出版社，1992.

[38] 廖炳荣，肖守讷，金鼎昌. 应用Simpack对复杂机车多体系统建模与分析方法的研究[J]. 机械科学与技术，2006，25（7）：813-816.

[39] 刘勺华. 车辆半主动悬架系统平顺性联合仿真及试验研究[D]. 南京：江苏大学，2010.

[40] 张洪，杨国桢. 关于客车转向架的脱轨和轮重减载问题[J]. 铁道车辆，2005，43（6）：10-15.

[41] R Jin, W Chen. Comparative Studies Of Metamodeling Techniques Under Multiple Modeling Criteria[C]. American Institute of Aeronautics and Astronautics, AIAA-2000-4801.

[42] 欧阳全裕. 京沪高速铁路缓和曲线长度标准问题研讨[J]. 铁道标准设计，1997，12：1-3.

[43] 陈文豪. 高速铁路最小曲线半径的选取[J]. 铁路与公路设计，2008，4：56-58.

[44] F D Foresee and M T Hagan. Gauss-Newton Approximation to Bayesian Learning[C]. IEEE International Joint Conference on Neural Networks Proceedings. USA：Piscataway，1998.

[45] D Nguyen and B Widrow. Improving the learning speed of 2-layer neural networks by choosing initial values of the adaptive weights[J]. Proceedings of the IJCNN，1990，3：21-26.

[46] T Tchaban, M J Taylor and A Griffin. Establishing impacts of the inputs in a feedforward neural network[J]. J. Neural Compute Application，1998，7（4）：309-317.

[47] M R Chi et al. The analysis of bogie suspension parameters of high speed passenger car[J]. Chinese Journal of Dalian Jiaotong University，2007，28（3）：13-19.

第 7 章 高速列车基于代理模型的动力学设计参数优化

7.1 概 述

7.1.1 高速列车动力学设计参数多目标优化问题

在前一章的分析中，按照高速列车动力学性能结构拓扑关系，针对 CRH 某型车抽取出 29 个设计变量作为研究建模的输入变量，再分析从众多的输出响应中可得到 7 个指标变量来衡量高速列车的安全性、舒适性和曲线通过能力，进一步地研究成功地为这 29 个输入变量和 7 个输出变量建立改进神经网络代理模型。采用基于动力学仿真模型的代理模型，进行灵敏度的分析，工程设计中可重点考虑其中 16 个参数，设计空间可以得到缩减，但是 7 个输出响应指标却是无法减少和合并的。

要进行优化设计，提高列车的安全性、舒适性和曲线通过力，7 个指标中除了一个指标变量临界速度是越大越好之外，其他的 6 个指标变量都是越小越好，而其中各个输入设计参数对 7 个指标都或多或少有一定的影响。关键参数识别技术中可见，很显然这样的影响并非是独立的，比如 X18 对垂向平稳性是正相关，但是对于轮重减载率却是负相关，且影响又都比较大。显然这些彼此牵制、彼此矛盾的影响因素会最终使得高速列车动力学性能方面的设计参数的优化问题，变成一个具有 7 个子目标的多目标优化求解的问题，而这 7 个彼此作用的子目标，使得 MOP（Multi-objective Optimization Problem）求最优解的问题变得非常困难。

7.1.2 高速列车多目标优化求解问题

多目标优化问题是由法国经济学家 Pareto 率先提出的，并且给出了解的评价标准。在多目标优化过程中，因为各个子目标之间相互作用，使得子目标约束条件往往变得特别复杂，有时是相互矛盾，甚至是无显在规律可循的，所以 MOP 问题必须是对这些具有随机性的约束关系进行计算。相对于单目标优化后的有限解，多目标问题 MOP 是复杂的数学问题，通常求解之后得到的是一组均衡解，即一组非支配解（Pareto 解）集。

高速列车设计研究过程中，许多问题最终转变成求解多目标优化问题，孙振旭等针对 CRH$_3$ 型高速列车的气动外形设计问题，采用 Kriging 算法构建了关键设计变量与优化目标的非线性关系，基于模型进一步得到了较好的外形设计结果。姚拴宝等针对 CRH380A 三辆编组简化外形，提出了一套基于自适应非劣分类遗传算法的高速列车头型有约束多目标气动优化设计方法，研究结果也表明相对而言自适应非劣分类遗传算法能准确高效地找到 Pareto 最优解集。赵宏涛、苗义烽等在列车运行策略优化中采用改进的粒子群算法，给出列车运行图的鲁棒性编制方法，模拟铺画出更优的运行图。朱金陵等将列车节能控制作为优化目标，构建相应的约束条件下的微分运动方程，并用牵引力积分形式来求解。

目前，尚未发现求解全面考虑运行指标的复杂设计空间的高速列车整机动态性能参数设计多目标优化问题的相关文献，该问题比起前述问题，复杂性更高，还需要针对该问题进行以下深入研究：

（1）基于代理模型的高速列车参数设计优化问题中，子目标有 7 项，相互之间的约束作用非常复杂，意味着优化算法的选取非常重要，需要对不同的优化算法进行对比研究，对各种算法做出正确评价，选择效果好的算法。

（2）多目标求解之后是一组非劣优化解，而 Pareto 非支配解集只是给出了关于该多目标优化问题所求解的评价标准，但是并未提供切实可行的解的过程。基于代理模型的高速列车参数设计多目标优化求解之后，需要对 Pareto 非支配解集评价，以便最终得到高速列车设计优化参数集。

7.1.3 高速列车多目标优化求解方法

多目标优化问题求解往往需要采用一定的优化算法来实现，按照对子目标的处理方法分为两大类算法：传统优化算法和智能优化算法。传统的优化算法通常是通过加权、添加约束、采用目标规划法等方式来将 MOP 转化为单目标求解问题，再用解单目标优化的算法得到多目标函数的解。智能优化算法是对自然界生物现象的进行各种模拟后，从复杂的 MOP 中抽象出反映内在特征的数学模型，以寻求一个处理复杂的工程实际优化问题的有效途径。其包括进化算法、粒子群算法、人工免疫系统（Artificial Immune System，AIS）和蚁群优化算法等多种算法。

将 MOP 问题用不同的办法转变成单目标优化求解的问题，是传统的优化方法。确定转化为单目标函数后，一般会使用研究人员自己熟悉的优化算法来搜索全局范围内的单个可行解的。而启发式智能优化算法，是以进化和各种群算法为主，通过交叉选择变异等智能化方法，实现多个可行解的并行计算。该方法的目标函数可以不连续、不可微，所以操作简单、全局优化能力强，成为现阶段 MOP 中的研究前沿。启发式优化方法得到的一般是多目标问题的一个解集，按照多目标与各个子目标之间的关系来讲，在寻优时，任何目标函数的影响参数都是有交集的，在进入数值优化迭代的过程中，都会影响其它的目标函数，所以对于复杂的多目标优化问题很难找到一组解，其对应的全部子目标集体达到最优，即所谓的支配解。通常对于解集中任意两组解，其中一组解至少有一个输出响应值优于另外一组解的输出响应值，同时也至少有一个输出响应值劣于另外一组解的输出响应值，即不会全部支配另一组解，这样的解集被称之为非支配解（Pareto 解）。

本章在处理高速列车设计参数的优化问题时，分别采用了传统算法、智能算法以及它们相结合选取初始种群的方法，使得最终求解的时候，可通过对非支配解集的分析，来得到或者选择出更优于原设计的解集。即本文在优化求解思路上采用了多种方法同时进行计算寻优：选用传统的多目标设计优化方法时，先基于主成分分析的基础上，将 MOP 转化为单目标问题后，再分别采用差分进化和遗传算法两种优化算法进行寻优；为了获得非劣解集，可采用智能的进化算法，具体到本章用的是差分进化算法；对两种优化多目标的方法的结果进行比较验证，得到更优的方法；对非劣解集进行分析，以便最终找到优于高速列车原始设计的解集，以改善其各项性能指标。

7.2 高速列车动力学设计参数优化算法和流程

7.2.1 差分进化算法

1. 基本思路

按照进化理论，自然界的生物体都处于一种优胜劣汰的进化和发展中，即通过遗传、选择、交叉和变异的作用，由低级向高级不断地进化和发展。研究者从这种进化规律得到灵感，形成了现有的各种进化算法，如 GA、模拟退火算法、PSO、ACO、差分进化算法（Differential Evolution，DE）等，这些方法融合着生物进化、人工智能、数学、物理学、神经学科、计算机学科等方面的思想和技术，为解决复杂问题提供了理论依据，近年来受到了广泛关注。

DE 算法是一种比较新型的智能优化算法，于 1995 年由 Storn R 和 Price K 等提出，最初的目的是为了计算求解 Chebyshev 多项式，属于随机并行的直接寻优算法。随着研究的不断深入，发现该方法可自适应地对非线性连续空间函数进行寻优，是解决高维优化问题的一种非常有效的办法，具有可操作性、鲁棒性和全局搜索性强等优点。在 1996 年举行的第一届国际 IEEE 进化优化竞赛上，对于非确定性的各种方法进行的现场验证时，结果发现 DE 是速度最快的进化算法。

差分进化方法的主要思路与一般的进化策略不同。通常进化策略 ES 方法是用预先确定的概率分布函数来决定向量扰动，而差分进化的自组织程序则是在种群中选择两个不同的随机向量来决定对一个现有向量的扰动，并且对种群中的每一个向量（向量种群）都以此方法进行随机干扰。如新向量对应的目标值比其父辈代价小，则取代父辈。这种干扰完全可以分别单独进行，因此算法也是并行进行的。DE 算法同其他进化算法尤其是遗传算法十分相似，进化流程与遗传算法相同，都需要经过变异、交叉和选择。但与一般进化算法最有差异的地方，在于差分进化的"变异"操作采用了差分策略，即随机选取种群中任意两个群员计算加权随机偏差后，再加到计算个体群员上以产生干扰，形成变异向量参数。然后进行"交叉"，按规则将变异向量参数与选出的目标向量参数交叉形成新的差分计算向量。再进行评估"选择"，计算新向量的代价函数，与目标向量的代价函数比较，如果降低，则该向量成为下一代目标向量，该选择策略与遗传算法的锦标赛选择策略是一致的。种群中所有个体群员必须被作为一次目标向量，这样子代中才有同样数目的竞争者。同时每代都选出最好的向量参数，程序可以自动记载下自适应最小化的整个情况，如此能够有效利用群体中个体的分布特性，以加强变异能力，提高算法的搜索能力和收敛速度。

2. 应用于优化求解的标准差分算法

采用差分进化算法的基本步骤如下：

（1）初始化：每代初始种群在差分进化算法中通常是 NP 个维数为 m 的在取值范围内随机选取或者指定的实数参数向量组成，单个个体用式（7-1）表述：

$$x_{i,g} \quad (i=1,2,\cdots,NP) \tag{7-1}$$

式中　i——当前个体在种群中的序列号；

　　　g——当前种群代数；

　　　NP——种群个数，在寻优过程中 NP 是常数。

一般可以是在取值范围内随机选择也可以给定初始种群，如果是随机选择的，为了提高全局搜索能力，随机初始种群应该都符合均匀概率分布。设参数变量的界限为 $x_j \in [x_{j\min}, x_{j\max}]$，则

$$x_{ji,0} = \text{rand}[0,1] \cdot (x_{j\max} - x_{j\min}) + x_{j\min} \quad (i=1,2,\cdots,NP; j=1,2,\cdots,m) \tag{7-2}$$

（2）变异：对目标向量 $x_{i,g}$，相应的变异向量按照式（7-3）生成：

$$v_{i,G+1} = x_{r1,G} + F \cdot (x_{r2,G} - x_{r3,G}) \tag{7-3}$$

序号 $r1$，$r2$，$r3$ 是随机选择的，且和目标向量的序列号 i 是互不相同的，显然 $NP \geqslant 4$。F 为 0~2 之间的变异系数，可调整偏差变量的大小。

（3）交叉：进行此操作可使偏差扰动参数向量多样化，则新向量变为

$$\begin{aligned} u_{i,G+1} &= (u_{1i,g+1}, u_{2i,g+1}, \cdots, u_{NPi,g+1}) \\ u_{ji,g+1} &= \begin{cases} v_{ji,g+1} & \text{if}(\text{rand}b(j) \leqslant CR \text{ or } j = rnbr(i)) \\ x_{ji,g+1} & \text{if}(\text{rand}b(j) > CR \text{ or } j \neq rnbr(i)) \end{cases} \\ &(i=1,2,\cdots,NP; j=1,2,\cdots,NP) \end{aligned} \tag{7-4}$$

式中　$\text{rand}b(j)$——随机产生第 j 个 [0,1] 区间的值；

　　　$rnbr(i)$——在 $[1, NP]$ 区间内，来保证 $u_{i,G+1}$ 从 $v_{i,G+1}$ 中得到参数；

　　　$CR \in [0,1]$——交叉算子。

（4）选择：基于贪婪准则比较交叉后的新向量 $u_{i,G+1}$ 和目前种群的目标向量，以判断新向量可否变为后一代的个体群员。如子目标都构建成最小化求解，则具有较小目标值对应的向量将变成新一代种群的个体群员，于是确保新一代中的所有群员都不劣于目前种群的群员。

（5）边界条件的处理：对于不在取值范围的新个体群员，需要重新构造变异向量，进行交叉操作后与取值范围比对，直到构造的新个体处于可行域内为止。

7.2.2　MATLAB 中实现 DE 算法的过程

在 MATLAB 环境下，实现差分进化算法的具体过程如下：

（1）初始化 DE 控制参数：种群规模、变异和交叉算子、最大迭代数、终止条件等。

（2）随机生成或者输入指定初始种群。

（3）算出初始种群每一群员对应的初始输出目标值。

（4）如达到终止条件或进化代数达到最大迭代数，目前的最优个体加入 Pareto 解集，计算结束。

（5）变异、交叉与可行域进行比较，将产生的种群控制在可行域内的。

（6）算出种群每一群员对应的输出目标值。

（7）选择将最佳目标值对应的向量加入新一代种群。

（8）对进化代数加 1 后，转第（4）步。

其流程图如图 7-1 所示。

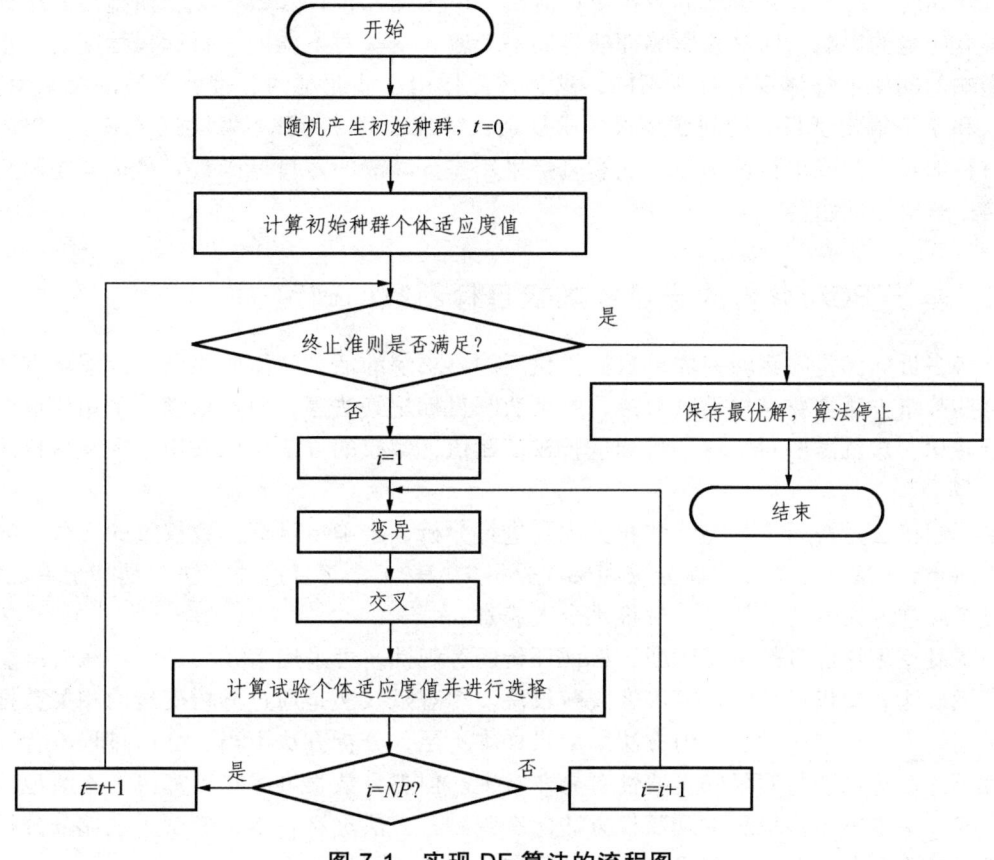

图 7-1 实现 DE 算法的流程图

7.3 优化模型的建立

7.3.1 高速列车动力学设计参数 MOP 的数学模型

要解决的目标优化问题中，涉及 29 个输入高速列车动力学性能相关的设计变量，这些变量有的是性能参数、有的是结构参数；涉及横向平稳性指标、垂向平稳性指标、脱轨系数、轮重减载率、轮轴横向力、倾覆系数和临界速度 7 项子目标，其中前 6 项为求子目标函数的最小值，最后一项为求子目标函数的最大值。29 个设计变量的取值范围在前面已经给出，为了减少设计变量单位的影响，统一进行了归一化处理，所以所有的 29 个设计变量的取值范围都为[0, 1]，根据式（7-5），建立本问题的数学模型：

$$\text{Min } f(x) = \left[f_1(x), f_2(x), \cdots, f_6(x), 1\!\!\left/\!\!f_7(x) \right. \right]$$

$$\text{St: } 0 \leqslant x_j \leqslant 1 \quad j=1,2,\cdots,29$$

（7-5）

式中　　x——29维设计变量；

　　　　$f(x)$——目标函数，由7个子目标函数组成，前6个$f(x)$为多目标优化问题的求解最小值子目标，第7个$f(x)$为求解最大值，进行求倒数后统一变化为最小值求优。

从建模的过程中和灵敏度的分析可以看出，29个输入设计参数对7个输出性能指标都或多或少有一定的影响，而这些影响即使是同一个输入变量对不同的子目标在程度上、正面和负面影响的问题上都体现的有所不同，这种彼此作用、彼此制约、彼此矛盾的关系使得29个输入和7个输出子目标的问题变得异常复杂，很难求解。为此本章尝试了基于SPSS的各个子目标加权后变成单目标函数寻优和直接采用差分算法的多目标函数寻最优解集两种方法和策略来解决该问题。

7.3.2　基于PCA分析的子目标加权目标函数的确定

要将多目标优化问题转变成单目标优化问题再求解的话，就需要采用一定策略方法来实施，这些策略方法主要有权重系数法、约束法和目标规划法等，而本章尝试采用权值系数法来进行转化，这就需要对7项子目标进行权值赋值，赋权的方法可以采用主客观赋权法两种方法。

主观赋权法是按照主观经验和相关规则进行分析，来确定目标函数权重的方法，如专家评定（Delphi）法、分配分值评分法和层次分析（AHP）法等。这些方法都是基于主观判断，对于复杂问题，该方法的效果显然很难令人满意。

为了避免了评价者的主观臆断，保证评价的客观性，可采用多元线性回归赋权法、主成分分析赋权法和熵权值赋权法等等客观赋权法。客观赋权法是通过分析变量的相关数据和信息，采用一定的规则来赋予权值方法。如果样本不足、分析方法不当、分析过程不合理，该方法赋予的权重也会与实际的重要性差异非常大。但各种数学方法在计算机上不断地得以实现，赋权方法也一步步地从主观赋权方法向客观赋权方法过渡。本章尝试了主成分分析赋权法，进行高速列车7个指标多目标设计优化求解的权值赋值。

PCA（Principal Component Analysis）称为主成分分析，是1901年Pearson提出的，1933年Hotelling对其进行了改进，用于分析数据及建立数理模型，是一种分析、简化数据集的多元统计学的方法。与其他方法，如因素分析方法、多维尺度变换方法和聚类分析方法相比，是特征抽取中最为经典和广泛使用的方法。最初应用于人脸辨识，目前在数据降维、过程监控、故障诊断、特征追踪、多变量统计过程控制等领域中得到了广泛的应用。其方法主要是针对复杂的系统问题，通过对协方差矩阵进行特征分解，如对于一个n维的特征来说，其每一维特征与其他维都是正交的，这些维构成了多维直角坐标系，确定一个坐标系统的正交线性变换，形成新的坐标系，从而使这个特征在某些维上方差大，而在某些维上方差很小。一些特征点的方差在新的坐标轴达到最大，于是新坐标轴一般被认定为主成分，从而得到数据的主成分特征向量和特征权值。这样PCA给出了直接降维的最简单高效的规定：要使降维后失去信息最少，则在原有的数据中去掉最小权值所对应的成分即可。

1. 数学模型

假设$X = (x_1, x_2, \cdots, x_n)^\mathrm{T}$为一个$n$维参数向量组，其中$x_j = (x_{1j}, x_{2j}, \cdots, x_{nj})^\mathrm{T}$。

第7章 高速列车基于代理模型的动力学设计参数优化

即

$$X = \begin{bmatrix} x_{11} & x_{12} & \cdots & x_{1n} \\ x_{21} & x_{22} & \cdots & x_{2n} \\ \vdots & \vdots & \vdots & \vdots \\ x_{m1} & x_{m2} & \cdots & x_{mn} \end{bmatrix}$$

将 n 个参数变量变成 n 个新的综合变量,即

$$\begin{cases} F_1 = a_{11}x_1 + a_{21}x_2 + \cdots + a_{n1}x_n \\ \vdots \\ F_j = a_{j1}x_1 + a_{j2}x_2 + \cdots + a_{jn}x_n \quad j=1,2,\cdots,n \\ \vdots \\ F_n = a_{n1}x_1 + a_{n2}x_2 + \cdots + a_{nn}x_n \end{cases} \quad (7\text{-}6)$$

式中 $a_{j1} = (a_{11} + a_{12} + \cdots + a_{n1})^{\mathrm{T}}$。

A 为 $n \times n$ 阶主成分系数矩阵:

$$A = \begin{pmatrix} a_{11} & a_{12} & \cdots & a_{1n} \\ a_{21} & a_{22} & \cdots & a_{2n} \\ \vdots & \vdots & \vdots & \vdots \\ a_{n1} & a_{n2} & \cdots & a_{nn} \end{pmatrix} \quad (7\text{-}7)$$

模型需满足以下条件:

① F_i,F_j 互不相关($i \neq j$,i,$j=1,2,\cdots,p$)。

② F_1 的方差大于 F_2 的方差大于 F_3 的方差……于是,定义 F_1 为第一主成分,定义 F_2 为第二主成分……

即有 $F=AX$,主成分间互不相关,则协差阵是一个对角阵,即为

$$\mathrm{Var}(F) = \mathrm{Var}(AX) = (AX) \cdot (AX)' = AXX'A'$$

$$= \begin{bmatrix} \lambda_1 & & & \\ & \lambda_2 & & \\ & & \ddots & \\ & & & \lambda_n \end{bmatrix} \quad (7\text{-}8)$$

$\lambda_j(j=1,2,\cdots,n)$ 是协方差矩阵的特征值,则第 j 个主成分贡献率为

$$\lambda_j \Big/ \sum_{i=1}^{n} \lambda_i \quad (7\text{-}9)$$

前 p 个主成分的累计贡献率为

$$\sum_{i=1}^{p} \lambda_j \Big/ \sum_{i=1}^{n} \lambda_i \quad (7\text{-}10)$$

可见,累计贡献率的数值越大,数据的信息损失就会越小,通常应使累积贡献率达到 80%~90% 以上,以保证数据信息量。

2. 实现 PCA 的具体步骤

（1）数据标准化。

设某样本集的数据矩阵 $X = (x_1, x_2, \cdots, x_n)^T$，该问题有 t 个连续目标量。样本集用自变量矩阵 $X(m \times n)$ 和响应矩阵 $Y(m \times t)$ 表示。标准化后的自变量为

$$x_{ij}^* = \frac{x_{ij} - \overline{x}_j}{\sqrt{\dfrac{1}{m-1} \sum_{j=1}^{m} (x_{ij} - \overline{x}_j)^2}} \quad (i = 1, 2, \cdots, m; j = 1, 2, \cdots, n) \tag{7-11}$$

式中 $\overline{x}_j = \dfrac{1}{m} \sum_{i=1}^{m} x_{ij}$——算术平均偏差。

（2）计算自变量矩阵的协方差矩阵 D：

$$D = X^T X \tag{7-12}$$

（3）算出协方差矩阵 D 的特征值、算出特征向量 $(\lambda_1, \lambda_2, \cdots, \lambda_n)$ 和主矩阵系数向量 $a_i = (a_{i1}, a_{i2}, \cdots, a_{in})$，$i = 1, 2, \cdots, n$。

（4）计算变量的主成分贡献率 [式（7-9）] 及累计贡献率 [式（7-10）]。

（5）选择主成分代替原始样本数据。

从上面 PCA 实现的过程中，某些情况下，从经验上即可判断所有的成分都是非常重要的，或者计算后所有的指标的贡献率几乎是一样的，则无法简化这些成分，但却可以从中得到各个成分所占的权重。

3. 权值的计算

按照下式进行权值的计算：

$$\omega_i = \sum_{j=1}^{n} a_{ij} \lambda_j \bigg/ \sum_{i=1}^{m} \sum_{j=1}^{n} a_{ij} \lambda_j \tag{7-13}$$

经过主成分分析之后，在 SPSS 软件下，得到 7 个指标的特征值，如表 7-1 所示。

表 7-1 相关矩阵的特征分析表

主成分	PC1	PC2	PC3	PC4	PC5	PC6	PC7
特征值	3.183 7	1.812 1	0.811	0.602 3	0.403 8	0.133 9	0.053 2
方差贡献率	0.455	0.259	0.116	0.086	0.058	0.019	0.008
累积方差贡献率	0.455	0.714	0.83	0.916	0.973	0.992	1

表 7-1 中可见，前两项主成分特征值大于 1，但是累积方差贡献率仅 71.4%，无法反应全部 7 项指标的信息，前 3 项累积方差贡献率为 83%，基本上能够代表原有全部 7 项指标的信息，取前 3 个作为主成分计算权值。目标响应权值是等于对该目标指标在前 3 项主成分线性组合中的系数（见表 7-2）分别乘以该主成分的修正方差贡献率之后求和，再进行归一化而

得到的。主成分的修正方差贡献率等于方差贡献率除以前 3 项主成分的累积方差贡献率（0.83）。

表 7-2　7 个目标响应对应的主成分系数

主成分 变量	PC1	PC2	PC3	PC4	PC5	PC6	PC7
$y1$	0.342	-0.184	-0.516	0.759	-0.065	0.037	-0.011
$y2$	0.159	-0.412	0.798	0.381	0.143	0.045	-0.023
$y3$	0.528	0.027	-0.035	-0.231	0.322	0.29	0.691
$y4$	0.312	0.555	0.132	0.143	0.332	-0.663	-0.083
$y5$	0.531	-0.014	-0.042	-0.286	0.146	0.33	-0.71
$y6$	0.117	0.633	0.273	0.221	-0.538	0.412	0.051
$y7$	-0.43	0.294	-0.041	0.272	0.671	0.441	-0.092

指标在各主成分线性组合中的系数由 SPSS 软件处理后得到结果，计算出的权值（见表 7-3）分别为：0.058、0.070、0.292、0.362、0.281、0.300 和 -0.150。

表 7-3　7 个目标响应对应的权重

主成分 变量	PC1			PC2			PC3			主成分间的权重
	主成分原系数	方差贡献率	修正后的方差贡献率	主成分原系数	方差贡献率	修正后的方差贡献率	主成分原系数	方差贡献率	修正后的方差贡献率	
$y1$	0.342	0.455	0.548 19	-0.184	0.259	0.312 05	-0.516	0.116	0.139 76	0.058
$y2$	0.159	0.455	0.548 19	-0.412	0.259	0.312 05	0.798	0.116	0.139 76	0.070
$y3$	0.528	0.455	0.548 19	0.027	0.259	0.312 05	-0.035	0.116	0.139 76	0.292
$y4$	0.312	0.455	0.548 19	0.555	0.259	0.312 05	0.132	0.116	0.139 76	0.362
$y5$	0.531	0.455	0.548 19	-0.014	0.259	0.312 05	-0.042	0.116	0.139 76	0.281
$y6$	0.117	0.455	0.548 19	0.633	0.259	0.312 05	0.273	0.116	0.139 76	0.300
$y7$	-0.43	0.455	0.548 19	0.294	0.259	0.312 05	-0.041	0.116	0.139 76	-0.150

进行归一化处理后，得到的权值为：0.048、0.058、0.241、0.299、0.231、0.246 和 -0.123。为此只需要将归一化设计参数所对应的单目标优化函数加权后求和，则多目标优化问题转化为单目标优化问题，数学模型变成：

$$\min f(x) = 0.048f_1(x) + 0.058f_2(x) + 0.241f_3(x)$$
$$+ 0.299f_4(x) + 0.231f_5(x) + 0.246f_6(x) - 0.123f_7(x) \quad (7-14)$$
$$\text{St: } 0 \leq x_j \leq 1 \quad j = 1, 2, \cdots, 29$$

7.4 高速列车动力学设计参数优化过程

7.4.1 传统多目标优化

对于将 7 个子目标加权后转变成单目标优化的传统多目标算法问题 [式（7-14）]，求解过程中，先采用了 MATLAB 下的优化工具箱中的遗传算法进行计算，但是反复尝试后，发现初始点不同的时候，得到的最优解完全不同，有时候甚至无法收敛，同时将所得到的"最优解"代入 SIMPACK 进行仿真模拟之后，发现输出指标的性能并未提高，或者只有部分性能指标得到提高，但是其他指标或有所下降。这说明了遗传算法全局寻优能力较弱，极易陷入局部最小。为此编制了差分算法程序，该方法只需要在种群中选择两个不同的随机向量构成线性组合来扰动现有向量，以产生新的一代种群，操作简单、全局寻优能力强、收敛快，结果显示本多目标求解问题中，最终得到的结果优于遗传算法，其中差分进化算法结果、一组较好的遗传算法结果与 CRH 某型车原设计目标数值如表 7-4 所示。

表 7-4 传统多目标优化结果数据比较

性能指标	横向平稳性指标	垂向平稳性指标	脱轨系数	轮重减载率	轮轴横向力	倾覆系数	临界速度
CRH 某型车原设计	2.380 4	2.024 5	0.149 7	0.197 8	12.232	0.198	595.312
差分进化算法	2.028 2	2.168 8	0.102 6	0.201 2	8.714 5	0.146 4	726.562 5
遗传算法	2.011 2	2.143 6	0.106 4	0.148 2	12.717 7	0.104 8	539.062 5

将遗传算法、差分进化算法所得目标数值分别和原始设计的目标参数值进行对比，性能改善的比率如表 7-5 所示。

表 7-5 遗传算法和差分进化传统多目标优化性能指标改善对比表

性能指标改善比率	横向平稳性指标改善（%）	垂向平稳性指标改善（%）	脱轨系数指标改善（%）	轮重减载率指标改善（%）	轮轴横向力指标改善（%）	倾覆系数指标改善（%）	临界速度提高（%）
差分进化算法	14.795 8	-7.128	31.462 9	-1.719	28.756 5	26.060 6	22.047
遗传算法	15.51	-5.883	28.924 5	25.075 8	-3.971	47.070 7	-9.448 7

从表 7-5 中可以看出采用遗传算法，虽然横向平稳性指标、脱轨系数、轮重减载率和倾覆系数的性能有改善，但是垂向平稳性指标、轮轴横向力、临界速度性能都有下降，尤其是后面两项下降比较大。而差分进化算法只有垂向平稳性和轮重减载率性能有所下降，而脱轨系数、轮轴横向力和临界速度的性能大幅度上升。这说明了差分进化算法比遗传算法的全局搜索能力更加有效。

通过加权之后变单目标优化函数的研究中，我们发现事实上，无论采用哪种方式进行搜索，都无法使得 7 个目标性能同时被改善。究其原因，该问题有 29 个输入变量，7 个相互牵制的指标，设计空间维数高、问题特别复杂，而权值在选择的过程中，样本点的数据有限或者仅仅采用线性组合，都无法得到线性组合的各分配权值的准确值，即会使得权重与属性的实际重要程度有一定的偏差。为解决该问题，采用了多目标优化问题的智能化求非劣解集。

7.4.2 整体代理模型

在前面的灵敏度分析中,为了便于计算权值,采用了建立单一输出的 7 个神经网络代理模型的方法,以便定性地去发现各个设计变量分别针对单一输出响应的影响关系,而不涉及设计变量对其他的输出响应的影响。但是在上节中,对 7 个单项指标进行加权之后,建立传统的多目标优化,并未取得最理想的结果。为此在本节中,为了能够搜索出针对 7 个输出响应的最优解集,将这些设计变量相对于输出响应的内部关系建立一个整体代理模型,如图 7-2 所示。

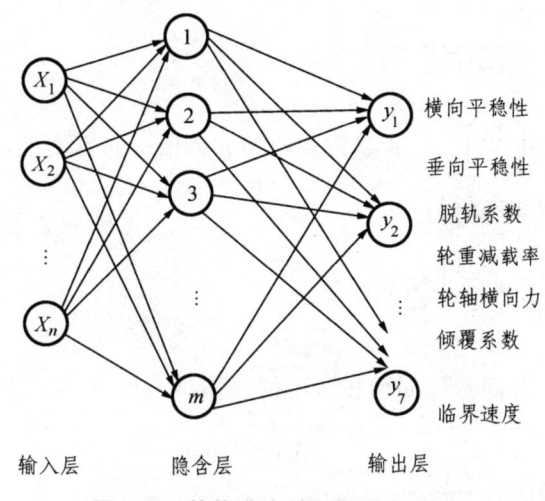

图 7-2 整体输出神经网络结构图

为了提高神经网络训练方法的泛化能力和泛化精度,也便于验证改进神经网络总体方案的正确性,我们对该整体代理模型的神经网络构建进行了多次反复训练,训练仍然采用第 4 章的 97+6 组数据,其中 97 组用于建立模型,6 组数据用于检验,训练情况见表 7-6(每个隐含层数目的神经网络中,选取出最好的训练结果)。

表 7-6 LM 改进神经网络方法对于整体代理模型的训练情况

序号	隐含层数目	最终收敛训练次数	6 组数据的预测值平均相对误差
1	11	240	39.9%
2	12	150	65.1%
3	13	147	16%
4	14	179	54.6%
5	15	139	14.8%

从训练结果来看,采用 LM 改进神经网络应用于 7 个输出响应的复杂神经网络时,在隐含层数目为 15 时,对应预测平均误差最小,为 14.8%,这远远高于用单目标输出网络中时的预测平均误差为 6%。而这个误差显然过大,需要进一步提高泛化能力和泛化精度,可采用正则化改进神经网络。

7.4.3 基于 LM-正则化算法的改进神经网络

在训练样本集大小一定的情况下,网络的泛化能力与网络的规模息息相关,一个对训练样本集能够达到较高匹配的训练,未必是一个好的训练,很可能是一个"过拟合"或者"过渡训练"。降低神经网络的规模,使得其远远小于样本集的大小,则"过拟合"的概率大大减少。贝叶斯方法则着眼于整个权值空间的概率分布,对于没有数据样本时候的先验分布 $p(w)$,其中向量 $w=(w_1,w_2,...,w_W)$,W 是各个权值和阈值的总个数,先假定遵守高斯指数分布:

$$p(w) = \frac{1}{z_w(\alpha)} \exp(-\frac{\alpha}{2}\|w\|^2) \tag{7-15}$$

其中归一化因子:$z_w(\alpha) = \left(\frac{2\pi}{\alpha}\right)^{w/2}$,$\alpha$ 是调整权值和阈值分布方式的超参数。

对应的网络权值平方和均值为

$$E_w = \frac{1}{w}\|w\|^2 = \frac{1}{w}\sum_{I=J}^{w} w_I^2 \tag{7-16}$$

其量纲是能量,相当于误差函数,如剪枝法中的惩罚项。可得到后验权值分布 $p(w|D)$ 为

$$p(w|D) = \frac{p(D|w)p(w)}{p(D)} \tag{7-17}$$

其中 $p(D)$ 是归一化因子:

$$p(D) = \int p(D|w)p(w)\mathrm{d}w \tag{7-18}$$

$p(D|w)$ 为似然函数,采用下面的公式来表达:

$$p(D|w) = \frac{1}{Z_D(\beta)} \exp(-\beta E_D) \tag{7-19}$$

β 也是超参数,

$$Z_D(\beta) = \int \exp(-\beta E_D)\mathrm{d}D = \left(\frac{2\pi}{\beta}\right)^{N/2} \tag{7-20}$$

无样本的情况下,先验权值分布是一个很宽的分布(见图 7-3 中虚线),在学习了样本后,后验权值分布变得比较紧凑(见图 7-3 实线),这说明有效权值的分布很窄,当其处于一个小范围内,才能够和网络映射关系趋于一致。从而减少了有效权值的数量,网络的规模和容量得以控制。

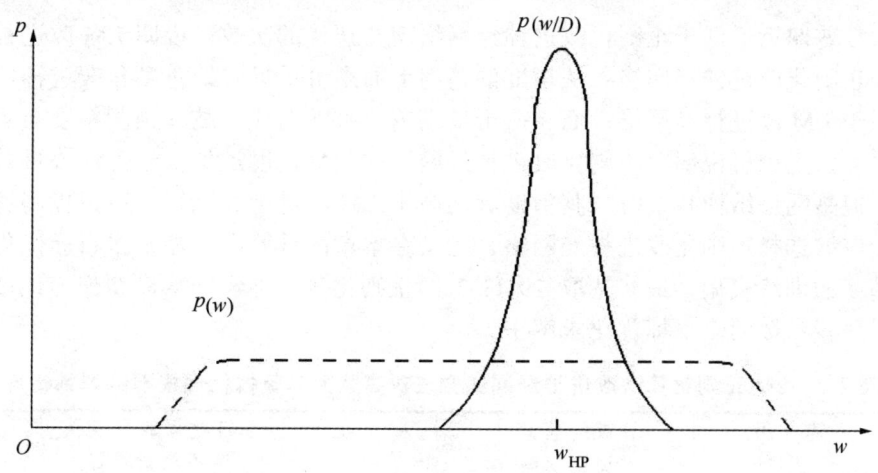

图 7-3　先验权值分布和后验权值分布

正则化则是通过修正神经网络训练性能函数来提高泛化能力的，具体操作是在平方和误差函数算式中加入修正项。贝叶斯方法则在误差函数中增加网络权值的平方和均值：$E_B = \beta E_D + \alpha E_W$。

采用一般的正则化是非常难以处理超参数 β 和 α 的值的，但是基于贝叶斯规则，在整个网络上训练的过程中，β、α 值却是可以得到自适应地调整，以达到最优。后期权值密度函数 $p(w|D)$ 为目标函数：

$$\max(p(w|D:\beta,\alpha,M)) = \frac{\left[\dfrac{1}{Z_D(\beta)} * \dfrac{1}{Z_W(\alpha)}\right]\exp(-E_B)}{P(D|\beta,\alpha,M)} \tag{7-21}$$

其中 $p(D|\beta,\alpha,M)$ 为归一化因子，上式等价于求目标函数 E_B 的最小，即求 β、α 的最小值，其迭代公式为

$$\begin{cases} \alpha(k+1) = \dfrac{\gamma}{2E_W(w)} \\ \beta(k+1) = \dfrac{n-\gamma}{2E_D(w)} \end{cases} \tag{7-22}$$

式中　$\gamma = N - 2\alpha tr(H)^{-1}$，$\gamma \in (0,N)$ 为神经网络的有效参数的数量；

N——构造神经网络结构的总参数数量值；

H——尚未考虑正则化时误差函数的 Hessian 矩阵，一般采用 LM 算法优化中的 GN 近似算法计算该矩阵，$H \approx 2\beta J^T J + 2\alpha I_N$。

7.4.4　基于 LM-正则化算法的改进神经网络构建高速列车代理模型

采用基于 LM-正则化算法的改进神经网络方法构建高速列车整体代理模型，其速度和精度都能达到要求（见表 7-7）。从训练结果来看，构建整体代理模型时，LM 改进神经网络需

要迭代的次数普遍远远低于正则化改进神经网络需要迭代的次数,说明 LM 改进神经网络收敛速度快于正则化改进神经网络;从精度的角度上面来讲,贝叶斯正则化改进神经网络的精度则远远高于 LM 改进神经网络;而在一定范围内,收敛迭代次数和预测精度与隐含层数目无明显关系。以上分析说明,正则化改进神经网络的收敛速度虽然低于 LM 改进神经网络的收敛速度,但是网络结构复杂时,其精度远远高于 LM 改进神经网络,所以提高泛化能力和泛化精度,应该选择正则化改进神经网络,尤其在本章的计算中,涉及多目标优化计算,需要选择高精度的训练模型,最终选取 29-11-7 的正则化改进神经网络模型作为代理模型应用于高速列车性能参数的多目标优化求解中。

表 7-7　LM-正则化算法改进神经网络方法对高速列车整体代理模型的训练情况

序号	隐含层数目	最终收敛训练次数	6 组数据的预测值平均相对误差
1	11	291	6.6%
2	12	507	8.8%
3	13	820	8.4%
4	14	272	8.6%
5	15	424	7.9%

从建模中可以看出,29-11-7 的整体神经网络代理模型迭代约 90 次后趋于收敛(见图 7-4),291 次后训练性能指标 Mu 达到 $5 \times e^{10}$(见图 7-5),该变量在算法中是用来确定学习是按照牛顿法还是梯度法来完成,按照正则化方法中 LM 的优化规则,随着 Mu 的增大,学习过程主要根据梯度下降而非牛顿迭代下降,同时只要迭代使误差增加,Mu 也就会增加,直到误差不再增加为止,当 Mu 值增大到最大值,即找到最小误差,则停止学习。此时相关系数 r_0=0.992,如图 7-6 所示,6 组预测值的精度如表 7-8 所示,单项指标最大平均相对误差约为 12%,总体平均相对误差为约为 6.6%,误差较小。

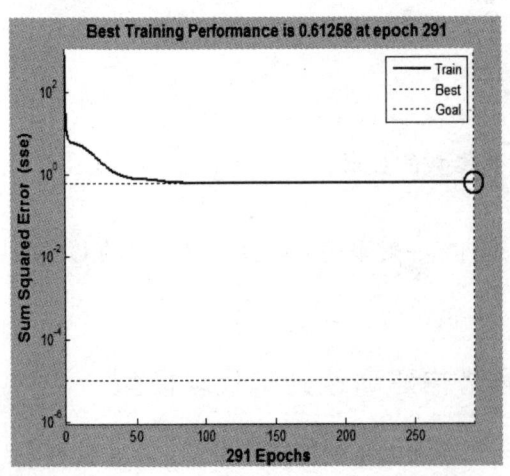

图 7-4　整体神经网络 29-11-7 收敛状况

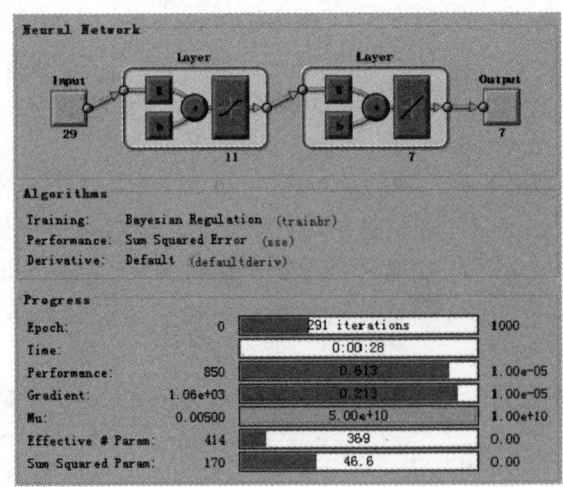

图 7-5　整体神经网络 29-11-7 收敛参数

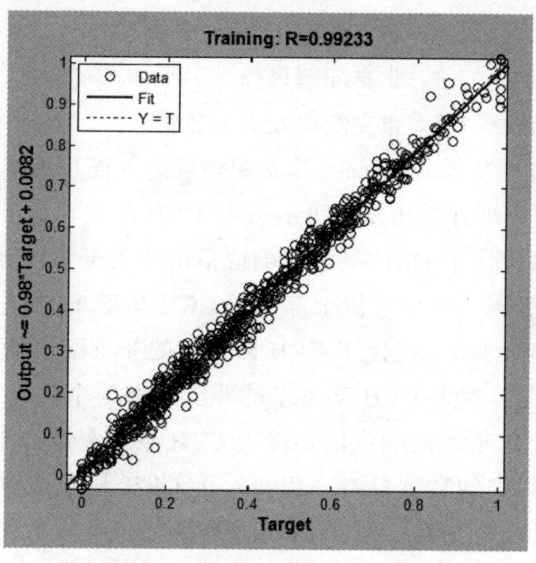

图 7-6　整体神经网络相关系数

表 7-8　6 组数据的预测精度

响应指标	预测值 平均相对误差	总平均 相对误差
横向平稳性	0.070 062 617	0.066 438 816
垂向平稳性	0.124 943 673	
脱轨系数	0.106 363 351	
轮重减载率	0.040 481 665	
轮轴横向力	0.066 895 549	
倾覆系数	0.011 641 901	
临界速度	0.044 682 958	

7.4.5　基于差分进化的启发式多目标优化

1. 基于差分进化算法的多目标优化

将建立好的 29-11-7 神经网络模型作为代理模型，采用差分进化智能算法，进行多目标优化求解，求解的初始参数如下：

```
popNumber=30;        % 种群数
popLength=29;        % 个体长度
popRange=[0 1];      % 个体范围
loopNumber=10;       % 循环次数
aimLength=7;         % 目标长度
```

```
paretoPop=[];              % 非支配解
paretoAim=[];              % 非支配解目标
paretoMaxNumber=200;       % 非支配解最大个数
```

随机选择初始化种群,初始化 Pareto 非支配解后进入循环计算,最后得到了 200 组非支配解。将这 200 组代理模型计算出来的 Pareto 与 CRH 某型车的原始数据仿真出来的响应值进行比较,7 个响应值中优于 CRH 某型车响应值的非支配解的数目如表 7-9 所示。从表 7-9 中可以看出,200 组解中,7 个响应值全部优于 CRH 某型车的非支配解的个数只有 1 组,占 0.5%;设计参数预测响应值(>3)优于 CRH 某型车的非支配解的个数为 136 个,占 68%;设计参数预测响应值(<3)劣于 CRH 某型车的非支配解的个数为 63 个,占 31.5%;最差的结果中,也至少有两个单项预测响应值是优于 CRH 某型车设计参数的响应值的。可见采用差分进化智能算法,得到的数据只有一组相对于 CRH 某型车原始设计参数来讲是支配解,而绝大多数都是的非支配解集,即 CRH 某型车原始设计参数的响应值有的优于这些解集中的解,有的劣于这些解集中的解,所以本身也可以被认定为一组非支配解。

表 7-9 200 组 Pareto 中优于 CRH 某型车设计参数对应的响应值的非支配解的数目

优于 CRH 某型车响应值的个数	7	6	5	4	3	2	总和
非支配解的组数	1	27	38	72	55	8	200

2. 仿真验证基于代理模型的优化结果

抽取其中的 21 组设计参数,1 组中有 7 项指标均优于 CRH 某型车指标,5 组中有 6 项指标优于 CRH 某型车指标,10 组中有 5 项指标优于 CRH 某型车指标,5 组中有 4 项指标优于 CRH 某型车指标。在 SIMPACK 中进行仿真验证,最终得到的结果如表 7-10 所示(带*的数据为劣于 CRH 某型车性能指标)。可见,完全可以从预测结果中选出一个 Pareto 解集。

表 7-10 200 组 Pareto 选择 21 组解仿真结果

评价指标	数据组							
	CRH 某型车	1	2	3	4	5	6	7
横向平稳性	2.380 4	2.300 1	2.278 4	2.344 8	2.285 1	2.233	2.220 6	2.249
垂向平稳性	2.024 5	1.966 7	1.986 4	1.972 5	1.992 7	2.015 5	1.998 6	2.061*
脱轨系数	0.149 7	0.120 7	0.118 2	0.151 3*	0.113 2	0.110 2	0.113 2	0.140 5
轮重减载率	0.197 8	0.185 2	0.202 6*	0.195 1	0.193 1	0.169 2	0.169 7	0.171 3
轮轴横向力	12.232	12.220 4	12.863 7*	13.282 7*	11.138 9	11.939 6	12.294 1*	15.702*
倾覆系数	0.198	0.151 3	0.143 2	0.160 5	0.150 4	0.127	0.137 7	0.150 8
临界速度	595.312	539.063*	601.562 5	546.88*	595.313	575*	578.125*	515.625*

续表

评价指标	数据组							
	CRH 某型车	8	9	10	11	12	13	14
横向平稳性	2.380 4	2.280 3	2.434 7*	2.221 5	2.251 4	2.389 2*	2.379 7	2.386 9*
垂向平稳性	2.024 5	2.013	1.994 3	2.013 2	2.009 5	2.000 2	2.000 1	2.004
脱轨系数	0.149 7	0.121 6	0.147 4	0.111 2	0.113 5	0.113	0.113 3	0.112 7
轮重减载率	0.197 8	0.159 5	0.181 6	0.168 9	0.168 5	0.172	0.175 5	0.168 8
轮轴横向力	12.23 2	13.636 2*	16.495 3*	12.046 6	12.359*	12.297*	12.336*	12.278*
倾覆系数	0.198	0.204 2	0.160 2	0.147 8	0.148 3	0.158 1	0.149 4	0.128 8
临界速度	595.312	532.813*	410.938*	589.063*	573.438*	553.125*	557.813*	554.688*
评价指标	数据组							
	CRH 某型车	15	16	17	18	19	20	21
横向平稳性	2.380 4	2.355	2.341 8	2.343 8	2.340 4	2.299 9	2.344 8	2.291 9
垂向平稳性	2.024 5	2.000 8	1.995 4	2.010 5	2.009 4	2.117 1*	1.972 5	2.012 1
脱轨系数	0.149 7	0.117 9	0.113 7	0.121 1	0.121 3	0.104 1	0.151 3	0.123
轮重减载率	0.197 8	0.159 3	0.172 3	0.167	0.172 1	0.177 3	0.195 1	0.173
轮轴横向力	12.232	11.612 7	12.455 4*	13.321 2*	13.380 3*	11.383 9	13.282*	13.927*
倾覆系数	0.198	0.231 9	0.147 4	0.150 6	0.169 2	0.151 8	0.160 5	0.167 1
临界速度	595.312	535.938*	540.625*	550*	539.063*	625	546.875*	528.125*

7.5 Pareto 非支配解集数据分析

7.5.1 优化数据对关键参数识别的验证

在差分进化线性交叉过程中,一些设计参数变异时也保留了原有的一些数据。取出表 7-10 中的第 3 和第 4 组设计参数归一化数据(见表 7-11),可以发现这两组数据基本上是一致的,只有 X23、X24、X25、X26 和 X27 共 5 个设计参数发生变化。

虽然只有 5 个设计参数发生变化,但是第 3 组设计参数变为第 4 组设计参数时,仿真结果显示性能响应值中劣于 CRH 某型车的脱轨系数、轮轴横向力和临界速度都等到了改善,从而使得所有的指标都优于 CRH 某型车原始设计。按照关键参数识别理论,X26 对脱轨系数的影响最大,呈负相关,增大 X26 会使脱轨系数值下降;X25 对轮轴横向力和横向平稳性的影响最大,呈正相关,降低 X25 会使轮轴横向力下降和改善横向平稳性;差分进化交叉变异过程中虽然没有刻意提高临界速度的重要参数,但增大 X23、X24、X25 和 X27 都可以提高临界速度;几个参数中,X23 和 X26 对倾覆系数的影响最大,呈负相关,增大这两个数值会

表 7-11 第 3 组和第 4 组设计参数比较

变量	变量名	第 3 组	第 4 组	增大值
1	转向架中心距	0.053 723	0.053 723	0
2	车体质量	0.443 574	0.443 574	0
3	侧滚转动惯量-X	0.561 998	0.561 998	0
4	点头转动惯量-Y	0.970 202	0.970 202	0
5	摇头转动惯量-Z	0.090 271	0.090 271	0
6	重心距轨面高度	0.816 216	0.816 216	0
7	固定轴距	0.891 782	0.891 782	0
8	构架质量	0.152 031	0.152 031	0
9	车轮直径（滚动圆名义直径）	0.872 504	0.872 504	0
10	车轮内侧距	0.272 893	0.272 893	0
11	轮对质量	0.984 997	0.984 997	0
12	侧滚转动惯量-X	0.605 635	0.605 635	0
13	点头转动惯量-Y	0.478 654	0.478 654	0
14	摇头转动惯量-Z	0.799 632	0.799 632	0
15	一系圆弹簧纵向刚度（每轴箱）	0.368 936	0.368 936	0
16	一系圆弹簧横向刚度（每轴箱）	0.651 629	0.651 629	0
17	一系圆弹簧垂向刚度（每轴箱）	0.360 366	0.360 366	0
18	一系垂向阻尼（每轴箱）	0.556 015	0.556 015	0
19	一系垂向减振器接头刚度（每轴箱）	0.408 03	0.408 03	0
20	轴箱转臂节点纵向刚度（每轴箱）	0.968 085	0.968 085	0
21	轴向转臂节点横向刚度（每轴箱）	0.697 81	0.697 81	0
22	空气弹簧横向跨距	0.687 749	0.687 749	0
23	抗蛇形减振器横向跨距	0.656 217	0.946 997	0.290 78
24	空气弹簧纵向刚度（每簧）	0.462 882	0.731 359	0.268 477
25	空气弹簧横向刚度（每簧）	0.922 957	0.040 505	-0.882 45
26	空气弹簧垂向刚度（每簧）	0.062 822	0.945 048	0.882 226
27	二系垂向阻尼	0.126 201	0.342 697	0.216 496
28	二系横向阻尼	0.868 964	0.868 964	0
29	抗蛇行减振器节点刚度（每个）	0.930 201	0.930 201	0

使倾覆系数值下降。因此第 3 数据组变成第 4 数据组后，响应指标脱轨系数、轮轴横向力、横向平稳性、倾覆系数和临界速度都得到了改善。X24 会使轮重减载率上升，但是增大 X23 会使轮重减载率下降，最终变化不大；增大 X27 会影响垂向平稳性，以致垂向平稳性下降，

但仍然好于 CRH 某型车的指标。将非劣解集中一些参数向量与线性加权产生交叉变异之后，仍能够保留一定的交叉前的参数向量的响应值进行对比，可得到众多的与定性分析一致的结果，显然本章优化数据和仿真结果进一步验证了前面灵敏度定性分析和关键参数识别的正确性。

7.5.2 优化算法的改进和结果分析

1. 基本差分进化智能算法的数据结果分析

采用差分进化智能算法进行高速列车性能参数设计的多目标优化，仿真结果显示其优化结果明显优于传统的多目标优化办法，不仅得到了一系列的 Pareto 非支配解集，可供不同情况下使用，而且得到了一组数据，其各项指标均不劣于 CRH 某型车原始设计参数对应的性能指标，提高了 CRH 某型车的整体性能（见表 7-12）。其中脱轨系数和倾覆系数有 24% 的改善度，临界速度基本不变，其他指标都略有改善。

表 7-12 CRH 某型车原始设计与优化设计后的性能响应值对比

评价指标	CRH 某型车原始设计	优化设计后第一组优于 CRH 某型车的解	性能提高百分比（%）
横向平稳性	2.380 4	2.285 1	4.003 5
垂向平稳性	2.024 5	1.992 7	1.570 8
脱轨系数	0.149 7	0.113 2	24.382 1
轮重减载率	0.197 8	0.193 1	2.376 1
轮轴横向力	12.232	11.138 9	8.936 4
倾覆系数	0.198	0.150 4	24.040 4
临界速度	595.312	595.313	1.7×10^{-4}

2. 重构初始种群的改进差分进化智能算法

表 7-11 是设计变量 Pareto 解集中的两组归一化数据，非常明显地显示出表 7-10 中第 3 组和第 4 组的设计参数其实是及其相似的。研究差分进化的原理和过程，通过分析，可以得知差分进化的"变异"操作是采用差分策略进行的，即通过把种群中两个随机选择的个体成员之间进行线性加权后加至第 3 个个体成员上，产生扰动，形成新的参数向量。这样前面的优化数据不仅验证了灵敏度定性分析后所得到的关键参数识别的正确性，而且说明了适当的线性加权干扰的确是可以整体提高性能指标的，同时也蕴涵着新的参数向量事实上是和初始种群相关的。差分进化算法的"选择"策略与遗传算法相同，所以这种算法虽然全局搜索能力比遗传算法强，但也会具有遗传算法的一些缺点，即寻优的过程仍然有可能陷入局部极值。显而易见，如果初始种群接近全局最优解，则意味着更容易找到更好的 Pareto 解集，甚至相对于 CRH 某型车原始设计来讲寻优结果是一组最优支配解集。

为了确保这样一个最优支配解集的个数足够多，重构初始种群时，为避免近亲繁殖，种群里的个体是不能全部在由第一次随机选择的初始种群得出的 Pareto 解中挑选，多次实验后发现，这样的"近亲繁殖"搜索到的满意解仍然是有限的。如何让新一代的种群"变异"之后的个体更强，得到更多更好的解成为研究的重要问题。

既然不能"近亲繁殖",同时按照生物进化论,只有对"适者生存"的个体进行繁殖,才可能会产生更强的种群个体。容易看出,前一节采用传统的多目标优化算法,对比 CRH 某型车原始数据,虽然得到的解有的指标不是特别理想,但是有的指标也是不错的,说明其也属于非支配解集。结合这些方法得到的非支配解,再加上其他方式得到的非支配解,使多种途径得到的"优良"种群个体相结合,应能够带来更优的结果。

为了能够搜索到更多的更优设计参数集供设计时选用,在第一次使用了差分进化智能算法后,从 200 组非支配解中挑选出来 24 组设计数据,加上表 7-4 中的遗传算法和差分进化算法得到的 2 组设计数据,单目标遗传和差分进化算法得到的另外 3 组比较好的设计数据,以及建模时的样本中挑选出的 1 组较优的设计数据,共 30 组数据设置为随机选择初始化种群,利用代理模型计算出初始化 Pareto 非支配解,然后进行交叉、变异、比较竞争、选择等循环过程。

最后在所得到的 200 组 Pareto 非支配解中,挑选出 108 组进行 SIMPACK 仿真验证,得到了另外 16 组 7 个性能指标都优于 CRH 某型车原始设计空间(见表 7-13)的解集,说明了采用选择多种途径得到的非支配解集作为新种群,来重构初始种群的改进差分进化智能算法的有效性。

表 7-13 CRH 某型车原始设计与第二次优化设计后的仿真性能响应值对比

评价指标	原始设计	第1组优化解	第2组优化解	第3组优化解	第4组优化解	第5组优化解
横向平稳性	2.3804	2.2152	2.2949	2.2985	2.1643	2.2171
垂向平稳性	2.0245	2.0151	2.0062	1.9969	1.9919	2.0174
脱轨系数	0.1497	0.1195	0.1071	0.1099	0.1002	0.1065
轮重减载率	0.1978	0.1586	0.1719	0.1736	0.1791	0.1636
轮轴横向力	12.232	11.4018	10.8046	11.3853	10.4789	11.6182
倾覆系数	0.198	0.13043	0.1586	0.157	0.1588	0.1447
临界速度	595.312	637.5	640.625	625	662.5	650
评价指标	第6组优化解	第7组优化解	第8组优化解	第9组优化解	第10组优化解	第11组优化解
横向平稳性	2.1913	2.2134	2.194	2.243	2.3748	2.2411
垂向平稳性	2.0205	1.9922	2.0164	1.9872	2.0028	1.9698
脱轨系数	0.1041	0.1037	0.1054	0.1141	0.1098	0.1366
轮重减载率	0.1663	0.1566	0.1844	0.1683	0.1899	0.1972
轮轴横向力	11.2714	11.0398	11.5406	11.4421	11.9934	12.0708
倾覆系数	0.1316	0.1344	0.1561	0.1321	0.1528	0.1655
临界速度	639.0625	668.75	650	623.4375	596.875	643.75
评价指标	第12组优化解	第13组优化解	第14组优化解	第15组优化解	第16组优化解	
横向平稳性	2.1359	2.1174	2.1837	2.1818	2.2954	
垂向平稳性	2.0062	2.0027	2.0179	2.018	2.0216	
脱轨系数	0.1271	0.108	0.1049	0.1049	0.1027	
轮重减载率	0.1927	0.1871	0.1799	0.1718	0.1875	
轮轴横向力	11.1918	9.6937	10.4768	10.5343	9.0802	
倾覆系数	0.1687	0.177	0.1582	0.1679	0.1592	
临界速度	604.6875	654.6875	623.4375	618.75	615.625	

3. 基于改进差分进化智能算法的优化数据结果分析

从表 7-13 可以看见，16 组优化设计参数所对应的 7 个计算机仿真响应评价指标中，横向平稳性、垂向平稳性、脱轨系数、轮重减载率、轮轴横向力和倾覆系数都或多或少比 CRH 某型车原始设计的响应值小，而临界速度都或多或少比 CRH 某型车原始设计的临界速度大，这说明所有 7 个的指标对应的性能都得到了改善，即铁道车辆运行安全性（涉及脱轨系数、轮重减载率、倾覆系数、临界速度等评价指标）、曲线通过能力（涉及脱轨系数、倾覆系数、轮重减载率和轮轴横向力等评价指标）和列车平稳舒适性（涉及横向平稳性和垂向平稳性）三大性能都得到了不同程度的提高。取出其中平均性能评价指标改善最大的第 6 组和第 7 组数据，与 CRH 某型车原始设计指标进行对比，计算出性能指标改善百分比，如表 7-14 所示。

表 7-14 最优解相对 CRH 某型车原始设计性能指标改善百分比

评价指标	原始设计	第 7 组优化解	性能指标改善百分比（%）	第 6 组优化解	性能指标改善百分比（%）
横向平稳性	2.380 4	2.213 4	7.015 63	2.191 3	7.944 04
垂向平稳性	2.024 5	1.992 2	1.595 46	2.020 5	0.197 58
脱轨系数	0.149 7	0.103 7	30.728 12	0.104 1	30.460 92
轮重减载率	0.197 8	0.156 6	20.829 12	0.166 3	15.925 18
轮轴横向力	12.232	11.039 8	9.746 57	11.271 4	7.853 17
倾覆系数	0.198	0.134 4	32.121 21	0.131 6	33.535 35
临界速度	595.312	668.75	12.336 05	639.062 5	7.349 17
平均性能指标改善百分比（%）	—	—	16.338 9	—	14.752 2

从表 7-14 中可见，对第 7 组优化设计参数，进行仿真得到相应的指标响应值平均性能指标改善百分比约为 16%，其中倾覆系数数值比 CRH 某型车原始设计参数的响应值下调约 32%，脱轨系数数值下调约 31%，轮重减载率数值下调约 21%，而临界速度上升 12%，大大地提高了列车的运行安全性；而轮轴横向力也下降约 10%，这样不考虑磨耗指数的情况下，曲线通过能力也大大提高；横向平稳性指标数值下调约 7%，垂向平稳性指标数值下调约 1.6%，列车平稳舒适性也得到了一定程度上的改善。第 6 组优化设计参数虽然平均性能指标改善百分比虽然没有第 7 组高，但是倾覆系数和横向平稳性指标好于第 7 组，同时平均性能指标改善百分比约为 15%，整体性能的提高也是很可观的。

采用差分进化算法，对高速列车设计参数 7 大性能指标进行启发式智能化多目标优化，得到了 200 组非支配解集。对部分非支配解进行仿真，只得到了一组 7 项指标都不劣于 CRH 某型车原始设计的数据。通过非支配解集的数据分析和对差分进化算法的理论分析，发现初始种群对差分进化算法仍有作用。选取其中较优的一些非支配解，再加上传统的多目标变单目标优化得到的一些优化解，构成差分进化算法的新初始种群，重新优化后，得到了 16 组全部输出响应值都优于 CRH 某型车原始设计的解集，其中最优的一组解平均性能指标提高 16%。可见，这种传统多目标优化方法和启发式智能化多目标优化方法相结合赋予初始种群的办法，大大地提高了差分智能算法解决多目标优化问题的能力。

7.6 本章小结

为了解决 7 个目标之间的错综复杂的关系，本章提出整体代理模型代替单输出代理模型。为了提高整体代理模型的泛化精度问题，采用 LM-正则化算法改进神经网络重新构建高速列车代理模型，取得了较为理想的结果。基于这种改进的整体神经网络代理模型，在将高速列车的 29 个输入设计参数和 7 个动力学仿真输出响应指标的映射关系进行代理的基础上，为了进一步提高高速列车的安全性、舒适性和曲线通过力，本章深入探讨了高速列车设计参数的多目标优化问题：

（1）利用 PAC 方法，对 7 个子目标进行分析，计算出子目标的权重，线性叠加后将多目标问题变成单目标问题，分别采用遗传算法和差分进化算法进行寻优，结果显示差分进化算法寻到的解更优于遗传算法，验证了差分算法全局搜索能力更强一些。

（2）为了解决传统的多目标优化算法结果不理想的问题，采用基于差分进化的启发式智能化多目标优化方法，在得到的 200 组 Pareto 非支配解集中，仿真验证该方法得到了一组各项指标都不劣于 CRH 某型车原始设计的最优解。结果说明智能启发式多目标优化方法优于传统多目标方法。

（3）在对差分进化算法中交叉与变异进行理论分析的基础上，为了提高寻优能力，结合传统多目标优化和智能化多目标优化的结果，重新组构初始种群，再次采用差分进化算法优化，最终仿真验证该方法得到了 16 组最优解集，即全部 7 项指标都优于 CRH 某型车原设计的设计参数，且多项性能指标均得到较大幅度地改善。

本章通过对高速列车多目标优化问题的理论研究和实例计算，探索了几种不同的优化方法，通过数据的比对和分析，不仅验证了前面分析的正确性，而且最终找到一种重构初始种群的差分进化方法，得到了优于 CRH 某型车原始设计的最优解集，为 CRH 某型车的改进提供了依据和数据，也为高速列车的设计参数优化求解提供了切实可行的方法。

参考文献

[1] 刘楠楠. 基于进化算法的多目标优化算法及应用研究[D]. 南京：南京航空航天大学，2010.
[2] 肖晓伟，肖迪，林锦国. 多目标优化问题的研究概述[J]. 计算机应用研究，2011，28(3)：805-808.
[3] 李红梅. 多目标优化演化算法研究综述[J]. 现代计算机，2009（4）：44-46.
[4] 时丽娜. 进化多目标优化算法及其应用研究[D]. 南宁：广西师范大学，2010.
[5] http://wenku.baidu.com/view/cb529d7b27284b73f2425087.html.
[6] 孙振旭，宋婧婧. CRH_3 型高速列车气动头型优化计算[J]. 中国科学：技术科学，2011，41（3）：292-300.
[7] 姚拴宝. 基于 GA-GRNN 的高速列车头三维优化设计[J]. 中国科学：技术科学，2012，42（11）：1283-1294.
[8] 赵宏涛，苗义烽. 基于改进粒子群优化算法的鲁棒性列车运行图编制方法[J]. 中国铁道科学，2013，34（32）：116-121.
[9] 朱金陵，李会超. 列车节能控制的优化分析[J]. 中国铁道科学，2008，29（2）：104-108.

[10] 陈涛. 基于多支持向量机融合建模的直线电机结构设计研究[D]. 合肥：安徽大学，2011.
[11] 张志亚. 风力发电功率预测及 AGC 机组调配的研究[D]. 西安：西安科技大学，2012.
[12] 杨启文. 差分进化算法综述[J]. 模式识别与人工智能，2008，4：506-513.
[13] 肖婧. 差分进化算法的改进及应用研究[D]. 哈尔滨：哈尔滨工程大学，2011.
[14] http://blog.csdn.net/aalbertini/article/details/6256656.
[15] 吴方良. 基于 L-M 贝叶斯正则化方法的 BP 神经网络在潜艇声纳部位自噪声预报中的应用[J]. 船舶力学，2007（2）：136-142.

第 8 章 高速列车设计、分析、优化集成平台

作为当前最具竞争力的交通工具之一，高速列车具有速度快、客运量大、全天候、安全可靠以及低能耗和低污染等优势，在当前和可预见的未来，高速列车将在经济发展中起到至关重要的作用。由于高速列车的系统组成复杂、技术高度密集，使得试验技术表现出较大的局限性，如试验的周期长、成本高，而且很多问题无法进行试验或无法通过试验再现，有时通过试验也很难研究其机理和提出合理的技术改进方案等。利用计算机仿真技术可以对试验进行模拟或者对不能进行试验的情景进行仿真模拟来研究高速列车性能，因此计算机仿真技术在高速列车的基础和应用研究中具有极为关键的作用，具有试验研究方法不可比拟的一些优势。针对高速列车的设计和研发，本章主要探究高速列车新技术运用、新产品开发和虚拟样机试验综合研发的集成平台，形成高速列车的协同设计、多学科协同仿真的环境，可对高速列车的关键技术和核心问题开展虚拟样机建模和数值仿真研究，通过建立高速列车设计、分析、优化的集成平台，实现基于仿真的设计和优化，为高速列车的创新设计提供有力的支撑。

8.1 高速列车数字化设计面临的挑战

8.1.1 高速列车 CAD 技术

虚拟样机是采用基于相似性原理的仿真技术，在计算机中建立各种反映产品物理功能、性能和结构的仿真模型。因此，各种抽象的模型表达及计算机映射是虚拟样机分析的关键。在产品定型、试产前段，如果能够对产品的各方面体现的性能及功能等进行全方位模拟，及时发现设计中存在的问题，将有效地减少反复设计时间，实现产品后端的全数字量传递，降低研发成本，加快产品投入市场的步伐。

高速列车虚拟样机，首先要获得其数字样机，数字样机通过现有的三维 CAD 系统产生和完善，并按照高速列车本身的要求在数字样机三维模型的基础上进行定制，实现数字样机的较为完整的表达；能生成高速列车数字样机的三维 CAD 系统很多，如 CATIA、Pro/E、UG 等，可根据需要和 CAD/CAE 集成的有效性等进行选择。基于三维 CAD 模型形成的数字样机，按照分析目的将模型映射到各种分析系统中，实现动力学、强度、耐久性、可靠性等分析；基于这些分析，对各设计参数进行调整、优化，从而获得满足要求的设计，将大量的物理试验转移到计算机中进行各种无风险、低成本的仿真和模拟，实现产品的各种

性能预测。

建立高速列车虚拟样机模型,需要得到与其相关的信息,包括产品三维实体;生成与三维实体模型相对应的各实体的物理模型,同时生成与三维真实实体对应的简化模型以实现模型几何的轻量化;模型按照该实体在实际使用过程中应有的性能进行规划,包括材料、质量、质心坐标、表面积、体积、转动惯量、力学性能曲线函数、刚度、主/副截面的复合计算等,可以按照相似性原理对具有类似性能特征的实体进行归类,对整车模型中每个模型必须具有装配位置的坐标属性;具有零部件的装配功能,即能够进行面向装配的设计(Design for Assembly,DFA),并能够按照模型树进行部件组合,生成类似单独实体的模型,同样生成其简化模型和物理性能模型,使其能够具有自身物理特性的性能,比如质心的变化、表面积、体积、转动惯量、材料的复合等;按照常用的约束建立各组件的约束模型,且具有运动学分析功能,能够检测干涉现象,最好能对弹性元件等有变形的运动进行模拟;具有参数化功能,该功能希望既具有特征参数化功能,又具有结构参数化功能,以自动生成零件,并能够对优化结果获得的数据针对实体参数进行手动或自动的修改;具有所有模型数据库和整车模型数据库的管理功能,每个零部件具有物理(包括简化模型)和几何模型子数据库,所有的模型数据库结构必须全部开放,并且具有自动索引数据内容等功能;所有几何模型和物理模型支持与各软件的数据接口转换,并提供一些二次开发接口;支持开放式接口等。图 8-1 所示为高速列车数字样机产生结构图。

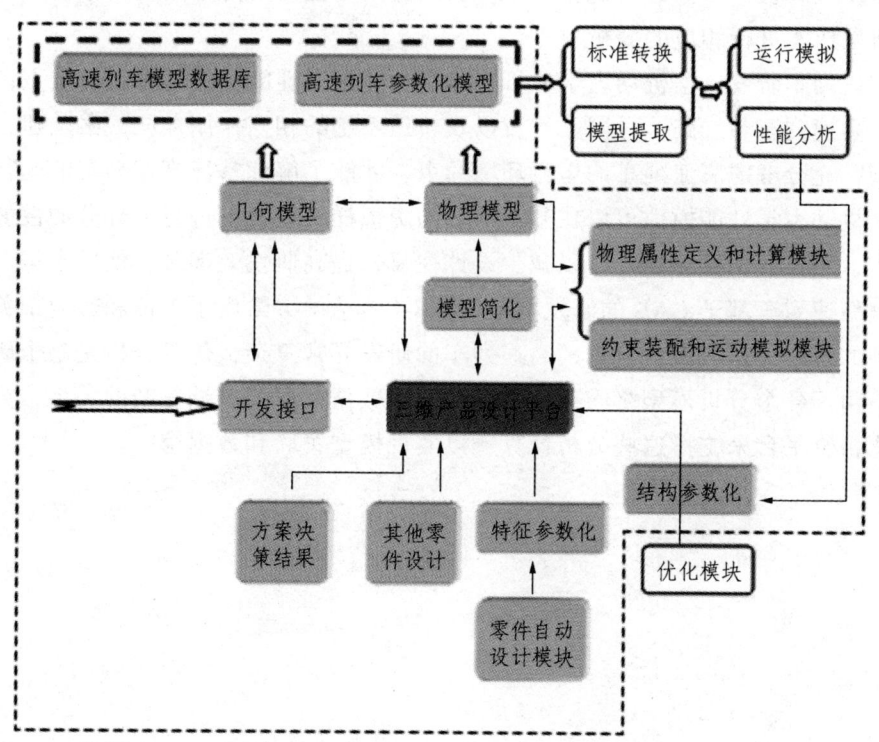

图 8-1 高速列车数字样机产生结构图

在进行高速列车三维 CAD 建模中，更多的挑战表现在：

（1）适合个性化、多样化需求的高速列车数字样机快速产生。

（2）通用化 CAD 系统向专用化模块的定制，实现高速列车设计的专门化。

（3）从需求到方案到技术设计的过程很难得到控制，尤其在方案阶段的设计较为模糊。

（4）从高速列车的数字样机到功能样机的过渡，需要在原有三维 CAD 模型基础上进行属性提取。

上述几个问题需要在三维 CAD 模型的基础上进行深入研究，才能使得数字样机顺利过渡到功能样机。

8.1.2 高速列车 CAE 技术

高速列车组成结构树如图 8-2 所示，承载、走行、动力等是高速列车的组成组分，这些组分又可细分为多个部件，各个部件再细分为相应的子部件，这样逐层下分到最小组成单元或零件。高速列车研发需要满足给定的需求或相应的技术指标，而这些指标规定了高速列车总体、组分以及各部件的各种功能、性能甚至结构组成等。因此，需要对高速列车进行各种相应的分析，尤其要进行相关的仿真分析来预判设计是否满足给定的需求或技术指标。通常情况下，从性能角度需要进行整机动力学、各部件的强度、刚度、疲劳可靠性、模态、振动等相关分析，并对设计参数进行优化设计；从制造角度也需要对各结构的结构工艺性、可装拆性以及研发成本进行相应的分析。

针对高速列车研发，整机动力学分析是整个高速列车性能分析的核心和重点，尤其在高速行驶时，高速列车与线路、弓网、气流以及轨道系统的相互作用加剧，必须建立复杂的耦合系统模型，充分考虑高速列车的运行环境约束，才能了解和掌握高速列车的运行机理和规律。上述整机动力学性能模拟可以在基于仿真的虚拟样机模型下进行大部分的性能虚拟试验和仿真工作，用仿真来验证设计，以减少设计往复，提高研发效率并降低成本等。

为了解高速列车基于 CAE 的研发状况，表 8-1 和表 8-2 给出了车体和转向架关键部件研发所使用到的各种分析。由此看来，高速列车的研发异常复杂，仿真分析是整个研发过程的主要手段。由于各个分析模型之间存在相互关联、数据共享等错综复杂的关系，需要建立相应的数字化仿真平台来支撑这些分析计算，以实现模型关联和数据统一。

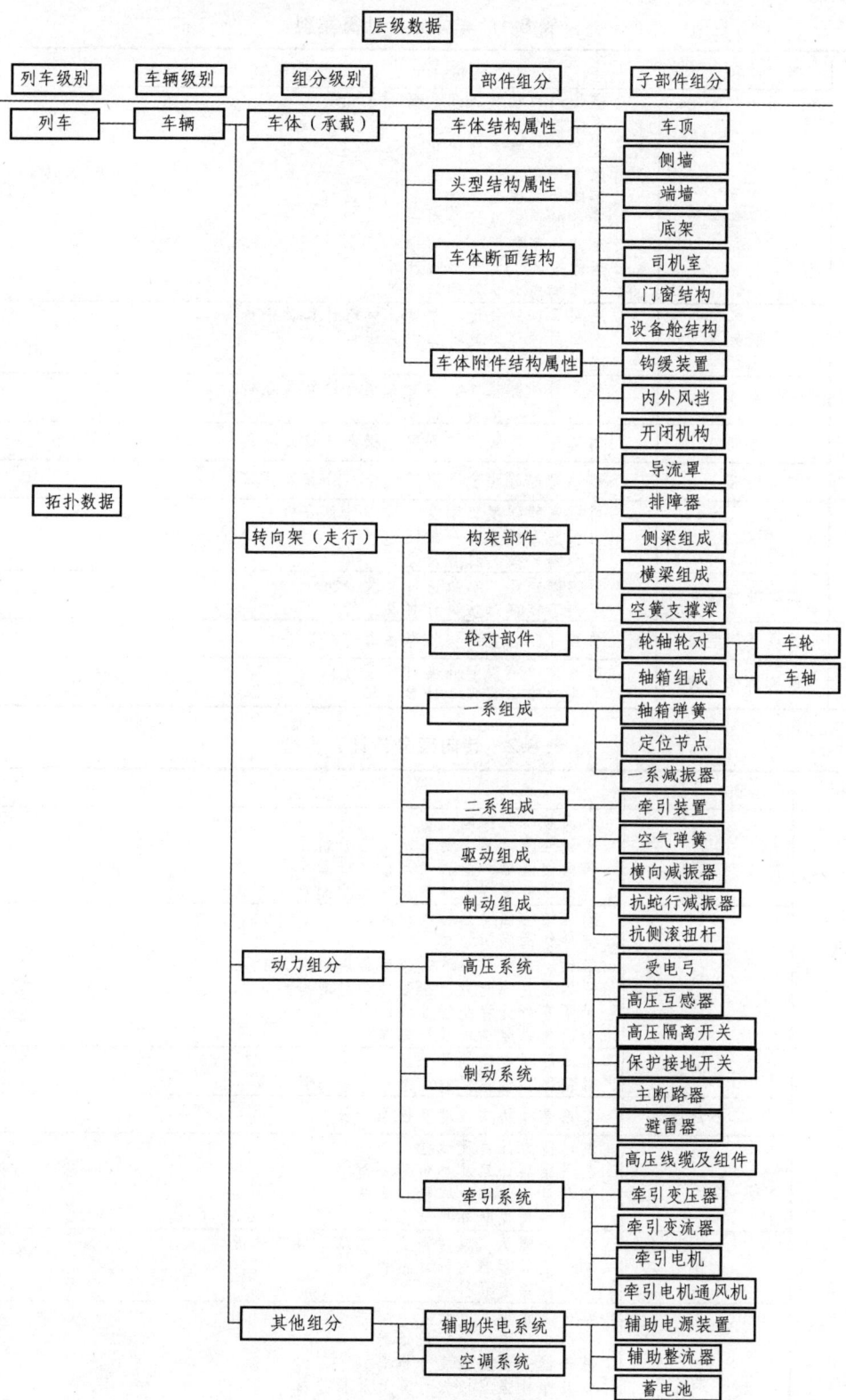

图 8-2 高速列车组成结构树

表 8-1 车体分析计算类型

部件	组成	分析类型
车体	总体	空气动力学及风洞试验 车体静态强度、刚度 整车气动噪声及优化 整车模态 车体局部模态 设备舱内部流场分析 车体气密强度 车体限界、曲线通过计算 车体模态分析及试验
	底架	底架局部静强度、刚度、模态计算及分析 底架吊挂件平衡计算、分析 隔声降噪
	车顶	车顶局部静强度、刚度、模态计算及分析 受电弓导流罩启动特性
	侧墙	侧墙局部静强度、刚度、模态计算及分析
	端墙	端墙局部静强度、刚度、模态计算及分析
	司机室	司机室静强度、刚度、模态计算分析 司机室人机工程分析 气密隔墙模态计算及分析
	车钩缓冲装置	车钩静强度、动载荷计算及分析 车钩工作状态仿真计算及分析
	前罩开闭装置	前罩开闭装置工作状态仿真计算及分析
	前头排障装置	前头排障装置静强度计算及分析 前头排障装置吸能计算分析

表 8-2 转向架分析计算类型

部件	分析类型	
转向架	总体	转向架动力性能 轮轨匹配计算、仿真及模态分析 转向架限界、曲线通过校核计算 转向架重量分配计算及结构空间尺寸计算
	轮对	轮对结构强度分析及计算 部件结构间隙校核 车轴、车轮静强度、疲劳强度计算分析 联轴节变位能力、扭矩传递计算分析 轴承寿命计算及强度分 紧固件强度分析及计算
	一系悬挂	箱体静强度计算及分析 轴箱体、轴箱弹簧静态强度模态计算及分析
	二系悬挂	二系悬挂结构强度及性能计算
	制动	制动能力计算及试验 制动距离计算及热负荷分析 制动盘、闸片热容量及寿命 局部结构强度分析计算
	构架	构架静强度、疲劳强度、刚度及模态分析 构架主截面断面计算报告 紧固件强度分析
	牵引	牵引装置强度分析 牵引拉杆强度分析及计算 减振器安装座强度分析 安装螺栓强度校核计算及放松措施 高度阀杆长度的校核 高度阀安装与车下空间干涉校核计算

随着高速列车环境和需求的多样化，现有高速列车设计需要将相应的运行环境，比如线路、弓网、气流、机电耦合等，考虑进去，这些零部件在复杂外部环境的作用下相互之间的耦合加剧，设计将变得更为复杂，仿真计算的学科、部件之间的联系更加密切，仿真计算的数据交换更加复杂，因此，目前单一学科或专用功能的仿真已经不能满足高速列车设计要求，需要从研发平台的角度进行探索和研究。

在高速列车CAE分析中，目前存在的主要挑战为：
（1）高速列车与运行环境之间的相互动态作用，需要建立更精确的耦合模型进行研究。
（2）各专用CAE分析模块之间的协同，以形成统一的协同仿真平台。
（3）难以在多学科协同仿真平台基础上进行多学科优化，实现基于仿真的设计。

8.1.3 CAD/CAE集成技术

设计分析集成困难是一个普遍的问题，由于各CAD软件和CAE软件开发历程的原因，导致CAD/CAE之间有效集成形成的一体化模型一直没有得到很好地解决，尽管采用了第三方中间文件格式，比如IGES和STEP等方式进行中间过渡，但因为传递信息的不准确或者过少，导致模型修改的往复很多。要建立真正的虚拟样机和进行基于仿真的设计，需要在数字样机上进行各种功能和性能的试验，将CAD和CAE有效地集成起来，打通设计与仿真之间的接口，实现数据和模型的统一。

目前针对设计分析模型和数据集成的研究很少，大部分还是借助于三维CAD的中性文件输出，进行模型修剪操作后进行CAE分析，但这种数据已经脱离了实体结构，不能回到CAD环境中，尤其经过了拓扑或者性能优化的模型，很难将按照网格组合的模型返回到具有实体特性的CAD环境中。究其根本原因是，三维CAD环境是基于产品的特征进行建模，这种特征更适合设计、制造等，而CAE是基于CAD三维模型，一旦被处理后，所得到的模型已经只是几何本身，没有其他相关实体和特征等信息，这导致双方交换数据存在瓶颈，这种瓶颈是制约现在CAD和CAE不能很好衔接的关键原因。

8.1.4 设计、分析、优化集成技术

高速列车的设计是一个循环往复的过程，从这个角度理解设计是一个闭环的过程，即是在给定的需求、指标情况下，确定研发目标，然后驱动设计活动，使得产品逐渐满足各项指标，达到要求。分析是对设计进行功能或性能的评价，而评价结果又可以用来修正设计，这个过程可以通过优化设计来完成，使得开环设计变成闭环设计。

高速列车的性能分析，最重要的是高速列车动力学分析，如何建立设计、分析、优化一体化的高速列车动力学模型,对进行高速列车的整机性能的仿真和优化起到非常关键的作用。一体化模型存在的困难一方面是CAD/CAE未能很好地集成起来，另一方面是在动力学性能分析优化方面目前也未能很好解决。

高速列车设计、分析、优化集成存在的主要挑战是：
（1）设计域的设计参数过多，导致设计空间过大，问题求解规模很大，很难进行设计优化。

（2）基于多体系统动力学优化，需要求解非常复杂的微分方程，解算繁琐。

（3）设计、分析和优化都在不同的平台上进行，很难将其整合在一起进行一体化研究。

基于以上挑战，我们提出了相应的高速列车设计、分析、优化的整体解决方案，并针对其中部分关键技术进行了深入的研究，具体技术和方法在下面进行阐述。

8.2 高速列车设计、分析、优化集成框架

8.2.1 高速列车闭环设计思路

高速列车设计主要采用数字化设计手段，数字化设计从系统工程的观点出发，强调设计、分析、优化为一整体。从方案设计中获得设计原型，经过对各种分析领域建模，并提交分析工具进行分析求解，通过优化工具优化相关参数以获得结果，再根据结果进行综合，获得对设计目标的改进，并反馈给设计模型进行修改，然后循环以上过程，直到与目标接近或一致，从而减少试制次数，降低成本。由此可见，设计模型是研发的主体，任何分析模型不能脱离该模型，分析模型必须严格依据设计模型建立，确保模型的准确性。

高速列车研制成功与否取决于高速列车车辆性能的好坏，性能包括动力学性能、运行安全性、部件可靠性等，而这些性能取决于对高速列车产品设计、制造本身，尤其是产品整机的设计结果。而评价高速列车整机性能的重要手段是研究高速列车动力学。所以，开展以动力学为核心的高速列车虚拟样机技术研究，将提升产品的技术含量，是先进设计与制造技术在高速列车研制技术上发展的必然结果。

目前，高速列车研制方法明显将设计模型、分析模型及参数优化分离开来，没有按照设计过程的连续性进行研究。这导致高速列车性能得不到很好的优化，研制成本得不到控制。其主要缘由是以动力学分析为主的性能分析专家从设计的角度考虑高速列车研制过程中存在的问题较少，而企业又不能完全将性能分析专家的意图融合在设计过程中，使得性能分析过程中难免出现设计上的偏差。

针对现有高速列车研制方法的缺陷，在第2章中提出一种面向设计模型的高速列车闭环设计思路。该思路从系统的角度将设计考虑为一个闭环过程，高速列车的设计过程在这个闭环过程中反复迭代设计，直到达到所要求的设计目标。很显然整个设计过程是一个多目标、单目标混合优化过程，也是一个局部优化和全局混合优化问题。其中局部优化主要实现零部件的设计，支持自底向上设计；全局优化主要实现整个高速列车性能设计参数优化与匹配，支持自顶向下设计，几者相互配合实现产品的整个设计。

各个子系统、子部件的优化设计可在给定设计目标，前置设计约束（含全局）和参数的边界条件下进行，干扰因素少，操作相对比较容易。针对整机动力学，由于需要建立整机的拓扑结构和性能分析模型，各子系统的设计结果或者设计要素都会在其中得到体现，设计参数复杂，研究特别有意义。我们重点针对高速列车动力学进行研究，力求将设计、分析、优化集成起来，为高速列车的参数设计、优选和匹配提供帮助。

8.2.2 高速列车设计、分析、优化集成

虚拟样机是数字化技术在设计领域的典型代表，而虚拟样机技术重在基于并行工程，强调自顶向下的设计方法学。高速列车是典型的复杂交通工具装备，其动力学性能的好坏决定了整车的安全性、平稳性和舒适性等，是在轨道交通装备中首先要考虑和解决的问题。为此建立高速列车面向整机动力学的数字化设计、分析、优化集成框架，如图 8-3 所示。

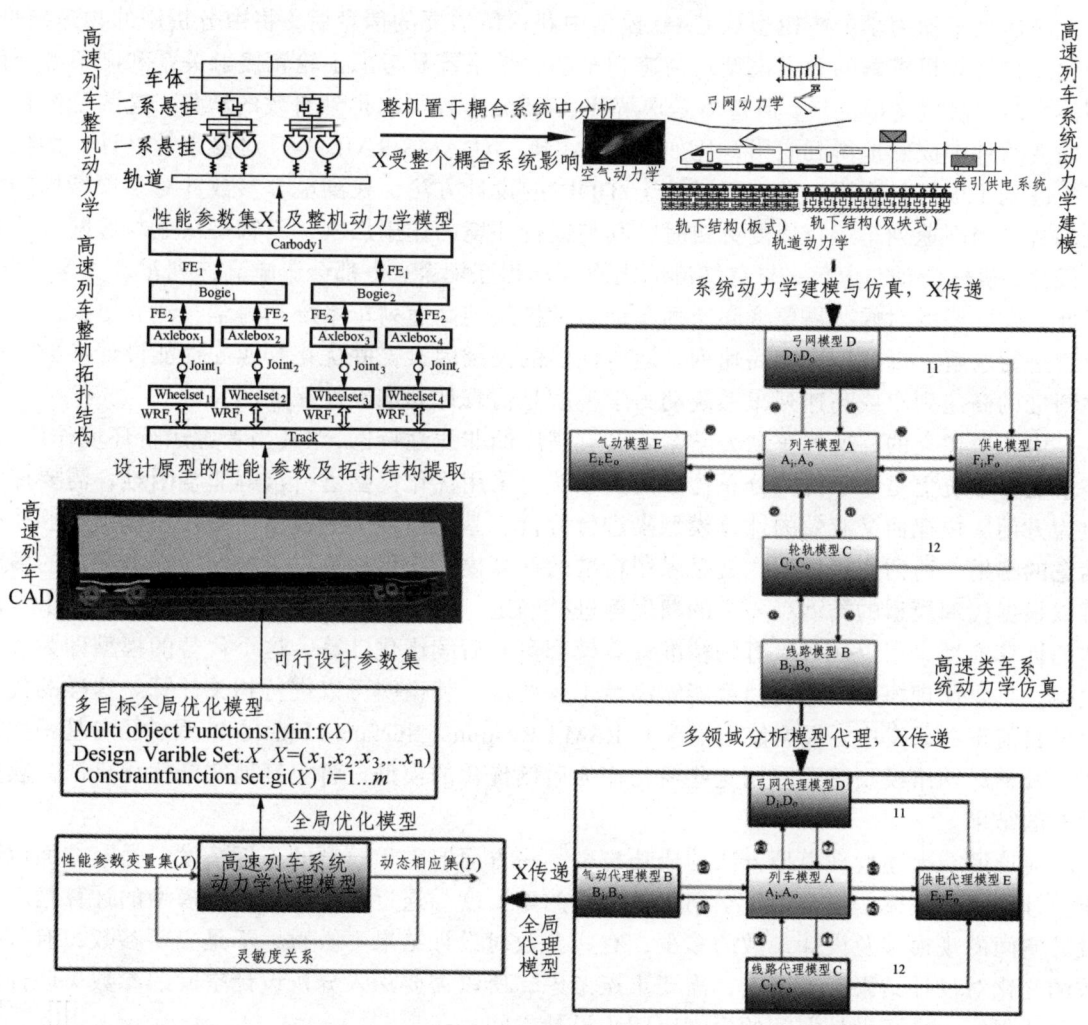

图 8-3 高速列车面向整机动力学的设计、分析、优化集成框架

基于图 8-3 所示的集成框架，可将高速列车动力学分析模型融合在产品设计过程中，使其上游与设计模型无缝连接，下游驱动设计模型向设计目标优化，以获得合理的性能参数，从而解决现有研究方法的缺陷。该研究遵循以设计模型为主体，将设计模型与分析模型统一起来，并将设计模型带入分析环境中，从服役的角度可视地模拟高速列车的整机动力学性能，以分析和评估高速列车在不同运行速度、各种线路条件下的性能表现，从而改进不足和进行设计参数的优化。

概念设计阶段，可根据先验的知识和积累，在具有相似度高的样车中估计参数范围，组

成高速列车拓扑结构，进行动力学试算；在详细设计阶段，具有更丰富的结构和设计参数值，可以基于动力学进一步明确设计参数，并提供给后续数字样车一个通过动力学仿真优化设计的有效结果，指导台架实验和型式试验，这样可以在试验之前发现诸多的问题，并进行基于数字样机的参数调节，减少试验次数和设计往复。数字样机中，如何获得高速列车基于动力学分析的各种参数，描述高速列车的拓扑架构，以及由这些几何和非几何信息组成的分析模型在 CAD 环境中的定制、映射和传递是急需解决的问题。

高速列车动力学分析模型从 CAD 模型中获得所需要的信息后，将由分析用的物理模型，转化成供计算机求解的数学模型。高速列车动力学系统是考虑了轮轨接触关系和刚柔混合的多体系统，模型变得复杂，但整体是求解代数-微分方程可以得到有效的解集。这些已经在很多商业软件中成熟地得到应用，比如 SIMPACK，ADAMS/RAIL 等，对参数的设计、优化和匹配起到了很好的作用，尤其可以基于 DOE 的设计方法，找到单个参数针对某项指标的变化趋势。当高速列车运行速度更快时，其与运行环境的作用加剧，不管是从上与弓网，从下与线路，机械传动与电气，与空气流动之间等都相互耦合，也都会影响高速列车动力学性能。因此，在必要的时候，需要将高速列车动力学扩展到高速列车系统动力学，建立更大的计算模型进行求解，以找到影响高速列车运行性能的关键因素，并优化和匹配性能设计参数。建立精准的高速列车或高速列车系统动力学模型是仿真计算准确性保证的关键。

由于所建立的高速列车动力学系统具有高度的非线性特性，尤其当考虑运行环境作用时，整个仿真系统更是一个协同分布仿真的大系统，采用优化模型进行求解非常困难，需要探索更为方便、快捷而又有效的计算模型来进行分析。基于模型中的模型，即代理模型能够获得满意的结果。所谓代理模型，就是采用精准的计算模型获得计算样本数据，样本数据的多少可以根据代理模型的类型、要求的精度等进行确定；基于这些计算样本数据，构建一个更简洁的计算模型，用以代替原有的精准计算模型参与后续优化计算，这个代替的模型即为代理模型；只要代理模型的逼近精度能够满足工程要求，就说明可以进行相关计算。这样的代理模型目前正在研发中，根据使用情况有 RSM（Response Surface Model）模型、径向基函数模型以及神经网络模型等，采用这些模型作为后续优化的模型，将更好地实施优化算法，获得满意的结果。

应该说，上述代理模型方法的成功与否，一方面取决于模型的逼近精度，另一方面取决于设计空间的规模，以及设计空间中各参数的重要度。逼近精度直接影响模型的计算精度；设计空间的规模涉及设计参数的多少，有些参数对设计结果不敏感，不是主要参数；有些参数的变化对设计结果敏感度大，需要重点考虑，所以需要深入分析设计空间的参数关联性以及重要程度，进行设计空间的探索以减小设计空间。

设计参数确定后，需要确定仿真计算试验的样本，这种试验的设计可通过很多方法实现，比如全因素试验设计、拉丁超立方试验设计等，可在确定设计参数范围的粒度下进行。

一旦代理模型建立后，可在全局领域建立高速列车整机性能分析的优化模型，由于高速列车的动力学性能需要同时满足有关安全性、平稳性、舒适性等多个重要技术指标，需要进行多目标优化设计，因此，需要将这些因素综合考虑进去以获得满意解。现有的常规和非常规优化方法，可为这些优化模型提供有效的优化算法，能有效得到求解结果。

8.3 高速列车设计、分析、优化集成平台搭建

8.3.1 集成平台架构

高速列车虚拟样机平台的总体架构，如图 8-4 所示，是在支撑网络以及硬件系统的基础上，搭建起高速列车的数字化设计、数字化制造、数字化仿真以及数字化展示功能的一体化平台。该平台可以实现高速列车从设计到分析再到优化的全过程，并且具有展示窗口，可以展示最新设计以及研究成果。

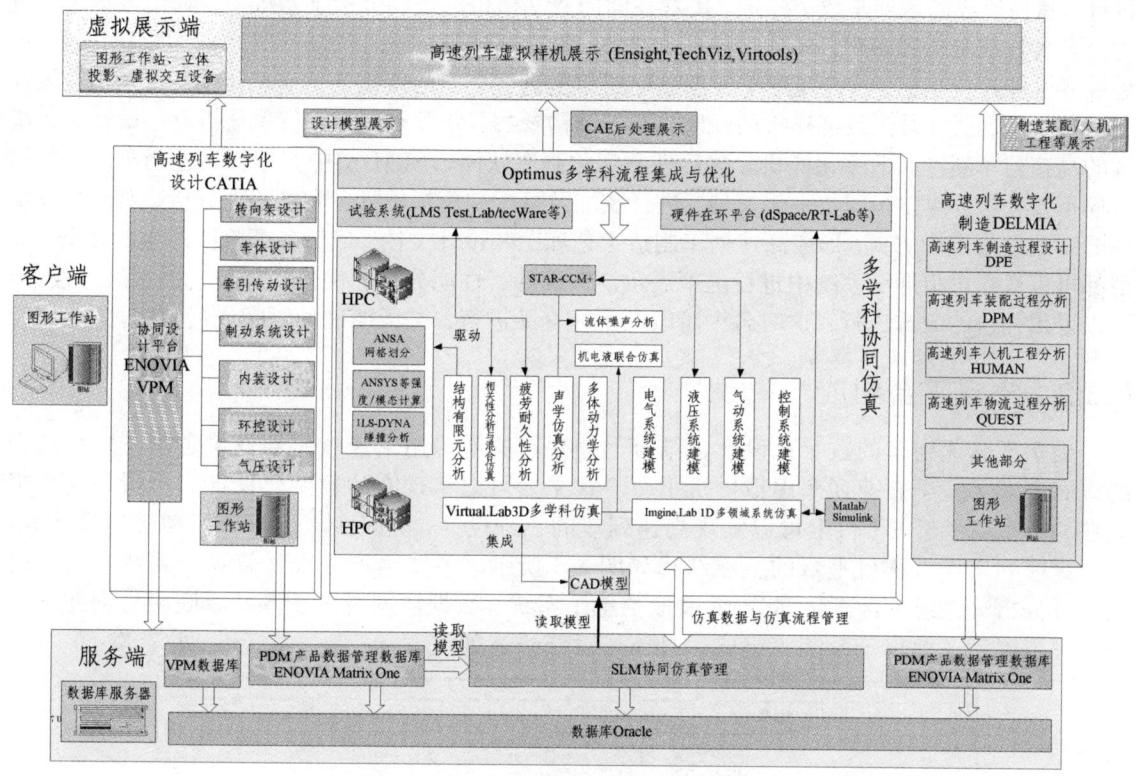

图 8-4 高速列车虚拟样机平台总体架构

数字化设计软件主要是 CATIA 和 CAA，利用 CAA 或者 CATIA 软件来进行数字化设计建模，建立所需要的零部件模型以及整车模型。

数字化制造是利用 DELMIA 软件来实现高速列车零部件的工艺分析和拆装工艺分析，实现制造的工艺规划。

高速列车数字化仿真主要是在 LMS Virtual.Lab 平台上进行高速列车动力学分析，将动力学与强度、模态结合起来进行刚柔耦合分析。利用有限元前后处理软件与求解器进行零部件结构强度分析，在网格划分的基础上进行疲劳分析以及声学分析，这些分析的计算量很大，可以利用高性能计算集群来进行计算求解。由于高速列车运行时空气动力学影响非常大，因此必须进行空气动力学分析，与有限元软件结合可以实现流固耦合的分析。采用 LMS Imagine.Lab 和 Simulink 软件可以进行气动、液压以及高速列车机电液多领域联合仿真，在进行数字化仿真基础上可以进行多学科优化，从而优化高速列车性能参数和结构参数。同时

建立数字化展示平台，可以展示高速列车相关模型、工艺、干涉检查，同时也可以展示数字化仿真结果以及高速列车虚拟运行。

高速列车数字化仿真平台还可以与试验系统、试验数据结合来进行混合仿真，从而提高仿真精度。

高速列车虚拟样机平台采用 ENOVIA 的 PDM、VPM 系统和 SLM 软件来实现高速列车产品数据管理、仿真流程和仿真数据管理，并且可以在 ENOVIA 的基础上开发试验数据管理系统，从而实现高速列车从设计到分析以及试验数据的有效管理。

工作流程如下：首先进行高速列车的三维 CAD 设计，利用 CATIA+VPM 实行高速列车协同设计，从而形成高速列车数字样机。接着在面向数字样机的性能分析子系统中，利用该数字样机进行各种性能分析和多学科多领域的协同仿真，结合高速列车设计的功能需求和运行稳定性、平稳性等性能评价指标，从高速列车服役过程的角度进行全面的模拟及仿真，分析高速列车在设计中存在的不足，并对该数字样机的性能参数、结构参数、外形参数等进行优化设计，最终形成满意的高速列车新产品数字化样机。然后在数字化制造软件 DELMIA 中，进行高速列车产品的制造模拟及分析，建立车间数字化模型，进行装配及可拆卸模拟仿真、人机工程分析，对产品及组件的制造过程进行仿真，形成高速列车制造工艺和工装设计文档。最后各个阶段产生的数据、模型都可以送入虚拟展示系统中进行虚拟展示。在设计、性能分析、优化、制造、展示的过程中，可以采用并行的方式进行，这时各个阶段的工作交叉进行，并无明确的时间先后次序。

8.3.2 集成平台组成

为实现高速列车的数字化设计，结合上述平台的架构用商业软件和自主定制开发相结合的方式搭建了一个高速列车虚拟样机平台。该平台可以将现有的数字化设计、分析与优化集成在一个平台上，在平台上可以实现高速列车的三维设计、协同性能仿真分析和优化设计等。

高速列车虚拟样机平台的组成结构如图 8-5 所示。主要由产品设计管理子系统、协同性能仿真分析子系统（含优化部分）、虚拟制造子系统、数据协同管理子系统、底层数据库子系统、虚拟展示及评审子系统等组成。具体子系统描述如下。

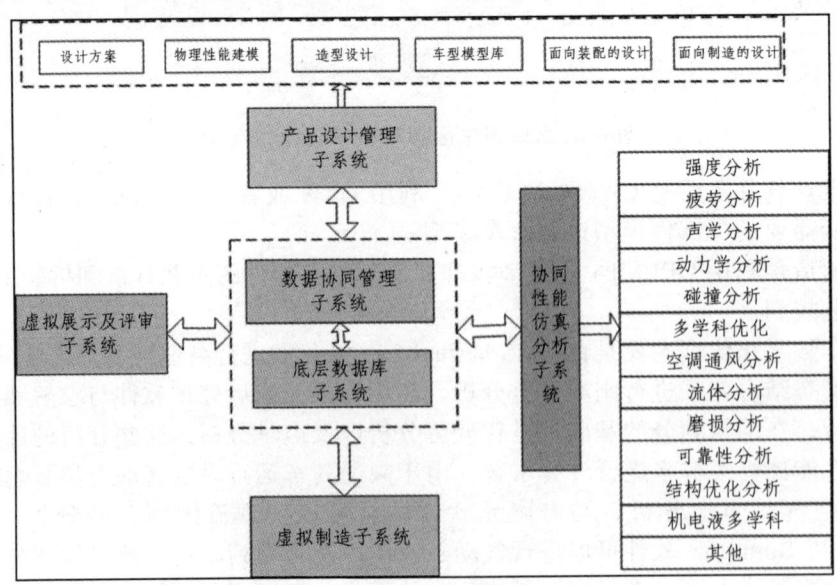

图 8-5 高速列车虚拟样机平台组成

产品设计管理子系统：主要基于三维 CAD 来进行产品创新设计。该平台围绕主流的三维 CAD 工具，构建一体化平台的高速列车产品设计子系统，采用自顶向下设计方法，协同并行设计方法，基于参数驱动的设计方法来进行高速列车产品设计，能进行基于物理性能的产品建模、面向装配和面向制造的设计。

协同性能仿真分析子系统：主要进行面向数字样机的性能分析。包括常规的高速列车系统动力学分析，关键零部件强度及疲劳可靠性分析，车辆结构振动噪声、模态分析及仿真，制动及冲击响应仿真，空气动力学、气流噪声分析及仿真，以及考虑多领域多学科协同的仿真分析及优化等，能对高速列车进行全面的模拟及性能仿真分析，并指导改进高速列车在设计中的不足，最终形成满意的、可提交制造的高速列车新产品数字化样机。

虚拟制造子系统：对数字化设计模型进行可制造性模拟及分析，基于高速列车产品及关键零部件的制造，建立车间数字化模型，形成虚拟装配和制造，对产品及组件的制造过程进行仿真，研究高速列车制造工艺设计和工装设计技术、人机工程分析、装配及拆卸工艺制订、装配及可拆卸模拟仿真等。

虚拟展示及评审子系统：对虚拟样机产品或零部件样机或性能进行虚拟展示及评审。基于前面设计、协同分析、制造的过程及结果，进行虚拟样机及关键数据的展示，集成虚拟展示的所有设备，形成一个能够对设计模型、分析数据进行可视化展示的虚拟可视化系统，并具有带沉浸感的人机交互功能。可以输出到高性能图形终端或是输出到虚拟现实系统，对高速列车样机进行全方位的展示及各种体验。同时，基于虚拟现实的展示可进行产品性能和装配性能的评审。

数据协同管理子系统：在协同设计与制造过程中，会出现大量的设计与仿真分析的业务、流程，以及由此产生的庞大信息数据，为了对数据和流程进行有效管理，进而让仿真更好地为产品设计决策和创新服务，需要建立数据协同管理子系统对仿真业务和流程进行整体性的协同管理。

底层数据库子系统：包含 PDM 产品数据管理系统及其他数据库系统。虚拟样机平台业务复杂、数据量庞大且种类各异，必须要对这些数据进行有效管理。PDM 的数据管理子系统可以对产品数据进行有效管理，整个设计过程数据可以在 PDM 的管理下有序有向地流动。

针对高速列车研发的现状和特点，对比分析了目前行业中的各种 CAD/CAE 集成方案，选择了由 LMS Virtual.Lab、LMS Imagine.Lab、Optimus、CATIA、ABAQUS、ANSYS、STAR-CCM+和 SLM 等工具软件来构建高速列车虚拟样机仿真平台，形成了一个闭环的高速列车虚拟样机研发平台，具体软件组成如图 8-6 所示。

其主要功能包括：

（1）高速列车数字化样机的协同设计环境，通过协同工作模式，对已有设计、建模、分析经验进行固化和管理，初步形成相对完整的支持高速列车设计过程的基础数据库，使各个 CAD 和 CAE 工具在统一的集成环境下工作，而且多种工具使用统一的高速列车数据模型，减少模型传递的信息损失和时间消耗，实现设计人员与仿真分析人员之间、多学科应用之间的协同，提高高速列车设计水平。

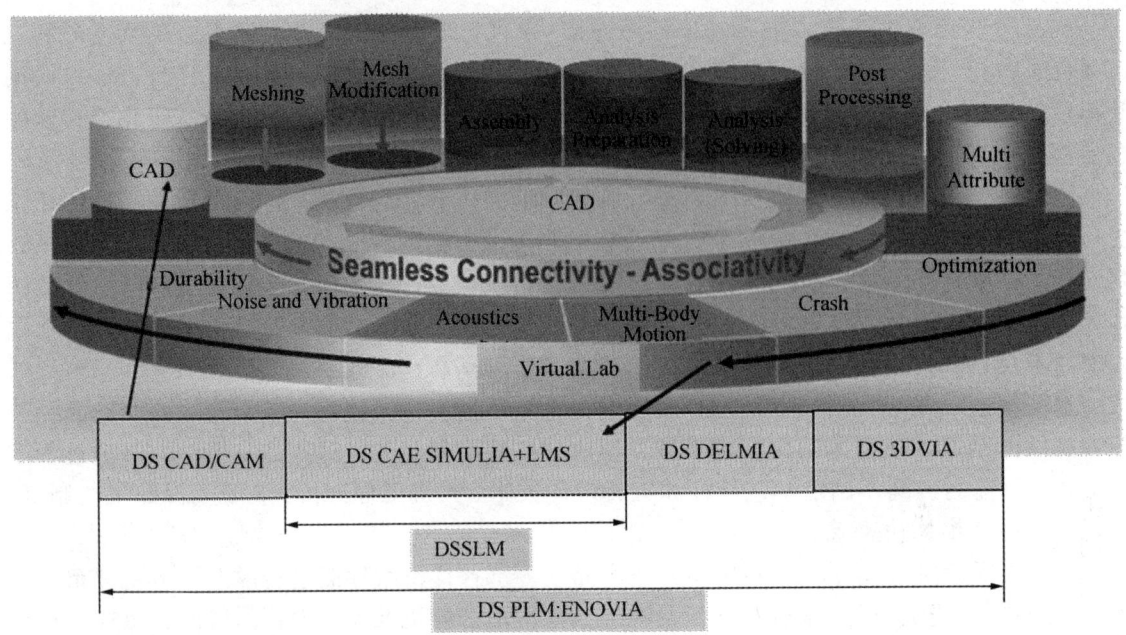

图 8-6　高速列车虚拟样机平台软件组成

（2）高速列车车辆结构部件的强度、模态、动力响应等有限元分析，此功能可由 Virtual.Lab Structure 模块以 CATIA V5 的 CAD 模型为基础，驱动有限元求解器完成。网格的生成可以通过 Virtual.Lab Structure 自身的网格划分功能，或通过 Virtual.Lab 驱动 ANSA 在后台完成分网，或者是导入外部划分好的网格。

（3）高速列车的机构运动仿真分析、整车动力学性能仿真分析、转向性能分析、稳定性分析、轨道平顺性分析等。此功能可通过 Virtual.Lab Motion 模块完成，Virtual.Lab Motion 提供了强大的用户自定义子程序和界面二次开发功能，定义了轮轨接触关系和列车一系、二系悬挂力元。Virtual.Lab Motion 的多体动力学分析，可以有效分析高速列车在直线轨道和曲线轨道上行驶的稳定性和安全性。

（4）高速列车疲劳耐久性分析。高速列车在运动过程中，轮轨作用力及其他外载荷经悬架和转向系统传递到列车各结构部件上，引起动态变化的结构应力，此动态结构应力将可能引起部件的疲劳失效，需要对这些部件进行疲劳可靠性设计。此类疲劳问题的分析过程需要综合运用有限元、多体动力学和疲劳分析等学科和工具，在 Virtual.Lab 中完全集成了刚柔耦合、多体动力学、疲劳分析，因此可以建立一体化的疲劳分析流程，实现高速列车的系统级疲劳分析。

（5）高速列车牵引性能分析。高速列车牵引系统的动态响应过程对列车安全性至关重要。典型的列车制动方式包括气动制动、动力制动等，对于此类系统，可以通过 Imagine.Lab AMESim 建立电力牵引模型，与 Virtual.Lab Motion 结合，从而实现机电联合分析，分析高速列车的牵引性能。

（6）多学科协同仿真流程集成与多学科优化。以 Virtual.Lab 和 Imagine.Lab 为核心可以进行多种类型的多学科协同仿真，如机电一体化分析（Virtual.Lab Motion 与 Imagine.Lab 联合仿真）、系统级疲劳分析（综合运用 Virtual.Lab Motion、Virtual.Lab Structure 和 Virtual.Lab

Durability 等，将刚柔耦合分析与疲劳耐久性分析结合），在这些多学科协同仿真流程中，可以通过 Optimus 对流程进行定制，Optimus 可以自动驱动流程和相关软件模块，并调用其优化算法进行多学科参数优化。

（7）用 CAE 协同管理系统 SLM 进行协同管理数据及流程，以存储和管理分析流程中产生的输入数据、输出数据和中间过程数据及模型。同时也可以实现仿真流程的流程管理。

（8）高速列车数字样机虚拟展示系统，将列车的三维数字样机模型或者相关的仿真分析结果经过相关的后处理，发送到虚拟可视化展示平台，更加直观地展示列车模型或者可视化数值模拟分析结果，并支持沉浸性、交互性的操作等，以供展示与评审。

8.3.3 CAD/CAE 集成

高速列车的几乎所有分析类型都需要 CAD 模型作为基础，因此仿真平台中 CAE 与 CAD 的集成至关重要。CAD 的无缝集成应超越过去单学科软件的 CAD 模型转换方式，在 CAD 模型转换的过程中，由于 CAE 软件的内核与 CAD 模型不同，因此会带来一定的模型信息损失，给 CAE 建模尤其是有限元分析带来障碍。

Virtual.Lab 完全基于 CATIA V5 开发，与 CATIA V5 的界面环境、操作方式和数据格式完全一致。在建模分析中所产生的数据和文件格式与达索公司 CATIA V5 完全一致，主要是 CATPart、CATProduct 和 CATAnalysis 等类型的文件。用户在 Virtual.Lab 中可以直接打开 CATIA V5 的部件或装配体模型（CATPart 或 CATProduct 文件等）并进行编辑或清理，以创建 CAE 模型，也可以直接在 Virtual.Lab 中调用其集成的 CATIA V5 几何建模功能创建几何模型，从无到有生成 CAE 模型。从 CAD 建模环境可以直接切换到 Virtual.Lab 分析界面，无需进行任何文件转换和数据传递，Virtual.Lab 与 CATIA V5 完全无缝集成并自动链接，集成方案搭建如图 8-7 所示。

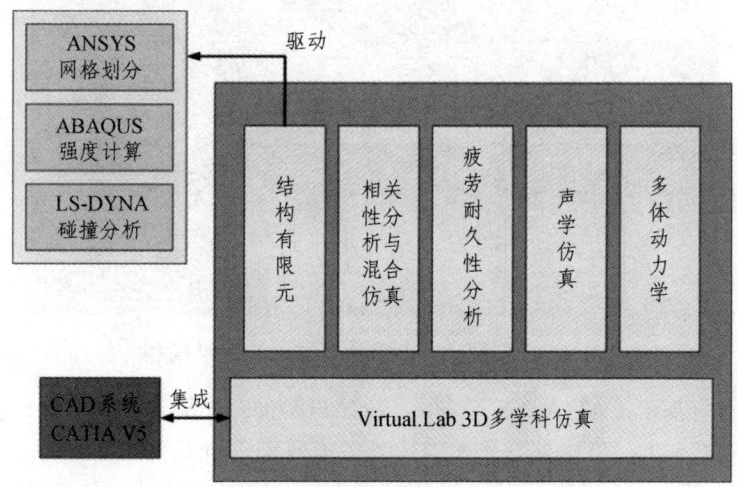

图 8-7　CAD/CAE 一体化集成

如图 8-7 所示，Virtual.Lab 是一体化的多学科 3D 仿真分析平台，它提供集成的仿真环境，包含完整的结构、振动、声学、多体动力学、疲劳、混合仿真、优化设计等分析能力。其中

Virtual.Lab Stucture 模块提供完整的有限元前后处理环境，包括几何清理、网格划分、网格质量检查、网格编辑、材料与单元属性定义、载荷与边界条件定义、分析工况定义以及各类后处理功能。并且 Virtual.Lab Structure 可支持 Nastran、ANSYS、ABAQUS、LS-Dyna 以及 Radioss 等有限元求解器。在网格划分方面，Virtual.Lab Structure 具有强大的处理能力，除了 1 维单元、2 维单元外，其 3 维实体单元划分以及网格雕塑（Morphing）功能极具特色，这为高质量和高效率的有限元分析提供了保障。而除了自身的网格划分功能之外，LMS 在 Virtual.Lab 中还提供一项独特的网格划分功能，即在 Virtual.Lab 中可以通过后台驱动 ANSA 的方式完成部件或装配体的网格划分，从而获得高质量的二维或三维网格。

如针对高速列车车辆结构部件的强度、模态、动力响应等有限元分析，此功能可由 Virtual.Lab Structure 模块以 CATIA V5 的 CAD 模型为基础，驱动有限元求解器完成。网格的生成可以通过 Virtual.Lab Structure 自身的网格划分功能，或通过 Virtual.Lab 驱动 ANSA 在后台完成分网，CAD/CAE 集成流程如图 8-8 所示。

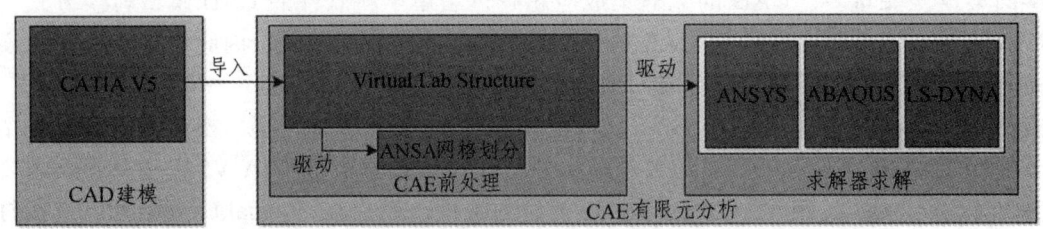

图 8-8 CAD/CAE 集成流程

图 8-9 为 CRH 某型高速列车车头部分通过 CATIA V5 软件建模生成的三维模型。

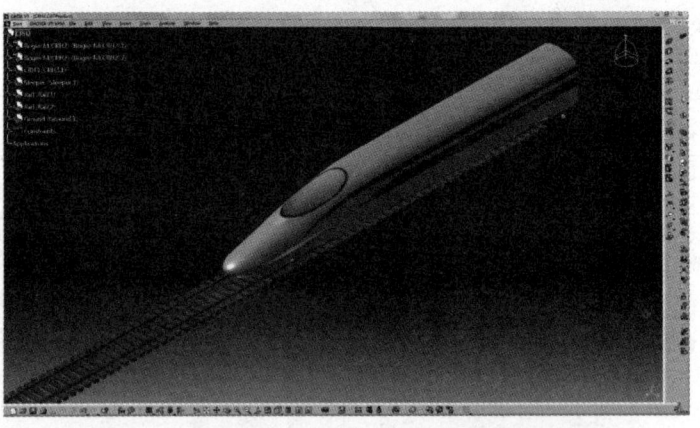

图 8-9 CATIA V5 环境下生成的三维模型

Virtual.Lab 完全基于 CATIA V5 开发，与 CATIA V5 的界面环境、操作方式和数据格式完全一致。因此，在 CATIA V5 中建立的 CRH_2 型高速列车三维几何模型可以直接在 Virtual.Lab 中直接打开。从 CATIA V5 建模环境直接切换到 Virtual.Lab 分析界面，无需进行任何文件转换和数据传递，Virtual.Lab 与 CATIA V5 完全无缝集成并自动链接，实现了设计模型和分析模型的一体化，保持了模型的一致，具体如图 8-10 所示。

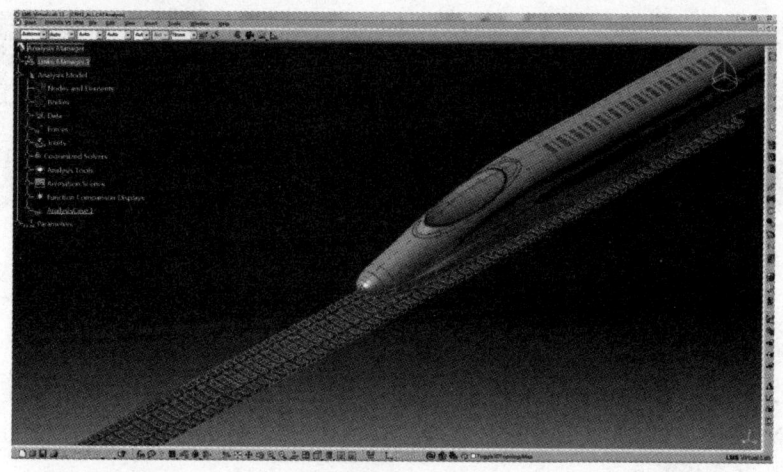

图 8-10　CATIA V5 建模环境直接切换到 Virtual.Lab 分析界面

8.3.4　CAE 内部集成

1. 动力学与疲劳强度集成

高速列车运行过程中，为了列车的安全，必须保证其结构强度能达到指定要求。为此可以基于高速列车动力学分析，通过动力学计算确定系统内的载荷，再以此作为强度分析的输入条件并进行强度分析。

1）Virtual.Lab 内部模块 Motion 与 Structure 集成

Virtual.Lab Motion 包含全面的机构静力学、运动学、干涉检查、动力学、逆动力学、多体动力学模型线性化和模态分析、预载荷分析以及刚柔耦合动力学分析能力，基于复杂机械系统的 CAD 模型，或者直接通过 Virtual.Lab Motion 自身集成的 CAD 建模功能，可以在 Virtual.Lab Motion 中建立其多体动力学模型，并考虑间隙、摩擦等非线性因素。

Virtual.Lab Stucture 提供完整的有限元前后处理环境，包括几何清理、网格划分、网格质量检查、网格编辑、材料与单元属性定义、载荷与边界条件定义、分析工况定义以及各类后处理功能。Virtual.Lab Structure 可支持第三方有限元求解器，如 ANSYS、ABAQUS、LS-Dyna 等。

利用 Virtual.Lab Motion 多体系统运动学和动力学分析模块来模拟各种机械系统的实际运动和载荷，通过多体动力学计算和刚柔耦合分析，可以分析和模拟在各种外力载荷作用下，系统的动力学性能，并精确获取各部件在运动过程中的内载荷。由于 Virtual.Lab 各专业模块之间（结构有限元、多体动力学、疲劳分析、振动噪声分析以及 Correlation 等功能模块）可以完全共享数据模型，实现数据的无缝传递，因此通过动力学计算确定的系统内载荷，可直接作为进一步强度分析的输入条件，利用 Virtual.Lab Structure 模块进行高速列车结构部件的强度有限元分析，相关分析计算通过 Virtual.Lab Structure 驱动外部求解器完成。其模块间集成流程如图 8-11 所示。

图 8-11　Virtual.Lab Motion 与 Virtual.Lab Structure 集成

2）Virtual.Lab Motion 与外部有限元分析软件直接集成

动力学与强度的集成也可以通过 Virtual.Lab Motion 与外部有限元分析软件的直接集成完成，如图 8-12 所示。Virtual.Lab Motion 动力学计算确定的系统内荷载直接作为有限元法分析软件如 ANSYS、ABAQUS、LS-DYNA 等的输入条件，外部有限元软件通过前处理、求解计算、后处理得出分析结果。

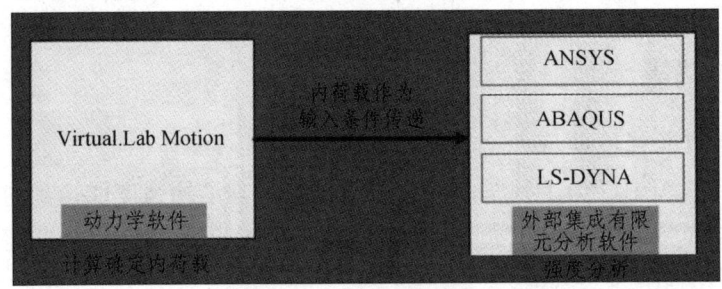

图 8-12　Virtual.Lab Motion 与外部有限元分析软件直接集成

在高速列车动力学强度集成分析案例中，首先通过 CATIA V5 建立其三维几何模型，在 CAD-CAE 一体化集成的基础上，通过 Virtual.Lab 仿真平台直接调用建立的几何模型作为动力学仿真模型，如图 8-13 所示。

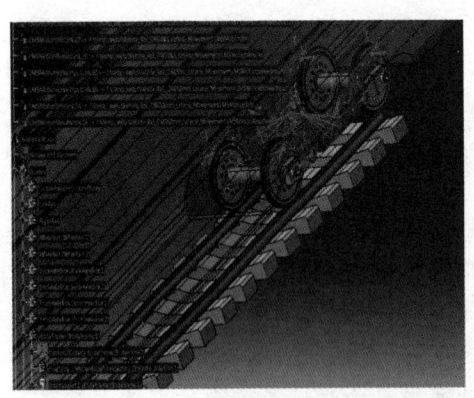 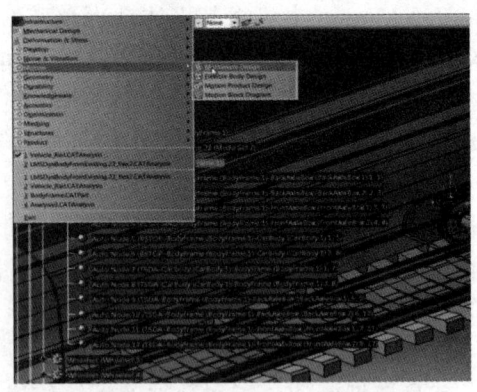

图 8-13　Virtual.Lab 调用 CATIA V5 建立的三维模型

在 Virtual.Lab 动力学仿真模块 Motion 中添加运动副、驱动、外力载荷等进行动力学仿真，计算获取各部件在运动过程中的内载荷。以此计算结果作为进一步强度分析的输入条件传递给 Virtual.Lab 结构有限元模块 Structure 或者其他有限元分析软件，有限元分析软件通过材料设置、网格划分、载荷约束添加、驱动求解器求解以及后处理等步骤完成相关强度分析并给出可视化分析结果，如图 8-14 所示。

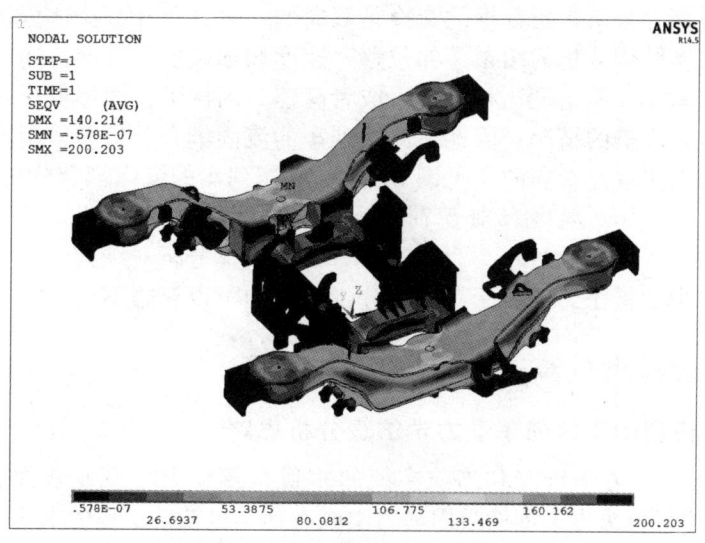

图 8-14　强度分析可视化结果

2. 结构强度与空气动力学集成

高速列车空气动力学分析是高速列车分析中非常重要的一部分，也是高速列车提速与安全运行中的关键部分。列车空气动力学的主要研究内容是建立列车和流场的数学以及物理计算模型，考虑各种典型的气流环境等边界因素，有效地研究流场特性和气动特性，为列车的安全运行提供重要依据。空气动力学分析主要是进行流固耦合分析，运用软件 STAR-CCM+ 和软件 ABAQUS 进行联合仿真，而其数据转换主要通过 ABAQUS 与 STAR-CCM+ 的专用流固耦合数据接口，将流场分析数据导入 ABAQUS 软件中，将其流场计算结果映射为表面压强值，然后进行流固耦合分析计算。流固耦合联合仿真的仿真流程用 SLM 软件进行管理，而 SLM 将仿真数据分为流场分析数据和结构有限元分析数据进行分类管理。

流固耦合仿真流程与数据管理框图如图 8-15 所示。

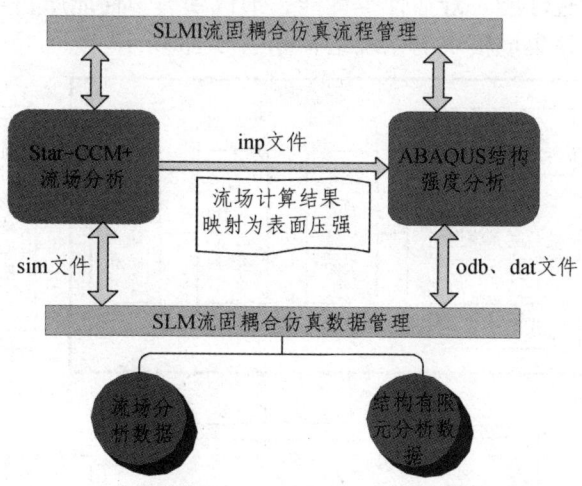

图 8-15　流固耦合仿真流程与数据管理框图

从数据传递的角度出发，流固耦合分析可以分为两种：单向流固耦合分析和双向流固耦合分析。双向流固耦合分析是指数据的交换是双向的，也就是既有流体分析结果传递给固体结构分析，又有固体结构分析的结果（如位移、速度和加速度）反向传递给流体分析。此类分析多用于流体和固体介质密度比相差不大或者高速、高压下，固体变形非常明显以及其对流体的流动造成显著影响的情况。因此，高速列车的流固耦合分析多采用单向耦合分析，其耦合交界面处的数据传递是单向的（见图 8-15）。高速列车的流固耦合分析一般是指把 CFD 分析计算的结果（如力、温度和对流荷载）传递给固体结构分析，即流场分析数据由 STAR-CCM+ 导入 ABAQUS 软件中。也就是说，只有流体分析对结构分析有重大影响，而结构分析的变形等结果非常小，以至于对流场分析的影响可以忽略不计。

8.3.5 面向设计模型的高速列车动力学集成

1. 面向设计模型的高速列车动力学仿真分析思路

目前，高速列车动力学研究和当前主流的轨道车辆动力学专业软件，如 SIMPACK、ADAMS/RAIL 等样机解决方案依然沿用动力学或者计算机辅助工程的求解思路，较少考虑计算机辅助设计（CAD）、计算机辅助工程（CAE）与动力学的集成问题，尤其在设计模型、分析模型一体化上考虑较少。对于以 CAX/DFX 为基础的多分析工具集的解决方案研究著称的西门子 LMS 系列产品，其著名的 LMS Virtual.Lab 三维多属性仿真集成分析仿真平台软件，将 CATIA 和多种 CAE 分析工具（包括多体动力学分析）集成在了统一的平台上，方便解决工程实际中多领域多学科分析的数据信息一致性问题，遗憾的是尽管其有专业的车辆动力学、动力总成分析等专用汽车模块，但是对于高速列车这一专有的复杂机械多体系统而言，未能像 ADAMS 一样建立相应的 RAIL 轨道车辆模块。据目前的应用而言，LMS Vitual.Lab Motion 在铁道行业已被用于动力学和稳定性计算，比如 ALSTOM 公司以及韩国机械和材料研究院借助 LMS Virtual.Lab 及其强大的用户自定义子程序和二次开发功能分别在列车和磁悬浮列车的动力学计算中进行了应用，这证实了 LMS Virtual.Lab 在集成铁道机车车辆行业适用的可能性。

面向设计模型的高速列车动力学分析，其主要任务是从三维数字样机子模块（CAD）获取高速列车模型，通过建立高速列车整车动力学模型进行动力学分析计算，由此来评估高速列车的稳定性、曲线通过性能、舒适性等性能，形成动力学性能库，可用于高速列车的虚拟运行模拟和其他分析。该集成模块的系统结构如图 8-16 所示。

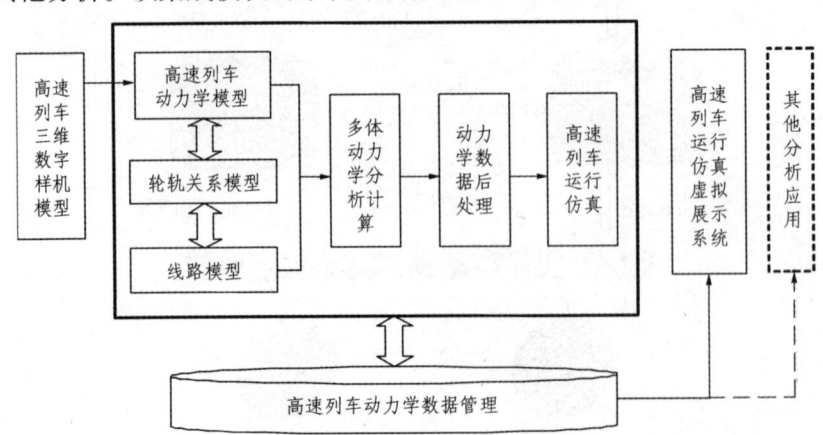

图 8-16 面向设计模型的高速列车动力学分析的系统结构

以 LMS Virtual.Lab Motion 作为仿真分析平台的面向 CAD 的高速列车动力学分析仿真流程如图 8-17 所示。

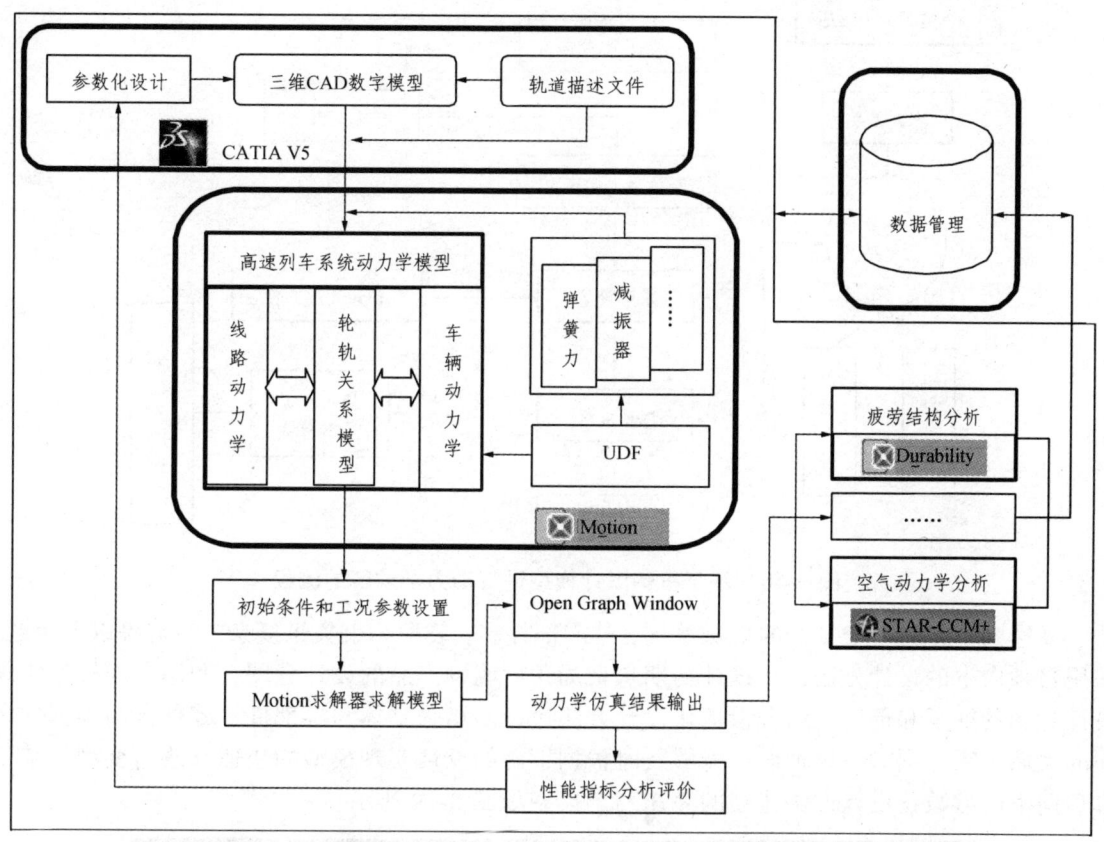

图 8-17　基于 Motion 的面向设计模型的高速列车动力学分析仿真流程

由于 LMS Virtual Lab 是基于 CATIA 的二次开发软件 CAA 开发出来的一款商业软件，它们在底层数据可以进行无缝的交换和应用，这为在设计环境中开发仿真系统提供了非常便利的条件，解决了 CAD/CAE 集成的根本问题；另外，动力学分析中相关的动力学属性提取及获得，可以进一步在 CATIA 环境中通过 CAA 二次开发获得；同时，LMS 的多体动力学分析模块本身出自老牌动力学分析系统 DADS，该系统曾经在铁路系统有应用的先例，是一个比较稳定和可靠的系统；Motion 本身具有开放的功能，通过撰写专用脚本语言并编译可以增加 Motion 的功能，这些都为 Motion 进行专门的动力学仿真系统开发提供了支持。如图 8-18 所示为系统使用流程。

2. 车辆动力学建模

1）设计模型获取

目前的车辆模型建模仿真分析软件大多数过多地考虑其动力学特性，如 SIMPACK、ADAMS/RAIL 等，对模型进行了过多的精简从而极大地弱化了其几何模型（CAD）的信息数据传递关系，不利于车辆的系统性分析。基于车辆的设计模型，尽量最大化地继承其几何模型中的数据信息，从而使得动力学分析更加准确，这已经在前述章节中有具体研究和描述。

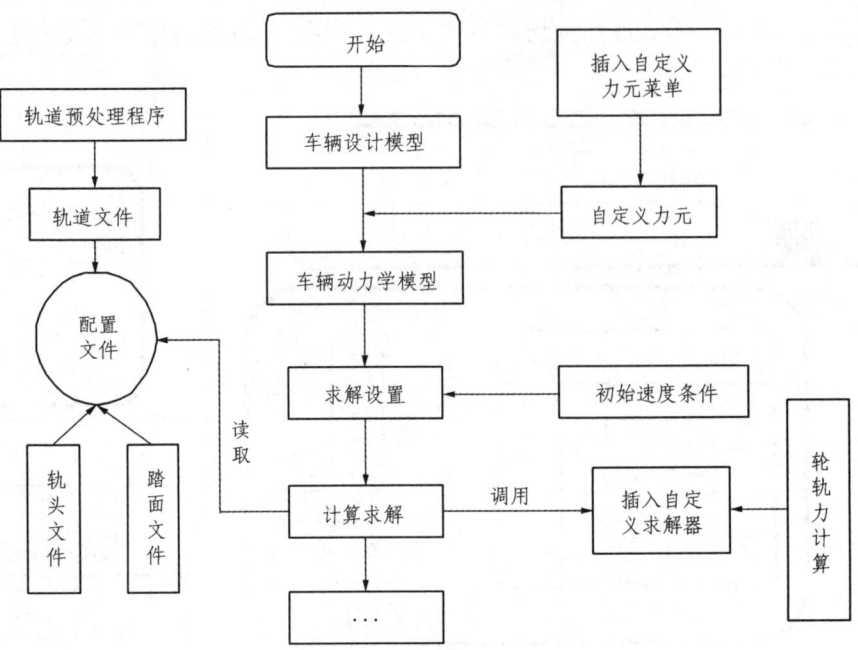

图 8-18　基于车辆设计模型进行动力学求解的流程

高速列车作为一个复杂的机械系统，其零部件多，装配约束关系复杂。为解决以上问题，采用自顶向下的设计方法，在设计初期从全局角度明确产品的设计意图，利用骨架模型实现设计意图的继承和传递，结合参数化设计方法进一步增强整体与零部件、零部件与零部件之间的关联关系。同时，这种设计能够及时根据下游的反馈实现模型的快速修改与变型。基于自顶向下的参数化设计方法建立的高速列车模型如图 8-19 所示。

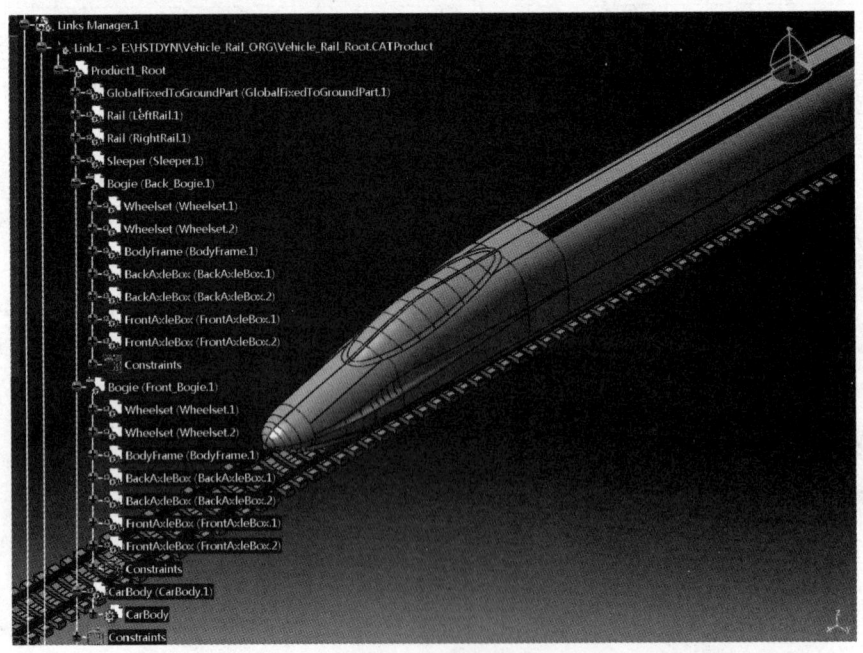

图 8-19　基于自顶向下设计获得的高速列车设计模型

2）车辆动力学建模

车辆动力学模型是动力学分析的基础，考虑到机车车辆机械系统是由多个子系统组成的，在建立车辆模型时，借助 CATIA 的子结构建模功能，分别建立机车车辆各子系统模型，包括前、后转向架，车体、牵引制动装置等，各子系统又由相应的零部件组成，通过子结构装配形成整车动力学模型。而在 LMS Virtual.Lab Motion 中同样用子机构功能，能够进行各子系统的动力学模型装配，并进行部分的铰链、约束、力或力元的定制，即可形成整车的动力学模型，这样既保持了各子系统的独立性（能够单独修改和编辑子系统）又保持了关联性（各子系统进行子结构装配形成整车模型），还避免了同时定义整个系统的操作复杂性。动力学模型建立的流程如图 8-20 所示。

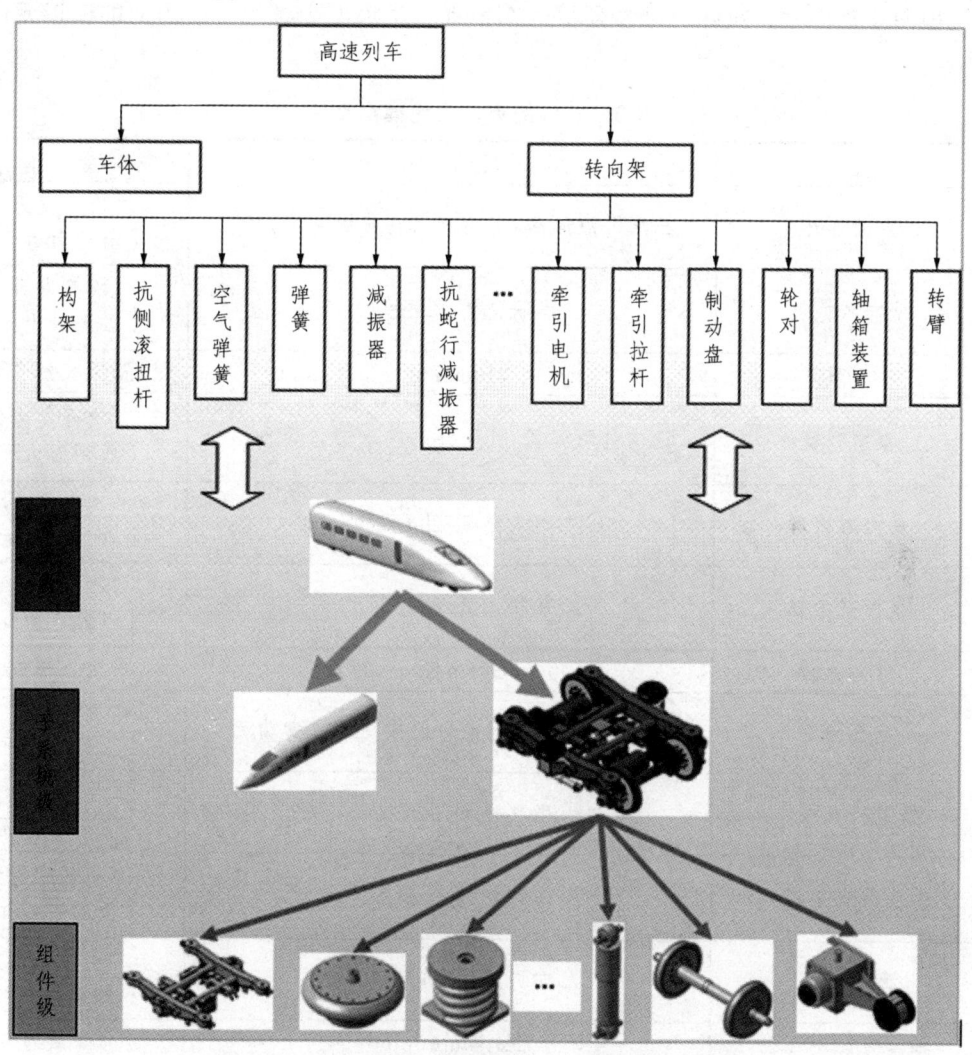

图 8-20　高速列车动力学模型子系统建模法流程

由 CAD 模型建立动力学模型时，需要对模型进行适当简化，遵循的基本原则：一是不影响部件的整体模型外观和物理特性（质量、转动惯量、质心坐标等）；二是在满足工程实际的前提下，考虑动力学计算的规模与效率。具体可有以下几个方面作为参考：

（1）对于不影响（或影响较小）模型可视化外观和物理特性的小倒角、小圆角之类的细节特征予以忽略。

（2）对于紧固件、连接件等予以忽略，属于某一子系统内部的可以适当以一定配重来弥补，不同子系统之间的连接不考虑，用约束或铰副代替。

（3）对于从动力学角度可以作为一个构件的零部件，将其作为一个整体来考虑等。

对于车辆动力学模型，除将上面的模型抽象后，可以抽象成车体、构架、轮对和轴箱，还需要考虑的是模拟一系悬挂中具有横、纵、垂三向刚度的一系弹簧力元，具有垂向阻尼和接头刚度的一系减振器力元，具有横、纵刚度的转臂节点；模拟二系悬挂中具有横、纵、垂三向刚度的空气弹簧力元，具有垂向阻尼和接头刚度的二系横向减振器力元，二系垂向阻尼减振器，横向止挡力元，抗蛇行减振器等。车辆动力学模型中各约束、力元的模拟元件如表8-3所示。

表 8-3 各种约束、力元模拟元件

名 称		模拟元件	备 注
一系悬挂	垂向弹簧	三向并联弹簧-阻尼力元或剪切弹簧力元	二次开发力元（面到面力元）
	垂向减振器	串联弹簧-阻尼力元	二次开发力元（点到点力元）
	轴箱节点	Bushing	内置橡胶衬套力元
二系悬挂	垂向弹簧	三向并联弹簧-阻尼力元或剪切弹簧力元	二次开发力元（面到面力元）
	垂向减振器	串联弹簧-阻尼力元	二次开发力元（点到点力元）
	横向减振器	串联弹簧-阻尼力元	二次开发力元（点到点力元）
	横向止挡	Bump Stop	内置止挡力元
	空气弹簧	三向并联弹簧-阻尼力元或剪切弹簧力元	二次开发力元（面到面力元）
	抗蛇行减振器	串联弹簧-阻尼力元	二次开发力元（点到点力元）
	抗侧滚扭杆	三向并联弹簧-阻尼力元	二次开发力元（面到面力元）
牵引拉杆	牵引拉杆	三向并联弹簧-阻尼力元	二次开发力元（面到面力元）
轴箱	轴箱与轮对连接	Revolute Joint	内置旋转铰

将以上抽象的各构件与各力元、约束组合，形成车辆动力学的动力学模型，其拓扑如图8-21所示。

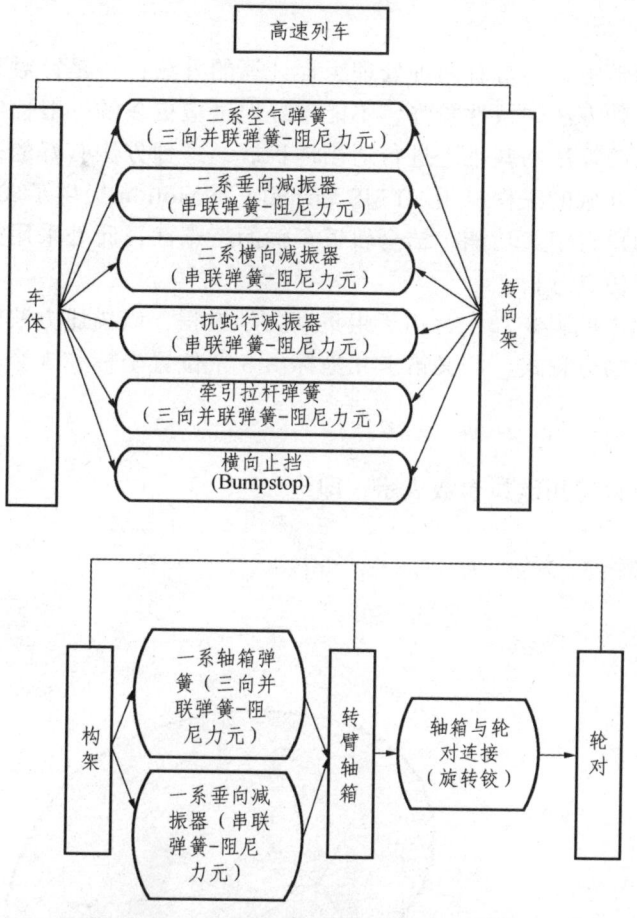

图 8-21　高速列车的动力学模型拓扑图

根据拓扑图,形成几何模型与动力学模型综合的可视化车辆动力学模型,如图 8-22 所示。

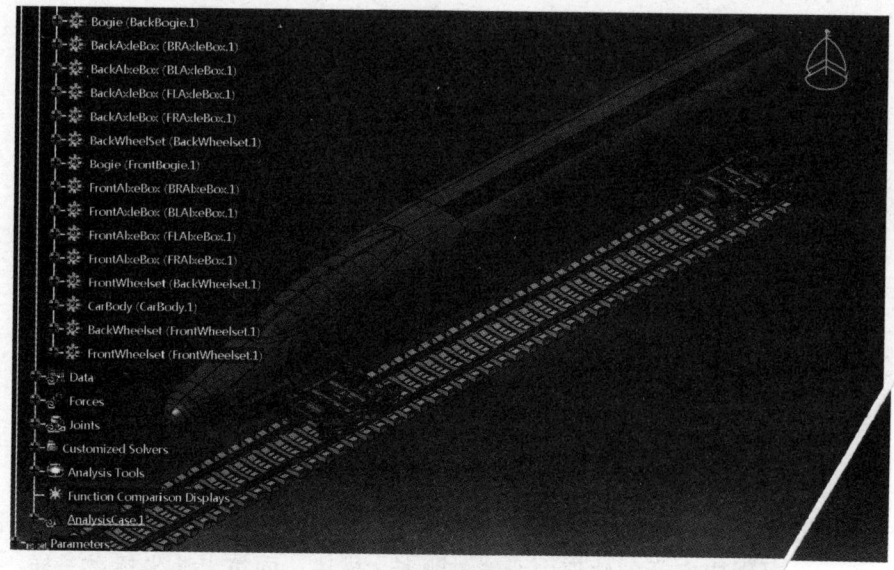

图 8-22　基于 CAD 模型的高速列车可视化动力学模型

3）轨道模型

在计算多体动力学中，通常有两种处理工程计算的方法：一是针对某一特定的工程应用开发专门的算法，这种方法领域性较强，不能很好地适应更多的一般性应用或者物理现象。二是在已有的多体系统算法的基础上进行适当地扩展，这种方法有好的兼容性、继承性和集成性，并能适应特定领域的工程应用。LMS Virtual.Lab Motion 提供了成熟的多体系统算法，并且提供了一定的用户自定义功能，结合轨道车辆的特殊性，此处采用第二种方法来完成轨道车辆动力学的计算仿真分析。

绝对笛卡儿坐标（见图 8-23）常用于组集动力学方程，该描述方法能够得到对称、易理解的且呈现稀疏特性的方程式，广义笛卡儿坐标由 3 个位置坐标和 3 个姿态坐标表示，即

$$\boldsymbol{q} = \begin{bmatrix} x & y & z & \psi & \phi & \theta \end{bmatrix}^{\mathrm{T}} \tag{8-1}$$

其中 3 个姿态坐标可以采用欧拉参数表示，即

$$\boldsymbol{q} = \begin{bmatrix} x & y & z & e_0 & e_1 & e_2 & e_3 \end{bmatrix}^{\mathrm{T}} \tag{8-2}$$

且满足约束 $\sum_{i=0}^{3} e_i = 1$。

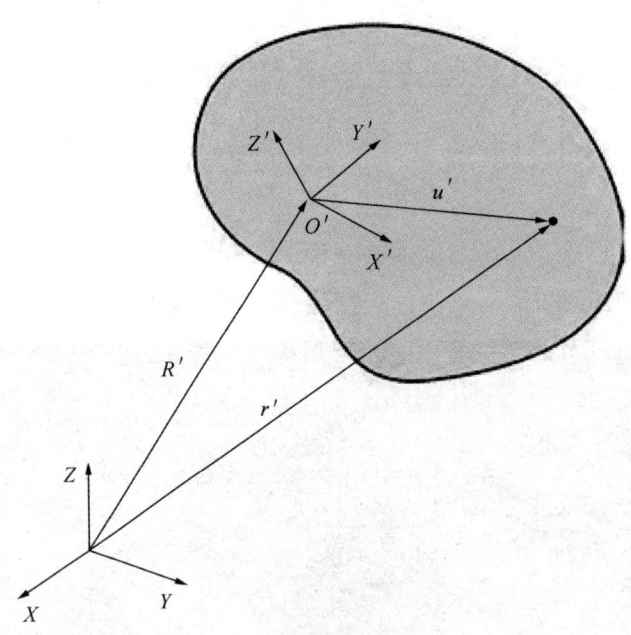

图 8-23　绝对笛卡儿坐标

（1）轨道坐标描述。

在轨道车辆动力学的轮轨关系计算中，为了方便地描述轨道几何，采用另一种坐标表示，即轨道坐标，如图 8-24 所示。轨道中心线上的坐标系 $X''Y''Z''$ 称为体-轨道坐标系，其跟随体一同运动，也就是每个体都有各自的体-轨道坐标系。在世界（全局）坐标系下，体-轨道坐标系的位置和方向可以由空间的轨道中心线的弧长 s 描述。同笛卡儿坐标系一样，每个个体

都有体坐标系 $X^{ir}Y^{ir}Z^{ir}$，但轨道坐标中，体坐标相对于体-轨道坐标系描述。

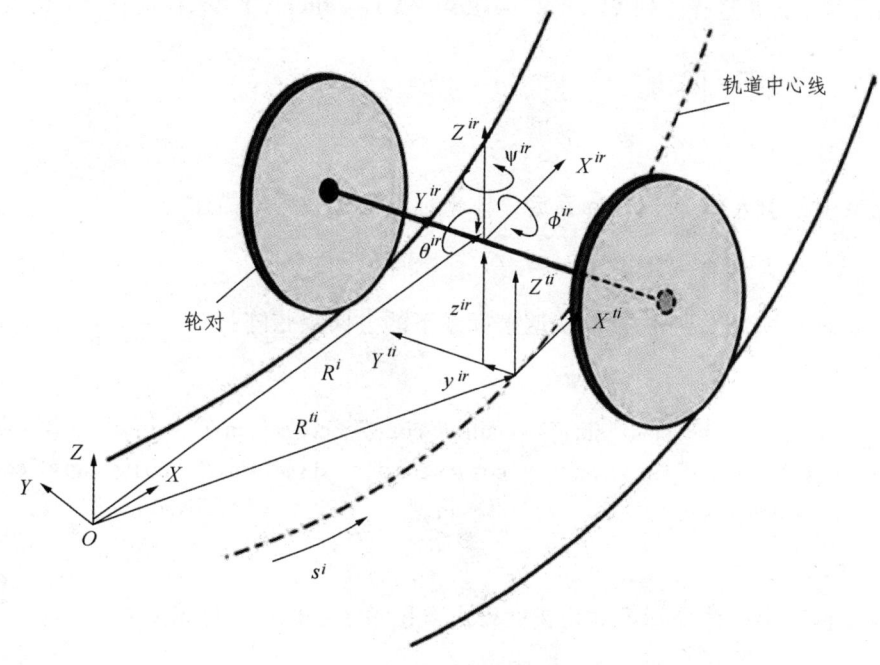

图 8-24 轨道坐标

在轨道坐标系中，体-轨道坐标系由与弧长 s 相关的 3 个位置和 3 个姿态（欧拉角）表示，可以写成如下形式：

$$\begin{cases} \boldsymbol{R}^{ti} = \boldsymbol{R}^{ti}(s^i) = \begin{bmatrix} x^{ti}(s^i) & y^{ti}(s^i) & z^{ti}(s^i) \end{bmatrix}^{\mathrm{T}} \\ \boldsymbol{\theta}^{ti} = \boldsymbol{\theta}^{ti}(s^i) = \begin{bmatrix} \psi^{ti}(s^i) & \theta^{ti}(s^i) & \phi^{ti}(s^i) \end{bmatrix}^{\mathrm{T}} \end{cases} \quad (8-3)$$

由 3 个姿态角，选择旋转序列 $Z \to -Y \to -X$，得到坐标的方向余弦阵：

$$\begin{aligned} \boldsymbol{A}^{ti} &= \begin{bmatrix} \boldsymbol{i}^{ti} & \boldsymbol{j}^{ti} & \boldsymbol{k}^{ti} \end{bmatrix} \\ &= \begin{bmatrix} \cos\psi^{ti}\cos\theta^{ti} & -\sin\psi^{ti}\cos\phi^{ti}+\cos\psi^{ti}\sin\theta^{ti}\sin\phi^{ti} & -\sin\psi^{ti}\sin\phi^{ti}-\cos\psi^{ti}\sin\theta^{ti}\cos\phi^{ti} \\ \sin\psi^{ti}\cos\theta^{ti} & \cos\psi^{ti}\cos\phi^{ti}+\sin\psi^{ti}\sin\theta^{ti}\sin\phi^{ti} & \cos\psi^{ti}\sin\phi^{ti}-\sin\psi^{ti}\sin\theta^{ti}\cos\phi^{ti} \\ \sin\theta^{ti} & -\cos\theta^{ti}\sin\phi^{ti} & \cos\theta^{ti}\cos\phi^{ti} \end{bmatrix} \end{aligned}$$

$$(8-4)$$

在全局坐标系中，体-轨道坐标系的角速度可由欧拉角表示成以下的形式：

$$\boldsymbol{\omega}^{ti} = \boldsymbol{G}^{ti}\dot{\boldsymbol{\theta}}^{ti} \quad (8-5)$$

其中

$$\boldsymbol{G}^{ti} = \begin{bmatrix} 0 & \sin\psi^{ti} & -\cos\psi^{ti}\cos\theta^{ti} \\ 0 & -\cos\psi^{ti} & -\sin\psi^{ti}\cos\theta^{ti} \\ 1 & 0 & -\sin\theta^{ti} \end{bmatrix} \quad (8-6)$$

在体-轨道坐标系中，体坐标系同样可由与弧长 s 相关的 3 个位置和 3 个姿态角描述，在轨道车辆动力学中，常选择序列 Yaw（Z）→Roll（X）→Pitch（Y）来描述任意体的姿态，则

$$\begin{cases} \bar{\boldsymbol{u}}^{ir} = \begin{bmatrix} 0 & y^{ir} & z^{ir} \end{bmatrix}^{\mathrm{T}} \\ \boldsymbol{\theta}^{ir} = \begin{bmatrix} \psi^{ir} & \phi^{ir} & \theta^{ir} \end{bmatrix}^{\mathrm{T}} \end{cases} \tag{8-7}$$

在全局坐标系中，引入体-轨道坐标系后，体坐标系的位置可以描述为

$$\boldsymbol{R}^i = \boldsymbol{R}^{ti} + \boldsymbol{A}^{ti} \bar{\boldsymbol{u}}^{ir} \tag{8-8}$$

由 3 个姿态坐标，得到体在体-轨道坐标系下的方向余弦阵：

$$\boldsymbol{A}^{ir} = \begin{bmatrix} \cos\psi^{ir}\cos\theta^{ir} - \sin\psi^{ir}\sin\phi^{ir}\sin\theta^{ir} & -\sin\psi^{ir}\cos\phi^{ir} & \cos\psi^{ir}\sin\theta^{ir} + \sin\psi^{ir}\sin\phi^{ir}\cos\theta^{ir} \\ \sin\psi^{ir}\cos\theta^{ir} + \cos\psi^{ir}\sin\phi^{ir}\sin\theta^{ir} & \cos\psi^{ir}\cos\phi^{ir} & \sin\psi^{ir}\sin\theta^{ir} - \cos\psi^{ir}\sin\phi^{ir}\cos\theta^{ir} \\ -\cos\phi^{ir}\sin\theta^{ir} & \sin\phi^{ir} & \cos\phi^{ir}\cos\theta^{ir} \end{bmatrix} \tag{8-9}$$

在全局坐标系中，体坐标系的角速度可由欧拉角表示成以下的形式：

$$\boldsymbol{\omega}^{ir} = \boldsymbol{A}^{ti}\bar{\boldsymbol{\omega}}^{ir} \quad \text{或} \quad \boldsymbol{\omega}^{ir} = \boldsymbol{A}^{ti}\boldsymbol{G}^{ir}\dot{\boldsymbol{\theta}}^{ir} \tag{8-10}$$

其中

$$\boldsymbol{G}^{ir} = \begin{bmatrix} 0 & \cos\psi^{ir} & -\sin\psi^{ir}\cos\phi^{ir} \\ 0 & \sin\psi^{ir} & \cos\psi^{ir}\cos\phi^{ir} \\ 1 & 0 & \sin\phi^{ir} \end{bmatrix} \tag{8-11}$$

注意，$\bar{\boldsymbol{\omega}}^{ir}$ 是体坐标系相对体-轨道坐标系的角速度。

在轨道坐标系中，任意体的运动都可以描述为两个移动 y^{ir}、z^{ir} 及 3 个相对旋转 ψ^{ir}、ϕ^{ir} 和 θ^{ir}。另外，轨道坐标系的运动可由空间曲线的弧长参数 s 唯一确定。故而，在全局坐标系下，任意体的广义轨道坐标可以写成：

$$\boldsymbol{p}^i = \begin{bmatrix} s^i & y^{ir} & z^{ir} & \psi^{ir} & \phi^{ir} & \theta^{ir} \end{bmatrix}^{\mathrm{T}} \tag{8-12}$$

在轨道坐标的描述下，体上任意一点在全局坐标系下的位置矢量可表示为

$$\boldsymbol{r}^i = \boldsymbol{R}^i + \boldsymbol{A}^i \bar{\boldsymbol{u}}^i \tag{8-13}$$

式中　　$\boldsymbol{R}^i$——体质心（体坐标系原点）在全局坐标系下的位置矢量；

$\boldsymbol{A}^i$——体坐标系在全局坐标系下的方向余弦阵；

$\bar{\boldsymbol{u}}^i$——体上任意点相对于体坐标的位置矢量。

$$\boldsymbol{A}^i = \boldsymbol{A}^{ti}\boldsymbol{A}^{ir} \tag{8-14}$$

第8章 高速列车设计、分析、优化集成平台

$$\bar{u}^i = \begin{bmatrix} x^i & y^i & z^i \end{bmatrix}^T \tag{8-15}$$

位置矢量 r^i 可进一步写成：

$$r^i = R^{ti} + A^{ti}\bar{u}^{ir} + A^{ti}A^{ir}\bar{u}^i \tag{8-16}$$

区别于笛卡儿坐标的描述形式，在轨道坐标的描述形式下，同样可得体或其上任意点的速度和加速度等物理量，考虑轨道车辆动力学中体坐标系为研究对象，为研究方便，将体坐标系绑定在体的质心上。

体坐标在全局坐标系下的位置矢量对时间的求导为

$$\dot{R}^i = \dot{R}^{ti} + \dot{A}^{ti}\bar{u}^{ir} + A^{ti}\dot{\bar{u}}^{ir} \tag{8-17}$$

展开并进行复合求导，可进一步表达为广义轨道坐标的形式：

$$\dot{R}^i = \frac{\partial R^{ti}}{\partial s^i}\dot{s}^i + \frac{\partial A^{ti}}{\partial s^i}\bar{u}^{ir}\dot{s}^i + A^{ti}\dot{\bar{u}}^{ir} = L^i\dot{p}^i \tag{8-18}$$

其中，$\partial R^{ti}/\partial s^i$ 是空间曲线对自然弧长 s 的求导，由曲线论可知，其导数即为空间曲线的切向量，并且为单位向量 i^{ti}，则系数矩阵 L^i 维数为 3×6，其形式为

$$L^i = \begin{bmatrix} \left(i^{ti} + \frac{\partial A^{ti}}{\partial s^i}\bar{u}^{ir}\right) & j^{ti} & k^{ti} & 0_{3\times 3} \end{bmatrix} \tag{8-19}$$

式中的 i^{ti}、j^{ti} 和 k^{ti} 分别为式（8-4）的3个单位列向量，$0_{3\times 3}$ 是零阵，而广义轨道坐标的导数为

$$\dot{p}^i = \begin{bmatrix} \dot{s}^i & \dot{y}^{ir} & \dot{z}^{ir} & \dot{\psi}^{ir} & \dot{\phi}^{ir} & \dot{\theta}^{ir} \end{bmatrix}^T \tag{8-20}$$

从式（8-3）可知，3个欧拉角 θ^{ti} 是弧长 s 的函数，那么有

$$\frac{\partial A^{ti}}{\partial s^i} = \frac{\partial A^{ti}}{\partial \psi^{ti}}\cdot\frac{\partial \psi^{ti}}{\partial s^i} + \frac{\partial A^{ti}}{\partial \theta^{ti}}\cdot\frac{\partial \theta^{ti}}{\partial s^i} + \frac{\partial A^{ti}}{\partial \phi^{ti}}\cdot\frac{\partial \phi^{ti}}{\partial s^i} \tag{8-21}$$

同理，将式（8-5）也表达为弧长 s 的表达形式，有

$$\omega^{ti} = G^{ti}\dot{\theta}^{ti} = \left(G^{ti}\frac{\partial \theta^{ti}}{\partial s^i}\right)\dot{s}^i \tag{8-22}$$

其中

$$\frac{\partial \theta^{ti}}{\partial s^i} = \begin{bmatrix} \frac{\partial \psi^{ti}}{\partial s^i} & \frac{\partial \theta^{ti}}{\partial s^i} & \frac{\partial \phi^{ti}}{\partial s^i} \end{bmatrix} \tag{8-23}$$

再考虑体坐标在全局坐标系下的角速度，由于体相对于轨道坐标系有3个旋转自由度，那么绝对角速度可表示为

$$\omega^i = \omega^{ti} + \omega^{ir} \tag{8-24}$$

其中，$\bar{\omega}^{ir}$ 为体坐标系相对于轨道坐标系的角速度。上式可进一步写成广义轨道坐标的表示形式：

$$\omega^i = G^{ti}\dot{\theta}^{ti} + A^{ti}G^{ir}\dot{\theta}^{ir} = H^i\dot{p}^i \qquad (8\text{-}25)$$

其中，系数矩阵 H^i 为 3×6 的矩阵，形式如下：

$$H^i = \left[\left(G^{ti}\frac{\partial \theta^{ti}}{\partial s^i}\right) \quad \mathbf{0}_{3\times 1} \quad \mathbf{0}_{3\times 1} \quad (A^{ti}G^{ir})\right] \qquad (8\text{-}26)$$

（2）轨道几何描述。

在轨道车辆中，轨道通常由轨道中心线来描述，轨道中心线是一条空间曲线，可将其分解为水平曲线和竖曲线来表示。为了描述轨道，将轨道中心线投影到水平面，如图 8-25 所示。

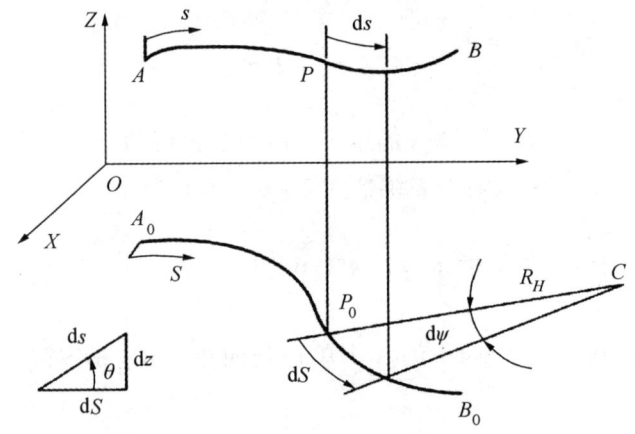

图 8-25 轨道中心线在水平面的投影

取轨道中心线上的一段 AB，其在水平面上的投影为 A_0B_0，假设轨道中心线的空间弧长为 s，其在水平面上的投影为 S，在曲线的某一点 P 处增加一个增量 $\mathrm{d}s$，在水平面上的相应量为 P_0 和 $\mathrm{d}S$，在 P_0 的曲率半径为 R_H，则可得到水平曲率 C_H 和摇头角 ψ 的表达关系式：

$$\mathrm{d}\psi = C_H \mathrm{d}S = \mathrm{d}S / R_H \qquad (8\text{-}27)$$

空间弧长 s 与投影弧长 S 之间的关系可通过点头角 θ 来建立：

$$\mathrm{d}s = \mathrm{d}S / \cos\theta \qquad (8\text{-}28)$$

对于曲线上点 P 处的侧滚角 ϕ（见图 8-26）可由超高 h 表示。

轨道一般由以下 3 种类型的曲线组合而成，即：

直线段：直线段的曲率为 0；

圆弧段：圆弧段的曲率为常数 C_H；

缓和曲线：又可以分为进缓和曲线、出缓和曲线和圆弧缓和曲线。进缓和曲线是直线段到圆弧段过渡的三次螺旋抛物线，其曲率为 $0 \rightarrow C_H$；出缓和曲线则是圆弧段到直线段过渡的三次螺旋抛物线，其曲率为 $C_H \rightarrow 0$；而圆弧缓和曲线为圆弧段到圆弧段的三次螺旋线。

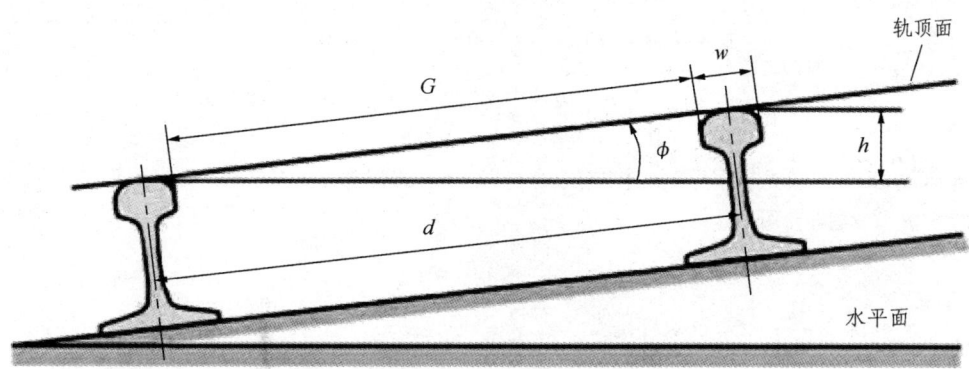

图 8-26 超高与侧滚角

考虑轨道的组成表示，曲线段 AB 上的任一点的变量可由两端点处的数据线性插值得到，那么对于点 P 处的曲率 C_H 可表示为

$$C_H = \frac{C_1(S-S_0) - C_0(S-S_1)}{S_1 - S_0} \tag{8-29}$$

联立式（8-27）和式（8-29）进行积分可得到：

$$\psi = \psi_0 + \frac{1}{S_1 - S_0}\left[\frac{C_1}{2}(S-S_0)^2 - \frac{C_0}{2}(S-S_1)^2\right] + \frac{C_0}{2}(S_1 - S_0) \tag{8-30}$$

由曲线论可知，点头角 θ（垂向高度差与纵向位移差的比值）微分后可表示为竖曲率 C_V 的关系式：

$$d\theta = C_V ds \tag{8-31}$$

积分后，进一步写成：

$$C_V = \frac{\theta_1 - \theta_0}{s_1 - s_0} \tag{8-32}$$

变形后，点头角 θ 可表示为弧长 s 的函数：

$$\theta = \theta_0 + C_V(s - s_0) \tag{8-33}$$

通过线性插值，同样，可得到侧滚角 ϕ 与投影弧长 S 的函数式：

$$\phi = \frac{\phi_1(S-S_0) - \phi_0(S-S_1)}{S_1 - S_0} \tag{8-34}$$

式（8-34）是与水平投影弧长 S 的关系，联立式（8-28）和（8-31）可得：

$$\frac{d\theta}{dS} = \frac{C_V}{\cos\theta} \tag{8-35}$$

对式（8-35）进行积分处理，可得到空间弧长 s 与投影弧长 S 的关系：

$$S(s) = \begin{cases} S_0 + \dfrac{1}{C_V}\sin[\theta(s)] - \dfrac{1}{C_V}\sin\theta_0 &, C_V \neq 0 \\ S_0 + (s - s_0)\cos\theta &, C_V = 0 \end{cases} \quad (8\text{-}36)$$

求解速度和角速度时，需知 3 个欧拉角对弧长 s 的导数，对式（8-30）、（8-33）和（8-34）求导并考虑式（8-36）可得：

$$\begin{cases} \dfrac{\mathrm{d}\psi}{\mathrm{d}s} = C_H \cos\theta \\ \dfrac{\mathrm{d}\theta}{\mathrm{d}s} = C_V \\ \dfrac{\mathrm{d}\phi}{\mathrm{d}s} = \left(\dfrac{\phi_1 - \phi_0}{S_1 - S_0}\right)\cos\theta \end{cases} \quad (8\text{-}37)$$

（3）轨道预处理。

轨道的预处理有两个方面：一是由轨道定义文件（见图 8-27）输出离散数据完成轨道几何建模；二是由离散的数据处理后作为轮轨关系计算的输入，对于轮轨关系计算，采用的是广义轨道坐标的描述处理方式，而 Motion 中采用的是广义笛卡儿坐标的方式来组建动力学方程，这就需将轮对的广义笛卡儿坐标向广义的轨道坐标进行变换，变换的量有轮对位置、轮对速度、轮对姿态和轮对角速度。

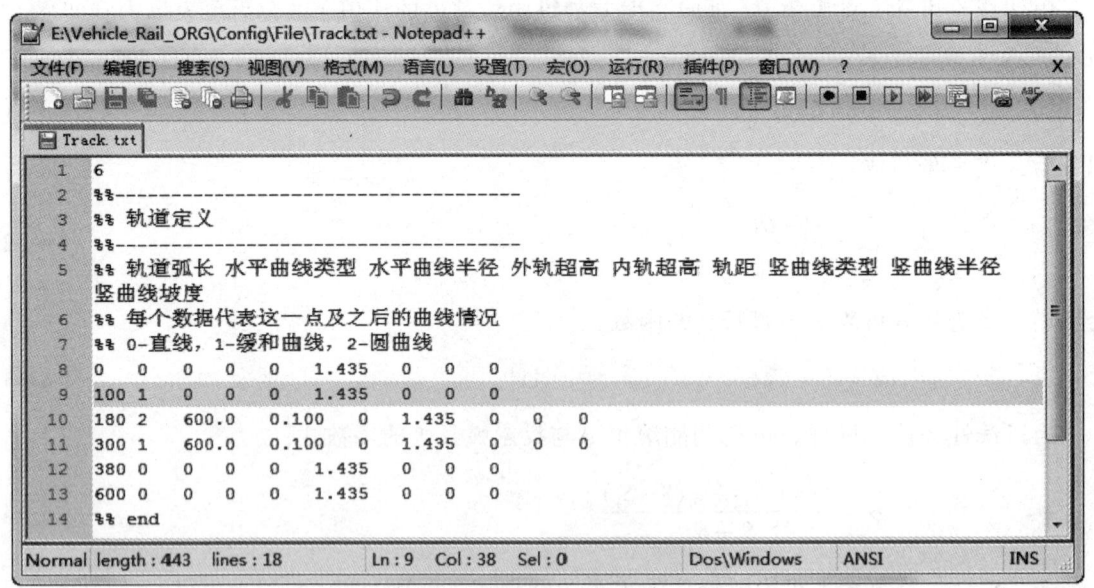

图 8-27 轨道定义文件

由此，可制订轨道处理的大致框图流程，如图 8-28 所示。

第 8 章　高速列车设计、分析、优化集成平台

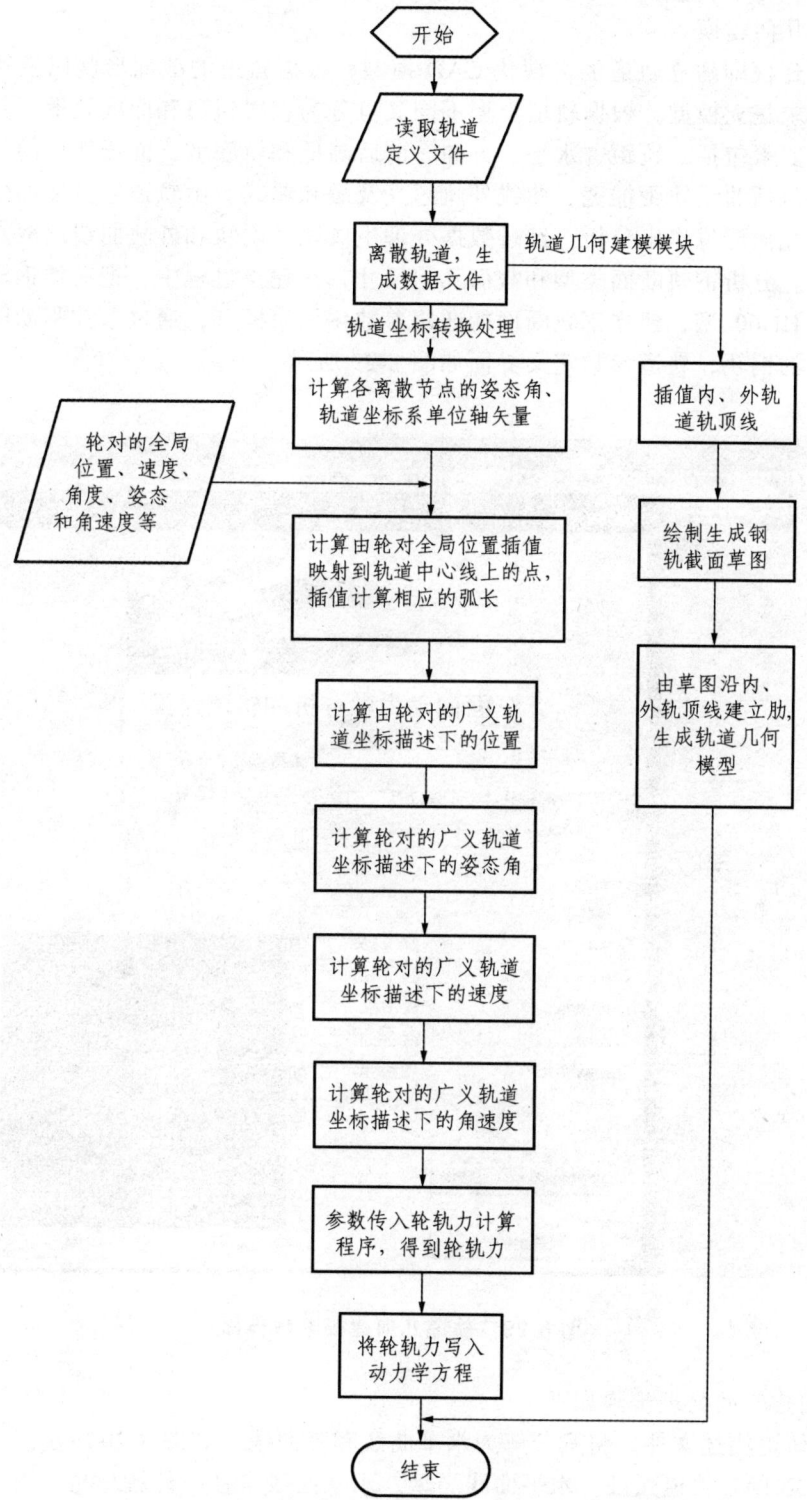

图 8-28　轨道处理流程框图

（4）轨道几何建模。

轨道几何建模即建立轨道的可视化 CAD 模型，根据轨道的截面形状以及轨道类型、轨底坡等几何要求建立模型，根据轨道类型不同又可分为直线轨道和曲线轨道。其中直线轨道几何形位基本要素包括：轨距、水平、方向、前后高低和轨底坡；曲线轨道的几何形位除以上要素外，还包括曲线轨距加宽、曲线外轨超高及缓和曲线。由轨道定义文件生成的离散数据，对轨道的几何形位作出分析，经过数据处理生成轨道内轨和外轨曲线离散点，最后拟合生成两轨曲线。分析钢轨断面类型和截面几何尺寸，在建模过程中，把三类钢轨实际归纳为一大类钢轨 CHN60 型，建立钢轨断面的通用参数化约束模型，通过参数驱动即可生成所需要的不同类型的钢轨，轨道参数定义界面如图 8-29 所示。

图 8-29 轨道几何建模参数界面

轨道几何建模的处理步骤如下：

① 读入轨道描述文件，将其分解为水平曲线和竖曲线，如图 8-30 所示。
/HORIZONTAL 轨道弧长、水平曲线类型、水平曲线半径、外轨超高、内轨超高；
/VERTICAL 轨道弧长、竖曲线类型、竖曲线半径、竖曲线坡度。
② 读入处理后的数据，进行轨道离散化，输出离散结果文件。
③ 根据轨道几何形位计算，计算内外轨的离散点并拟合成曲线。

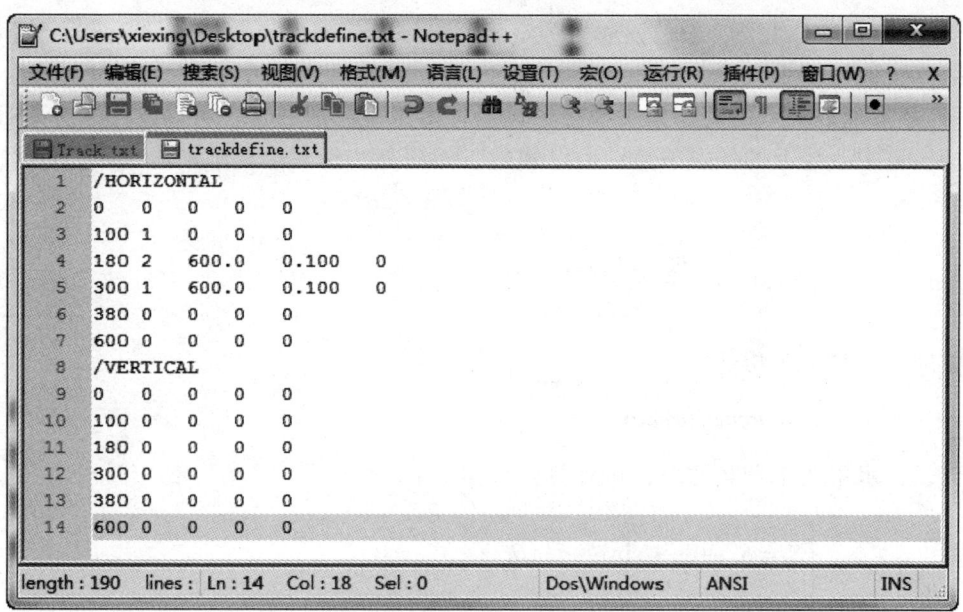

图 8-30　轨道几何输入文件

④ 按照钢轨断面类型和截面几何尺寸（参考 GB 2585—2007），建立约束参数化模型。

⑤ 对钢轨草图做平移和旋转变换到曲线位置，根据轨道曲线和截面草图模型创建肋，最后生成轨道三维几何模型。

通过以上步骤的处理，生成的轨道几何模型如图 8-31 所示。

图 8-31　轨道几何模型

（5）轨道坐标转换处理。

在 Motion 中，在任意仿真时刻 t，轮对在全局坐标系下的位置、速度、姿态和角速度都可得到，因此，结合前述轨道坐标的描述，可完成广义笛卡儿坐标到广义轨道坐标的变换，处理的步骤如下：

① 读取轨道离散数据（通过读取轨道定义文件来生成离散点数据文件，前面已经离散处理过，故直接使用结果文件）。

② 计算各离散节点的姿态角、坐标轴矢量，由于是离散数据，可以按如下方式处理：

对于轨道中心线上的任意节点，由已知内、外超高和轮对滚动圆横向跨距，可计算其侧滚角 ϕ_i：

$$\phi_i = \arcsin\left(\frac{h_{i,外} - h_{i,内}}{d}\right) \tag{8-38}$$

由已知坡度，计算点头角 θ_i：

$$\theta_i = \arctan(grade) \tag{8-39}$$

由已知弧长、水平曲率和竖曲率，可计算摇头角 ψ_i：

$$\begin{cases} S_i = S_{i-1} + \dfrac{1}{C_{Vi}}(\sin\theta_i - \sin\theta_{i-1}) &, C_V \neq 0 \\ S_i = S_{i-1} + (s_i - s_{i-1})\cos\theta_i &, C_V = 0 \end{cases} \tag{8-40}$$

$$\psi_i = \psi_{i-1} + \frac{C_{Hi} - C_{Hi-1}}{2}(S_i - S_{i-1}) \tag{8-41}$$

由 3 个姿态角度，代入式（8-4），计算节点处的轨道坐标系的方向余弦阵

$$\begin{aligned}
\boldsymbol{A}^{ti} &= \begin{bmatrix} \boldsymbol{i}^{ti} & \boldsymbol{j}^{ti} & \boldsymbol{k}^{ti} \end{bmatrix} \\
&= \begin{bmatrix} \cos\psi^{ti}\cos\theta^{ti} & -\sin\psi^{ti}\cos\phi^{ti} + \cos\psi^{ti}\sin\theta^{ti}\sin\phi^{ti} & -\sin\psi^{ti}\sin\phi^{ti} - \cos\psi^{ti}\sin\theta^{ti}\cos\phi^{ti} \\ \sin\psi^{ti}\cos\theta^{ti} & \cos\psi^{ti}\cos\phi^{ti} + \sin\psi^{ti}\sin\theta^{ti}\sin\phi^{ti} & \cos\psi^{ti}\sin\phi^{ti} - \sin\psi^{ti}\sin\theta^{ti}\cos\phi^{ti} \\ \sin\theta^{ti} & -\cos\theta^{ti}\sin\phi^{ti} & \cos\theta^{ti}\cos\phi^{ti} \end{bmatrix}
\end{aligned} \tag{8-42}$$

由此，可得到轨道坐标系的 3 个坐标轴的单位矢量。

③ 计算轮对坐标系对应的轨道坐标系的全局坐标 $(X^{si}\ Y^{si}\ Z^{si})^T$、弧长 s_i 和 3 个姿态角 $(\psi_{ti}\ \theta_{ti}\ \phi_{ti})^T$。

由轮对的绝对坐标计算其映射在轨道曲线上的点，首先确定轮对坐标所在的区间，由曲线论知识，计算得出轨道坐标系的原点，再通过离散点文件中绝对坐标与弧长的映射关系，插值得到弧长 s_i。最后插值得到 3 个姿态角坐标。

④ 计算轨道坐标系的方向余弦阵 $\boldsymbol{A}^{ti}$，3 个坐标轴单位向量 $(\boldsymbol{i}^{ti}\ \boldsymbol{j}^{ti}\ \boldsymbol{k}^{ti})$。

⑤ 求轮对坐标系的广义轨道坐标表示的位置 $(s_i\ y_{ir}\ z_{ir})^T$。

计算轮对坐标系相对于轨道坐标系的位置 $\overline{\boldsymbol{u}}^{ir}$，由式（8-8）可得

$$\overline{\boldsymbol{u}}^{ir} = \boldsymbol{A}^{tiT}(\boldsymbol{R}^i - \boldsymbol{R}^{ti}) \tag{8-43}$$

$$\boldsymbol{r}_{pi} = (s_i\ y_{ir}\ z_{ir})^T = (s_i\ 0\ 0)^T + \overline{\boldsymbol{u}}^{ir} \tag{8-44}$$

⑥ 求轮对坐标系相对于轨道坐标系的姿态角 $(\psi_{ir}\ \theta_{ir}\ \phi_{ir})^T$。

计算轮对坐标系相对于轨道坐标系的方向余弦阵,由式(8-14)可得

$$A^{ir} = A^{ti\mathrm{T}} A^{i} \qquad (8\text{-}45)$$

计算轮对坐标系相对于轨道坐标系的 3 个姿态角,由式(8-9)可求解,在轨道车辆运行中,实际的相对旋转角度较小,一般确定在($-\pi/2, \pi/2$),对于 Fortran 语言有:

a. 计算 ϕ_{ir},$\phi_{ir} = a\sin(A^{ir}(3,2))$。求出 $\cos(\phi_{ir}) = \mathrm{sqrt}(1 - A^{ir}(3,2)*2)$;

b. 计算 θ_{ir},计算 $\sin(\theta_{ir}) = -A^{ir}(3,1)/\cos(\phi_{ir})$,$\cos(\theta_{ir}) = A^{ir}(3,3)/\cos(\phi_{ir})$,则 $\theta_{ir} = a\tan 2(\sin(\theta_{ir}), \cos(\theta_{ir}))$;

c. 计算 ψ_{ir},计算 $\sin(\psi_{ir}) = -A^{ir}(1,2)/\cos(\phi_{ir})$,$\cos(\theta_{ir}) = A^{ir}(2,2)/\cos(\phi_{ir})$,则 $\psi_{ir} = a\tan 2(\sin(\psi_{ir}), \cos(\psi_{ir}))$。

⑦ 求轮对坐标系在广义轨道坐标描述下的速度 v_{pi}。

联立式(8-4)、(8-21)、(8-23)、(8-36)和(8-37)可求得 $\partial A^{ti}/\partial s^{i}$,再由式(8-18)、(8-19)和(8-20)求解方程组,最后可求得速度 v_{pi}。

⑧ 求轮对坐标系在广义轨道坐标描述下的角速度。

联立式(8-22)、(8-23)、(8-24),可求得

$$\boldsymbol{\omega}^{ir} = \boldsymbol{\omega}^{i} - \left(\boldsymbol{G}^{ti}\frac{\partial \boldsymbol{\theta}^{ti}}{\partial s^{i}}\right)\dot{s}^{i} \qquad (8\text{-}46)$$

其中,$\partial \boldsymbol{\theta}^{ti}/\partial s^{i}$ 可由式(8-34)求得。

由此求得了在广义轨道坐标系下的相关量,用于后续的计算。

4) 车辆动力学特殊力元

在机车车辆动力学中,区别于一般多体系统动力学的两个问题:一是几何问题,即轮/轨几何和轨道几何;二是接触问题,即轮轨接触。这两个问题可归结为数据的前处理和轮轨接触力元(Wheel/Rail Contact Force Element)的建立。除此之外,在车辆动力学中由于一系和二系悬挂系统的存在,如一系悬挂中的轴箱弹簧、一系垂向减振器等用于连接构架与轮对,而二系悬挂的空气弹簧、横向减振器、抗蛇行减振器等用于连接车体与转向架。从动力学的角度,悬挂系统的功能可由一系列的力元来表征或等效其作用效果,比如三向并联弹簧-阻尼力元(Spring-Damper in Parallel Component)、剪切弹簧力元(Shear Spring)、抗侧滚扭杆力元(Anti-Roll Bar)、空气弹簧(Air Spring)、串联弹簧-阻尼力元(Spring-Damper in Series Ptp)、衬套力元(Bushing)、止挡(Bump Stop)等等,考虑到 LMS Virtual.Lab Motion 是通用多体系统动力学软件,只有部分的力元,如止挡、衬套力元等,可借鉴使用,而其他力元则需要利用 Motion 中提供的 UDF/UDS 功能进行二次开发与自定义来完成。

(1)力元类别。

在车辆动力学中,为便于说明,约定将力元分为以下 3 种类型:

- 点到点力元(Point-to-Point Force Elements,简写成 Ptp);
- 三向分量力元(Component Force Elements,简写成 Cmp);
- 多点力力元(Multi-Force Force Elements,简写成 Mlt)。

① 点到点力元。

点到点力元的作用沿着两端 Markers 坐标原点的连线,所有的输入和输出都是应用在连线方向,只是分别作用在两端 Marker 上的力和力矩等大反向。同时,由于方向只与两端各自的原点连线有关,故而,两端 Marker 坐标的方向对力元没有任何影响。但是,与 From Marker 的选取有关。

点到点力元的初始长度设置为正值,如图 8-32 所示。

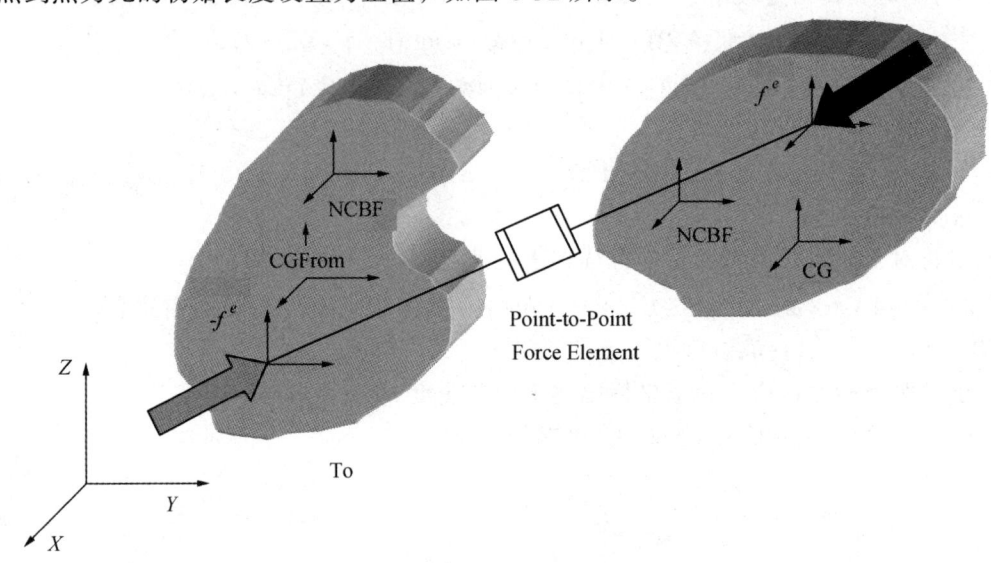

图 8-32 点到点力元的初始长度

② 三向分量力元(或面到面力元)。

三向分量力元(见图 8-33),力和力矩沿 3 个轴分别作用,这并不等同于简单地将力(或力矩)沿 3 个方向分解,设定该类别力元具有以下特征:

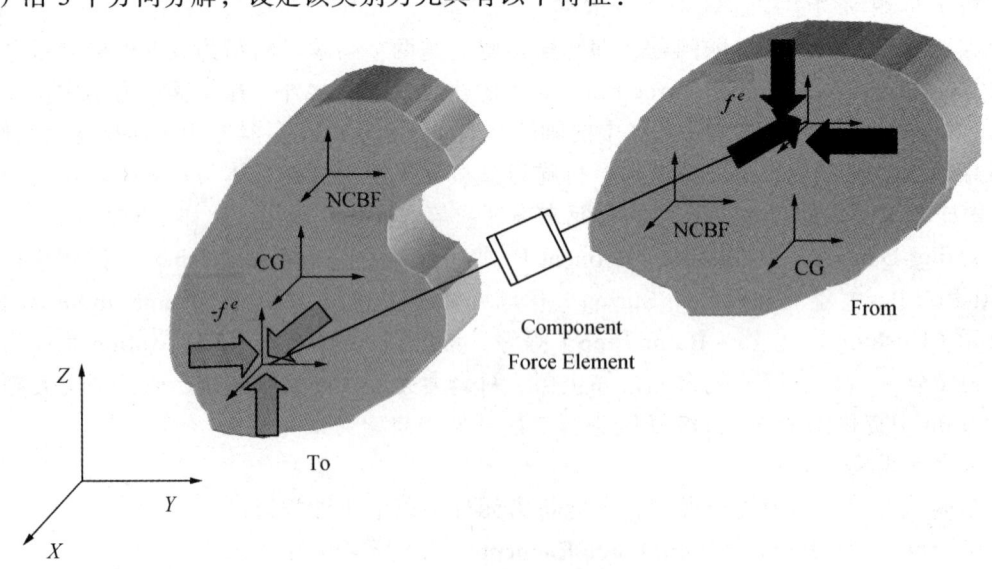

图 8-33 三向分量力元

a. 三向分量力元的作用在 From Marker 上;

b. 测量计算以 From Marker 为参考基准，在计算时注意相关的变换；

c. 三向分量力元并非对称性力元，方向以 From Marker 做参照，To Marker 的方向对其行为方向无直接影响，在选择作用点时注意顺序。

③ 多点力力元。

多点力力元（见图 8-34）的作用力应用在系统中的系列局部位置，这不同于点到点力元和分量力元。此外，作用力也不取决于 From 或 To Marker。因此，设定该力元具有如下的特征：

a. 多点力在某一位置的力由力学定律确定；

b. 没有相关联的反作用力，只分布地施加在指定的 From 和 To Marker 之间；

c. 并不包括由作用力产生的力矩。

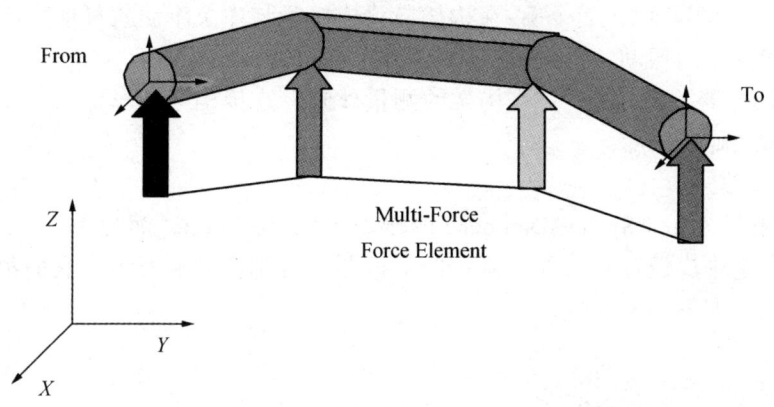

图 8-34　多点力力元

（2）LMS VL Motion 中的 UDF/UDS。

LMS VL Motion 中的 UDF/UDS 定制开发具有一定的柔性，用户可以根据需要自定义所需的力元，主要包括两个方面：一是对内置的力元进行适当的修改以适应不同的实际分析需要，如对 TSDA 力元考虑弹簧的极限拉断的情况等；二是用户自定义力元，用户可以通过开放的接口函数来定义所需的力元，用户所定义的力元个数有一定的限制（至多能定义 10 个）。对于轨道车辆动力学而言，一般考虑第二种情形，其一般的开发步骤如下：

① 力元对话框界面描述。通过 LMS VL Motion 中的对话框描述语言定制自定义力元的内容，对话框文件扩展名为.LMSMotionUDF，对话框中的内容用于交互和作为力元的输入参数。

② UDF 力学定律定义。借助自定义模板，添加适当处理代码实现用户自定义力和状态方程，具体过程为：

a. 选择 LMS VL Motion 中提供的用户自定义源代码文件，如常用的为 udf.f，udf_in.f，udf_move.f，usrclose.f 等。

b. 依据所定义的力元的力学定律，求解作用在选择的点或者坐标系上的力（力和转矩），这里需要注意的是，所选择的作用点是由重心坐标定义还是局部坐标系定义，将作用力转化到作用在重心坐标上。

c. 变换力和转矩到全局坐标系得到广义力和转矩。

d. 将得到的力和转矩增加到体的 FRC 矩阵中。

（3）串联弹簧-阻尼力元。

① 模型概述。

在轨道车辆上，减振器的两端是存在橡胶节点的。传统的模型建模时都忽略了橡胶节点的作用。橡胶节点具有一定的刚度，一方面保证减振器能很好地工作，不致于别死而损坏；另一方面也可吸收和隔离部分高频振动。从实际情形考虑，有必要建立带有橡胶节点的高速列车模型。考虑两端的橡胶节点的等值性，可以将其简化为串联弹簧-阻尼力元，该力元模型可用于模拟一系、二系的减振器元件，具体为：

a. 一系垂向减振器（4×2个）：在构件与轴箱之间，与轴箱弹簧并联，主要是防止转向架构架的点头振动。

b. 二系横向减振器（2×2个）：在构架横梁连接梁与中央牵引拉杆座之间，主要是衰减车体与转向架间的横向振动。

c. 抗蛇行减振器（2×4个）：在构架的测量外侧，连接构架与车体，主要是为了防止列车在高速运行时的蛇行失稳。

② 力学定律描述。

串联弹簧-阻尼力元（Spring-Damper in series Point-to-Point，简写为 Spr-Damp Ser Ptp）在轨道车辆动力学中广泛存在，如一系垂向减振器、抗蛇行减振器等，它们都是由接头刚度和阻尼串联而成，如图 8-35 所示。

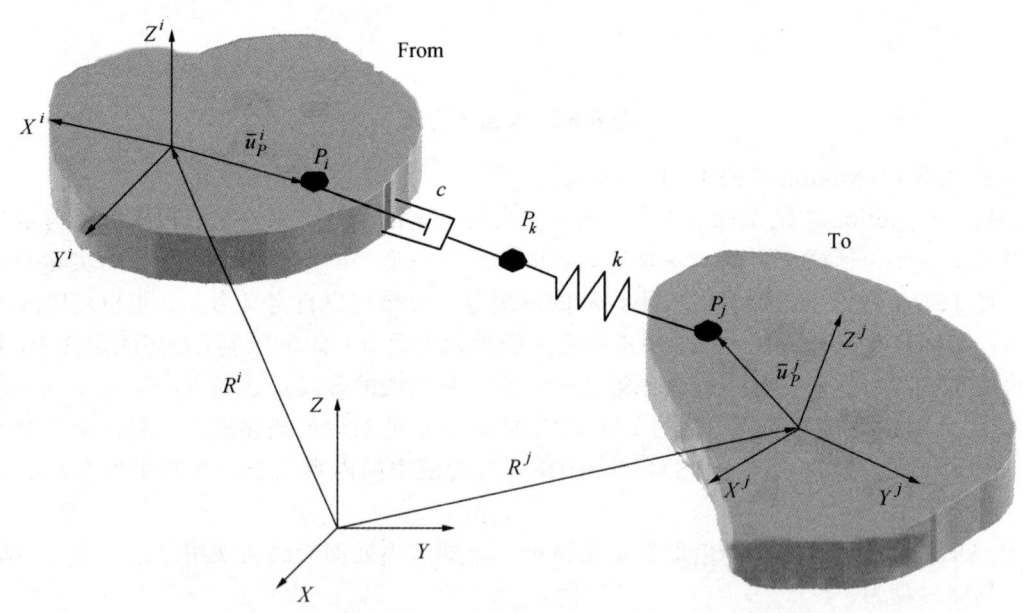

图 8-35 串联弹簧-阻尼力元

假设为线性力元，由于是串联连接，因此弹簧力 F_s 与阻尼力 F_d 相等，可写出如下方程：

$$F_s = F_d = k\delta_s = c\dot{\delta}_d \tag{8-47}$$

式中　δ_s——弹簧的压缩量；

　　　$\dot{\delta}_d$——阻尼两端点 P_k 和 P_j 的相对速度之差。

显然，这是一阶微分方程。引入新的动力学状态变量，即某一时刻弹簧或阻尼的长度为 $l(t)$，简写为 l，特别要注意的是，在静平衡状态，力元不产生力作用。考虑多刚体动力学，令：

r_P^{ij} 为力元两端端点 P_i 和 P_j 在全局坐标系下的相对位移差矢量，则

$$r_P^{ij} = r_P^j - r_P^i = R^j + A^j \bar{u}_P^j - R^i - A^i \bar{u}_P^i \tag{8-48}$$

式中　　R^i 和 R^j——刚体 i 和 j 质心坐标各自在全局坐标系下的位置矢量；

A^i 和 A^j——定义刚体 i 和 j 各自在全局坐标系下的变换矩阵；

$\bar{u}_P^i$ 和 $\bar{u}_P^j$——力元两端点 P_i 和 P_j 在刚体 i 和 j 上的局部坐标位置矢量。

从而有，v_P^{ij}：力元两端端点 P_i 和 P_j 在全局坐标系下的相对速度差矢量，是 r_P^{ij} 对时间的导数；$n_P^{ij} = r_P^{ij} / |r_P^{ij}|$：力元两端端点连线的单位矢量。

若 l 为弹簧在某一时刻的实际长度，则有

$$\begin{cases} \delta_s = l - l_0 \\ \dot{\delta}_d = n_P^{ij\mathrm{T}} v_P^{ij} - \dot{l} \end{cases} \tag{8-49}$$

由式（8-47）、（8-49）联立可得状态方程

$$\dot{l} = n_P^{ij\mathrm{T}} v_P^{ij} - \frac{k(l - l_0)}{c} \tag{8-50}$$

若 l 为阻尼器在某一时刻的实际长度，则有

$$\begin{cases} \delta_s = |r_P^{ij}| - l - l_0 \\ \dot{\delta}_d = \dot{l} \end{cases} \tag{8-51}$$

由式（8-47）、（8-51）联立可得状态方程

$$\dot{l} = \frac{k(|r_P^{ij}| - l - l_0)}{c} \tag{8-52}$$

通过求解状态方程，可求解得到 l，进而可由以上公式得到 F_s。

由虚功原理，F_s 对虚位移 δr 所做的功为

$$\delta W = -F_s \delta r \tag{8-53}$$

其中，δr 力元的虚位移，由下式定义

$$\delta r = \frac{r_P^{ij\mathrm{T}} \delta r_P^{ij}}{|r_P^{ij}|} = \frac{r_P^{ij\mathrm{T}}}{|r_P^{ij}|} (\delta R^j - \tilde{u}_P^j G^j \delta \theta^j - \delta R^i + \tilde{u}_P^i G^i \delta \theta^i) \tag{8-54}$$

式中　　$\tilde{u}_P^i$ 和 $\tilde{u}_P^j$——与 $A^i \bar{u}_P^i$ 和 $A^j \bar{u}_P^j$ 相关的斜对称矩阵；

θ^i 和 θ^j——刚体 i 和 j 的方向参数；

G^i 和 G^j——刚体 i 和 j 与方向参数相关的矩阵，如方向参数为欧拉参数，则

$$G = 2\begin{bmatrix} -\theta_1 & \theta_0 & -\theta_3 & \theta_2 \\ -\theta_2 & \theta_3 & \theta_0 & -\theta_1 \\ -\theta_3 & -\theta_2 & \theta_1 & \theta_0 \end{bmatrix} \quad (8\text{-}55)$$

由此,式(8-53)可以写成

$$\delta W = -F_s n_P^{ij} (\delta R^j - \tilde{u}_P^j G^j \delta \theta^j - \delta R^i + \tilde{u}_P^i G^i \delta \theta^i) \quad (8\text{-}56)$$

式(8-56)也可写成如下形式:

$$\delta W = Q_R^{i\mathrm{T}} \delta R^i + Q_\theta^{i\mathrm{T}} \delta \theta^i + Q_R^{j\mathrm{T}} \delta R^j + Q_\theta^{j\mathrm{T}} \delta \theta^j \quad (8\text{-}57)$$

式中 Q_R^i,Q_θ^i,Q_R^j 和 Q_θ^j——作用在刚体 i 和 j 上的广义力,分别为

$$\begin{cases} Q_R^i = F_s n_P^{ij} \\ Q_\theta^i = -F_s G^{i\mathrm{T}} \tilde{u}_P^{i\mathrm{T}} n_P^{ij} \\ Q_R^j = -F_s n_P^{ij} \\ Q_\theta^j = F_s G^{j\mathrm{T}} \tilde{u}_P^{j\mathrm{T}} n_P^{ij} \end{cases} \quad (8\text{-}58)$$

对于非线性力元,假设力元的非线性弹簧特性用函数 g_s 描述,非线性阻尼特性用函数 g_d 描述,推导过程类似,这里只说明关键点,对于非线性弹簧,则

$$F_s = g_s(\delta_s) \quad (8\text{-}59)$$

对于非线性阻尼,阻尼两端端点的相对速度为非线性函数 g_d 的反函数,这里要求函数 $F_d = g_d(\dot{\delta}_d)$ 的反函数存在,即 $\forall \dot{\delta}_d$ 满足条件 $\dot{g}_d > 0$。则

$$\dot{\delta}_d = g_{d_{\text{inverse}}}(F_d) \quad (8\text{-}60)$$

注意:以上推导成立的条件是 $\left|r_P^{ij}\right| > 0$,若为 0,则终止。

③ 二次开发定义。

界面描述如图 8-36 所示。

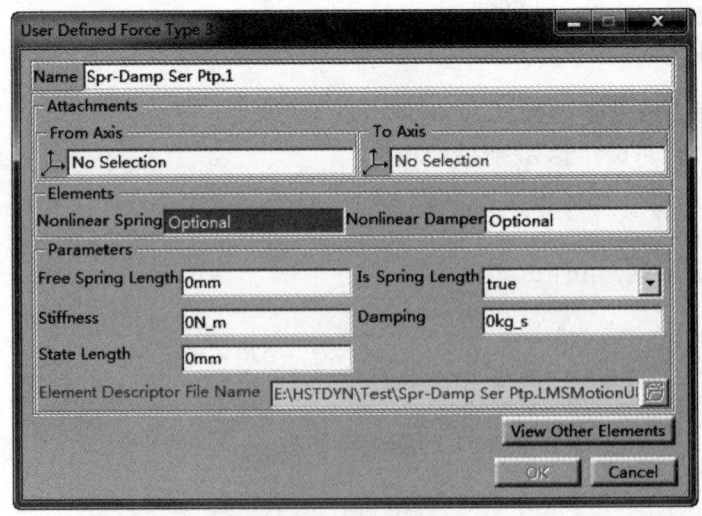

图 8-36　界面描述

(4) 三向并联弹簧-阻尼力元。

① 模型概述。

在车辆系统中,诸多元件是由螺旋圆弹簧和橡胶堆构成,在不同的方向产生弹性力和阻尼力,由此可将其等效为在3个方向上各自有刚度和阻尼的力元。高速列车中,可用来模拟如下元件:

a. 一系轴箱弹簧(4×2个):在轴箱与转向架构架之间,主要用于传递垂直方向的力。

b. 二系空气弹簧(2×2个):在车体与转向架构架侧梁之间,主要用于支撑车体载荷,另外还可以隔离转向架构架的振动,并在通过曲线过程中通过变位实现车体与转向架之间的相对旋转和横移。

c. 牵引拉杆(1×2):在车体枕梁中央与转向架构架之间,主要用于传递车体与转向架间的纵向载荷。

② 力学定律描述。

三向并联弹簧-阻尼力元(Spring-Damper in Parallel Component,简写成 Spr-Damp Par Cmp),实际上可以认为在3个轴向由3个互不干涉的弹簧阻尼振动器组成,可以有不同的线性或非线性的刚度和阻尼系数,力学模型如图 8-37 所示。

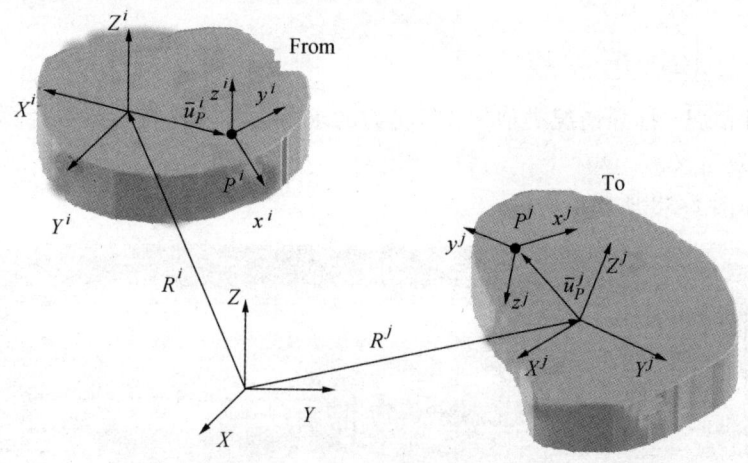

图 8-37 三向弹簧阻尼作动器

假设体 i 和 j 为刚体,A^{bi} 和 A^{bj} 分别为 Marker i 和 j 相对全局坐标的变换矩阵,则

$$A^{bi} = A^i \overline{A}^{bi}, \quad A^{bj} = A^j \overline{A}^{bj} \tag{8-61}$$

力元分别在刚体 i 和 j 上的点 P^i 和 P^j 在全局坐标系下的相对位置矢量为

$$\boldsymbol{r}_P^{ij} = \boldsymbol{r}_P^j - \boldsymbol{r}_P^i = \boldsymbol{R}^j + A^j \overline{\boldsymbol{u}}_P^j - \boldsymbol{R}^i - A^i \overline{\boldsymbol{u}}_P^i \tag{8-62}$$

进而,上式对时间求导,可得

$$\dot{\boldsymbol{r}}_P^{ij} = \dot{\boldsymbol{r}}_P^j - \dot{\boldsymbol{r}}_P^i = \dot{\boldsymbol{R}}^j + \dot{A}^j \overline{\boldsymbol{u}}_P^j - \dot{\boldsymbol{R}}^i - \dot{A}^i \overline{\boldsymbol{u}}_P^i \tag{8-63}$$

将其转换到力元坐标系,即 From 坐标系

$$\overline{\boldsymbol{\delta}}^{bij} = A^{bi^{\mathrm{T}}} \boldsymbol{r}^{ij}, \quad \dot{\overline{\boldsymbol{\delta}}}^{bij} = A^{bi^{\mathrm{T}}} \dot{\boldsymbol{r}}^{ij} \tag{8-64}$$

令三向并联弹簧-阻尼力元的移动刚度矩阵和阻尼矩阵为 $\boldsymbol{K}_\mathrm{r}$ 和 $\boldsymbol{C}_\mathrm{r}$，都为对角阵，其形式为

$$\boldsymbol{K}_\mathrm{r} = \begin{bmatrix} k_x & & 0 \\ & k_y & \\ 0 & & k_z \end{bmatrix}, \quad \boldsymbol{C}_\mathrm{r} = \begin{bmatrix} c_x & & 0 \\ & c_y & \\ 0 & & c_z \end{bmatrix} \tag{8-65}$$

并假设作用在 3 个不同方向的名义载荷力为 $\boldsymbol{F}_v = \begin{bmatrix} f_{vx} & f_{vy} & f_{vz} \end{bmatrix}^\mathrm{T}$，则

$$\overline{\boldsymbol{F}}_R^b = \boldsymbol{F}_v + \boldsymbol{K}_\mathrm{r} \overline{\boldsymbol{\delta}}^{bij} + \boldsymbol{C}_\mathrm{r} \dot{\overline{\boldsymbol{\delta}}}^{bij} \tag{8-66}$$

上式的力矢量定义在 From 坐标系，将其转换到全局坐标系有

$$\boldsymbol{F}_R^b = \boldsymbol{A}^{bk\mathrm{T}} \overline{\boldsymbol{F}}_R^b \tag{8-67}$$

由虚功原理，得到两个刚体的广义力

$$\begin{cases} \boldsymbol{Q}_R^i = \boldsymbol{F}_R^b \\ \boldsymbol{Q}_\theta^i = -\boldsymbol{G}^{i\mathrm{T}} \tilde{\boldsymbol{u}}_P^{i\mathrm{T}} \boldsymbol{F}_R^b \\ \boldsymbol{Q}_R^j = -\boldsymbol{F}_R^b \\ \boldsymbol{Q}_\theta^j = \boldsymbol{G}^{j\mathrm{T}} \tilde{\boldsymbol{u}}_P^{j\mathrm{T}} \boldsymbol{F}_R^b \end{cases} \tag{8-68}$$

对于非线性情况，推导情况类似，只需将力的求解用非线性特性函数计算的力代替即可。

③ 二次开发定义。

界面描述如图 8-38 所示。

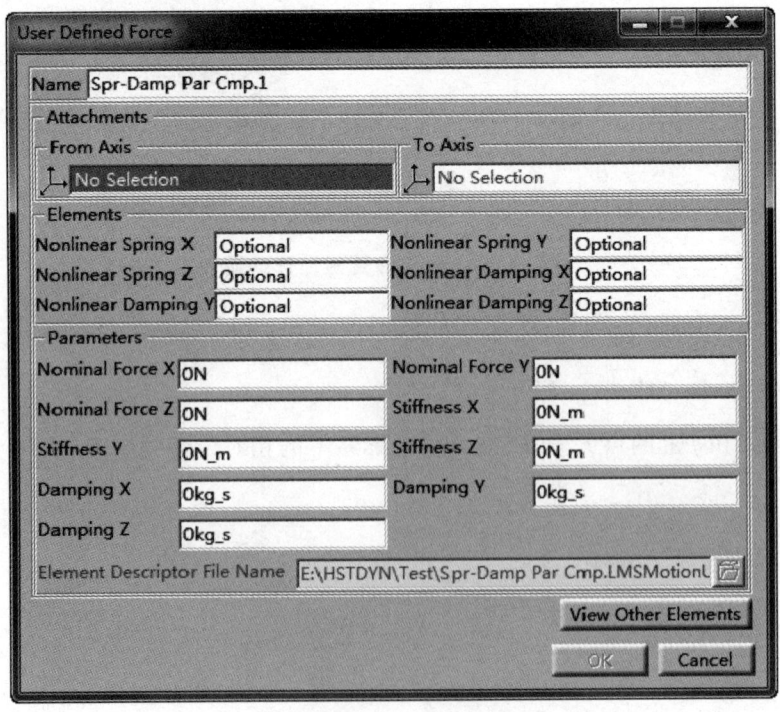

图 8-38　界面描述

（5）剪切弹簧。
① 模型概述。

机车车辆中，一系和二系悬挂系统多为或者可等效简化为螺旋圆弹簧（如轴箱弹簧、空气弹簧等），这些元件结合橡胶堆可提供不同方向的刚度，也可提供相应的弯曲刚度（竖直方向）和旋转刚度（水平方向）。

② 力学定律描述。

剪切弹簧力元（Shear Spring）的力学原理如图8-39所示。

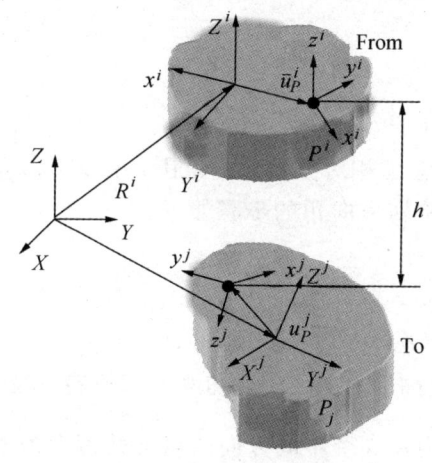

图 8-39 剪切弹簧

假设体 i 和 j 为刚体，A^{bi} 和 A^{bj} 分别为 Marker i 和 j 相对全局坐标的变换矩阵，则

$$A^{bi} = A^i \overline{A}^{bi}, \quad A^{bj} = A^j \overline{A}^{bj} \tag{8-69}$$

力元分别在刚体 i 和 j 上的点 P^i 和 P^j 在全局坐标系下的相对位置矢量为

$$r_P^{ij} = r_P^j - r_P^i = R^j + A^j \overline{u}_P^j - R^i - A^i \overline{u}_P^i \tag{8-70}$$

进而，上式对时间求导，可得

$$\dot{r}_P^{ij} = \dot{r}_P^j - \dot{r}_P^i = \dot{R}^j + \dot{A}^j \overline{u}_P^j - \dot{R}^i - \dot{A}^i \overline{u}_P^i \tag{8-71}$$

变换到力元坐标系，即 From 坐标系为

$$\overline{\delta}^{bij} = A^{bi\text{T}} r^{ij}, \quad \dot{\overline{\delta}}^{bij} = A^{bi\text{T}} \dot{r}^{ij} \tag{8-72}$$

为求解力元两坐标系的相对方向关系，假设初始时，From Marker 和 To Marker 同轴，考虑在 From Marker 坐标系上，利用矩阵进行变换，得到相对方向变换矩阵为

$$A^{bij} = A^{bi\text{T}} A^{bj} \tag{8-73}$$

假设刚体 i 和 j 之间的角度差为小角度情况，则可由 A^{bij} 求解计算得到绕3个方向的旋转角（布里恩角）$\overline{\theta}_x^{bij}$、$\overline{\theta}_y^{bij}$ 和 $\overline{\theta}_z^{bij}$，定义在 From Marker 坐标系中，即

$$\overline{\theta}^{bij} = [\overline{\theta}_x^{bij} \quad \overline{\theta}_y^{bij} \quad \overline{\theta}_z^{bij}]^\text{T} \tag{8-74}$$

由方向余弦矩阵 A^{bij} 求解在3个方向不同的旋转角时，车辆动力学中常用

Yaw-Roll-Pitch 来表示，故选择旋转序列为 $Z \to X \to Y$，得到的方向余弦阵的表达形式如下：

$$A^{bij} = \begin{bmatrix} C_\psi C_\theta - S_\psi S_\phi S_\theta & -S_\psi C_\phi & C_\psi S_\theta + S_\psi S_\phi C_\theta \\ S_\psi C_\theta + C_\psi S_\phi S_\theta & C_\psi C_\phi & S_\psi S_\theta - C_\psi S_\phi C_\theta \\ -C_\phi S_\theta & S_\phi & C_\phi C_\theta \end{bmatrix} \quad (8\text{-}75)$$

为便于书写，令 $\overline{\theta}^{bij} = [\psi \quad \phi \quad \theta]^T$，$C_\alpha = \cos\alpha$，$S_\alpha = \sin\alpha$，其余类推，对于自由刚体，欧拉角坐标相互独立。通过选择合适的元素建立与欧拉角的关系式：

$$\begin{cases} A_{32} = S_\phi \\ A_{12} = -S_\psi C_\phi, A_{22} = -C_\psi C_\phi \\ A_{31} = -C_\phi S_\theta, A_{33} = C_\phi C_\theta \end{cases} \quad (8\text{-}76)$$

先确定 ϕ 再计算 ψ 和 θ。考虑相对方向角的范围 $(-\pi/2, \pi/2)$，注意 $\beta = \pm\pi/2$ 是奇异点。对于 Fortran 语言，计算相对旋转方向角的步骤如下：

a. 确定 ϕ。$\phi = A\sin(A_{13})$。
b. 计算 ψ。$\psi = A\tan(-A_{12}/A_{22})$。
c. 计算 θ。$\theta = A\tan(-A_{31}/A_{33})$。

设剪切弹簧的高度为自由高度 h，三向剪切刚度和扭转刚度分别为 $\boldsymbol{K}_r = \begin{bmatrix} k_{rx} & k_{ry} & k_{rz} \end{bmatrix}$，$\boldsymbol{C}_\theta = \begin{bmatrix} c_{\theta x} & c_{\theta y} & c_{\theta z} \end{bmatrix}$，并设作用在 3 个不同方向的名义载荷力为 $\boldsymbol{F}_v = \begin{bmatrix} F_{vx} & F_{vy} & F_{vz} \end{bmatrix}^T$，名义转矩为 $\boldsymbol{L}_v = \begin{bmatrix} L_{vx} & L_{vy} & L_{vz} \end{bmatrix}^T$，则定义在 From Marker 坐标系上的力 $\overline{\boldsymbol{F}}_R^b = \begin{bmatrix} \overline{F}_{Rx}^b & \overline{F}_{Ry}^b & \overline{F}_{Rz}^b \end{bmatrix}$ 和转矩 $\overline{\boldsymbol{M}}_\theta^b = \begin{bmatrix} \overline{M}_{\theta x}^b & \overline{M}_{\theta y}^b & \overline{M}_{\theta z}^b \end{bmatrix}$ 分别为

$$\begin{bmatrix} \overline{F}_{Rx}^b \\ \overline{F}_{Ry}^b \\ \overline{F}_{Rz}^b \\ \overline{M}_{\theta x}^b \\ \overline{M}_{\theta y}^b \\ \overline{M}_{\theta z}^b \end{bmatrix} = \begin{bmatrix} c_{11} & 0 & 0 & 0 & c_{15} & 0 \\ 0 & c_{22} & 0 & c_{24} & 0 & 0 \\ 0 & 0 & c_{33} & 0 & 0 & 0 \\ 0 & c_{42} & 0 & c_{44} & 0 & 0 \\ c_{51} & 0 & 0 & 0 & c_{55} & 0 \\ 0 & 0 & 0 & 0 & 0 & c_{66} \end{bmatrix} \begin{bmatrix} \overline{\delta}_x^{bij} \\ \overline{\delta}_y^{bij} \\ \overline{\delta}_z^{bij} \\ \overline{\theta}_x^{bij} \\ \overline{\theta}_y^{bij} \\ \overline{\theta}_z^{bij} \end{bmatrix} + \begin{bmatrix} F_{vx} \\ F_{vy} \\ F_{vz} \\ L_{vx} \\ L_{vy} \\ L_{vz} \end{bmatrix} \quad (8\text{-}77)$$

其中：$c_{11} = k_{rx}$，$(k_{rx}h + \overline{F}_{Rz}^b)/2$；

$c_{22} = k_{ry}$，$c_{24} = -(k_{ry}h + \overline{F}_{Rz}^b)/2$；

$c_{33} = k_{rz}$；

$c_{42} = c_{24}$，$c_{44} = c_{\theta x} + c_{24}^2/c_{ry} + \overline{F}_{Rz}^b c_{24}/c_{ry}$；

$c_{51} = c_{15}$，$c_{55} = c_{\theta y} + c_{15}^2/c_{rx} - \overline{F}_{Rz}^b c_{15}/c_{rx}$；

$c_{66} = c_{\theta z}$。

式（8-77）的力矢量定义在 From 坐标系，将其变换到全局坐标系有

$$\begin{bmatrix} \boldsymbol{F}_R^b \\ \boldsymbol{M}_\theta^b \end{bmatrix} = \begin{bmatrix} \boldsymbol{A}^{bi} \overline{\boldsymbol{F}}_R^b \\ \boldsymbol{A}^{bi} \overline{\boldsymbol{M}}_\theta^b \end{bmatrix} \quad (8\text{-}78)$$

由虚功原理,得到两个刚体的广义力

$$\begin{cases} \boldsymbol{Q}_R^i = \boldsymbol{F}_R^b \\ \boldsymbol{Q}_\theta^i = -\boldsymbol{G}^{i\mathrm{T}} \tilde{\boldsymbol{u}}_P^{i\mathrm{T}} \boldsymbol{F}_R^b + \boldsymbol{G}^{i\mathrm{T}} \boldsymbol{M}_\theta^b \\ \boldsymbol{Q}_R^j = -\boldsymbol{F}_R^b \\ \boldsymbol{Q}_\theta^j = \boldsymbol{G}^{j\mathrm{T}} \tilde{\boldsymbol{u}}_P^{j\mathrm{T}} \boldsymbol{F}_R^b - \boldsymbol{G}^{i\mathrm{T}} \boldsymbol{M}_\theta^b \end{cases} \quad (8\text{-}79)$$

对于非线性情况,一般只需考虑剪切弹簧在竖直方向上的非线性特性,假设非线性函数为 $g_z(\delta)$,替换 $\overline{F}_{Rz}^b$ 即可,即

$$\overline{F}_{Rz}^b = g_z(\overline{\delta}_z^{bij}) \quad (8\text{-}80)$$

③ 二次开发定义。

界面描述如图 8-40 所示。

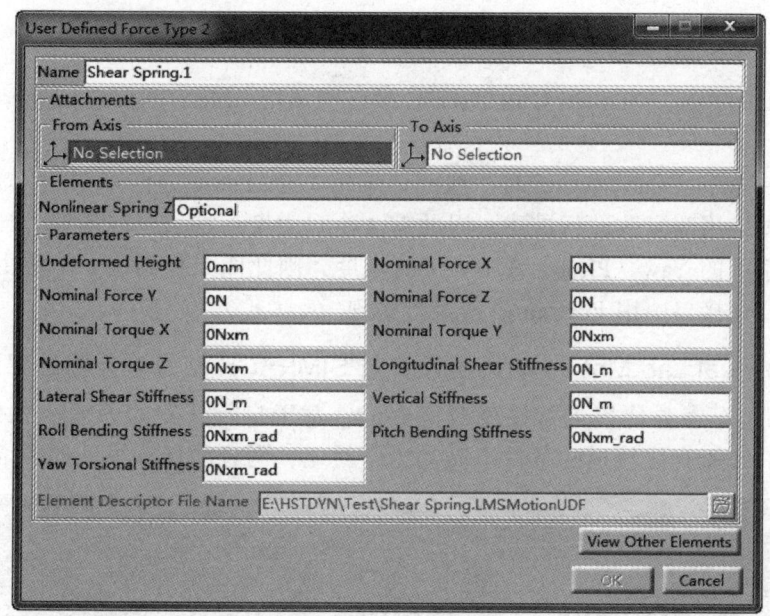

图 8-40 界面描述

(6)基于 LMS 的轮轨关系力元定义。

LMS Virtual.Lab Motion 的自定义力元提供的开发接口语言为 Fortran,为了综合利用 C++ 语言的编程便利以及满足 LMS VL Motion 的要求,采用 Fortran 与 C++ 混合编程实现,其中轮轨几何接触和轮轨力计算主要通过 C++ 实现,整个实现类图结构如图 8-41 所示。

基于 C++ 实现的轮轨关系模块,主要包括以下功能:

 a. 轮轨接触几何处理功能。

 b. 轮轨法向力计算功能。

 c. 轮轨切向力计算功能。

 d. 轨道空间描述功能。

 e. 轨道不平顺处理功能。

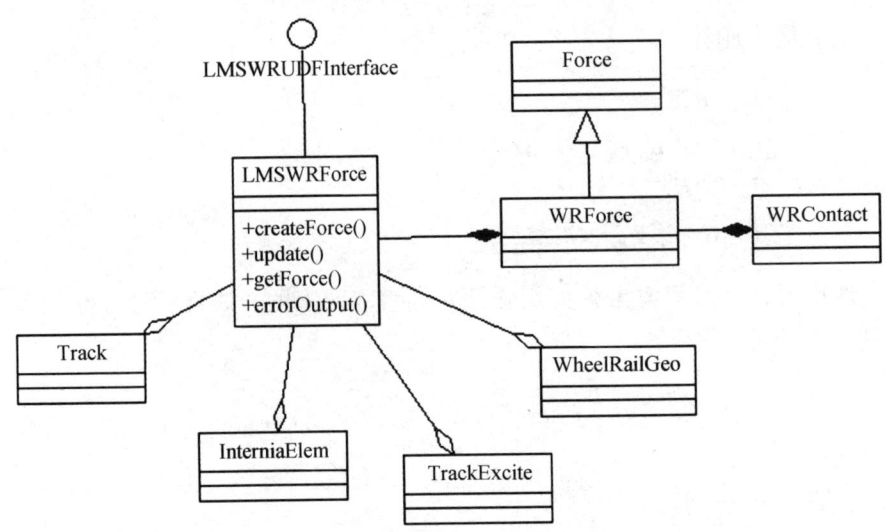

图 8-41　轮轨力元基本实现类图及关系简图

在程序的 UDF_IN、UDF 和 USRCLOSE 接口中调用 LMSWRUDFInerface 接口中提供的相应函数进行计算。

此外，LMS Virtual.Lab Motion 对一般刚体采用 7 个自由度进行计算，几何位置 x, y, z 3 个自由度，姿态采用四元数进行描述，因此有 4 个自由度，在通过的轮轨力计算方法中采用的是轨道坐标系下的 Yaw、Pitch、Roll 3 个自由度，因此四元数到这 3 个自由度进行姿态描述的转换也需要在接口中用 Fortran 语言进行实现。

3. LMS Virtual.Lab Motion 动力学计算与 SIMPACK 动力学计算结果对比

以 CRH 某型车参数建模进行性能对比测试，基于自行开发的力元在 LMS Virtual.Lab Motion 与 SIMPACK 直线轨道的条件下做动力学对比，两者的计算模型如图 8-42 所示。

（a）LMS 中动力学模型

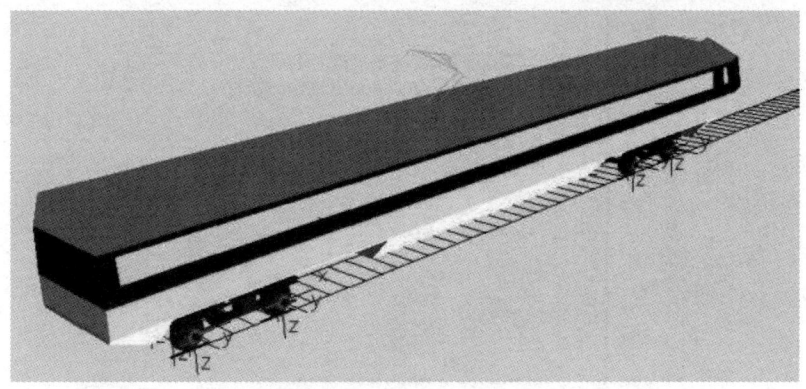

(b) SIMPACK 中动力学模型

图 8-42 两种软件中的计算模型

计算求解工况与参数设置如表 8-4 所示。

表 8-4 求解工况与参数设置表

工况	SIMPACK 参数设置	LMS Virtual.Lab Motion 参数设置
1：轨道为直线轨道，未加轨道激励	运行速度为 20 m/s，积分总时间为 10 s，打印步长为 0.005 s，积分步长为：0.001 s，积分方式为：BDF	运行速度为 20 m/s，积分总时间为 10 s，打印步长为 0.005 s，积分步长为：0.001 s，积分方式为：SODASRT
2：轨道为直线轨道，增加轨道激励	运行速度为 20 m/s，积分总时间为 10 s，打印步长为 0.005 s，积分步长为：0.001 s，积分方式为：BDF	运行速度为 20 m/s，积分总时间为 10 s，打印步长为 0.005 s，积分步长为：0.001 s，积分方式为：SODASRT

1）工况 1 对比

（1）轮对横移量 y 的对比曲线如图 8-43 所示。

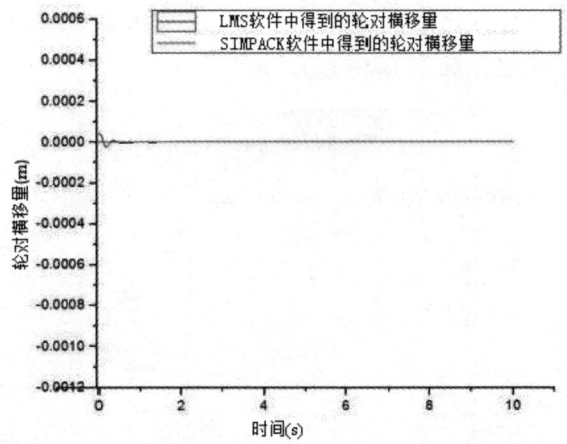

图 8-43 轮对横移量 y 的对比曲线

（2）轮轨横向力的曲线对比如图 8-44 所示。

其轮轨横向力表示为一个轮子所受的力，其稳定值约为 646 N。

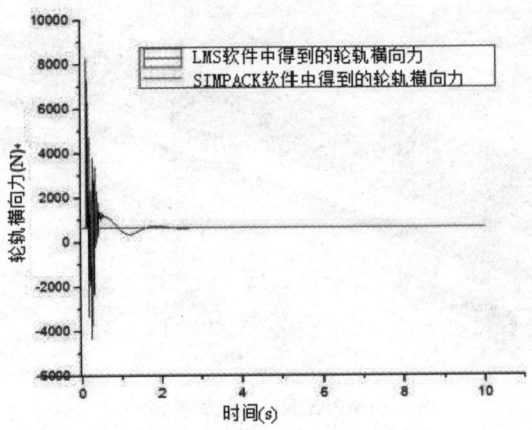

图 8-44　轮轨横向力的曲线对比

（3）轮轨垂向力的曲线对比如图 8-45 所示。

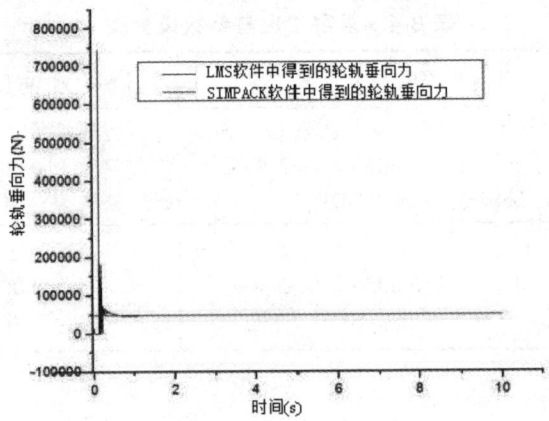

图 8-45　轮轨垂向力的曲线对比

轮轨垂向力指的是单个轮子所受的垂向力，稳定时大约为 49.2 kN。

（4）构架的横移量曲线对比如图 8-46 所示。

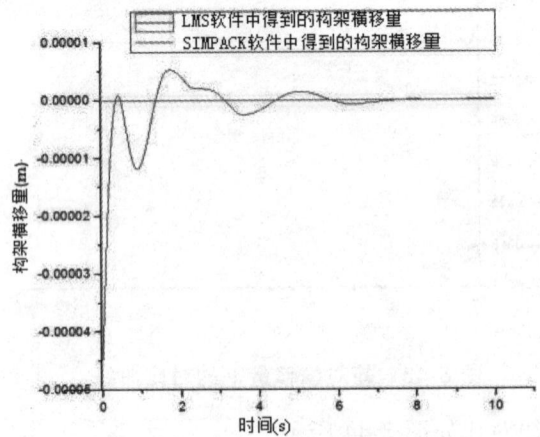

图 8-46　构架的横移量曲线对比

(5)车体的横移量曲线对比如图8-47所示。

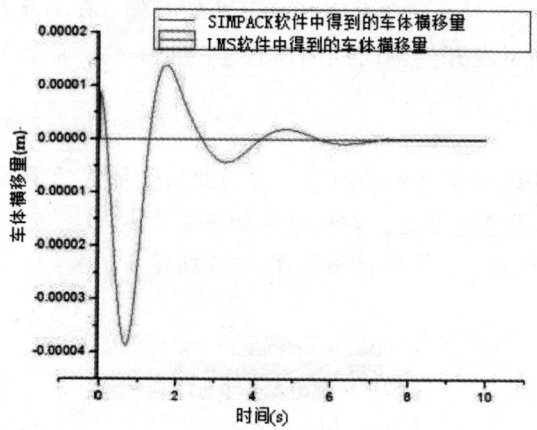

图8-47　车体的横移量曲线对比

(6)构架的横向加速度曲线对比如图8-48所示。

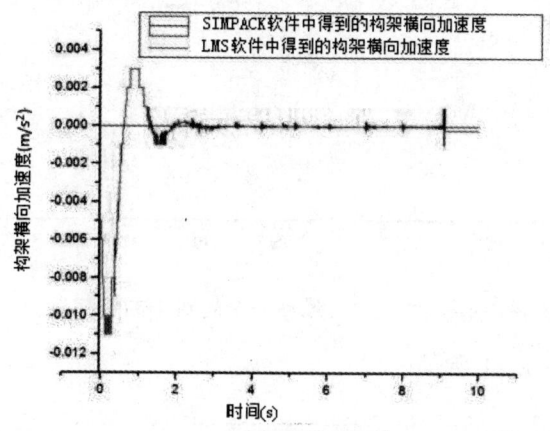

图8-48　构架的横向加速度曲线对比

(7)车体的横向加速度曲线对比如图8-49所示。

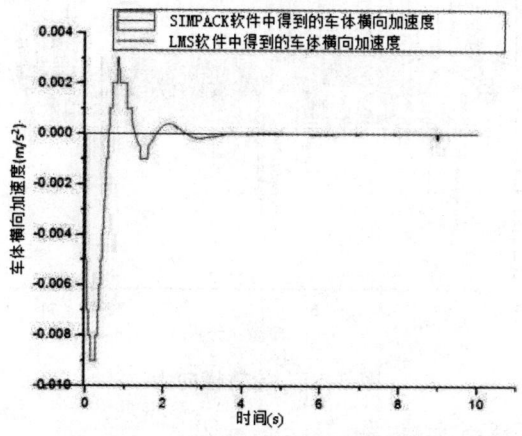

图8-49　车体的横向加速度曲线对比

通过以上对比，可以看出 LMS Virtual.Lab Motion 与 SIMPACK 的动力学计算结果是非常接近的，其曲线趋势是一致的，只有在刚开始运动的时候，有一些差别，主要表现为 LMS Virtual.Lab Motion 计算结果在开始的时间内出现了一些振荡，而运动稳定后，两者的结果一致。

2）工况 2 对比

同样以 CRH 某型车的模型作为验证原型，在直线轨道加入轨道激扰将 LMS Virtual.Lab Motion 与 Simpack 计算结果进行对比，对比结果如下：

（1）轮对 1（最后一个轮对）的横移量如图 8-50 所示。

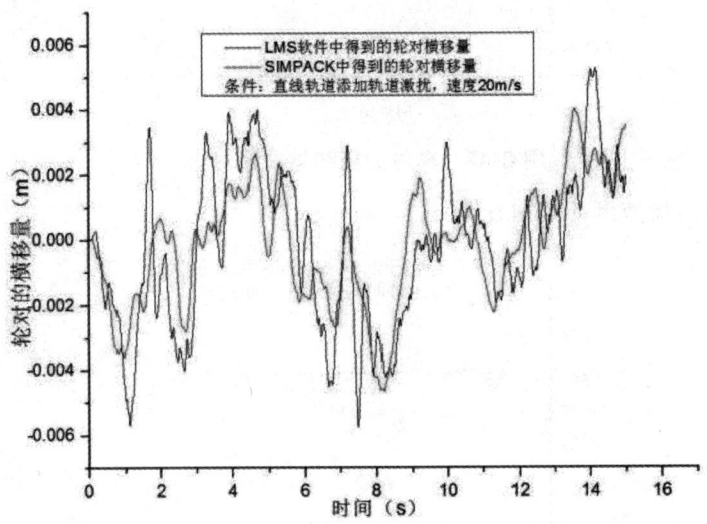

图 8-50　轮对 1（最后一个轮对）的横移量

（2）轮轨横向力如图 8-51 所示。

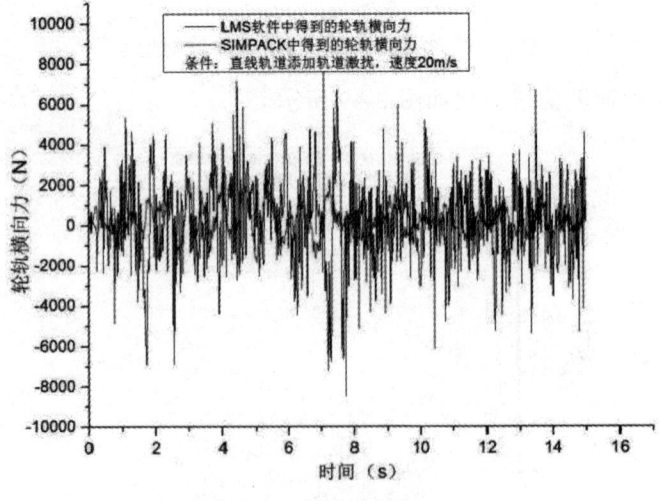

图 8-51　轮轨横向力

（3）轮轨垂向力如图 8-52 所示。

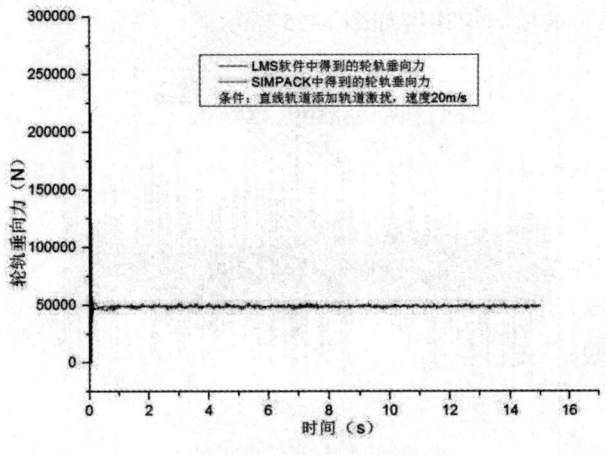

图 8-52 轮轨垂向力

（4）构架（后构架）的横向位移如图 8-53 所示。

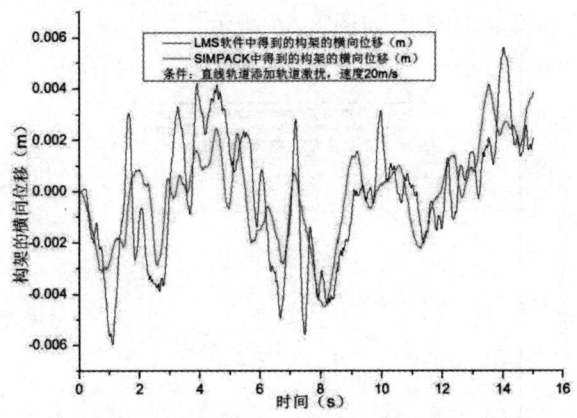

图 8-53 构架（后构架）的横向位移

（5）构架（后构架）的垂向位移如图 8-54 所示。

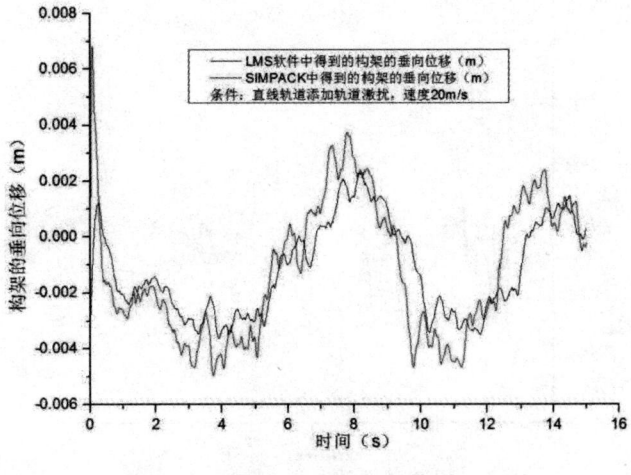

图 8-54 构架（后构架）的垂向位移

（6）构架（后构架）的横向加速度如图8-55所示。

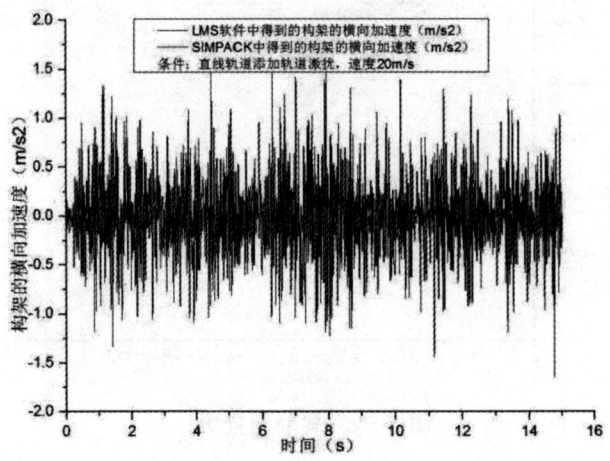

图8-55　构架（后构架）的横向加速度

（7）构架（后构架）的垂向加速度如图8-56所示。

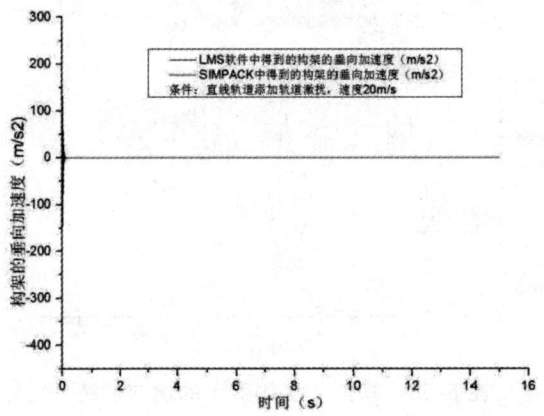

图8-56　构架（后构架）的垂向加速度

（8）车体的横向位移如图8-57所示。

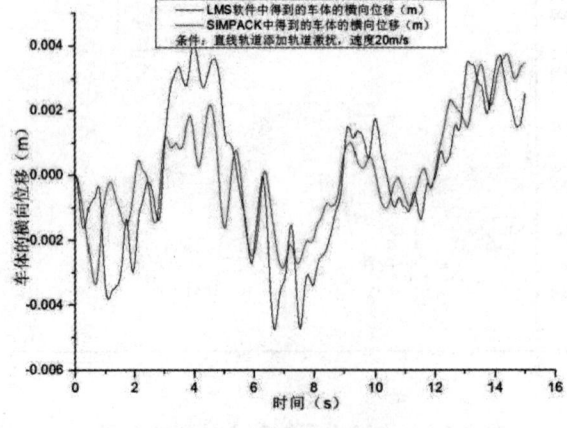

图8-57　车体的横向位移

（9）车体的垂向位移如图 8-58 所示。

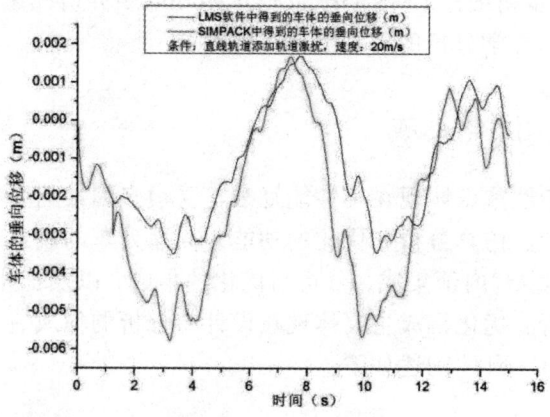

图 8-58　车体的垂向位移

（10）车体的横向加速度如图 8-59 所示。

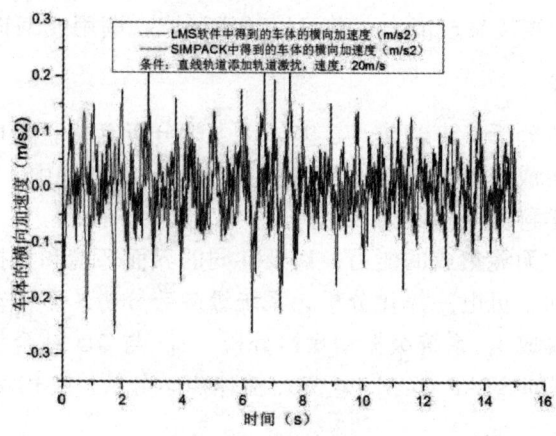

图 8-59　车体的横向加速度

（11）车体的垂向加速度如图 8-60 所示。

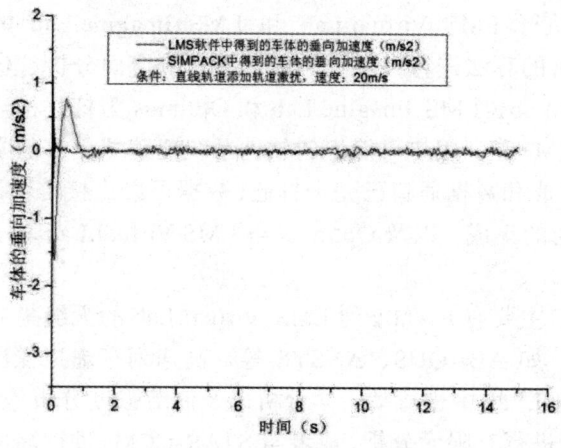

图 8-60　车体的垂向加速度

通过以上对比，可以发现各个计算项的趋势和数值基本都一致，说明计算方法正确，局部存在差异，需要更进一步精细化 LMS Virtual.Lab Motion 中分析模型，对比证明了运用 LMS Virtual.Lab Motion 进行动力学分析的可靠性和可行性。

8.3.6 设计、分析、优化集成

高速列车研发的复杂性重点体现在其性能复杂，受很多因素的影响，所以搭建的平台同样需要具备支持这些设计、仿真分析和优化的功能。高速列车的设计、分析、优化集成主要包括前面的 CAD/CAE、CAE 内部集成、分析与优化的集成，以及优化对设计的反馈和修改。

高速列车设计、分析、优化集成主要体现在设计与分析的集成、分析内部的集成、分析与优化的集成和集成接口。具体阐述如下：

1. 设计与分析的集成

在 CAD 集成方面，LMS Virtual.Lab 是通过 CATIA CAA 基于 CATIA V5 环境开发，一方面具有与 CATIA V5 一致的界面环境，另一方面也集成了 CATIA V5 的参数化特征建模功能，所以具备与 CATIA V5 的直接集成能力，并可以任意读取、调用或编辑 CATIA V5 模型。

2. 分析内部的集成

将结构有限元、疲劳分析、声学仿真、多体动力学分析等关联密切，并且与 CAD 模型相关的学科和分析功能集成于统一的软件环境即 LMS Virtual.Lab 中，实现界面环境、数据模型的一致，便于进行多学科协同仿真。

基于仿真平台各软件无缝集成的能力，以及共同的界面环境和数据模型，可以进行真正的多学科协同仿真，包括：机电一体化分析、系统级疲劳分析（多体动力性、有限元、刚柔耦合分析与疲劳分析的集成）、系统级振动噪声分析、1D 与 3D 结合的流体系统分析（LMS Imagine.Lab 与 CFD 软件如 STAR CCM+集成）、流体声学分析（LMS Virtual.Lab Acoustics 结合 STAR CCM+）等。

3. 分析与优化的集成

以 LMS Virtual.Lab 和 LMS Imagine.Lab 为核心的多学科协同仿真流程，可以被 Optimus 集成和驱动，在自动化执行 LMS Virtual.Lab 和 LMS Imagine.Lab 的多学科仿真流程时，Optimus 可以通过其丰富的算法进行参数灵敏度分析、响应面分析、优化分析和可靠性分析等。平台以 LMS Virtual.Lab、LMS Imagine.Lab 和 Optimus 为核心构建，集成其他第三方软件 ABAQUS、STAR-CCM+等，用尽可能少的软件系统覆盖了更多的学科，而且其主体架构非常成熟，各系统间的集成和数据通道已完全打通，数据可以直接传输，包括 LMS Virtual.Lab 与 LMS Imagine.Lab 之间的集成，以及 Optimus 与 LMS Virtual.Lab 和 LMS Imagine.Lab 之间的集成等。

数字化设计软件接口主要有 CATIA 到 LMS Virtual.Lab 的无缝集成，同时还包括与有限元分析软件的数据接口，如 ABAQUS、ANSYS 等。高速列车虚拟样机仿真平台可以实现从 CATIA 设计到 LMS Virtual.Lab 中进行动力学分析以及疲劳强度分析等;同时也可以从 CATIA 三维模型到 ABAQUS 中进行有限元分析，或者与 STAR-CCM+进行高速列车空气动力学与强

度耦合的流固耦合分析;用 LMS Virtual.Lab 与 LMS Imagine.Lab 及 Simulink 实现高速列车的机(动力学)电(牵引供电)液(制动)以及控制实现联合仿真,并且在这些仿真的基础上可以在 Optimus 平台上进行高速列车几何参数和悬挂参数等的优化。

4. 设计、分析、优化集成的接口

高速列车仿真模拟主要包括动力学仿真、强度疲劳仿真、空气动力学仿真、机电液联合仿真等,其用到的主要软件有:LMS Virtual.Lab、ANSYS、ABAQUS、STAR-CCM+、LMS Imagine.Lab、Optimus 等,具体设计、分析、优化集成的接口阐述如下。

(1) LMS Virtual.Lab 有限元接口。

Virtual.Lab 提供了广泛的有限元接口,能够直接读取各类有限元软件的模型和计算结果文件,并以此为基础进行疲劳分析。这些接口包括 Nastran、ABAQUS、ANSYS、CATIA/FEA、I-DEAS、PERMAS 等。

(2) LMS Virtual.Lab 与 LMS Imagine.Lab 无缝集成接口。

为支持机、液、气、电控系统多学科仿真,LMS 已开发出 LMS Imagine.Lab AMESim 和 LMS Virtual.Lab Motion 之间的无缝集成接口。基于此接口两者的模型和求解器能够同步交换数据,从而进行机电系统闭环联合仿真。

(3) LMS Imagine.Lab AMESim 第三方软件接口。

LMS Imagine.Lab AMESim 为控制、实时仿真、多体仿真、过程集成和设计优化等第三方软件提供了广泛的接口。例如,如果用户已经具有现成的基于 Matlab/Simulink 实现的控制系统模型,则可以通过 AMESim 与 Simulink 的无缝接口,将 Simulink 模型直接集成到 AMESim 中。AMESim 具有与 Matlab/Simulink 的集成接口,可以通过多种方式与 Simulink 控制模型实现集成,包括:将 AMESim 模型整体输出到 Simulink,作为 Simulink 的 S-Function 将 Simulink 模型整体输出到 AMESim,作为 AMESim 的子模型,AMESim 与 Simulink 共仿真,即 AMESim 和 Simulink 模型同时运行并双向交换数据。LMS Imagine.Lab AMESim 同时提供一个通用共仿真接口以连接多领域系统仿真和任何一种三维动态模型,例如计算流体动力仿真或有限元分析。这使得 LMS Imagine.Lab AMESim 可以无缝地集成到数字开发过程中。

(4) Optimus 接口。

Optimus 提供了强大的多学科软件集成的平台,具有集成商用 CAD/CAE 软件的通用接口,如 UG、Pro/Engineer、CATIA、SolidWorks、PATRAN、NASTRAN、ADAMS、ANSYS、ABAQUS、MATLAB/Simulink、dSPACE、AMESIM、Star-CD、FLUENT、LS-DYNA、ANSA、MADYMO 等。Optimus 对许多常用软件提供更方便的直接接口,便于软件集成。现有如:基于 CATIA V5 的系列软件、LMS Virtual.Lab、MATLAB/Simulink、ABAQUS、ANSYS Workbench、AMESIM、Excel、LS-DYNA、Ricardo WAVE、Samcef、SFE-Concept 等。

根据用户的具体需求,Optimus 可以为用户提供集成接口,进一步方便用户的使用。定制可以由软件供应商提供,也允许用户自行实现。如 Gambit、Fluent、Pro/Engineer、UG、SolidWorks、PATRAN、NASTRAN、ADAMS、ANSYS、ABAQUS、MATLAB/Simulink 等。Optimus 还提供了与多种并行管理系统的直接接口,可以同时与不同集群进行连接并分配计算。

Optimus 是全球领先的多学科优化软件平台,其主要功能是集成企业仿真工作流程,并通过试验设计方法和响应面模型方法探索设计空间,并通过优化算法以及可靠性、鲁棒性分析方法在优化产品性能的同时确保产品的质量。Optimus 作为多学科的仿真集成优化平台,能够集成自动化用户的仿真分析流程,实现设计→修改→再分析的自动化,能应用现代设计方法(包括试验设计、敏感度分析、响应面建模、参数优化、参数识别、可靠性设计、鲁棒性设计)实现综合优化和自动化分析,涉及的学科包括几何造型、结构分析、计算流体力学、控制、动力学、振动与噪声、碰撞和疲劳等不同领域。

在 LMS 高速列车仿真平台中集成 Optimus 进行多学科优化,其思路如图 8-61 所示。

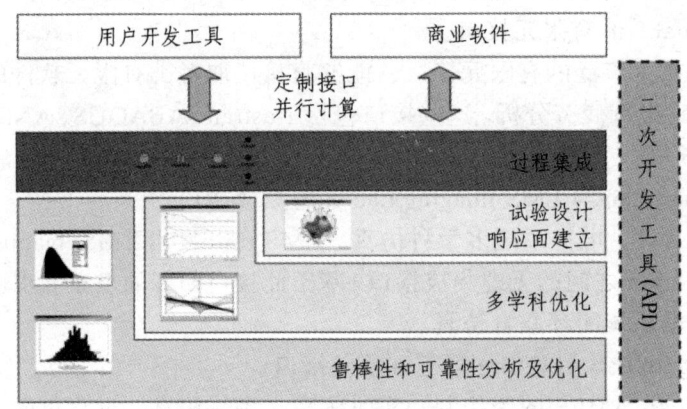

图 8-61 Optimus 优化解决方案架构

有 3 种可行方法:

① 将 Optimus 所定制的多学科分析流程集成到 CAE 协同管理系统中,在 CAE 管理系统中驱动多学科分析流程自动执行,以后台调用方式通过 Optimus 的优化算法进行优化分析。

② 直接在 Optimus 中进行多学科优化,在 Optimus 中执行多学科分析流程,分析和优化的结果提交到 CAE 协同管理系统中保存。

③ Optimus 的优化算法在 LMS Virtual.Lab、LMS Imagine.Lab 和 CATIA V5 等环境中有嵌入式解决方案,如 LMS Virtual.Lab Optimization 模块等。即可以直接在这些软件中通过其所集成的 Optimus 的优化算法进行优化分析,并将分析结果保存到 CAE 协同管理系统中。

8.4 本章小结

本章分析了高速列车在数字化设计中存在的问题及挑战,在此基础上提出了高速列车设计、分析、优化集成思路及框架,具体阐述了集成的方法和集成的接口,并以商业软件为载体结合自主模块的定制开发搭建了高速列车设计、分析、优化集成平台,为高速列车设计迭代以及基于优化的闭环设计提供了解决方案和支撑平台。通过本章分析不难看到,采用通用化的商业软件不能很好地解决专业化的高速列车研发设计,需要在此基础上进行专门的个性化研究才能更好地实现高速列车数字化设计。

参考文献

[1] Mani N K, Haug E J, Atkinson K E. Application of Singular Value Decomposition for Analysis of Mechanical System Dynamics. ASME, Journal of Mechanisms, Transmissions, and Automation in Design, Vol.107, Mar. 1985.

[2] Haug E J. Computer Aided Kinematics and Dynamics of Mechanical Systems. Allyn and Bacon, Massachusetts, 1989.

[3] 王福天. 车辆系统动力学[M]. 北京：中国铁道出版社，1994.

[4] 严隽耄，傅茂海. 车辆工程[M]. 3版. 北京：中国铁道出版社，2007.

[5] 翟宛明. 车辆-轨道耦合动力学[M]. 3版. 北京：科学出版社，2007.

[6] 张卫华. 机车车辆动态模拟[M]. 北京：中国铁道出版社，2007.

[7] 陈果. 车辆-轨道耦合系统随机振动分析[D]. 成都：西南交通大学，2000.

[8] 万晓峰，刘岚. LMS Virtual.Lab Motion 入门与提高[M]. 西安：西北工业大学出版社，2010.

[9] 姬广平，黎荣，丁雄威，等. 基于LMSVirtual-Lab-Motion的行星齿轮动力学建模及仿真[J]. 机械传动 2013，37（10），55-58.

[10] LMS 国际公司. 车辆仿真设计多属性开发平台 LMS Virtual.Lab. CAD/CAM与制造业信息化[J]. 2008（2）：61-63.

[11] 刘念，李树成，王帆. 基于Motion/AMESim的某风洞迎角机构建模与仿真研究[J]. 2012，40(11)：35-37.

[12] 谢星，邹益胜，黎荣，等. 高速列车数字化仿真平台建设方案（R）. 西南交通大学内部报告，2013.